伦明交游考

东莞图书馆 编

蔡 冰 钟敬忠 李广晓 著

SPM 南方传媒 | 广东人民出版社

·广州·

图书在版编目（CIP）数据

伦明交游考 / 东莞图书馆编；蔡冰，钟敬忠，李广晓著. -- 广州：广东人民出版社，2025. 3. -- ISBN 978-7-218-18002-1

Ⅰ. K826.1

中国国家版本馆 CIP 数据核字第 2024R54J51 号

LUN MING JIAOYOU KAO

伦明交游考

东莞图书馆　编

蔡　冰　钟敬忠　李广晓　著

出 版 人：肖风华

责任编辑：张贤明　周潘宇镝
装帧设计：瀚文工作室
责任技编：吴彦斌

出版发行：广东人民出版社
地　　址：广州市越秀区大沙头四马路 10 号（邮政编码：510199）
电　　话：(020) 85716809（总编室）
传　　真：(020) 83289585
网　　址：http://www.gdpph.com
印　　刷：广州市豪威彩色印务有限公司
开　　本：787mm×1092mm　1/16
印　　张：29.75　字　　数：480 千
版　　次：2025 年 3 月第 1 版
印　　次：2025 年 3 月第 1 次印刷
定　　价：260.00 元

如发现印装质量问题，影响阅读，请与出版社（020-85716849）联系调换。
售书热线：020-87716172

《伦明交游考》编纂委员会

主　任：宁　康　东莞市文化广电旅游体育局党组书记、局长

副主任：殷柱华　东莞市文化广电旅游体育局党组成员、副局长

　　　　余建民　东莞市文化广电旅游体育局二级调研员

　　　　冯　玲　东莞图书馆馆长、研究馆员

委　员：蔡　冰　东莞图书馆副馆长、研究馆员

　　　　莫启仪　东莞图书馆副馆长、研究馆员

　　　　刘尚清　东莞图书馆副馆长、副研究馆员

策　划：冯　玲

著　者：蔡　冰　钟敬忠　李广晓

前　言

伦明（1878—1944），字哲如，一作哲儒、喆儒、节予，广东东莞望牛墩人。中国近代著名藏书家、版本目录学家。出身于书香世家，曾祖父伦梦麒是清道光年间东莞县武秀才，父亲伦常是咸丰十一年（1861）举人，曾任江西崇仁县县令，素好读书和藏书。伦明从小受父亲影响，读书不辍，有"书痴"之称。光绪二十二年（1896），拜康有为为师，入读广州万木草堂。光绪二十七年（1901），参加庚子、辛丑并科乡试中举人。翌年，参加京师大学堂首次招生，以第一名成绩被师范馆录取，其三弟伦叙、堂弟伦鉴亦被译学馆录取后拨入师范馆，四弟伦绰两年后也追随入读京师大学堂师范馆，至此，伦氏四兄弟均就读于京师大学堂师范馆，被称为"伦氏四杰"。伦明的哥哥伦迈是宣统元年（1909）优贡，五兄弟均饱读诗书，以才学闻名乡里，有"望溪五鱼"之称。光绪三十三年（1907），伦明从京师大学堂毕业后，任两广方言学堂教务长兼经济科教授，协助大儒陈黻宸佐理一切校务，在近3年时间内，将两广方言学堂打造成两广地区知名学府之一。宣统二年（1910）九月，入两广总督张鸣岐幕。辛亥革命爆发后，任广西浔郡中学堂校长。1913年12月，受袁世凯总统府秘书长梁士诒指派，回到广州组建公民党广东支部，主办《时敏报》《广东平报》。1914—1916年，因既有基层教学经验，又有中小学管理经验，被推举为广东视学官。1917年11月，被蔡元培聘为国立北京大学法预科教授兼文科研究所国文门诗词科教员。1921年9月，辞职离开国立北京大学教席，专事续修《四库全书》工作。1924年，前往河南焦作任道清铁路局总务处处长。1927年，经梁启超举荐，再次回到母校任教。1929年起，兼任私立北平辅仁大学讲师。1933年，任北平民国学院教授。1940—1944年，先后任广东大学历史系教授兼系主任、广州市立图书博物馆副馆长兼图书部主任。

伦明毕生嗜书，亦好藏书，幼年常省下父亲的赏钱买书。移居京师后，每闻厂肆书贾收有异本，即竭资购置，乃至典衣质钗亦在所不顾。他访书"以俭、以勤、以恒"，总是身着破大衣，蹬破鞋穿破袜，北京书肆店伙打趣称之为"破伦"。他访书足迹遍及北京、广州、天津、南京、上海、苏州、杭州、武昌、开封、怀庆、卫辉、清化及日本东京等地，自喻为"书之伯乐"，所至一处，如"伯乐一至而马群空"。他藏书开收藏清人著述风气之先，尤好收藏禁书、《四库全书》未收之书，且不避重复而求其精，遇有精椠秘抄，常力促好事者"影而布之"，以泽惠艺林。他藏书不加钤印，认为藏书"归公而不归于私"，晚年病革时，嘱其藏书悉归国立北平图书馆（今国家图书馆）。

伦明深耕版本目录之学，在任教国立北京大学、私立北平辅仁大学、北平民国学院期间，以讲授版本目录学课程而知名学界。他认为版本学不同于目录学，版本学为"藏书家所有事"，目录学为"学者所有事"，并从学科性质的角度将版本学与目录学进行区分，其独特的版本目录学思想，为近代中国版本目录学的发展奠定了基础。他校书百余种，曾花费十年之功，通校张之洞《书目答问》，为文献的利用和传播作出了重要贡献。他开设通学斋，言传身教，培养了孙殿起、雷梦水、李书梦三位于版本、目录、古书修补各有所长的学徒，三人后来均成为中国古书界的业务专家。

伦明矢志续修《四库全书》，在京师大学堂读书期间，凡过眼《四库全书》未收之书便有心抄录或收藏。他曾借力北洋政府教育部次长陈垣、大连富商胡子俊、清华学校国学研究院特聘教授梁启超、北洋政府教育部总长章士钊、北洋政府交通部总长叶恭绰、奉天总司令张学良、奉军总参议杨宇霆等开展续修工作，但均因各种原因而被迫中途搁浅。然他从没有放弃，甚至付诸实际行动独修，直至后来参与东方文化事业总委员会组织的《续修四库全书总目提要》撰写工作。在前后30余年里，他是主张续修《四库全书》诸人中既提出理论又付诸实践的先行者。

纵观伦明的一生，他以教学为主业，深耕诗词、经史古文、版本目录之学，治学有方，《辛亥以来藏书纪事诗》综述近代藏书家之渊源、递嬗，是藏书人必读之作。他浮沉书海，"耗尽千金，藏书百万"，以"卅年赢得妻孥怨，辛苦储书典箧裳"的藏书精神和"破伦"精神饮誉学界。他崇尚"藏以致用""藏书为公"，不仅开放私藏，为众多学者治学研究提供便利，而且以有涯之生逐无涯之物的执着，将毕生所藏慷慨捐赠给国立北平图书馆，其功德泽被后人。他以续修《四库全书》为毕生鸿愿，将藏书楼命名为"续书楼"以表心志，是《四库全书》"宜校、宜补、宜续"理论的创立者与实践先行者。他一生为续修《四库全书》奔走呼喊，致力于抢救与保存中国文献典籍。他对中国典籍文化所怀有的深厚情谊，令我们永远景仰。

探究伦明的人生经历、学术成果、藏书成就以及矢志不渝地续修《四库全书》的精神可以发现，这既有家学家风的浇灌，也有家乡东莞人文的给养培育；既有民国时期学者的精神熏染，更有广泛交游的耳濡目染和潜移默化。他因读书、教书、著书、访书、买书、卖书、抄书、校书、论书、编书、印书、续书、藏书而结识社会各界人士，交游广泛。《伦哲如诗稿》所咏师朋好友80余人，《辛亥以来藏书纪事诗》所记藏书家150余位。他与康有为、夏孙桐、林纾、屠寄、陈懋宸、江瀚、马叙伦、杨树达、黄节、朱希祖、沈尹默、邓之诚、胡适、刘半农、顾颉刚、朱师辙、余嘉锡、尹炎武、孙人和、姚华、陈伯陶、张其淦、张伯桢、容庚、容肇祖、冼玉清等著名学人常常函札往返，切磋交流，质疑互辩，同游书肆，吟咏唱和，相谈甚欢。这不仅使他在学习、教学、研究、诗歌创作等方面得到助力，而且展现了民国时期知识分子的良知与学问志趣。他与曾习经、傅增湘、莫伯骥、徐信符、徐行可、梁鼎芬、刘承干、徐鸿宝、王瑚、丁传靖、陈融等著名藏书家一同赏奇鉴珍，在互借互抄、代买代卖、联合采访、勤力校勘、鸠资刻印的过程中，增进了在藏书、版本、目录、校雠等方面的知识储备和实践经验，也展现了清末至民国时期藏书家的群体文化形象：他们相互学习借鉴，因藏书而逐渐潜心学问，为传承而协力围堵珍贵典籍外流，不囿于私藏独守，化私为公。他与陈垣、叶恭绰、梁启超、金梁等《四库全书》研究者，以及主张影印、续修、校订者志同道合，聚力前行，虽然最终结果不尽如人意，然这种共同的文化价值观坚定了他矢志续修《四库全书》的理想信念，也展现了民国知识分子赓续文脉、推陈出新、索真探理的精神。

伦明幼承家学，"重文轻财"的家训在他心里埋下了一颗纯真的读书种子。在交游过程中，他正直有德、淳厚善良。当交游者有学术需求时慷慨相助，窘迫贫困时倾力相携，孱弱体衰时嘘寒问暖，遇到据己书为私者则宽怀一笑，在有损公家利益时能仗义执言……伦明的交游者中不乏官僚、政客、军阀、富商，然伦明始终不卑不亢、平等以待。伦明一生处事低调，并未留下多少与友人的合照，然留下了350多首诗词。这些诗词以及众多友人的记述，形成了一个痴书、博学、正直、温暖、风趣、执着、不拘小节的伦明形象。

《伦明交游考》从伦明交游的独特视角，以《伦明全集》为基础，深挖与伦明有关的书信集、日记、文集等史料，在大量史料中遴选了99位与伦明交游比较密切者作为研究对象，分为严师益友、京师同窗、寓京粤人、在京同事、两广挚友、豫辽同事、藏家良朋、坊肆书贾、高足弟子、日本友人、其他朋侪 12 个篇章。其中，"严师益友"篇以伦明求学先后顺序对老师进行排序；"在京同事"篇按照伦明在京工作过的国立北京大学、私立北平辅仁大学、北平民国学院、故宫博物院、众议院、东方文化事业总委员会人文科学研究所等进行排序；其他篇章均按人物出生年代由早至晚进行排序。同一条目下出现两个并列人物的，以第一人物出生年代为主要排序对象，第二人物不作排序处理。在每个独立人物的撰写过程中，讲求故事性和知识性，对一些多处用典的诗词进行了详细解读，以期读者能加深对伦明以及交游者的认识和了解，获取更多有益的知识和启迪。

东莞图书馆长期致力于东莞地方文献的整理、利用、开发工作。自 2010 年以来，一直把伦明著述资料的收集、整理与宣传作为工作的重点之一，在点校、整理出版《伦明全集》《伦明研究》，以及制作《枕经籍书 心瞻四库——伦明及其文化成就展》后，2023 年又开启了《伦明交游考》编撰整理的征程，旨在擦亮"东莞文化名人——伦明"这一文化品牌，彰显"书香东莞"的文化底蕴；旨在多维度展示伦明的文化成就，折射其熠熠光彩，激发文化自觉，坚定文化自信；旨在活化毕生痴书的伦明，激励后辈以伦明为榜样，提升学习和读书热情，为东莞文化高质量发展增色添香。在成稿过程中，李广晓对前期资料进行了搜集与整理，钟敬忠整理撰写了《伦明年表》，蔡冰对后期资料进行了完善和考证，撰写了除《伦明年表》以外的其他内容，并作出版前的统稿。撰写时参考了罗志欢研究馆员等学者的相关研究成果，在此表示衷心感谢。由于伦明交游相关资料比较少且分散，加之编纂者学识有限，疏漏、错误在所难免，如有不当之处，敬请方家不吝赐教。

目　录

寓京粤人

在京同事

两广挚友

豫辽同事

藏家良朋

坊肆书贾

高足弟子

日本友人

其他朋侪

附 录

严师益友

伦明年少时随任江西崇仁县县令的父亲蒙学于崇仁县衙斋，清光绪十五年（1889），因父卒于任所，回到故乡东莞。光绪二十年（1894），入县庠就读，旋补廪生。光绪二十二年（1896），入读万木草堂。光绪二十七年（1901），乡试中举人。光绪二十八年（1902），京师大学堂首次招生考试，以第一名的成绩被京师大学堂师范馆录取。在求学过程中，伦明以康有为、夏孙桐、屠寄、陈黻宸、林纾、江瀚等为师，后来亦与他们保持亦师亦友的良好关系。

康有为

康有为（1858—1927），原名祖诒，字广厦，号
长素，广东南海人，人称康南海。我国晚清时期重
要的政治家、思想家、教育家，资产阶级改良主义
代表人物之一。康有为出身于"理学传家"的仕宦
家庭，曾祖父康式鹏（云衢）诰封资政大夫，累官
福建按察使；祖父康赞修，清道光二十六年
（1846）举人，曾任连州训导；族祖父康国器随左

康有为

宗棠镇压太平天国运动，累官广西巡抚；父亲康达
初拣发江西补用知县，早逝。①在家庭文化氛围的影响和祖父的悉心栽
培下，康有为从小淹博旧籍，聪慧早成。光绪二年（1876），应乡试未
中，回乡师从名儒朱次琦于礼山草堂苦读三年，后游历香港、上海等地，
接触到了大量西方事物和西方书籍。面对民族的深重危机，康有为萌发
了利用西方之长开展维新变革的思想。光绪十四年（1888）冬，他以布
衣之身进京上万言书于光绪皇帝请求变法无果。光绪十六年（1890），
举家迁往广州祖产云衢书屋。光绪十七年（1891），应陈千秋、梁启超
等的请求，租赁广州长兴里讲学，拟定学规《长兴学记》。光绪十九年
（1893），因听课弟子众多，迁学于府学宫仰高祠，命名为万木草堂。是
年，乡试中举人。光绪二十一年（1895），为反对签订丧权辱国的《马
关条约》，联合十六省应试举人上书，即"公车上书"。同年，以二甲第
四十八名高中进士，授工部主事，未到职。光绪二十四年（1898），戊
戌变法失败后逃往日本避难，直至1913年才倦游归来，定居上海。1917
年，作为保皇党党魁反对共和制，拥立溥仪登基失败后遭通缉，长期隐

---

① 康有为著，楼宇烈整理：《康南海自编年谱（外二种）》，中华书局1992年版，第1页。

3

居江苏茅山。1927 年 3 月 31 日，病逝于青岛。著有《春秋笔削大义微言考》《新学伪经考》《孔子改制考》《日本变政考》《大同书》《欧洲十一国游记》等。①

光绪二十二年（1896），年方 19 岁的伦明拜康有为为师，入读万木草堂。就读期间，伦明与绝大多数同学一样，每年交纳十两银子的学费（又名"脩金"），凡上堂必穿蓝布长衫，下穿散脚裤。每天三通鼓响，同学们即分东、西两排站立，向先生康有为弯腰致礼后才落座上课。上课时，必携带纸、笔，详记先生口述。下课后，自由读书，并按学规要求撰写"功课簿"（即读书笔记）、"蓄德录"（即古人格言、俊语记录等）。② 先生主要通过功课簿窥察学生们的学习造诣深浅，通过"蓄德录"查验学生们的思想倾向。所学课程有义理之学（包括孔学、佛学、周秦诸学、宋明学、泰西哲学）、考据之学（包括中国经学史学、万国史学、地理学、数学、格致学）、经世之学（包括政治原理学、中国政治沿革得失、万国政治沿革得失、政治实用学、群学）、文字之学（包括中国词章学、外国语言文字学）等。③ 先生每讲一学，必上下古今，以究其沿革得失，并引欧美事例以作比较证明，引起伦明等学子的极大兴趣。伦明的同乡、同窗好友张伯桢在《康南海先生讲学记·序》中曾回忆道：

> 翌年丙申（1896），余年二十，始得从先生游，讲舍仍在广州府学宫仰高祠，同学凡百余人，前两年余为旁听生，至是始正式占弟子籍也。先生四方讲学，出游之日多，在草堂之日少，析疑答问，时以书札往来。迨至秋季，先生归来，听夕讲述，放言高论，闻者

---

① 马永康：《康有为年谱简编》，载马永康：《康梁学派：近代启蒙先锋》，广东人民出版社 2023 年版，第 309—329 页。

② 梁启勋：《万木草堂回忆》，载夏晓虹编：《追忆康有为（增订本）》，生活·读书·新知三联书店 2009 年版，第 191 页。

③ 梁启超：《康南海先生传》，载夏晓虹编：《追忆康有为（增订本）》，生活·读书·新知三联书店 2009 年版，第 8 页。

动容。先生博综群籍，贯穿百氏，通中西之邮，参新旧之长。余从学之余，辄为笔录，积久成帙，时用温习，回念师门，犹不胜时雨晞阳之感云。①

伦明在万木草堂的学长梁启超也曾在《南海先生七十寿言》中回忆道：

> 先生每逾午则升坐讲古今学术源流，每讲辄历二三小时，讲者忘倦，听者亦忘倦。每听一度，则各各欢喜踊跃，自以为有所创获，退省则醰醰然有味历久而弥永也。②

也许正是康有为这种古今中外、天马行空的独特教学方法，以及万木草堂兼顾基础、文理、中西的教学内容，培养了伦明独立思考的读书能力和融会贯通的学习方法，使得他后来在求仕中举以及入读京师大学堂③的过程异常顺利。

光绪二十四年（1898）九月，随着戊戌变法失败，康有为逃亡日本，万木草堂被清政府查封，自此，伦明在万木草堂的学业中止，与先生康有为也中断联系。直至1915年，伦明携家眷入住北京烂缦胡同东莞会馆后，才逐渐与康有为恢复联系。1918年5月，康有为为伦明所居住的北京烂缦胡同的东莞会馆题额"莞园"，叶恭绰跋曰："莞园为明末张文烈公家玉故居，公在粤起义抗清，名垂历史，乡人与有荣焉！每过斯

---

① 张伯桢：《康南海先生讲学记·序》，载姜义华、张荣华编校：《康有为全集》（第二集），中国人民大学出版社2007年版，第105页。

② 梁启超：《南海先生七十寿言》，载夏晓虹编：《追忆康有为（增订本）》，生活·读书·新知三联书店2009年版，第175页。

③ 京师大学堂创办于清光绪二十四年（1898），1912年改名为国立北京大学，1927年与北京其他八所国立大学合并为京师大学校，1928年改名为国立北平大学北大学院，1929年恢复国立北京大学。中华人民共和国成立后称为北京大学。

园，辄想慕风徽，肃然起敬！"① 同年，康有为委托弟子张伯桢在北京琉璃厂开设长兴书局，以作上海长兴书局的经销分处，主要销售康有为、梁启超等人的著作以及上海广智书局印行之书。张次溪《北京琉璃厂书肆逸乘》记载："民国七年（1918），康有为曾与先君篁溪公（张伯桢）同设肆于海王村公园中，名长兴书局，专售康有为、梁任公两先生所著书，先公所刻书亦附焉。此外广智书局未售出之书，亦归此寄卖，至一九二四年始歇业。"② 孙殿起《琉璃厂书肆三记》也记载道："长兴书局，康有为与弟子左安法隐（张伯桢）创办，由胡永椿、刘金声经营，于民国七年（1918）开设，在海王村公园，民国十三年（1924）歇。"③ 长兴书局开业当年，伦明听从修书匠魏师傅建议，也在北京琉璃厂南新华街74号开设了通学斋。出于对康有为的敬重，通学斋不仅经常代卖康有为、梁启超的著作，而且在1924年长兴书局歇业时，接收了长兴书局的全部货底，以报康有为教育培养之恩。④

伦明《辛亥以来藏书纪事诗》为康有为作传，诗云：

> 易米屡传博士券，诊痴几费门生钱。
> 荀卿偶种焚书祸，庄叟何来胠箧篇。⑤

康有为为了打击以慈禧太后为首"恪守祖训"反对变法的顽固派，为资产阶级改良运动营造舆论氛围，光绪十七年（1891）撰写《新学伪经考》利用了清末著名经学家廖平（1852—1932，改字季平）所主张的今文经是孔子的真经、古文经是刘歆篡改过的赝品等学说，以大量的篇幅考证《左氏春秋》《周官》《逸礼》《毛诗》《尔雅》等古文经传为西汉末年刘歆所伪造，认为秦始皇焚书坑儒只焚烧了民间藏书而保存了秦

① 叶恭绰、张次溪：《北京岭南文物志》，北京市广东会馆管理委员会1954年版，第61页。
② 孙殿起：《琉璃厂小志》，上海书店出版社2010年版，第39页。
③ 孙殿起：《琉璃厂书肆三记》，载孙殿起：《琉璃厂小志》，上海书店出版社2010年版，第83页。
④ 雷梦水：《康有为藏书及其创办长兴书局始末》，载《燕都》1988年第3期，第19页。
⑤ 伦明著，雷梦水校补：《辛亥以来藏书纪事诗》，上海古籍出版社1990年版，第60页。

博士官的藏书，西汉博士官继承秦博士官所传的今文经传是可信的足本"圣经"，其他皆是刘歆为王莽篡权寻找合法依据而伪造的"新经"。针对康有为"秦博士藏书保全说""刘歆遍伪群经"等主观臆断，1921年，梁启超在《清代学术概论》中直言不讳地批评道："（康）有为以好博好异之故，往往不惜抹杀证据或曲解证据，以犯科学家之大忌，此其所短也。"① 1930年，钱穆《刘向歆父子年谱》以《汉书》为史基，条别年代，缕举刘向、刘歆父子事迹及王莽新政，用事实证明刘歆并未篡写群经，并列举康有为《新学伪经考》不可通者二十八端，系统地驳斥了康有为全盘否认古文经传之学说。此外，与康有为、廖平素为交好的王树枏于1932年在《陶庐老人随年录》中愤然写道："廖平以《公羊》乱经，康有为以《公羊》乱政，今见后出之书，按律应以疯病禁之终身，免其出而害人也。"② 也许正因为如此，伦明在诗中不仅借用《颜氏家训·勉学》中的"博士券"即"博士买驴，书券三纸，未有驴字"之意，直言不讳地指出康有为虽满腹经纶，然好卖弄学问，著述质量欠佳而好刻书行世、枉费门生集资帮其刊刻这一事实，而且还认为康有为是今人疑古废经之先导，如同苏轼为了攻击王安石变法而撰写《荀卿论》，将李斯的主张完全等同老师荀卿的学说，最后将秦朝灭亡归咎于荀卿一样，是硬下己意，歪曲事实。伦明在诗后进一步说明道：

> 其《春秋笔削大义微言考》《孔子改制考》《新学伪经考》《论语注》，系门人罗（惇曧）、张（伯桢）、郑（洪年）等集资刊于京师，止各印五十部，后版片移青岛，又移上海，闻已散失，新书亦成罕见本矣。先生诸所著书，以《新学伪经考》为最下，相传授之廖平，以伪造古文，归狱刘歆，引群书证成其说，于不可通者，硬下己意，实

---

① 梁启超：《清代学术概论》，载夏晓虹编：《梁启超文选》（下集），中国广播电视出版社1992年版，第248页。

② 景元平：《王树枏传》，中国文联出版社2022年版，第226页。

为今人疑古废经之先导，苏子瞻所由以李斯之罪罪荀卿也。①

伦明对康有为的藏书情况非常了解。他在《辛亥以来藏书纪事诗》中叙述道："南海康长素先生有为，光绪中，讲学广州万木草堂，聚书甚备。戊戌政变，尽被籍没。壬子，归自海外，购得南海孔氏残书，殿本《图书集成》在焉。旋居上海，收储益富。先生性豪侈，用常窘，屡以《图书集成》抵债家，后竟弃之。""先生书法为时宝重，殁后尤甚，门人徐某以整理为名，尽有之。其他图籍器物，则为女夫潘某所把持，尽散出矣。"②康有为曾在万木草堂设置聚书甚备的"书藏"，以供弟子们恣读。戊戌政变失败后，宅第及万木草堂被清政府查抄，该部分藏书充公广雅书院。事平后，虽然返回一些，但大部分都不知所终。辛亥革命后，康有为从海外归国，广搜古刻精本，曾购得南海孔广陶岳雪楼（三十三万卷楼）藏书一批。居上海、青岛期间，分别建游存庐、天游阁等藏书处，庋藏丰富。据《南海珍藏宋元明书目》所载，康有为藏有宋刊本 14 种 428 册，元刊本 9 种 70 册，明刊本 232 种 4523 册，共 5000 余册。另外，还有清初印本及殿本、抄本 60 余种，书中多有康有为及硕彦名流题跋。康有为晚年，经济窘迫，去世后负债达六七万元之多，家人不得已将游存庐的藏书、书画、碑帖变卖以偿还债务和维持生活，故伦明有"易米屡传博士券"之慨叹。康有为书法自成一格，被称为"康体"，在当时有一定的社会影响和经济价值，据伦明所言，均被门人以整理之名侵占。今根据"南海康氏万木草堂藏""南海康氏万木草堂珍藏""万木草堂""南海康有为更生珍藏""御赐天游阁"等藏书印，可知广西大学图书馆、江苏镇江图书馆、江苏镇江绍宗国学藏书楼、北京大学图书馆、台北"国立中央图书馆"等均有收藏康有为散落的藏书。③

---

① 伦明著，雷梦水校补：《辛亥以来藏书纪事诗》，上海古籍出版社 1990 年版，第 60 页。

② 伦明著，雷梦水校补：《辛亥以来藏书纪事诗》，上海古籍出版社 1990 年版，第 61 页。

③ 王琼：《同源而异流——康有为、梁启超藏书之比较》，载广西图书馆学会编：《广西图书馆学会 2012 年年会暨第 30 次科学讨论会论文集》，第 1—12 页。

夏孙桐

夏孙桐

夏孙桐（1857—1941），字闰枝，又字悔生、悔庵、无悔，晚号闰庵，江苏江阴人。近代著名文学家、词人。自幼受书香家风濡染，好学上进。清光绪八年（1882）举人，光绪十八年（1892）进士，选瀚林院庶吉士，授翰林院编修、文渊阁校理。光绪二十年（1894），侨居苏州，与郑叔问、刘光珊等词人结鸥隐词社。光绪二十四年（1898），任会试同考官。光绪二十六年（1900），任四川乡试副考官，因义和团事变停试，途中折返赴西安行在。光绪二十七年（1901），担任广东乡试副考官。光绪三十三年（1907）起，历任浙江湖州、宁波、杭州知府，直至 1911 年 7 月以病去职，后避住上海二年。1914 年起，受聘清史馆，历任协修、纂修、总纂，主纂嘉庆、道光、咸丰、同治四朝臣工列传及循吏、艺术两传，独立撰稿近百卷。1923 年起，协助徐世昌编纂《晚晴簃诗汇》《清儒学案》。1929 年起，协助叶恭绰编纂《全清诗钞》，后又与朱祖谋应天津须社（原名冰社）之邀，选编《烟沽渔唱》等。夏孙桐一生致力于著述，矜慎不苟，言必以诚，中年尤工填词。清末民初著名政治家、银行家梁士诒曾评价说："孙桐文学渊博，工诗又善填词。其词风格遒上，兼有南朝乐府风味。"[1] 夏孙桐在词坛上影响甚大，与道光、同治年间著名词人蒋春霖并誉为"苏南江阴两词人"，著有《悔龛词》《观所尚斋诗存》《观所尚斋文存》等。[2]

---

① 赵永良、华晓主编：《百年无锡名人图谱》（下册），新华出版社 2013 年版，第 367 页。
② 马兴荣：《夏孙桐年谱》，载《词学》2008 年第 19 辑，第 254—289 页。

　　夏孙桐是伦明的座师。光绪二十七年（1901），伦明参加庚子、辛丑并科考试，以第九十名中举人。按清末科举考试的规矩，中举者需拜本科主考官为座主，而座主则称这些弟子为门生，故伦明说："江阴夏闰枝师孙桐，余乡试座主也。"① 与伦明同拜夏孙桐为座师的还有胡汉民（1879—1936，广东番禺人）、关赓麟（1880—1962，广东南海人）、杨铁夫（1869—1943，广东中山人）、岑光樾（1876—1960，广东顺德人）、区大原（1869—1945，广东南海人）等②。按清制，乡试考试通常安排在八月举行，即"秋试"，而此时的广州正值酷暑，天气异常炎热，考官和考生皆汗流浃背。1927 年，伦明在河南焦作过年时回想起此事，作《怀夏闰枝师都中八叠前韵》：

　　　　　　试院衡文汗浃裳，一麾出守劝湖桑。

　　　　　　晚岁竽吹清史馆，故人笛感艺风堂。

　　　　　　残编逐渐归书肆，妙帖何缘乞米行。

　　　　　　屈指称觞将七十，待招门下庆强康。

　　诗的首联不仅对座师"试院衡文汗浃裳"满是回忆，"师典粤试，日阅卷独勤。天酷热，两仆从爱挥扇，数日夜不懈"，③ 而且还历数老师曾担任浙江湖州、宁波、杭州知府时"仰承先训，誓不自负初心"④"究心民瘼，未尝一日懈弛"⑤ 等为政、勤政理念。颔联艺术性地描述了夏孙桐任职清史馆时与缪荃孙笃深的兄弟情谊。缪荃孙（1844—1919），

① 伦明著，雷梦水校补：《辛亥以来藏书纪事诗》，上海古籍出版社 1990 年版，第 40 页。
② 高伯雨：《曾习经与夏孙桐》，载高伯雨：《听雨楼随笔》，辽宁教育出版社 1998 年版，第 257 页。
③ 伦明：《怀夏闰枝师都中八叠前韵》，《伦哲如诗稿》（第三册），国家图书馆藏稿本，第 5 页。
④ 夏孙桐：《观所尚斋文存·自述》，民国二十八年（1939）铅印本。
⑤ 陈叔通：《江阴夏先生墓志铭》，载夏孙桐：《悔龛词附文存补遗》，1962 年铅印本。

字炎之，又字筱珊，晚号艺风老人，江苏江阴人，近现代著名藏书家、版本目录学家、金石学家。光绪三十三年（1907），筹办江南图书馆（今南京图书馆前身）。宣统元年（1909），被任命为京师图书馆（今国家图书馆前身）正监督，负责筹办一事。辛亥革命后，避居上海。1914年，与夏孙桐、柯劭忞、张尔田等入清史馆编纂《清史稿》。晚年流寓上海，以刊书、校书、卖书为生。夏孙桐与缪荃孙既是同乡，又是妻舅、亲家关系，两人情若手足。据《夏孙桐年谱》记载，光绪十一年（1885），缪荃孙迎娶夏孙桐的妹妹藕生为继室。[①] 1913年，夏孙桐之子夏纬森迎娶缪荃孙之女为妻。[②] 颈联叙述夏孙桐晚年生活困厄，以藏书、妙帖换米艰难度日的生活现状：朱祖谋[③]《瑞鹤仙·小序》曰："悔生垂老无家，留滞旧京，欲归不得，倚声寄忆。"[④] 傅增湘《藏园群书经眼录》云："天一阁藏本，明棉纸蓝格写本，夏闰枝前辈《新刊古杭杂记诗集》守四明时得之武林丁氏。（1929年）三月十八日，夏闰枝托售，因校一过。"[⑤] 尾联则是伦明对年近70岁恩师的深深祝福，希望到时门生齐聚，共同举杯祝座师安康。

伦明与夏孙桐在北京相邻而居，曾共同参加《续修四库全书总目提要》的撰写工作。民国初年，夏孙桐应聘入京参加编纂《清史稿》，居住在麻刀胡同，与伦明居住的北京东莞会馆很近，故经常到伦明家借书、豪谈。1931年7月，伦明、夏孙桐先后加入东方文化事业总委员会编纂《续修四库全书总目提要》。伦明所撰提要以经部总类、书类、诗类、礼类、四书类、孝经类、群经总义类、小学类，史部杂史类、传记类，集

① 马兴荣：《夏孙桐年谱》，载《词学》2008年第19辑，第259页。

② 方慧勤：《夏孙桐诗词研究》，苏州大学2016年硕士学位论文，第104—111页。

③ 朱祖谋（1857—1931），原名孝臧，字藿生、古微，号沤尹、疆村，浙江湖州人。清光绪九年（1883）进士，历任礼部侍郎、广东学政使、江苏法政学堂监督等职，辛亥革命后，以填词著书为乐，是清末民初词学四大家之一。

④ 朱孝臧著，白敦仁笺注：《疆村语业笺注》，巴蜀书社2002年版，第416页。

⑤ 傅增湘：《藏园群书经眼录》，中华书局1983年版，第780页。

部粤人著述类为主，共撰稿件 1899 篇。夏孙桐"精于医"，所撰提要稿以子部医家类为主，共撰稿 750 余篇，另有清别集数十种。1936 年农历四月二十一日，夏孙桐八十大寿，伦明以诗贺之，高度赞赏其高洁的人品和执着的学术精神：

> 商山芝胜首山薇，老景长如夏日晖。
>
> 梦里西湖五骢马，眼中南海万明珠。
>
> 著书转感文章贱，观奕不惊朝市非。
>
> 门士无多头总白，休论前辈玉堂稀。①

辛亥革命后，夏孙桐先避居上海，后回到北京，不问政事，以著作终其天年，毕生性格开朗，高蹈笃行，对名利场上的是是非非观弈不惊。夏孙桐曾在《观所斋文存·自序》中云："避居上海者两年，有采旧望招之出仕者，谢之。而无买山归隐之资，不得已，客游乞食，应聘佐修《清史》。"② 清代文学研究专家严迪昌曾在《近代词钞·词作者小传》中云："清室倾覆后，孙桐虽以遗老自居，唯尚少复辟陈腐气，较之'遗少'辈开通为多，盖其湛深于学，尤具史识，故能不滞不悖，顺时明势耳。"③ 夏孙桐官止杭州，生前曾两次赴广州：光绪十八年（1892）九月，趁翰林院闲暇之时乞假南游广州，曾写下《广州元日》《粤王台歌》等诗作；光绪二十七年（1901），得旨与裴维侒担任广州乡试考官。伦明认为，杭州、广州的经历是夏孙桐生涯中比较重要的一部分，故有"梦里西湖五骢马，眼中南海万明珠"的精彩描述。在诗尾，伦明恭贺夏孙桐高寿，感慨健在的门生所剩无多，同朝为官者少之又少。

---

① 伦明：《寿夏闰枝师》，《伦哲如诗稿》（第六册），国家图书馆藏稿本，第 30 页。

② 马兴荣：《夏孙桐年谱》，载《词学》2008 年第 19 辑，第 270 页。

③ 严迪昌：《词作者小传》，载严迪昌编著：《近代词钞》，江苏古籍出版社 1996 年版，第 1847 页。

伦明《辛亥以来藏书纪事诗》为夏孙桐作传，诗云：

史稿难完又选诗，更修学案接前规。
玉堂人向书中老，不是承明著作时。①

伦明在诗的前两句再一次回忆老师担任清史馆纂修，辅佐徐世昌编辑《晚晴簃诗汇》《清儒学案》等经历。1923 年，《清史稿》还未编纂完毕，夏孙桐又接受徐世昌之邀请选辑《晚晴簃诗汇》（又名《清诗汇》），直至 1929 年该书稿由退耕堂刊印。此后，又受邀参编《清儒学案》，直至 1935 年因精力日衰而请辞。后两句则感慨老师已是近 80 岁的老翁，仍在撰写《续修四库全书总目提要》，是"玉堂人向书中老"的典范，只可惜已不是承明著作的最佳年龄。

---

① 伦明著，雷梦水校补：《辛亥以来藏书纪事诗》，上海古籍出版社 1990 年版，第 40 页。

屠　寄

屠寄（1856—1921），字敬山，一作静山，号结一宦主人，江苏武进人。清末民初史学家、地理学家、教育家，著名画家刘海粟的姑父。清光绪十一年（1885）举人。光绪十四年（1888）起，入两广总督张之洞幕府，后任广雅书局襄校、广东舆图局总纂、广雅书院教习等职，主修《广东舆地图》，并在广雅书局与缪荃孙同校《宋会要辑稿》。光绪十七年（1891），任教于张之洞创办的两湖书院。光绪十八年（1892）中进士，

屠寄

被选为翰林院庶吉士。光绪二十年（1894）散馆后，授工部主事。光绪二十一年（1895），赴黑龙江查办漠河金矿。光绪二十二年（1896）起，任黑龙江舆图局总办，首创测绘培训所，编撰《黑龙江舆图》。光绪二十六年（1900），任黑龙江电报局总办，兼寿山将军幕府记室。光绪二十八年（1902），任京师大学堂汉文教习。光绪二十九年（1903），任京师大学堂正教习。光绪三十年（1904），任奉天大学堂总教习。光绪三十二年（1906），任浙江淳安县知县。光绪三十四年（1908），入两江总督端方幕府。辛亥革命后，历任江苏武进县民政长、国立北京大学国史馆总纂、江苏武进县志总编辑等职。著有《蒙兀儿史记》《京师大学堂中国史讲义》《结一宦骈体文》《结一宦诗》《黑龙江驿程日记》等。①

屠寄曾任京师大学堂正教习，与伦明有师生之谊。光绪二十九年（1903），管学大臣张百熙奏派屠寄为京师大学堂正教习，兼任史地、国

---

① 屠孝实、屠孝宦、屠孝密：《屠敬山先生年谱》，载中国人民政治协商会议江苏武进县委员会文史资料研究会编：《武进文史资料》1983年第2辑，第92—111页。

文讲席,主讲中国史等课程。此时,伦明正就读京师大学堂师范馆。屠寄讲课声音洪亮,精力旺盛,生动有趣,深受伦明及其同学的喜爱。其子在《屠敬山年谱》中回忆道:

> 先君于史地之学,殚心研究者,已垂三十年。举凡政治之隆污、制度之兴革、人物之臧否、疆宇之沿革、山川之形势、物产之丰啬、习俗之淳漓,靡不烂熟胸中,了若指掌。每日上堂授课,从未挟持一书,而口讲手画,滔滔不穷;妙义风生,有若泉涌。盖知之深而居之安,故能取之左右逢源也。先君声量清宏,能持久不疲,虽数百人同处一堂,所言无弗闻者。每课一堂,必有新义数则,皆前人之所未发,而事理之所必然,能令听者餍饫,乐而忘倦。时学校初兴,士多陋习,往往执持细故,群起鼓噪,然得先君一言,无不立解,其受学生敬爱如此。①

光绪三十年(1904),屠寄前往奉天大学堂任总教习时,伦明所在师范馆的同学举泪相送,场面热烈。1917年后,伦明回到母校任教,屠寄也回到北京,受邀担任国立北京大学史学馆总纂,两人成为同事。伦明往返学校经过其宅第时,经常与其交流。事后伦明回忆道:"武进屠敬山师寄,中年后,屏绝他务,专撰《蒙兀儿史记》。性嗜酒,笔一枝,酒一壶,恒不离手。戊己间以国史馆事,重来京师,余在北京大学授课,往返经其庐,修谒较勤,尝乘间请曰:'书何时可成?'先生笑曰:'余今年六十矣,再须六十年可成,然余固不期其成。家中雇一刻工,成一篇即刻一篇,死而后已。'久之南归,而讣书至矣。"② 这段意趣盎然的对话,生动地刻画了游走在美酒与墨香、功名尘网与至道仙乡的屠寄。

光绪二十六年(1900),屠寄入黑龙江将军寿山幕府。当时义和团

---

① 屠孝实、屠孝宧、屠孝密:《屠敬山先生年谱》,载中国人民政治协商会议江苏武进县委员会文史资料研究会编:《武进文史资料》1983年第2辑,第102页。
② 伦明著,雷梦水校补:《辛亥以来藏书纪事诗》,上海古籍出版社1990年版,第30页。

运动兴起，沙俄对黑龙江蠢蠢欲动，寿山不听屠寄苦谏，力主开战，导致副都统凤山战死，瑷珲沦陷。屠寄顿感形势危急，于是乞假回籍就医。微服绕道蒙古时，两次被劫，手注《洛阳伽蓝记》五卷、《元秘史注》十五卷悉数被劫，数年心血，忽委榛芜。① 正因为老师屠寄有这样一段经历，故伦明在《辛亥以来藏书纪事诗》中云："（屠寄）又尝至黑龙江，参将军寿山幕。庚子之役，先生不主与俄开衅，拂寿山意，径归。仓皇中，丧其行李，所撰《洛阳伽蓝记注》亦遗之。余见其《诗稿》自注，有云寿山为袁崇焕后人，惜当时不询其详。"②

伦明在《辛亥以来藏书纪事诗》中为屠寄立传，诗云：

日日先生住醉乡，生平不逐著书长。

并时瑜亮难优劣，但见三都贵洛阳。③

伦明在诗的前两句再一次生动地描述了一个失意好酒、旷达自任、达旦著书、勤劬不休、淡泊名利的隐者屠寄。后两句则把屠寄比作三国时期的周瑜和诸葛亮，才华横溢；将其著作《蒙兀儿史记》与西晋左思的《三都赋》相提并论，因久不刊印，导致人们竞相传抄而致纸张涨价，旨在形容屠寄的《蒙兀儿史记》学术价值高，传播范围广。继诗之后，伦明又进一步补充说明道："先生尝至粤，为张之洞校刻广雅局书……先生殁时，《（蒙兀儿）史记》仅刻成十册。同时柯凤孙先生撰《新元史》亦刻成，几及百册，而坊间售柯书者，值仅三四十元，售先生书者，值至七八十元，盖《（蒙兀儿）史记》久不刷印，欲得之者众故也。"④ 1921年，屠寄辞世时，《蒙兀儿史记》并未全部完成，仅刻成十册。其子屠孝宦续作此书，先后经过四次刻印，才成当今160卷的规模。

---

① 屠孝实、屠孝宦、屠孝密：《屠敬山先生年谱》，载中国人民政治协商会议江苏武进县委员会文史资料研究会编：《武进文史资料》1983年第2辑，第100页。

② 伦明著，雷梦水校补：《辛亥以来藏书纪事诗》，上海古籍出版社1990年版，第30页。

③ 伦明著，雷梦水校补：《辛亥以来藏书纪事诗》，上海古籍出版社1990年版，第30页。

④ 伦明著，雷梦水校补：《辛亥以来藏书纪事诗》，上海古籍出版社1990年版，第30页。

陈黻宸

陈黻宸（1859—1917），幼名芝生，一名崇礼，后名黻宸，字介石，晚号改名苐，浙江瑞安人。清末民初著名教育家、政治家和史学家，被誉为"浙江大儒""史学巨子"，与陈虬、宋恕合称"东瓯三先生"。清光绪五年（1879）起任教于家乡多家书院，历时近 20 载。光绪二十六年（1900），任杭州养正书塾教习，与蔡元培等人交往密切。光绪二十八年（1902），在上海主编《新世界学报》。光绪二十九年（1903）进士，历

陈黻宸

任户部贵州司主事、京师大学堂师范科教习、京师编译局总纂、京师译学馆教习、旅京浙学堂正总理等职。光绪三十二年（1906），任两广方言学堂监督，兼两广优级师范学堂教务长。宣统元年（1909），当选浙江谘议局议长。辛亥革命后，历任浙江民政部部长、民国新政社副社长、众议院议员、国立北京大学文科史学和诸子哲学教授。编有《中国通史》《诸子通义》《老子发微》《庄子发微》《中国哲学史》等讲义。《陈黻宸集》由其孙陈德溥编，1995 年由中华书局出版。①

伦明与老师陈黻宸亲如兄弟。光绪二十八年（1902），伦明入读京师大学堂师范馆。光绪三十年（1904）一月起，陈黻宸任京师大学堂师范馆教习，自此，伦明与其结下三年师生缘。光绪三十二年（1906）秋，两广总督岑春煊创建两广方言学堂，聘请陈黻宸担任监督。光绪三十三年（1907）二月，伦明从京师大学堂毕业后回到广州，旋即被老师

---

① 陈谧、胡珠生编：《陈黻宸年谱》，载陈德溥编：《陈黻宸集》，中华书局 1995 年版，第 1157—1234 页。

陈黻宸聘为两广方言学堂教务长兼经济科教授，佐理一切校务。同时被聘的还有伦叙、伦鉴、张伯桢以及陈黻宸的得意门生马叙伦、龚寿康、周继善、陈怀等60余名中外教师和职员。在此期间，陈黻宸与伦明共同倡导开放昌明的学风，不仅鼓励教授互相讨论，互补所长，而且还教导学生学有所用，以中学植其根，西学佐其用，庶几学成各国语言文字，进而求各国之政治、学术、工商业。光绪三十四年（1908）春，伦明与黄节组织讲学会，曾敦请陈黻宸在南武公学讲学，总计举办五期，听众数百人。陈黻宸呼吁治学要"济危拯乱""读书且未足为学，况不读书乎"，其教育理念在广东学界产生了深远的影响。[1] 同年10月28日，正值陈黻宸五秩寿辰，伦明与马叙伦、伦叙、伦鉴、黄节等人为之祝寿。据陈黻宸嫡孙陈德溥的回忆文章，伦明全力辅助陈黻宸办学，两人在两广方言学堂的关系是"学术有争论，相处似兄弟"[2]。

伦明沉痛悼念老师陈黻宸。1917年7月，正在国立北京大学任职的陈黻宸得知弟弟醉石病危，乃兼程驰归，不料弟弟因病辞世，陈黻宸悲伤过度也溘然长逝。寓居北京的伦明知悉老师辞世后悲痛万分，乃撰挽联以志哀思：

> 以浙儒掌教粤东，继杭董浦而来，遗泽在士林，流涕吊永嘉先辈；
> 藉史学痛排君政，是王船山一派，异时传文苑，从头溯民国功臣。[3]

挽联的上联指浙江大儒陈黻宸掌教两广方言学堂兼两广优级师范学堂教务长期间，是"继杭董浦而来"，泽惠士林，高度赞颂老师对广东

---

① 马叙伦、陈怀编：《瑞安陈介石先生讲学录》，载《唯是》1920年第3期。
② 《伦明生平》，载伦明著，东莞图书馆整理：《伦明全集》（第一册），广东人民出版社2017年版，第30页。
③ 陈谧、胡珠生编：《陈黻宸年谱》，载陈德溥编：《陈黻宸集》，中华书局1995年版，第1218—1219页。

教育的贡献。杭堇浦即杭世骏（1695—1773），字大宗，号堇浦，浙江仁和（今杭州）人，清代经学家、史学家、文学家、藏书家，晚年主讲广东粤秀书院和江苏扬州书院。挽联的下联指陈黻宸在史学上沿袭王夫之一派的学术风格，史学著述不时轰动文坛，充分肯定老师在史学方面的成就。王夫之（1619—1692），字而农，号姜斋，晚年隐居石船山，故又称"船山先生"，湖南衡阳人，明清之际著名思想家、学者、诗人、词人，"四大启蒙思想家"之一。

1917 年 11 月，伦明任国立北京大学法预科教授后，与蔡元培、马叙伦、张伯桢等 34 人共同发起举行陈黻宸追悼会，在 12 月 7 日《北京大学日刊》刊登《陈介石先生追悼会启事》，拟定于 12 月 18 日在国立北京大学法科"共举悼临"。此外，伦明还作诗追挽老师陈黻宸，诗云：

> 傲游京国布衣裳，史熟龙门水究桑。
> 人惜孟郊迟得第，我同张籍晚登堂。
> 教尊华夏锄非种，文尚周秦擅散行。
> 门下传薪应勿替，永嘉学□胜胡康。①

伦明在挽诗首联提到的"布衣裳"是指陈黻宸早年加入求志社，与温州学者陈蛰庐、何志石、池志徵等人结为布衣之交，号称"布衣党"。入仕做官后，其他人纷纷易服，唯陈黻宸终身布衣不改，生活简朴。"史熟龙门"是指光绪四年（1878）陈黻宸考取温州府生员，学业优秀，业师孙锵鸣赞其课作为"龙门飞将"，意思是说他的史学功底深厚，文章非常了得，可以与汉代名将李广一样留名青史。紧接着，伦明借孟郊与张籍的故事，感念老师提携之恩。光绪二十九年（1903），45 岁的陈黻宸中进士，与唐朝著名诗人孟郊 46 岁中进士一样，均是"迟得第"，且他俩都乐于提携后学：陈黻宸将刚刚从京师大学堂毕业的伦明聘为两广方言学堂教务长兼经济学教授，孟郊将无名张籍推荐给好友韩愈，使

---

① 伦明：《追挽陈介石师》，《伦哲如诗稿》（第三册），国家图书馆藏稿本，第 28 页。

其成为门下弟子。"教尊华夏锄非种"主要是指陈黻宸在杭州养正书塾教学过程中，因夹杂民族主义等教学思想而闹出的一场学潮风波。据学生马叙伦《陈先生墓表》回忆："先生之主养正书塾也，以教授历史，即陈夷夏文野之义，于五胡、金、元之迹，反复而不厌。又以孟轲、邓牧、黄宗羲之说，敷引于讲席之间。于是杭之学者，莫不盛张排满革命而谈民治，风寖被于全浙。"① 正因为如此，光绪二十八年（1902）五月，陈黻宸不得不携马叙伦等数位被辞退的门生离开养正书塾，前往上海受赵祖德之聘主编《新世界学报》。陈黻宸在办报以及后来的教学与研究过程中，崇尚周秦大家，擅长骈文、散体文写作风格。他在《新世界学报》创刊号《叙例》中指出："周秦大家，东西哲学，梵辞精奥，语录杂糅，斯皆心理学之荦荦大端欤。"② 故伦明有"文尚周秦擅散行"的评价。在挽诗最后，伦明高度赞扬陈黻宸作为著名教育家，门下俊才济济，桃李满天下；作为近代史学大儒，治学以叶适为榜样，强调经世致用，为传承和推动永嘉学派的发展作出了自己应有的贡献。叶适（1150—1223），字正则，号水心居士。温州永嘉人。南宋官员、思想家、文学家、政论家。出生于瑞安，晚年讲学于永嘉城外水心村，世称水心先生。

---

① 马叙伦：《陈先生墓表》，载陈德溥编：《陈黻宸集》，中华书局 1995 年版，第 1229 页。
② 陈黻宸主编：《新世界学报》1902 年 9 月 2 日第 1 号，第 2 页。

林　纾

林纾（1852—1924），原名群玉，字琴南，号畏庐，别号冷红生，福建闽县（今福州）人。近代文学家、翻译家、书画家。早年跟随同县薛锡极阅读欧阳修的文章及杜甫的诗歌，后又阅读同县李宗言藏书不下三四万卷，博学强记，能文、能诗、能画，有"狂生"之称。清光绪八年（1882）举人，中举后先后任教于福建龙潭精舍、苍霞精舍和杭州东城讲舍。光绪

林纾

二十三年（1897）起，林纾根据王寿昌、魏易、陈家麟等留学海外者口述，用文言文翻译的《巴黎茶花女遗事》等西方小说被国人竞相传阅，风靡一时，被公认为中国近代文坛译界泰斗，留下了"译才并世数严林，百部虞初救世心"的美誉。光绪二十七年（1901），携家眷北上京城，先后任职于金台书院、五城中学堂（今北京师范大学附属中学前身）、京师大学堂译书局、京师大学堂等单位。辛亥革命后，以清朝遗老自居，以译书售稿、卖文卖画为生，[1] 主要著有《畏庐诗存》《畏庐文集》等。

林纾是伦明入读京师大学堂时的人伦道德课教员。光绪二十九年（1903），林纾被管学大臣张百熙聘为京师大学堂译书局"笔述"，与同乡严复成为上下级关系。光绪三十二年（1906），因其古文功底深厚，被京师大学堂总监督李家驹聘为京师大堂预科和师范馆经学教员，主讲伦理学。此时，伦明正好就读于师范馆。光绪三十三年（1907），包括伦明在内的 103 名师范馆学生毕业，林纾绘图记其事，并勉励学子们毕业后能任

---

① 薛绥之、张俊才编：《林纾研究资料》，福建人民出版社 1983 年版，第 29 页。

教职，能心系国家、爱生敬业、教化乡里、救弱济困、弘扬正道。[1] 林纾的勉励，激发了伦明及同学们强烈的社会责任感和职业使命感。

1913 年，林纾、姚永概与国立北京大学魏晋文派不睦，遂辞职专事译著，远离是非。当时，正逢"林译小说"疲销，林纾长日闭户，寄情书画。伦明《呈林琴南师》[2] 对其景况进行了生动描述。诗云：

> 高卧长安大布衣，喧喧车马掩荆扉。
> 万家画扇才人老，一局看棋世事非。
> 道丧微闻沉陆叹，泪枯刚自谒陵归。
> 黄农何世吾何托，一曲苍然怀采薇。

林纾不仅以古文意译外国名家小说见称于时，而且绘画功底深厚，笔随意到，时皆宝之。1916 年，林纾特绘扇面两幅赠送给已经退位的宣统皇帝溥仪，溥仪亲书"烟云供养"春条赐予林纾。1922 年，溥仪大婚，林纾又绘四镜屏呈进，溥仪再书"贞不绝俗"匾额以及宫中袍料、褂料等赐予林纾，故伦明有"万家画扇才人老"之美赞。1917 年，因不满《新青年》杂志提倡以白话代替文言，林纾致函国立北京大学校长蔡元培曰："若尽废古书，行用土语为文字，则都下引车卖浆之徒所操之语，按之皆有文法，不类闽广人为无文法之啁啾，据此则凡京津之稗贩，均可用为教授矣。"[3] 由此引发了与陈独秀、胡适、钱玄同等新文化运动倡导者的激烈论战，林纾被贴上了"'五四'新文化运动顽固反对者"的标签。作为旁观者的伦明认为，是是非非，争论过后谁又能是真正的输家或赢家呢？意在自叹，又似在劝慰。林纾是一个热情的爱国者，他曾上书反对签订丧权辱国的《马关条约》，反对德国强占胶州湾，其诗作《闽中新乐府》以复国仇、雪国耻为中心，讥弹时政，力举改良，洋

---

① 林纾：《大学堂师范毕业生纪别图记》，载江中柱、闵定庆、李小荣等编：《林纾集》（1），福建人民出版社 2020 年版，第 67 页。

② 伦明：《呈林琴南师》，《伦哲如诗稿》（第一册），国家图书馆藏稿本，第 16 页。

③ 林纾：《答大学堂校长蔡鹤卿太史书》，载江中柱、闵定庆、李小荣等编：《林纾集》（1），福建人民出版社 2020 年版，第 218 页。

溢着高度的爱国主义激情。只是步入暮年的林纾思想走向保守，忠君思想根深蒂固。他在《畏庐诗存·自序》中说："革命军起，皇帝让政。闻闻见见，均弗适于余心，惟所恋恋者故君耳。"① 他虽没有在清朝做官，然 1913—1922 年，以布衣身份十一次拜谒光绪帝陵寝。每至陵前，未拜已哽咽不能自胜，且不顾他人非议越礼犯分，反以为是"老作孤臣亦国殇"，故伦明有"道丧微闻沉陆叹，泪枯刚自谒陵归"之句，这是伦明对老师林纾爱国、忠君真性情的高度概括。1924 年 10 月，林纾病逝，伦明作挽诗云：

> 山人门外盛轩裳，卖画钱多胜税桑。
> 幽径有书传梅国，冬青无树哭陵堂。
> 门生才盛多津要，名士资深少辈行。
> 谁向长安叹珠桂，晚年高卧境逾康。②

在诗中，伦明回忆起老师生前虽然因诋毁"五四"新文化运动而饱受抨击，但依然保持着自幼养成的勤勉不倦、自食其力、乐于助人的品德，不禁悲从心起。民国初年著名学者朱羲胄在《贞文先生学行记·序》中云："林纾晚年除卖文为生外，更鬻画自赡家计。虽友朋门生多显贵，而独以自食其力为甘，未尝屑纳不劳而获之金，越七十龄，而忧屹立画案前，日可六七小时，劳作不少休。"③ 林纾的同乡兼好友陈衍在《林纾传》中把其书房戏称为"造币厂"，谓其著书作画"动即得钱"，然他"颇疏财，遇人缓急，周之无吝色"。④ 正因如此，林纾虽挣钱不少，但仗义疏财，未积下家私，以至于死后至为萧条，灵柩乃由门人集资运归故乡，故伦明有"门生才盛多津要，名士资深少辈行。谁向长安叹珠桂，晚年高卧境逾康"的深情追挽。

---

① 薛绥之、张俊才编：《林纾研究资料》，福建人民出版社 1983 年版，第 120 页。
② 伦明：《追挽林琴南师五十三叠前韵》，《伦哲如诗稿》（第三册），国家图书馆藏稿本，第 28—29 页。
③ 朱羲胄：《贞文先生学行记》，世界书局 1949 年版，第 1 页。
④ 陈衍：《林纾传》，《国学专刊》1927 年第 4 期，第 93 页。

江　瀚

江瀚

　　江瀚（1857—1935），字叔海，别号石翁、石翁山民，室名慎所立斋，福建长汀人。近代著名教育家、诗人，与其父江怀廷①、其长子江庸②合称"长汀江氏三杰"。清光绪十九年至二十三年（1893—1897），历任重庆东川书院山长、致用书院教习、长沙校经堂教习。光绪三十年（1904），受江苏巡抚端方推荐前往日本视察教育。光绪三十一年至宣统二年（1905—1910），历任江苏高等学堂监督兼总教习、两江师范学堂监督、学部普通司行走、京师大学堂师范馆监督兼教务提调、京师大学堂分科经学教授兼京师女子师范学堂总理。宣统二年（1910），任河南开归陈许道，直至辛亥革命止。1912年起，历任京师图书馆馆长、四川盐运使、大总统府政事堂礼制馆总编纂、参政院参政、总统府顾问、山西大学毛诗教授、大总统府政事堂礼制馆馆长、故宫博物院维持会会长、京师大学校文科学长、京师大学校代理校长、故宫博物院图书馆馆长等职。著有《慎所立斋文集》《慎所立斋诗

---

①　江怀廷（1819—1882），清咸丰三年（1853）进士，曾在四川璧山、南充等地为官。

②　江庸（1878—1960），江瀚长子，字翊云，号澹翁，是中国近代法学家、中国近代法律教育奠基人之一。清光绪三十二年（1906）毕业于日本早稻田大学，曾任京师法政学堂监督、京师高等审判厅厅长、司法部总长、日本留学生总监督、法律编查馆总裁、故宫博物院古物馆馆长、国立法政大学校长、中日东方文化事业总委员会中方委员、私立朝阳大学校长等职。中华人民共和国成立后，曾任政协第一届全国委员会委员，第一、二届全国人大代表，上海市文史研究馆副馆长。

集》《慎所立斋存稿》《石翁山房札记》等。①

伦明服膺老师江瀚的才学和教学理念。光绪三十二年（1906），江瀚署京师大学堂师范馆监督兼教务提调，伦明多次向老师江瀚求教，佩服其渊博的学识、良好的声誉、高洁的人品、寓教于乐的教育理念，对其著述成就极尽仰慕。伦明在《赋呈叔海夫子七律四首并乞削正》一诗中将老师江瀚的"书"与清代著名经学家王念孙相比，"文"与清代著名古文学家高澍然对照，并对老师平时的谆谆教诲记忆犹新：

> 学备三才道积躬，皋比坊表更谁同？
> 书成京邸王怀祖，文配乡人高雨农。
> 人世情超荣利外，爱人教寓笑谈中。
> 谆谆劝学犹当日，再见兰陵百岁翁。②

伦明经江瀚提携再次回到母校任教。1917 年 11 月，国立北京大学校长蔡元培聘请伦明为法预科教授兼文科研究所国文门诗词科教员，伦明回到了阔别十年的母校从事教学工作，直至 1921 年 9 月辞去教席。1927 年，江瀚任京师大学校文科学长，旋代校长一职，极度欣赏伦明才华的梁启超写信给江瀚，希望能恢复伦明在国立北京大学的教职。信函内容如下：

叔澥先生吾丈道鉴：

溽暑初退，台候何似，敬以为念。近读报，知丈已就文科学长之聘，最高学府得耆硕主持，前途可瞻，忭颂！敝同乡伦哲如兄自民国六年至十年曾久任北大文科教席，后为浙派所排而去。伦君最

---

① 周川主编：《中国近现代高等教育人物辞典》，福建教育出版社 2018 年版，第 166 页。

② 江瀚编集，高福生释笺：《片玉碎金：近代名人手书诗札释笺》，中华书局 2009 年版，第 119—120 页。

精目录之学，以独力编著《续四库提要》，已蔚然成帙。其于清儒著述收藏之富，别择之精，尤为并时所稀见。渠昔在北大受学时，丈正为监督，有师生之谊，若承罗致复职，必能副我丈作人之盛心也。手此奉荐，惟采择，实幸实幸！专请道安，不一不一。

启超顿首，廿六日。①

梁启超致江瀚信函

梁启超在信中道出了伦明 1921 年辞去国立北京大学教席的原因实是"为浙派所排而去"。当时，国立北京大学浙江派学者占大多数，伦明所在的文科研究所国学门大半教员都是浙江人，如主任沈尹默，同事钱玄同、马叙伦、陈汉章、黄侃、朱希祖、刘富槐等。与此同时，梁启超高度赞扬伦明渊博的学识、续书的志向，以及藏书精当等特长。江瀚收到梁启超的推荐信后不久，伦明即回到母校任教，主讲目录学、版本学等

---

① 赵一生、王翼奇主编：《香书轩秘藏名人书翰》（下册），浙江古籍出版社 2005 年版，第 713 页。

课程，直至 1933 年 7 月离开。伦明和江瀚这对师徒在国立北京大学讲授的课程深为学生所喜欢，据其学生傅振伦事后回忆："（北大）教员多逊清遗老耆旧，不学无术，独江瀚、伦明、邵瑞彭、邓文如诸先生学识渊博，为学生所推重。"[①] 1935 年毕业于国立北京大学中国语言文学系的张中行回忆起伦明授课时的情景道："讲目录学的伦哲如先生，他知识丰富，不但对历代经籍艺文情况熟，而且见闻广，许多善本书他都见过。"[②]

伦明和江瀚共同参与《续修四库全书总目提要》的撰写工作。1931年 7 月，江瀚、伦明分别成为东方文化事业总委员会最早聘任的 6 位研究员之一，是早期编撰《续修四库全书总目提要》的核心业务骨干。江瀚共撰写提要稿 742 篇，其中，经部《尚书》《诗经》、四书、石经、群经总义等类提要稿 502 篇，史部地理类提要稿 240 篇。[③] 江瀚的长子江庸当时是东方文化事业总委员会 11 位中方委员之一，曾多次前往日本斡旋，也参与了子部和集部部分提要的撰写工作。

江瀚曾嘱托伦明研究《袁督师应召饯别图》。1935 年，伦明在老师江瀚家中见到《袁督师应召饯别图》，江瀚嘱咐详细考究诸人爵里及著作，伦明遂得以带回家"纵观"。《袁督师应召饯别图》是明崇祯元年（1628）四月初三，袁崇焕临危受命，督师蓟、辽，兼督登、莱、天津等地军务，粤籍名士相聚广州名刹光孝寺（又名诃林）为其送别而作。由于该图引首有陈子壮榜书的"肤公雅奏"四字，故又名《肤公雅奏图》。"肤公雅奏"出自《诗经·小雅·六月》"薄伐狎狁，以奏肤公"

① 傅振伦：《邓师之诚先生行谊》，载邓珂编：《邓之诚学术纪念文集》，北京大学出版社 1991 年版，第 35 页。

② 张中行：《红楼点滴》，黄伟林主编：《大学语文》（大学版），广西美术出版社 2009年版，第 28 页。

③ 马学良、荣国庆：《江瀚撰修〈续修四库全书总目提要〉考》，《中国四库学》2021年第 1 期，第 122 页。

句，寓意袁崇焕出征大功告成。席间，赵悼夫作山水画一幅，诸友题诗，主要内容大致为：望其建功立业，咏其豪爽性格，劝其知进知退等。最初，该画卷由袁崇焕珍藏，袁崇焕蒙难后辗转流散于厂肆之间。清光绪四年（1878），王鹏运在北京为其作题跋。1921年，江瀚获得此图后携至天津，请罗振玉鉴定为真迹并作跋。1935年，伦明作跋后与容庚、张伯桢、张次溪以《东莞袁崇焕督辽饯别图诗》为题名，鸠资影印50本分送各大图书馆及同好保存。该图原件由江瀚收藏之后，又辗转媚秋堂马氏、澳门何贤，后又流落香港罗孚手中，现由广东省博物馆收藏。

据伦明所撰《袁督师崇焕应召饯别图》《跋〈肤公雅奏图〉》二文记载，江瀚所藏原件系临桂王鹏运所赠，图为赵悼夫所绘，上款因为有所忌惮被剪去。题诗者有陈子壮、梁国栋、黎密、区怀年、释通岸、彭昌翰、李膺、邝瑞露、吕非熊、释超逸、欧必元、邓桢、吴邦佐、韩暖、戴柱、傅于亮、陶标、释通炯、梁稷19人。① 按照老师江瀚的要求，伦明除考订出19人的诗作外，还推究出除袁崇焕以外其中8人的生平行谊，分别如下：

赵悼夫，字裕子，布衣，广东番禺人，工画花卉兼山水，著有《草亭集》等。

陈子壮，字集生，号秋涛，广东南海人，与袁崇焕为同科进士，以殿试第三名举探花，授翰林院编修。明天启四年（1624）因弹劾魏忠贤被削职还乡。崇祯初年复官，累迁礼部右侍郎，后因得罪皇族再被罢官。南明时，授礼部尚书、大学士兼兵部尚书。后在广东起兵抗清过程中被俘，拒降殉节。著有《云淙集》《练要党稿》《南宫集》等。

黎密，字镇之，广东番禺人，诸生，为抗清名将黎遂球之父。工诗文，通古文，淡泊名利，交友广泛。著有《籁鸣集》等。

区怀年，字叔永，广东高明人，明天启元年（1621）贡生。出身于

---

① 伦明著，东莞图书馆整理：《伦明全集》（第二册），广东人民出版社2017年版，第65—70页。

官宦之家，父亲区大相、叔父区大伦均为进士，伯父区大枢为举人。曾入翰林院掌管文书，后隐归故里。著有《望罗浮诗》《罗浮游记》等。

邝瑞露，又名邝露，字湛若，广东南海人。诸生，工诗词，擅书法，能琴律，通武略，南明时任中书舍人，后回到广州守城抗清，城陷后抱绿绮琴而死。著有《赤雅》《峤雅》等。

欧必元，字子建，广东顺德人，是欧大任的从孙。诸生，明崇祯末年乡荐任广东巡抚，后受排挤辞官回乡，晚年遨游山水。著有《琭玉斋稿》《勾漏草》《罗浮草》《溪上草》等。

梁稷，字非馨，广东番禺人，袁崇焕幕客。袁崇焕冤死后，曾到福建唐王府为官，与邝露联合上疏，为袁崇焕"疏白其冤，服爵赐葬"。

释通岸，字觉道，一字智海，为憨山大师书记，后居光孝寺。著有《栖云庵集》。[①]

根据颜广文《〈东莞袁崇焕督辽饯别图诗〉历史人物》一文，伦明考证以外的其他人物生平如下：

释超逸，俗姓何，字修六，广东三水人，曾代主持光孝寺。

释通炯，俗姓陆，字若惺，广东南海西樵人，光孝寺住持，号寄庵大师，与释通岸、释超逸均为晚明憨山大师弟子。

吕非熊，又称吕飞熊，字帝思，广东南海人。少有神童之目，以贡生终。

邓桢，又名邓伯乔，籍贯不详，袁崇焕幕客，曾受袁崇焕所托返粤募修罗浮名胜。

吴邦佐，广东德庆人。明万历四十六年（1618）任阳山训导，与广州文人多有交游。

韩暖，广东博罗人。明崇祯元年恩贡。著有《经纬昌言》《采菱赋》等。

---

① 伦明著，东莞图书馆整理：《伦明全集》（第二册），广东人民出版社 2017 年版，第400—401 页。

戴柱，字安仲，广东南海人。著有《闲游诗草》等。

傅于亮，字贞父，又字贞甫，籍贯不详。袁崇焕幕客，与广州名士欧必元、李孙宸等交谊甚厚。

陶标，字摇先，广东南海人。国子监生。据《光孝寺志》记载，明天启年间，参与捐资重修诃林禅堂，作《诃林新修禅堂铭》。

梁国栋，字景升，广东香山人。明天启四年（1624）举人，授江西彭泽县知县，廉以持已，敏以御物，民怀其惠，奸畏其威，被称为"铁面梁公"。①

---

① 颜文广：《〈东莞袁崇焕督辽饯别图诗〉历史人物》，载《华南师范大学学报（社会科学版）》2002 年第 1 期，第 59—62 页。

京师同窗

京师大学堂创办于清光绪二十四年（1898），其成立标志着中国近代国立高等教育的开端。光绪二十七年（1901），因八国联军入侵北京被迫停办两年的京师大学堂复办，设预备和速成两科。预备科分政科、艺科，速成科分师范和仕学两馆。伦明以举人身份参加招生考试，以第一名的成绩被师范馆录取，开始了在京师大学堂长达五年的求学生涯。伦明在校期间，与广东中山的杨铁夫、广东梅县的廖道传、广东顺德的胡祥麟、湖南衡山的符定一、广东南海的关庆麟和关赓麟兄弟、广东花县的朱兆燊、河南通许的胡汝麟、广东番禺的叶恭绰等同学交往频密，最为要好。

杨铁夫

杨铁夫（1869—1943），又名玉衔，字懿生，号铁夫、季良、銮（鸾）坡，广东香山人。词学底蕴深厚，有"岭南词人"之称。早年就读于广州广雅书院。清光绪二十七年（1901）举人。翌年，官费派往日本东京弘文学院师范专业就读。光绪三十年（1904），赴京应内阁试，钦取第六名，为内阁中书。同年，入京师大学堂师范馆就读，毕业后广西提学使李翰芬奏调广西办学，任

杨铁夫

官立桂林中学堂监督。宣统元年（1909），调任广西归顺州知州，翌年，补授晋安府知府。1912 年起，历任北京女子师范大学孙文学院院长、广东高等师范学堂（中山大学前身）文案、广东省警察厅卫生科科长、广东揭阳县知事等职。1925 年，任上海广肇公学教席。1926 年，任中山师范学校校长。1930 年起，任宁波市政府秘书兼市立图书馆馆长。1933 年，隐居浙江普陀山惠济寺学佛。1934 年，任江苏无锡国学专修学校词学教授。1936 年南归后，于翌年筑室香港大屿山，取名"双树居"。1941 年秋，任香江广州大学、国民大学教授。香港沦陷后返乡，以著述自娱，直至 1943 年 6 月 6 日在家乡病逝。著有《抱香室词》《双树居词》《五厄词》《铁城土语语原考》《隆都语总例》等。①

伦明与杨铁夫同年中举人，又同为京师大学堂师范馆同学。光绪二

---

① 中山市人民政府地方志办公室编：《中山市人物志》，广东人民出版社 2012 年版，第 82—83 页；陈昌强编：《杨铁夫年谱》，载《古典文献研究》2022 年第 25 辑，第 340—375 页。

十七年（1901），伦明与杨铁夫参加广东乡试，同年中举，同拜夏孙桐为座师。光绪二十八年（1902），伦明考入京师大学堂师范馆学习，杨铁夫则被两广总督陶模选中官费留学日本，入读日本东京弘文学院师范专业。同行的 26 名同学中，有后来追随孙中山左右的国民党元老胡汉民、国民党右派人物吴稚晖，以及后来同入京师大学堂师范馆的同学关赓麟等。光绪三十年（1904）2 月，杨铁夫参加历史上最后一次科举考试未中后，又继续参加 7 月份举行的内阁考试，以第六名的成绩考取内阁中书，后进入京师大学堂师范馆学习，自此杨铁夫与伦明成为同窗好友。

伦明与杨铁夫常以诗作的方式相互问候，诉说家常。1927 年，寓居河南焦作的伦明作《丁卯五日吟稿》20 余首，其中，第一首即为《杨二季良去冬相见自言明岁我六十矣除夕偶忆成寿诗一首于元旦日寄之》，足见二人关系密切。诗云：

大罗同日咏霓裳，弹指人间变海桑。

老至未添新白发，梦回休忆旧黄堂。

客中济济耆英会，门下彬彬弟子行。

久别忽知经帐近，从今岁岁祝安康。①

伦明在诗中首先直抒自己和杨铁夫于光绪二十七年（1901）乡试中举距今已经 26 载，感叹岁月如梭，时光荏苒，表示很想知道老同学的近况，并述说自己多次梦回老同学广西为官时的情景。紧接着，伦明将杨铁夫在上海师从朱祖谋学习梦窗词一事娓娓道来：1925 年，杨铁夫前往上海广肇公学任教，经常出入于同乡甘翰臣之别业"非园"，与园客朱祖谋、王乃徵、陈三立、曾熙等结识。1927 年，杨铁夫拜朱祖谋为师学

---

① 伦明：《伦哲如诗稿》（第三册），国家图书馆藏稿本，第 1 页。

习梦窗词，参加多个以朱祖谋为中心的词社，开始了系统的词学学习与研究，为后续出版词学研究成果《吴梦窗词笺释》打下了坚实的基础。在诗的最后，伦明道出久别后一直没有跟老同学邮寄诗作，今日作诗祝福老同学以后岁岁安康，万事顺遂。收到伦明的诗作后，杨铁夫随即以诗复之，并告诉伦明，他的大儿子杨兆熹获美国密歇根大学市政管理硕士学位，二儿子杨兆熊获美国夏威尼大学化学硕士学位，[①] 兄弟俩归国后，均不愿意从事教育工作而想从政，从而被他严厉批评等事。伦明收到杨铁夫的诗作后，又按上诗的"裳""桑""堂""康"叠韵复诗一首，劝说老同学道：

> 阿婆犹着嫁时裳，老女禁寒不辍桑。
> 漫说诗书君子泽，似传衣钵老僧堂。
> 遗经何若藏金窖，谋食难于太上行。
> 责子陶公殊未达，笔耕那得望□康。[②]

　　伦明在诗中力陈时世艰难，生活不易。虽说诗书传家、君子之泽等都是老一辈传下来的通理，然身逢乱世，孩子们找一个谋生的工作很不容易，劝慰醉心教育的老同学不要像陶侃[③]的父母那样苛求儿子，读书人未必一定要从事教育工作。

　　1928—1929 年，伦明前往沈阳就职，遗失了杨铁夫的通讯地址，大约三年时间两人没有联系。直至 1930 年，伦明终于又收到了杨铁夫从上海寄来的书信，大喜过望，即题诗云：

---

① 陈昌强编：《杨铁夫年谱》，载《古典文献研究》2022 年第 25 辑，第 340—375 页。
② 伦明：《季良等示元旦试笔诗》，《伦哲如诗稿》（第三册），国家图书馆藏稿本，第 19 页。
③ 陶侃（259—334），晋朝著名军事将领。年少时，双亲对其管教极严，陶母责子、孝子约酒等典故传颂至今。

> 三岁绝消息，失记君寓址。
> 虽有殷洪乔①，何从寄一纸。
>
> 辽东有一鹤，禧褋难高翔。
> 南雁欲北飞，就之谋稻粱。
>
> 老齿可变少，轻了十三年。
> 定有换颜方，得之海上仙。
>
> 学词几许年，尚未得词谱。
> 我藏词谱多，可恨词不好。②

　　伦明在诗的开篇即告诉老同学之所以三年音信全无，完全是因为自己粗心大意遗失了老同学的通讯地址。紧接着，用"辽东鹤"这一典故表达了前往奉天谋生的自己对家乡深深地眷恋，并借机打趣地追问老同学：多年未见，是否返老还童，变得更年轻、更帅气了？"辽东鹤"典出自晋陶潜《搜神后记》："丁令威，本辽东人，学道于灵虚山。后化鹤归辽，集城门华表柱。时有少年，举弓欲射之。鹤乃飞，徘徊空中而言曰：'有鸟有鸟丁令威，去家千年今始归。城郭如故人民非，何不学仙冢累累。'遂高上冲天。"后以"辽东鹤"喻指离开家乡的人对乡土的思恋，感叹人世间的变迁。③ 在诗的最后，伦明关切地询问老同学在上海

---

① 殷洪乔即殷羡，晋朝人，字洪乔，官至豫章太守、光禄勋。据《世说新语》记载：殷羡要去做豫章太守，临走前，京都人士趁便托他带去一百多封信，然他在路途把信全都扔到了江里，还祷告说："沉者自沉，浮者自浮，殷洪乔不能为致书邮。"后来，人们将殷洪乔喻作不称职的邮差。

② 伦明：《得铁夫上海书戏题其后》，《伦哲如诗稿》（第五册），国家图书馆藏稿本，第5页。

③ 尹奎友、杨永莉编著：《成语典故精选999》，山东人民出版社2005年版，第62—63页。

拜师学词的情况，并表达了想得到老同学词作的愿望。杨铁夫得朱祖谋指授后，词学进步很大，后来词名彪炳，成为近世词学巨子之一。中国近代著名文学家陈衍赞其"彊村衣钵晚年强"①；中国当代著名词学家唐圭璋赞其为"天南一老"②；中国古典文学研究专家钱仲联将其选入《光宣词坛点将录》《近百年词坛点将录》。

① 陈衍：《浣溪沙题抱香室填词图》，古诗词网，https：//www.zuowenxue.com/gushi/288794.html。

② 唐圭璋：《绕池游题铁夫双树居词》，载金玉辉辑注：《诗词格律谱式》，广安市诗词学会 2012 年版，第 154 页。

廖道传

　　廖道传（1877—1931年），字叔度，又字梅峰、梅坨，号三香山人，广东梅县人。近代教育家、诗人。清光绪二十五年（1899），参加嘉应州科试，取得正场一等第一名，被保送至广雅书院进修。后因成绩优异，于光绪二十八年（1902）被保送入读京师大学堂师范馆。光绪三十三年（1907），在京师大学堂毕业后，受朝廷所派，前往日本考察学政，回国后任广西优级师范学堂监督。辛亥革命后，转而从政，先后任广西浔州府、武鸣府府长，广西督军署秘书，平乐县统税局局长等职。其后又转从教育，1913年，任广东高等师范学校校长。1917年3月，奉命第二次赴日本考察师范教育。回国后，针对我国师范教育改革等问题写成万言报告书。1923年，与梅县乡贤黄墨村、美籍传教士汲平如等创办嘉应大学，开梅县高等教育之先河。1927年后，先后任广东省对外交涉署秘书、第一集团军司令李济深指挥部办公厅秘书等职。著有《京师集》

嘉应大学第一次文预毕业生合影（前排右三为廖道传）

《桂林集》《武鸣集》《军府集》《金碧集》等。①

伦明与廖道传既是京师大学堂师范馆的广东老乡，又是同寝室的室友。1902 年，伦明和廖道传同时入读京师大学堂师范馆。伦明为考试生，廖道传为保送生。入校后，二人"斋案相连"，品评古籍书画，吟诗唱和，且"与君同学日，每考试必第一"。由此，廖道传被伦明视为"平生最畏友"。② 光绪二十九年（1903），伦明作《无题》八首，廖道传随即和作《燕京秋感次友人东莞生韵》，分别署名"东莞生"和"嘉应健生"寄给当时流亡日本的梁启超。梁启超收到诗作后，称赞二人的诗作"可称双绝"，后将二人诗作收录于《饮冰室诗话》。③

伦明和廖道传同时间段在两广任职，多有唱和。辛亥革命后，廖道传任广西浔州府府长，伦明亦在广西桂林、浔州从事教育工作。1913年，伦明、廖道传均从广西回到广州。伦明先在公民党广东支部工作，后任广东视学官；廖道传任广东高等师范学校校长，任期长达五年。在此期间，两个好友同住广州城，时有聚会，宴饮唱和，好不乐哉。《伦哲如招饮珠江》诗云：

> 落日兰桡曳画艒，碧云红树影重重。
> 烟波澹荡澄孤眼，天水空明证此胸。
> 梧雨凉敲诗魄瘦，茗香味比宦情浓。
> 京华冠盖都如梦，只合骚裳集紫蓉。
> 记共燕台吊昔贤，悲秋曾共感华年。
> 桂林鸿迹连残雪，珠海潮音应暮天。
> 黄卷同探三箧秘，绿杨犹结两家缘。

---

① 中国人民政治协商会议广东省梅县委员会文史委员会编：《廖道传》，《梅县文史资料》1994 年第 27 辑，第 134—135 页；何国华：《著名教育家、诗人廖道传》，《梅县文史资料》1988 年第 13 辑，第 60—66 页。

② 伦明：《赠廖叔度》，《伦哲如诗稿》（第二册），国家图书馆藏稿本，第 1 页。

③ 梁启超著，舒无校点：《饮冰室诗话》，人民文学出版社 1959 年版，第 111 页。

故人莫笑盐车骥，伏枥如今不受鞭。①

伦明在诗中首先描写了广州珠江美景，记录在美景前与友人一起品茗的美好时刻。紧接着，回忆"燕台吊昔贤"以及在桂林、广州履职与交往的情景。"燕台"指战国时期燕昭王为招纳天下贤士而建造之所，故亦称贤士台、招贤台。旧址位于今河北省易县东南，后成为帝王尊贤之典。"昔贤"，指"燕台七子"，即清初顺治、康熙年间，京城著名诗人施闰章、宋琬、丁澎、张文光、严沆、赵宾、陈祚明结为诗社，经常唱和，有《燕台七子诗刻》行世。② 最后，伦明调侃地向友人发出"故人莫笑盐车骥，伏枥如今不受鞭"的请求。1917 年，伦明作《赠廖叔度》，再次回忆与廖道传相识与相知的情景。诗云：

平生最畏友，一别十许年。
卸装急相访，意重握手坚。
须髯略斑白，神采尤焕然。
自言作壮游，尽览滇山川。
一朝忽归来，筑室三香巅。
读书教子女，日讲经一篇。
余力为文章，谀墓金百千。
忆昔共学日，同斋案相连。
课暇论古今，持议各一偏。
崛强不少让，往复互纠缠。
偶值气盛时，拍案案欲穿。
旁舍走相视，疑谓诤詈焉。

① 廖道传著，廖国薇、梁中民点校：《三香山馆诗集》卷六《国学集》癸丑（1913）十月迄丁巳（1917）九月，中山大学出版社 2000 年版，第 55 页。
② 岳升阳、黄宗汉、魏泉：《宣南——清代京师士人聚居区研究》，北京燕山出版社 2012 年版，第 198 页。

辞毕各大笑，更端又复然。

自从叹索居，有怀无由宣。

独学寡攻错，内省丛咎愆。

苦思昵就君，破屋赁一椽。

追梦酒醒后，拾欢花落前。

此愿不得遂，自恨囊无钱。

我家住水乡，先人遗薄田。

比来变盗薮，率眷三四迁。

薪米价日贵，厨火尝不燃。

因此随流民，乞食江湖边。

早岁抱雅尚，弃官慕陶潜。

潜虽际易代，犹安北窗眠。

生为无怀民，殁世称高贤。

乃知隐佚士，成就亦在天。

而我独何为，出处两不全。

久别始见君，情亲言弥谦。

诿我学已成，诗格老更妍。

君意寓奖掖，我意黯自怜。

嗟嗟我与君，有如凡隔仙。

信笔述区区，契阔在俄延。

聚首纵难必，毋吝一纸传。①

　　伦明在诗中生动地描写两人久别重逢、情亲言暖等生动有趣的画面后，又回忆起两人在京师大学堂讨古论今、互不相让、拍案诤詈、握手言欢等情景。紧接着又向老朋友诉说自己"早岁抱雅尚，弃官慕陶潜"的理想，然为了生计，不得不放弃做隐侠的想法。最后述说自己和老朋友分隔两地，相聚不易，希望能经常通信，保持联系。

---

① 伦明：《赠廖叔度》，《伦哲如诗稿》（第二册），国家图书馆藏稿本，第1页。

　　1923年，廖道传在梅县创办嘉应大学，伦明高度赞赏廖叔度办学的理念、横溢的诗才、济济的桃李、高洁的人品、优异的成绩，以及治理的政绩，作《怀廖叔度梅县》：

> 遂和早制□荷裳，男课耕田女课桑。
> 客子解装诗满箧，门生问字酒盈堂。
> 旧游象郡多遗爱，同学龙头孰抗行。
> 读史知君饶感想，几时刑措见成康。①

　　廖道传在广西任职期间，希望自己治理的区域如同周成王、周康王治理的天下一样安宁，刑措不用，有"至治之世"的美称，故伦明有"读史知君饶感想，几时弄措见成康"之句。

---

① 伦明：《怀廖叔度梅县》，《伦哲如诗稿》（第三册），国家图书馆藏稿本，第14页。

胡祥麟

胡祥麟（1877—?），字芝贤，又作子贤，广东顺德人。近代著名画家。清光绪三十三年（1907），毕业于京师大学堂师范馆，后分发法部制勘司行走。后又改任法部编查处行走，补授法部宥恤司七品小京官。历任法部宪政筹备处纂修第一科科长、机要科总核。辛亥革命以后，一直在

胡祥麟（中）

司法部任职，历任北洋政府司法部金事、文员普通甄别委员会委员，南京国民政府司法院参事，河北高等法院院长等职。[①] 工诗词，善书画，精鉴别。1915 年，曾与汤定之、余绍宋、陈师曾等诸多名家在北京宣南大街成立早期的绘画组织宣南画社。[②]

伦明与胡祥麟同年考入京师大学堂师范馆，是师范馆旧班的同班同学，两人同学之谊笃深。胡祥麟擅长书画，伦明《怀胡子贤都中》自注云："近见京沪鬻书者日多，君工书而不出润格，尤喜为余（伦明）捉刀。"可见其喜书法而不喜商业化的立场。1918—1919 年，伦明在北京琉璃厂开设通学斋藏书处，胡祥麟为其题写"通学斋藏书处"匾额，可见伦明所言"尤喜为余捉刀"有据。1927 年，伦明思念胡祥麟，作《怀胡子贤都中》[③]：

---

① 中国人民政治协商会议天津市委员会文史资料研究委员会编：《天津近代人物录》，天津市地方史志编修委员会总编辑室 1987 年版，第 274 页。

② 赵盼超：《民国初期（1912—1928）北京地区中国画研究》，文化艺术出版社 2021 年版，第 122—123 页。

③ 伦明：《怀胡子贤都中》，《伦哲如诗稿》（第三册），国家图书馆藏稿本，第 6 页。

> 不登皋陶宋荔裳，几愁铁砚老磨桑。
>
> 精心鉴别如荷屋，霸气文章近易堂。
>
> 粟饱侏儒原有例，鹅笼道士不同行。
>
> 骄人百纸明贤牍，享帚居然是小康。

伦明在诗的首联借用清初"一代诗宗"宋荔裳的《祭皋陶》以及后晋发誓"磨穿铁砚"也要当公辅的桑维翰的典故来类比胡祥麟执法公正及为学、为政执着不懈的精神。"皋陶"是传说中尧舜时期掌管刑狱的官员，以公正无私闻名于世，被后世尊为"狱神"。清初著名诗人宋荔裳①以自己受冤入狱的心路历程创作了杂剧《祭皋陶》，讲述了东汉末年因宦官专权而受冤入狱的范滂前往狱神庙祭皋陶，向其诉说自己受冤入狱的经过，皋陶怜其无辜，托梦皇帝即行宽释的故事。该剧高度赞扬了皋陶的刚正不阿。"磨穿铁砚"是五代时期桑维翰的故事。桑维翰（899—947），字国侨，河南洛阳人，少时聪慧，然身材矮小，相貌丑陋，慨然有志于朝廷公辅。初举进士时，主司以姓"桑"与"丧"同音不予录取。他人劝其弃考，通过别的途径求取功名。桑维翰矢志不移，不仅作《日出扶桑赋》以明百折不挠之心志，而且还铸了一个铁砚示人曰："砚弊则改而他仕。"意思是说如果把这方铁砚磨穿了还考不中才会另作打算。桑维翰坚持不懈地参加考试，终于进士及第，后来还成为后晋权倾一时的宰相。

颔联提及胡祥麟如同清中期岭南名宿吴荣光一样，精于书画鉴别；其文章如同明末清初文人魏兆凤以及"易堂九子"的文章一样，大气磅礴。吴荣光（1773—1843），字伯荣，号荷屋、可庵，晚号石云山人，别署拜经老人，广东南海人，从学阮元，累官湖南巡抚兼湖广总督，后坐事降为福建布政使。工诗和书法，好收藏。魏兆凤（1597—1654），字

---

① 宋荔裳，即宋琬（1614—1673），字玉叔，号荔裳，山东莱阳人。清顺治四年（1647）进士，康熙年间累官至四川按察使，被誉为"清初一代诗宗""清八大诗家之一"。

圣期，自号天民，江西宁都人。明末清初，削发隐居于宁都翠微峰，名其居室为"易堂"。后魏际瑞、魏禧、魏礼、彭士望、林时益、李腾蛟、邱维屏、彭任、曾灿九位文学家不愿事清，亦削发避居易堂，以讲学著述为业，称"易堂九子"。

颈联则用"粟饱侏儒"这一典故喻指1927年6月16日胡祥麟因为司法部小人得志而被免除参司一职之事①，感叹他才学过人却得不到重用，然他就像"鹅笼道士"那样喜欢帮助他人，与那些鬻书者截然不同，擅长写字作画从不收钱，人品高洁。"粟饱侏儒"是西汉时期东方朔的故事。东方朔任职公车府时，俸禄微薄，一心想加薪。于是他哄骗看管御马圈的侏儒们说，皇上认为他们矮小无用，白白浪费粮食，要杀掉他们。如果他们想活，就要向皇上叩头请罪。一天，侏儒们看到汉武帝的车马即跪地磕头，汉武帝追问其原因，侏儒们回答道，东方朔说皇上要杀死他们。汉武帝听后即召东方朔，诘问为何恐吓侏儒们，东方朔答曰："侏儒高三尺多，俸禄是一袋粟，二百四十钱。臣东方朔高九尺多，俸禄也是一袋粟，二百四十钱。侏儒饱得要死，臣东方朔饿得要死。"汉武帝听后哈哈大笑，随后便重用东方朔并加薪。后用此典喻指小人得志，贤才受屈。"鹅笼道士"即"鹅笼书生"，是指南朝吴均《续齐谐记》中缩身于鹅笼且有特异能力的道士，特别喜欢出手相助穷人。

尾联高度赞赏胡祥麟具有"明贤尺牍"中所展现的崇高气节。"明贤尺牍"是指明朝贤臣良将往来的书信及墨迹，内有直斥昏聩、维护礼法而不顾贬黜廷杖的死谏之臣；有疾恶如仇、不趋炎附势而与阉贼奸佞斗争到底的忠正之臣；有国破家亡而不屈就死的殉君之臣……可以说，他们都是"富贵不能淫，贫贱不能移，威武不能屈"的典范。

---

① 孔庆泰等编著：《国民党政府政治制度史词典》，安徽教育出版社2000年版，第252页。

符定一

符定一（1877—1958），字宇澄，号悔庵，
湖南衡山人。近现代教育家、语言文字学家。清
光绪二十九年（1903）考入京师大学堂，光绪三
十四年（1908）毕业后任资政院秘书，后回到湖
南从事教育工作，历任岳麓书院院长、湖南省公
立高等中学堂校长、湖南省公立第一师范学校校
长、湖南高等师范学校校长、湖南省教育会副会
长等职。1926 年后，历任财政部次长、盐务署署
长、稽核总所总办。抗日战争时期，在长沙筹资

符定一

创办衡湘中学。1946 年后在北平从事地下活动，参与北平和平解放事
宜。1949 年 1 月 22 日，与李济深、沈钧儒、郭沫若等 55 人联名发表
《对时局的意见》，支持中共中央提出的八项和平条件。1949 年后，历任
政务院文化教育委员会委员、中央文史研究馆第一任馆长。符定一与毛
泽东主席有深厚的师生情谊。1912 年，符定一任湖南省公立高等中学校
校长时，视学生毛泽东为栋梁之材，对他悉心培养和指导。1925 年，他
还积极参与营救受军阀赵恒惕通缉的毛泽东。符定一编著的《联绵字
典》饮誉语言文字学界。此外，他还著有《新学伪经考驳谊》《说文本
书证补》《说文古籀本书证补》等。①

符定一比伦明晚一年入读京师大学堂。入学时，伦明为师范旧班学
生，符定一为师范新班学生，两人虽然不同班，但互相赏识，交往密切。
符定一专注于文字学研究，曾收藏有《说文翼》。伦明《辛亥以来藏书
纪事诗》为广东藏书家盛景璿作传时，提及符定一收藏的《说文翼》：

---

① 许康：《湖南大学校长评传（1897—1949）》，海南出版社 2006 年版，第 292—303 页。

師範新班第一類湖南省學生

曾楚珩　字滙川行二年二十一歲湖南寶慶府新化縣籍附生師範留習英文
曾祖　松亭　祖　傅棟　父　耀約

朱峻嵋　字時峯行四年二十四歲湖南衡州府衡山縣民籍監生師範留習英文
曾祖　延秀　祖　馨志　父　茂華　榮祖

符定一　字字澄行三年二十三歲湖南衡州府衡山縣民籍監生師範館公共科分科習英文
派名思殿字立庭行一年二十二歲
曾祖　震任　祖　立圖　父　義玉　生文

楊鳳穆　字繁卿行一年二十九歲湖南長沙府湘陰縣附生師範留習英文前肄業本省城南兩書院及師範館
曾祖　耀涵　祖　泰琦　父　長榮　生文

向玉階　字叔耘行七年二十五歲湖南長沙府湘潭縣籍廩貢生習英文前肄業省城高等學堂二年師範學堂一年
曾祖　祖新　祖　　父　義玉

師範新班第二類湖南省學生

周揚峻　字午丁行五年二十四歲湖南長沙府善化縣民籍監生師範留習英文
曾祖　永亨　祖　紹南　生父　仁溥　德淸

施文垚
曾祖　光鴻　祖　裕梯　父　祖煊

田尚志　字海澄行一年三十歲湖南永順府龍山縣民籍貢生師範省習英文前肄業本省瀠薏校經兩書院
曾祖　玢　祖　萬純　父　世浩

一一〇

《京师大学堂同学录》内页

"番禺盛桂莹景璇……又有《说文翼》稿本，题孙星衍撰。……吾友符定一亦有此书，而缺首册，二册以下，无撰人名。"① 从伦明对符定一称谓"吾友符定一"来看，伦明与符定一关系良好，友情甚笃，乃至于对其藏书的详细情况都非常了解。

---

① 伦明著，雷梦水校补：《辛亥以来藏书纪事诗》，上海古籍出版社1990年版，第89页。

关庆麟、关赓麟

关庆麟（1878—?），字绩善，号吉符，后改名关霁，广东南海人。清光绪二十八年（1902），入读京师大学堂师范馆，分科习英文，光绪三十三年（1907）毕业时平均分数八十二分一厘九毫，名列"最优等"，毕业待遇以"度支部主事"原官原班用，[①] 加给师范科举人，并加五品衔。历任学部图书编译馆编译员，驻纽约领事馆二等书记官，北洋政府外务部秘书股行走、外交部佥事，华盛顿会议中国代表团秘书，商务股股长。1929年1月，任南京国民政府外交部秘书。1930年11月，任内政部秘书。1931年1月，任司法院院部秘书。1932年1月，任司法行政部秘书。1934年8月，任司法行政部总务司司长。1935年6月，再度出任内政部秘书。1939年2月，任外交部秘书。1940年7月，任外交部参事。1940年4月，任外交部顾问，直至1947年退休。遗著《思痛轩诗存》，由其弟关赓麟于1952年编刻。[②]

关赓麟（1880—1962），字颖人，号稊园，关庆麟之弟，近现代著名教育家、词学家、实业家。清光绪二十七年（1901）举人。翌年，与杨铁夫、胡汉民等官派赴日本弘文学院师范专业学习，同年12月归国。[③]光绪二十九年（1903），入读京师大学堂仕学馆。光绪三十年（1904）进士，授兵部职方司兼武库司行走，仍留京师大学堂学习至肄业。光绪三十二年（1906）起，历任邮传部路政司主事、电政司郎中、承政司金

---

① 度支部，即户部，隋初称度支部，唐代改为户部，后沿袭旧称。清光绪三十二年（1906），改户部为度支部。

② 罗志欢：《伦明评传》，广东人民出版社2014年版，第222页。

③ 关赓麟著，孔繁文、吴国聪整理：《东游考察学校记》，凤凰出版社2018年版，第1页。

事、铁路总局提调、铁路管理局局长等职。1912 年，任交通部京奉铁路总办、京汉铁路局局长。1916 年，任北洋政府财政部秘书。1917 年 7 月起，任交通部路政司司长。1922 年，任交通大学校长。1924 年，任畿辅大学（后改为北平私立铁路学院）董事会主席、校长。1928—1930 年，任南京国民政府铁道部参事、业务司司长、交通史编纂委员会委员长、平汉铁路管理局局长等职。全面抗战期间，作为铁道部代表留居南京。1947 年，多方

关赓麟和夫人张祖铭

奔走，恢复北平私立铁路学院，并更名为"北平铁路专科学校"。中华人民共和国成立后，被聘为中央文史馆馆员，参与订正《全唐诗》。著有《东游考察学校记》《中国铁道史讲义》《稊园诗集》等。①

关氏兄弟自幼喜欢吟诵，入读京师大学堂以及后来在京工作期间与有相同爱好的伦明交往频密。关赓麟在《思痛轩诗存·序》云：

> 岁癸卯（1903），兄与余北上就学，同宦游京师，与粤中诗人曾刚甫、石星巢、李汉父、罗瘿公、谭瑑卿、陈公俌、伦哲如、朱鼎卿、胡迟圃、廖叔度、潘惠人、胡子贤诸君游，多岁时游览觞咏之局。②

---

① 关赓麟著，孔繁文、吴国聪整理：《东游考察学校记》，凤凰出版社 2018 年版，前言。

② 关赓麟：《思痛轩诗存·序》，载中央文史研究馆编：《崇文集二编：中央文史研究馆馆员文选》，中华书局 2004 年版，第 33 页。

辛亥革命后，关赓麟在京主持以研究诗钟为特色的寒山诗社①，后又创立稊园诗社、青溪诗社。当时，文人雅士云集，名家盛极一时，"著籍至四五百人，集必三四筵为常"②，关庆麟、伦明、方尔谦、朱兆莘、朱祖谋、江瀚、李绮青、易顺鼎、胡子贤、夏孙桐、孙师郑、陈宝琛、陈仁中、高步瀛、梁鼎芬、梁启超、黄节、温肃、曾习经、傅增湘、嵩堃、杨昀谷、杨云史、叶恭绰、廖道传、刘师培、罗惇㿽、罗惇曧、丁闇公、宗子威、谭祖任等均为诗社早期诗友，③ 社员之间多有交往唱酬。伦明在河南焦作期间曾作《怀关吉符颖人兄弟都中十一叠前韵》，诗云：

> 稊园角艺忆联裳，下笔春蚕食管桑。
> 翕翕东西居老屋，勤勤晨夕侍高堂。
> 一时誉望郊祁亚，六代文章鲍庾行。
> 门内埙篪师友备，笑他异姓说三康。④

伦明在诗中首先回忆了稊园诗友们咏月嘲花的唱酬岁月，把诗友们作诗的灵感比作春蚕食桑，不假思索就能文思泉涌。紧接着，伦明生动地描述了诗友们在"老屋"即"稊园"昼夜唱和的盛大场景。并将关庆麟、关赓麟的诗赋誉望与宋代宋庠、宋祁⑤兄弟并美，将其文章与南北

---

① 寒山诗社创办于 1910 年，初由樊增祥、易顺鼎等人创办于北京，后由关赓麟主持，先后集会 300 余次，编有《寒山诗社诗钟选》甲、乙、丙三集。1920 年左右，关赓麟创办稊园诗社后，寒山诗社相关业务逐渐并入稊园诗社。

② 关赓麟编：《稊园吟集甲稿·编终杂述》，1955 年油印本。

③ 潘静如：《民国诗学》，北京联合出版公司 2017 年版，第 194—196 页。

④ 伦明：《怀关吉符颖人兄弟都中十一叠前韵》，《伦哲如诗稿》（第三册），国家图书馆藏稿本，第 7 页。

⑤ 宋庠（996—1066），初名效，字伯庠、公序，宋仁宗天圣二年（1024）状元，与弟宋祁（998—1061，字子京）俱以文学名世，以诗赋为学者所宗，时称"二宋"。

朝时期文学家鲍照和庾信①比肩。最后述说秬园诗友们亦师亦友，亲密无间，笑说如同异姓兄弟一般，名声在外。

关赓麟对伦明续书楼的藏书很是熟悉。一日，同是热爱藏书的吴昌绶②拿着陈梦雷《松鹤堂诗集》手抄本示于同仁，并说"此未刻孤本，可宝也。"坐在一旁的关赓麟听后忍俊不禁地说："知伦明有刻本，明日借以相示。"吴昌绶听后非常生气，立马把自己认为"可宝也"的手抄本撕成碎片。事后伦明曰："人或讥其褊，余谓出之君，亦雅事也。"③ 伦明《辛亥以来藏书纪事诗》为吴昌绶立传时再次提到此事。诗云：

> 定公文集廿四卷，子晋词钞数十家。
>
> 一书悻悻君何褊，仕宦文章总梦华。

伦明在诗中高度肯定了吴昌绶的藏书成就，认为吴昌绶撕书一事虽有夸耀之心，但无护短之意，撕书并非人们认为的偏激狭隘，而是"痴到真时痴亦雅"的真君子。吴昌绶仕宦不甚得志，然词章功底深厚，尤其以题跋为胜，故伦明有"仕宦文章总梦华"之句。在诗后，伦明细数了吴昌绶的藏书集散情况和学术研究成果：

> 仁和吴印臣昌绶，为龚定庵作年谱，传闻藏有定庵手订《文集》二十四卷，未之见也。君收得汲古阁影抄宋元词集，未刻者数

---

① 鲍照（414—466），字明远，南朝宋国的文学家，与北周的庾信（513—581，字子山）皆以文学创作名世，合称"鲍庾"。

② 吴昌绶（1868—1924），字印丞，又作印臣，号伯宛，别号甘遁乡人，浙江仁和（今杭州）人，近代诗人、藏书家。清光绪二十三年（1897）举人，官内阁中书。辛亥革命以后，曾任北洋政府司法部秘书等职。双照楼所藏以历代诗文集为特色，尤其以宋本《东京梦华录》最佳。

③ 伦明著，雷梦水校补：《辛亥以来藏书纪事诗》，上海古籍出版社1990年版，第31页。

十家，今双照楼所刻者是也，今板归陶兰泉。其未刻者，兰泉别以摄影法续之。君熟于目录，尤究心典故名物。……君仕宦侘傺，素善词章，所撰以题跋尤胜。殁后有人醵资刻其遗集，欠选择，题跋亦多漏收，不足传君也。所藏书甚富，有宋本《东京梦华录》最佳，归袁寒云。①

---

① 伦明著，雷梦水校补：《辛亥以来藏书纪事诗》，上海古籍出版社 1990 年版，第 31 页。

朱兆燊

朱兆燊（1879—1932），一名兆莘，字鼎馨，广东花县（今广州市花都区）人。民国时期外交官。早年肄业于广雅书院，清光绪二十八年（1902），入读京师大学堂师范馆。光绪三十三年（1907）被学部选派至美国留学，先后就读于纽约大学、哥伦比亚大学，分别获商务财政学士、法政硕士学位，1912年冬回国。1913年，任中华民国临时政府参议院议员、参议院外交委员会主

朱兆燊

席、宪法起草委员会委员，兼国立北京大学商科主任、总统府谘议、秘书等职。"二次革命"后，被袁世凯免职，前往厦门任鼓浪屿会审公堂堂长，后返回北京从事律师工作。1918年，任驻美国旧金山总领事。1920年9月，调任驻英国公使馆一等秘书、国际联盟理事会和万国禁烟会议中国代表。1925年，任驻意大利全权公使，翌年3月兼任驻英代办，直至1927年7月宣布脱离北洋政府。1927年8月，任南京国民政府外交部政务次长、西南五省外交特派员。1928年起，先后任广东省国民政府委员、粤海关监督兼外交部特派广东交涉员、特种外交委员会委员等职。[①]

朱兆燊是伦明在京师大学堂时交往比较密切的广东同乡之一。1927年，伦明在河南焦作任道清铁路局总务处长期间，朱兆燊任驻英国公使馆代办。伦明思念友人，作《怀朱鼎馨伦敦》云：

---

① 广州市志编纂委员会编：《广州市志·人物志》（卷19），广州出版社1996年版，第59页。

□□持节服胡裳，晚日西行照晓桑。

使者执言争岁币，大夫作赋上坛堂。

十年禁弛悲鸦片，百国书通熟蟹行。

封豕凭陵疆日蹙，更烦瓯脱划西康。①

　　伦明在诗中首先叙述了朱兆燊作为民国时期中国政府的外交使者，积极参与各种外交活动，尤其擅长通过长篇演说唤起国际舆论，以此维护中国主权和正义。紧接着，历数朱兆燊作为国际联盟理事会和万国禁烟会议的中国代表，在多个国际联盟会议上发表禁烟、废除不平等条约演说的经历，朱兆燊在演说中力证中国无鸦片专卖政策，揭露列强利用鸦片毒害中国人民的罪行，提出中国政府行之有效的禁烟、禁毒方案；力证列强与中国签订的不平等条约是中国"沪案"等涉外案件产生的根源，强烈要求废除或修改不平等条约。最后，伦明对列强时刻妄想侵犯中国领土，尤其是英国在1914—1918年怂恿西藏发动军事政变，企图吞并西康等侵略行为深恶痛绝，希望老同学在维护国家主权和领土完整的道路上继续砥砺前行。

　　在朱兆燊母亲七十大寿时，伦明前往贺寿，作《朱鼎馨母夫人七十寿诗》：

卅载纪群交，早闻阿母贤。旧家出麦氏，及岁乘鱼轩。

夫子为诸生，青灯寒一毡。母也相勖励，饔飧佐简编。

遭迍几经时，一奋举孝廉。始读中秘书，迄乎通籍前。

殚心治地舆，详考西北边。母也独居乡，勤理下漧田。

自幼教诸子，义方比三迁。长公游太学，旋泛航海船。

赤水深复深，采得玄珠玄。持节使绝域，慷慨挽国权。

次公亦学成，鸣凤飞联翩。夫子晚就官，亲民一邑专。

讼庭生绿草，官阁歌且弦。灯宵射春谜，跻堂客百千。

---

① 伦明：《怀朱鼎馨伦敦》，《伦哲如诗稿》（第三册），国家图书馆藏稿本，第15页。

母也视部民，亲若妇子然。馈贻有糕果，存问多米钱。

佳节会士女，鼓乐纷喧阗。命妇杂其中，嬉笑堕翠钿。

吏民拍手道，刘樊俱神仙。绵绵爱日长，七十开寿筵。

长公海外归，敦槃化弭鞭。宾朋赠好语，璀璨纷什篇。

我来适后时，讵肯空吟笺。登堂见慈颜，如四五十年。

屋园构造新，杂莳花木妍。孙曾绕膝旁，伯仲侍随肩。

时时奉板舆，佳处辄流连。路人啧啧羡，不羡车服鲜。

不羡官爵美，惟羡福寿全。昏扰俗尘中，家庭别有天。

岂徒一家庆，宜令千载传。我为述此诗，愧乏笔如椽。①

　　伦明与朱兆燊相识相知 30 年，对朱家情况了如指掌，在贺诗中如数家珍：朱兆燊的父亲朱珩，号楚白，光绪二十一年（1895）进士，历任刑部主事、法部统计纂修官、京师高等审判厅推事、民事庭庭长等职，平亭疑法，有声于时。中进士前，寒窗苦读，多得夫人背后鼓励和支持。会试报名后，曾留京于国子监当助教，究心经世之学，熟知辽、金、元三史，尝注《元朝秘史》蒙文原本，为广东顺德李文田（谥号李文诚）、江苏吴县洪侍郎所赏识，著有《中俄交界图说》《北徼水道考》《塞北路程补考》《中亚洲欧属游记注》《元朝秘史补注》等。② 母亲麦氏出身于大户人家，勤劳贤惠，为人和善，教子有方。大哥朱兆銮曾任日本横滨领事总理，二哥朱兆奎曾任粤汉铁路局局长、广东连县县长等职。在贺诗后半部分，伦明以欢快的笔触描述了宾朋、邻居为朱母祝寿的画面，以及朱家儿孙满堂、家庭和睦、邻里关系融洽等生动景象。

---

① 伦明：《朱鼎馨母夫人七十寿诗》，《伦哲如诗稿》（第二册），国家图书馆藏稿本，第 20 页。

② 孔昭度等修，利璋纂：《花县志·人物志》卷九，民国十三年（1924）铅印本；鞠宝兆、曹瑛主编：《清代医林人物史料辑纂》，辽宁科学技术出版社 2013 年版，第 53—54 页。

胡汝麟

胡汝麟（1880—1941），字石青，以字行，别号乐想楼主，河南通许人。近代教育家、实业家和社会活动家。清光绪二十二年（1896），中秀才。光绪二十八年（1902），入读京师大学堂师范馆。光绪三十三年（1907），任河南高等学堂教务长兼河南省谘议局书记长。1914年，组建中原煤矿公司并任总经理，后又在开封创办福中矿业学校。1916年，任全国烟酒公卖局总办。

胡汝麟

1917年，创办《新中州报》。1921—1924年，考察欧、亚、美3洲38个国家，撰成《三十八国游记》。1926年起，历任北洋政府教育部次长、华北大学校长、东北大学教授、天津法商学院教授、河南通志馆总纂、河南公费留学生考试委员会委员、河南高等普通考试委员会委员、国民参政会参政员等。1941年病逝于重庆。[①]

伦明与胡汝麟不仅是京师大学堂师范班同班同学，而且与英国福公司有直接关系。光绪三十三年（1907），胡汝麟从京师大学堂毕业时，平均分数为81.83分，与伦明一样，同为优秀生。[②] 毕业后，回到家乡河南，先是从事教育工作，后在实业振兴等方面成绩显著。1912年，英国福公司为了垄断焦作煤矿的开采，并觊觎铁矿的开采权限，由此限制中方中州、豫泰、明德三公司发展，指令下属的道清铁路局禁运中方三公

---

① 中国煤炭志编纂委员会编：《中国煤炭志·河南卷》，煤炭工业出版社1996年版，第654页。

② 北京大学校史研究室编：《北京大学史料·第一卷（1898—1911）》，北京大学出版社1993年版，第394页。

司的煤炭，致使中方公司存煤滞销，濒临绝境。当此危难之时，胡汝麟与留日归来的王敬芳①作为绅界代表受河南都督张镇芳、民政厅厅长张凤台委派，与英国福公司进行了40余次艰难谈判，最后达成先组建一中方公司、再与福公司合组总公司后，实行分采合销等意向。1914年9月，中原煤矿公司成立，胡汝麟任总经理，王敬芳为协理。1915年6月，河南省第一家中外合资企业——福中总公司在焦作正式成立，胡汝麟任中方总经理，直至1919年1月止。1924年，伦明经同乡陈某介绍，前往河南焦作任道清铁路局总务处处长。道清铁路局是英国福公司所属企业。道清铁路起于河南安阳滑县道口镇，止于焦作博爱县清化镇，全长150公里，是清政府授权英国福公司修建的一条拥有路权的铁路，主要承担福公司、福中总公司煤炭、铁矿等资源的外运。

1927年，伦明作《怀胡石青都中》，诗云：

> 一试牛刀遽拂裳，颇闻心计擅研桑。
> 我游康叔分茅地，人指平原养客堂。
> 周官书考廿人职，汉使槎随海客行。
> 烦问巡边王节使，轺车过处可欢康。②

伦明在首联赞誉胡汝麟学识超群，初次涉足实业就表现出卓越的能力，如同擅长计算的计然和擅长理财的桑弘羊③一样。颔联提及伦明自

---

① 王敬芳（1876—1933），又名抟沙，河南巩县（今巩义市）人。留学日本归国后，与胡汝麟合作成立中原煤矿公司、创办《新中州报》和中国公学等。1922年后，任陕西宣抚使，与陕西督军冯玉祥合作，实施善政，建树颇多，后寓居北平。1933年病逝。
② 伦明：《怀胡石青都中》，《伦哲如诗稿》（第三册），国家图书馆藏稿本，第30页。
③ 计然，名钘，字文子，河南商丘人。博学多才，擅长计算，春秋时期著名谋士、经济学家。桑弘羊，河南洛阳人。出身商人家庭，13岁精于心算入侍宫中，后累官御史大夫。西汉时期著名的政治家、理财专家，汉武帝的顾命大臣之一。

来到胡汝麟的家乡——河南康叔①这个分封王侯之地后，就听说老同学曾作为福中总公司中方代表领导有方，如同平原君赵胜一样，手下贤才众多。平原君赵胜，战国时期赵武灵王之子，赵惠文王的幼弟，喜养门客，达千人之多。颈联述说胡汝麟与王敬芳创建中原煤矿公司、组建福中总公司，希望通过开采煤铁实现实业兴邦的理想。后又游历海外两年多，对各国的政治、经济、文化、教育尤其是土地制度、兴衰之道均作详细的笔录，以借西方之长求国家之强大与富有。《周官》，又名《周礼》，是中国第一部顶层设计国家机构及其职能分工的专著。该书设计天官63职，地官78职，春官70职，夏官70职，秋官66职，冬官佚失，到汉代以《考工记》补入"工匠"30职，共377职。此处指胡汝麟考证、借鉴《周官》的职官设计，在中原煤矿公司设置了20人组成的董事会。"汉使槎"是指西汉张骞乘槎出使大夏，寻查黄河源的故事，后以此典形容出使远行。尾联希望胡汝麟代自己问候王敬芳，询问他在陕西宣抚使任上回京后是否安康。

---

① 康叔，姬姓卫氏，名封，是周文王第九个儿子，周武王的弟弟，因获封地康国（今河南禹州西北），故称康叔或康叔封，是西周卫国的开国君主。

叶恭绰

叶恭绰

叶恭绰（1881—1969），字裕甫，一字玉甫，又作玉父、玉虎、誉虎、誉甫，晚年自号遐翁、遐庵，广东番禺人。近现代交通事业先驱、著名藏书家。清光绪二十八年（1902），入读京师大学堂仕学馆。[①] 光绪三十二年（1906）起，任职于邮传部、铁路总局，历任铁路总局提调、芦汉铁路督办等职。1912 年起，历任北洋政府交通部路政司司长兼铁路总局局长、交通部次长兼邮政总局局长、全国铁路协会会长等职。1918 年冬至1919 年冬，赴欧洲、美洲考察实业，倡导"交通救国"。1920 年，任交通部总长。1921 年，筹建交通大学，并任校长。1923 年起，历任广州国民政府财政部部长、北洋政府交通总长等职。1927 年，任国立北京大学国学研究馆馆长。1931 年起，历任南京国民政府铁道部部长、全国经济委员会委员等职。[②] 中华人民共和国成立后，历任政务院文教委员会委员、中央文史研究馆副馆长、中国画院院长、第二届全国政协常委等职。毕生致力于文物的保护与传承。1952 年，与李济深等人上书毛泽东主席，使得袁崇焕墓原址在北京城市规划中得以保留。晚年，将自己珍藏多年的文物、藏书捐献给全国多地的文化机构。著有《遐庵诗》《遐庵词》《遐庵谈艺录》《遐庵汇稿》《交通救国论》《历代藏经考略》《梁代

---

① 《张百熙筹办京师大学堂情形疏》［清光绪二十八年（1902）正月初六］："应请于预备科之外，再设速成一科。速成科亦分二门：一曰仕学馆，一曰师范馆。"《叶遐庵年谱》（1946）："光绪二十七年（1901），肄业于京师大学堂，入仕学馆"有误。
② 遐庵年谱汇稿编印会编：《叶遐庵年谱》，1946 年版，第 7—22 页。

陵墓考》《矩园余墨》《叶恭绰书画选集》《叶恭绰画集铁道部》等。另编有《全清词钞》《五代十国文》《清代学者像传合集》《广东丛书》等。

伦明与叶恭绰少时相识。叶恭绰于清光绪七年（1881）十月初三出生于北京米市胡同祖父叶衍兰①的宅第，次年随祖父回粤，年少时大多数时间留居广州。光绪二十二年（1896）起，伦明前往广州，入读万木草堂三年。此时，叶恭绰的祖父主持越华书院。也许正是在此期间，热爱读书的伦明与叶恭绰相识，故叶恭绰为伦明《辛亥以来藏书纪事诗》作序首句即称"伦节予为余少时旧识"②。光绪二十八年（1902），两人同时入读京师大学堂速成科，伦明就读师范馆，叶恭绰就读仕学馆，后均加入关赓麟主持的诗社，成为诗社的活跃分子。1913年，伦明参加了以梁士诒、叶恭绰为党魁的公民党，在广州从事公民党广东支部的组织建设和出版发行工作，接受叶恭绰的直接领导。1915年，伦明携藏书迁居北京后，与已在北洋政府交通部任职的叶恭绰来往频繁。伦明所居的烂缦胡同东莞会馆原为明末抗清东莞籍名将张家玉的旧居，叶恭绰题写"明代先烈张家玉故居"匾额悬挂于会馆大门之上。

伦明毕生致力于续修《四库全书》，在京师大学堂念书期间，凡过眼《四库全书》未收之书便有心抄录，后又将自己的藏书处起名为"续书楼"，以表续书心志。叶恭绰也心系《四库全书》事，多次参与并提议影印《四库全书》。1920年，北洋政府大总统徐世昌允诺影印《四库全书》，委任叶恭绰与朱启钤负责与商务印书馆张元济联系商量合作方式，后因意见相左而中断。1925年，身为交通总长的叶恭绰联合司法兼教育总长章士钊重提影印《四库全书》获准后，两次电函张元济再次商

---

① 叶衍兰（1823—1897），字兰雪、南雪，号兰台，广东番禺人。清咸丰六年（1856）进士，历任户部主事、军事章京等职，晚年回粤主讲越华书院。

② 伦明著，宋远补注：《辛亥以来藏书纪事诗未刊稿笺注》，载钱伯城主编：《中华文史论丛（第四十九辑）》，上海古籍出版社1992年版，第98页。

讨影印之事。① 1926 年秋，他深知伦明一直为续修《四库全书》奔走呼喊，且多有研究，也邀请伦明商讨影印一事。伦明在《怀叶誉甫天津二十叠前韵》诗云："孤跌急传文汇阁（去秋邀余谈影印《四库全书》事），旧庄凄念退思堂。"② 即指此事。当伦明知悉此事后，抑制不住内心的激动，随即洋洋洒洒撰写了 4000 余字的《续修〈四库全书〉刍议》，提出了续修《四库全书》过程中购书、征书、访书、奖励以及审定、纂修等具体实施方案，③ 受到北洋政府内政部、教育部的充分肯定，认为所论精当，且不乏创新之举。④ 此次影印后经多番沟通，段祺瑞政府与商务印书馆签定了影印文津阁《四库全书》合同，正准备将书打包装箱运往上海时，直奉战争爆发，南北交通中断，《四库全书》无法运出。1926 年，段祺瑞政府垮台，叶恭绰、章士钊相继去职，此事搁浅，伦明续修《四库全书》的愿望再次落空。

伦明与叶恭绰均雅好藏书。伦明《辛亥以来藏书纪事诗》为叶恭绰立传，对其藏书特点进行了高度概括：

> 卧游聊复读山志，素食原来究佛经。
> 收辑名人遗像备，选抄近代好词成。⑤

叶恭绰不仅喜欢阅读山志，以欣赏山水画代替游玩，而且还是一个虔诚的素食主义者，故好收藏志书和佛经。其祖父叶衍兰曾编撰《名人画像传》，叶恭绰认为该传收录不全，立志补撰，故又好收藏附有遗像的诗文集。1929 年起，叶恭绰邀夏孙桐等 53 人编纂《全清词钞》，故伦明有"选抄近代好词成"之句。继诗之后，伦明还对叶恭绰的藏书特色

---

① 张元济著，张人凤编：《张元济全集·书信》（第一卷），商务印书馆 2007 年版，第299 页。

② 伦明：《怀叶誉甫天津》，《伦哲如诗稿》（第三册），国家图书馆藏稿本，第 11 页。

③ 伦明：《续修〈四库全书〉刍议》，《国学》1927 年第 1 卷第 4 期，第 5—7 页。

④ 傅振伦：《蒲梢沧桑——九十忆往》，华东师范大学出版社 1997 年版，第 74 页。

⑤ 伦明著，雷梦水校补：《辛亥以来藏书纪事诗》，上海古籍出版社 1990 年版，第 82 页。

进行了详细说明:

> 番禺叶誉甫恭绰,亦喜收书,但与时人微异,时人喜收省、府、州、县、乡镇志,而君独收山志及书院志;时人喜收诗文集,而君独收词集。君素好佛,故多收佛经。又其祖兰台先生曾手写名人画像,并附辑小传,君以为未完,而思补之,故于诗文集之附遗像者,求之唯恐不及,所收皆甚备。①

伦明《辛亥以来藏书纪事诗》出版时,叶恭绰为其作序,对其藏书精神高度赞赏,对其去世后藏书的流失以及自己无力购买深表遗憾:

> 伦节予为余少时旧识,此册为其一九三五年所作,于其殁后其家以示余者,因录其副。节予好藏书,恒节衣缩食以求,以每一书之板本齐备为的,亦一特色。殁后其家不省,任市侩择尤抽取,而弃其余,乃拉杂贱售之,不知其优点在各本齐备,一拆散即无价值也。其藏书本拟以万金悉归余,余因乏力未果。此与不收曾刚甫遗书同一憾事,然余之藏书今亦已不能保,固不足悔矣。此册所纪不少遗闻轶事,然有传闻失实者,又时杂以恩怨,未尽足据。且思想亦颇陈腐,特乡邦文献得此著录,固亦佳事。因与徐信符所补《广东藏书纪事诗》并为印行,以谂知好焉。②

1944年,伦明因病去世,叶恭绰曾根据其家人所示的《辛亥以来藏书纪事诗》遗稿抄录30余首,加之徐信符《广东藏书纪事诗》《广东藏书家生卒年表》《广州版片纪略》,以及黄慈博《广东宋元明经籍椠本纪略》等一并附刊于《矩园余墨·纪书画绝句》之后,足见叶恭绰对伦明

---

① 伦明著,雷梦水校补:《辛亥以来藏书纪事诗》,上海古籍出版社1990年版,第82页。
② 伦明著,宋远补注:《辛亥以来藏书纪事诗未刊稿笺注》,载钱伯城主编:《中华文史论丛(第四十九辑)》,上海古籍出版社1992年版,第98页。

这位老友的怀念和共同的藏书情怀。伦明身故后，叶恭绰也想收购伦明的藏书，辗转向其家人索要书目，后由其弟子李棪"逐次转寄"，虽因乏力未果而成憾事，然叶恭绰得到了伦明《续书楼书目》13 册，这成为后来者了解伦明藏书的重要史料。据沈津《顾廷龙年谱》记载，现存于上海图书馆的《东莞伦氏续书楼藏书目录》凡六册，蓝格 32 开抄本，是 1942 年 8 月顾廷龙借叶恭绰《续书楼书目》抄录。顾廷龙在 1942 年11 月 21 日的日记中云：

> 访叶恭绰，见示伦哲如《藏书目》，存十三册，当时由李劲庵逐次转寄，缺八、九两册，又新二，共三册。李书在港均失，此三册如已在，李则亦无存矣……伦目借归，将传抄一份，颇有罕见书。①

在《续书楼书目》第 13 册中，夹有李棪与叶恭绰短札两通。其一云：

退菴（叶恭绰）老伯钧鉴：

前日奉访，不遇为怅。兹接到伦八太寄来书目五册，亟略为翻阅，觉编次不甚佳。中以集部书为多，但只列书名，不注撰人及版本，令选择者较难抉择耳。适余仲嘉晋谒之端，特托其带呈，希检收为荷（此部分书籍存伦八太手，闻仍存北平。八太已得其主人同意出售者，但疑秘此书目不示人）。余俟面详。率此敬请

大安

世侄李棪再拜　十四日

其二云：

① 沈津编著：《顾廷龙年谱》，上海古籍出版社 2004 年版，第 271—272 页。2017 年，东莞图书馆整理伦明著述时，将该目录从上海图书馆复制，刊印于《伦明全集》第5 册中。

续书楼书目第三册至第七册，即存在烂缦胡同东莞会馆伦八太处之书。第十七箱至第八十六箱，此批书可随时在北平交付云。

所藏广东人著作，从前系放在上斜街东莞会馆者，现大都在伦七太之手。①

以上两通短札，让我们了解到伦明去世后其藏书的状况及其实际掌控人，尤其是李桢提供的《续书楼书目》经顾廷龙抄录后有了传本。这虽然不能反映伦明续书楼藏书的全貌，但仍是目前了解和研究伦明藏书最重要的资料。

___

① 张宪光：《续书楼藏书有多少》，《东方早报》2013 年 4 月 7 日 B09 版。

寓京粵人

清光绪二十八年（1902）至三十三年（1907），伦明兄弟三人北上京城，入读京师大学堂。宣统三年（1911），北京书肆业一度因武昌起义而纷纷贬值出售，伦明趁势再次北上京城访书，购图书四大竹籚南归。1915 年，伦明第三次北上京城，携广州所藏精善之本举家迁居北京，直至 1937 年返粤。伦明在北京学习、工作、生活的时间累计近 30 年，期间绝大部分时间居住在北京东莞会馆，不仅结交了李绮青、曾习经、罗惇曧、罗惇曧、梁启超、吴贯因、陈垣等广东名宿，而且还与寓居北京东莞会馆的张伯桢、张次溪父子，容庚、容肇祖兄弟等乡亲成为近邻世交，与同在京城读书、教书的张荫麟结为翁婿之好。

李绮青

李绮青（1859—1925），字汉珍，晚年改汉父，号倦斋老人，广东惠阳（今惠州城区桥东）人。清末民初词人和书法家。少年时就读于丰湖书院，是梁鼎芬的得意门生。清光绪十六年（1890）进士，先后任福建安溪、惠安，吉林榆树，河北武邑知县，吉林宁安知府。晚年旅居北京，以卖文为生。擅长骈文，诗词并重，尤其以词的成就最高。为人洒脱不羁，傲视世俗礼法，性情耿直，对上官从不阿谀逢迎，有"一代名士"之誉。著有《草间词》《听风听水词》《倦斋诗文集》等。①

李绮青

伦明与李绮青是诗词方面的同好。1925 年，李绮青离世，三年后归葬老家西湖。1926 年，伦明作诗追挽：

老辈谈诗识贺裳，一廛无地寄鸠桑。

无官尚逐中华土，有酒常眠北海堂。

治谱合登循吏传，歌场时□少年行。

谁怜身后中郎女，学得琵琶别姓康。②

李绮青是清末民初广东地区著名词人，早年与张韵梅、叶衍兰、江逢辰等倚声唱和，不仅创造出清迥绵丽、凄婉沉郁之词风，而且还提出

---

① 惠州市地方志编纂委员会编：《惠州市志》，中华书局 2008 年版，第 4558 页。

② 伦明：《老诗人李汉父去岁殁于京师久始得耗顷作都中怀人诗忆及怆然补挽一诗》，《伦哲如诗稿》（第三册），国家图书馆藏稿本，第 10 页。

一套门径广阔，尚性情、重寄托，追求典雅清致的词学思想体系。叶恭绰曾在《广箧中词》中称李绮青"为词三十载，功力甚深，清迥丽密，可匹草窗（周密）、竹屋（高观国）"。钱仲联在《近百年词坛点将录》誉其词"上接翁山（屈大均），持节龙荒，铜琶乱拨，雄丽绵密，得未曾有。……为岭表词场之射雕手"①。李绮青晚年的词学思想境界很高，认为"小道词"应具备《楚辞》一般的文学价值，否则"无补于国，无救于时"②。伦明在诗中将其词学方面的成就与清康熙年间著名词人贺裳相比，将其词学思想上升到战国末期楚国诗人屈原的爱国高度，足见他对李绮青词学成就和词学思想的赞赏。李绮青晚年生活困顿，在天津本有一宅第，因贫出售后，常年寄居于北京惠州会馆，故伦明说其"一廛无地寄鸠桑"。伦明认为，李绮青是一位好官，修史时应能载入《循吏传》中。"歌场时□少年行"是借唐朝诗人王维的组诗《少年行》来赞誉李绮青侠肝义胆、耿直不阿的高洁人品。李绮青有一女儿米虹月（艺名），声色兼备，精研歌曲，以演艺为业，在北京与梅兰芳、程砚秋、徐小香、时慧宝、谭鑫培、王瑶卿等名伶齐名。晚年的李绮青除售文鬻字外，还需靠女儿卖艺以养，故在诗尾伦明有"谁怜身后中郎女，学得琵琶别姓康"的慨叹。"琵琶康"指唐德宗年间宫廷乐师康昆仑，少年家贫，学艺于女巫等，虽技艺大进，然韵味不正。后又求师于段善本，段让其不近乐器10余年再教之，终成当时琵琶第一高手。后用"琵琶康"喻指学艺艰辛。伦明藏书的引路人曾习经与李绮青相交甚厚，与李绮青一起观看米虹月演出后，作《观米虹月演〈千金一笑〉新剧》诗三首，可佐证伦明诗中所言：

---

① 陈永正主编：《岭南文学史》，广东高等教育出版社1993年版，第749页。
② 李绮青：《草间词》卷首《序言》，1918年铅印本。

（一）

名父生儿自不凡，不随世味共咸酸。

十年几斛江洲泪，又为才媛湿满衫。

（二）

凝碧池边泪共潸，笙楼忍再听哀弦。

郁轮同是残科第，每阅沧桑一悯然。

（三）

惑尽阳城一辗然，点头顽石亦成颠。

售文鬻字都无用，终倚闺媛卖曲钱。①

---

① 马勇、陈骁鹏：《"岭表词场射雕手"李绮青：半生漂泊异乡，不忘振兴乡邦文化》，
《羊城晚报》2021 年 1 月 15 日 A13 版。

曾习经

曾习经（1867—1926），字刚甫，一作刚父，号刚庵、蛰公，别号蛰庵居士，广东揭阳人。清末官员，近代著名藏书家。清光绪十四年（1888），与兄曾述经入广雅书院读书，深得老师梁鼎芬赏识，后转入广州学海堂就读，与梁启超、麦孟华等同窗，交谊颇深。光绪十六年（1890）进士，授户部主事，深得翁同龢赏识并举荐为户部员外郎，赏戴花翎。光绪三十二年

曾习经

（1906）后，先后任度支部右丞、兼法律馆协修、大清银行监督、税务处提调、印刷局总办等职；宣统三年（1911），于清帝退位前一日辞官。民国政府多次聘其出任财政部部长、广东省省长等职，均固辞不受，退而隐居，躬耕不辍。曾习经有藏书楼"湖楼"，且精通版本目录之学，工诗词，与梁鼎芬、罗惇曧、黄节合称"岭南近代四家"。晚年投资失败，以古籍换米，1926年患恶疾而终。著有《蛰庵诗存》《蛰庵文存》《秋翠斋词》等。①

曾习经是伦明访书、藏书的引路人。光绪二十八年（1902），伦明入京读书，与居住在北京丞相胡同潮州会馆的曾习经相识。一为广东东莞人，一为广东揭阳人，同寓京城，他乡遇老乡，倍感亲切，自此两人多有往来。伦明经常向曾习经借书阅读，曾习经也喜欢嗜书的伦明，经常与其交流读书、藏书心得，闲暇时则带伦明逛琉璃厂，遇所见即谆谆指导，伦明受益匪浅，在《辛亥以来藏书纪事诗》中发出"余之癖于

---

① 刘绍唐主编：《民国人物小传（第十二册）》，上海三联书店2016年版，第262页。

此，由君引之也"① 的感怀。

伦明与曾习经是有着共同藏书爱好的挚友。伦明在京师大学堂读书期间，随着与曾习经交往的加深，经常与曾习经品茶论书，同逛琉璃厂书肆，一起谈论藏书与版本。虽然其他宾朋厌倦曾习经没完没了地论书，但伦明乐此不疲。伦明在《续书楼藏书记》中对曾习经嗜书健谈的描述细微入神：

> 壬寅（1902），余初至京师，值庚子兵后，王府贵家，储书大出。余日游海王村隆福寺间，目不暇给，每暮，必载书满车回寓。始识潮阳曾主事习经。曾嗜书，癖过余，客至，偶谈及书，神态飞动，论议飙起，且谈且从架上取书作证。一书未了，又及其他，口与手与足无少停。客渐倦，犹强聒不已。客起欲辞，再三留，不得去，人以是为厌，相戒勿与谈书。而余最乐此。时余居烂面胡同，曾居绳匠胡同，相距不百步，每造访，必留共饭，食老米，不下咽，馔亦不适口。饭后，饮所称工夫茶者，杯极小，湿仅沾唇，余绝不识其味。入夜，谈益纵，赏奇析疑，恒至漏四下乃别。别时，必挟书数册归，或读或抄或校，再访时，挟还之，如此数月。后余迁居东城，过从遂疏。又后数年，重来京师，曾官已贵，收储更富，惟当年兴趣略减矣。②

伦明参与了料理曾习经的后事。宣统三年（1911），曾习经去官隐居京师，用一生的积蓄在直隶宁河杨漕（今属天津）购地筑舍，躬耕陇亩，自号"蛰庵居士"，过起了陶渊明式的隐居生活。由于杨漕的田地系盐碱地，不堪耕种，又田不逢岁，基本上没有什么收成，以至于曾习

---

① 伦明著，雷梦水校补：《辛亥以来藏书纪事诗》，上海古籍出版社 1990 年版，第 69 页。
② 伦明：《续书楼藏书记》，原载《辅仁学志》1929 年第 1 卷第 2 期，第 61—62 页。

经晚年生活越来越拮据，靠变卖所藏古籍度日。当时，有寓居上海的潮汕老乡非常欣赏曾习经的才学，劝其前往上海，认为曾习经在上海即使是卖文鬻字亦可生活滋润。然曾习经以清朝遗民自隐，死守故都，后随着长兄、老母相继去世，自己也患痫疽恶疾，一病不起，于 1926 年 10 月 4 日病卒，后事全靠老友梁启超、叶恭绰、伦明为之料理。伦明在《辛亥以来藏书纪事诗》曾习经小传中详细记述该事：

> 晚悟津门农利非，破书聊换首山薇。
> 湖楼无恙堪慰老，底事无官不肯归。①

伦明在诗的首句感叹曾习经晚年在天津买田被人欺骗，以至家境窘迫的遭遇。二、三、四句则说明在此遭遇之后，曾习经本来有机会到上海安度晚年的，然心恋旧庭，固守故都。伦明在诗中使用《史记》伯夷、叔齐不食周粟，采薇以充饥，最后饿死首阳山的典故来描写曾习经这样的清朝遗老，宁愿卖书鬻文度日，也不愿改变守节心志，既同情其不幸遭遇，又微讽其思想陈旧。在诗后，伦明进一步说明道：

> 揭阳曾刚甫右丞习经，居丞相胡同潮州馆。余壬寅来京师，多从君借书读。……国变后，积俸余三四万金，有人给以买田天津，既乃咸不可耕，遂丧其资，贫至鬻书为活。殁后，所遗尚数十簏，叶誉甫念旧谊，拟尽购之，属余点查，议给价七千金，惟不欲以独力任，迁延数载，其戚陈某以售之琉璃厂翰文斋，闻得值无几。君所藏书，册面皆署"湖楼"二字。其家富有田庐，上海多潮人，素重君学行，或劝君迁彼，即鬻字亦可得润，而君固守故都，以至于死，岂心有所恋耶。②

---

① 伦明著，雷梦水校补：《辛亥以来藏书纪事诗》，上海古籍出版社 1990 年版，第 69 页。
② 伦明著，雷梦水校补：《辛亥以来藏书纪事诗》，上海古籍出版社 1990 年版，第 69 页。

曾习经曾拥有藏书颇富的湖楼，后因投资失败卖掉了一部分藏书，所剩还有数十簏。1926 年，曾习经去世后，为了能让其后人生活有着落，叶恭绰打算联合梁启超、伦明、傅增湘等几位老友集资七千元全数购下湖楼的藏书，并特意嘱托伦明前往清点并造册，然而筹款迁延几年，收购未果。梁启超也曾托时任东方文化事业总委员会中方委员江翊云斡旋，希望东方文化事业总委员会能够购藏，无果。最后湖楼藏书悉数被其亲戚陈某贱卖给了北京琉璃厂的翰文斋，甚为可惜。梁启超致江翊云的函文如下：

翊云吾兄足下：

亡友曾刚父身后萧条，同人为谋遗族抚养，不得已处分其藏书。书虽不多，率皆初印精本也。环顾力能任此者，舍东方文化会外无它望。其书目已由玉虎（叶恭绰）交与爱理（汤尔和），开评议会决定时，盼公力予主持。公中人除书衡（王式通）、沅叔（傅增湘）已函托外，尚未能一一疏通，公有能为力之处，乞不吝吹嘘，感且不朽。刚父诗集新印成，谨呈一册，并希察存。手此，即请

大安，不一。

启超顿首

十二月三日①

---

① 梁启超：《梁启超致江翊云》，载中国人民政治协商会议上海市委员会文史委员会编：《上海文史资料选辑》1988 年第 58 辑，第 33 页。

罗惇曧、罗惇曼

罗惇曧（1872—1924），字孝遹，又字掞东，号瘿公，广东顺德人。清末民初剧作家、书法家、诗人，与黄节、梁鼎芬、曾习经并称"岭南近代四家"。早年就读于广雅学院、万木草堂，与陈千秋、梁启超并称"康有为高弟"。清光绪三十一年（1905），由张百熙保荐应考经济特科，得授邮传部郎中。宣统三年（1911），与樊增祥、林纾等集结诗社，才名甚著。民国后，在书画界享有盛名，历任总统府秘书、参议、顾问等，袁

罗惇曧

世凯称帝后愤而辞职，纵情诗酒，流连剧场，与京剧名伶王瑶青、梅兰芳相交甚密，并聘请名师为程砚秋授艺，为其创作和改编多部剧本。①

罗惇曼（1874—1954），字照岩、季孺，号敷庵，一号复堪，别署羯蒙老人、凤岭诗人，斋名三山籍，广东顺德人。近现代书法家，与宝熙、张伯英、邵章并称民国时期北京"四大书家"。早年入万木草堂就读，与其堂兄罗惇曧同为康门弟子。清末，曾任邮传部郎中、礼制馆第一类编纂。民国后，历任教育部、财政部、司法部参事，国民政府内政部秘书等。民国初年在财

罗惇曼

政部钱币司供职，铸有袁世凯头像的银币"壹圆"二字即出其手笔。后长期在北京艺专和国立北京大学文学院教授书法。中华人民共和国成立后，任中央文史馆馆员。著有《三山籍诗存》《三山籍学诗浅说》《书法

---

① 顺德市博物馆编：《顺德书画人物录》，中山大学出版社 2001 年版，第 73—74 页。

论略》《羯蒙老人随笔》等。①

伦明与罗惇曧、罗惇曼同是万木草堂的弟子，又是寓居北京有共同诗歌爱好的广东同乡。1924年，伦明听闻罗惇曧病逝，作诗追忆友人：

歌童泪渍旧罗裳，山木今悲落后桑。

八叉潦倒金荃集，四梦低回玉茗堂。

同穴鸳飞知有伴，遗文蠹蛀不成行。

斌留轶事梨园说，一曲淋浪老子康。②

伦明在挽诗中首先用"歌童泪渍""山木今悲"表达对罗惇曧去世的哀悼。紧接着，借用唐朝著名诗人温庭筠、明代剧作家汤显祖来追述罗惇曧在诗词、戏曲方面的成就。据传，温庭筠才思敏捷，作诗极快，叉手一吟便成一韵，八叉八韵即告完稿，时号"温八叉"。虽一生坎坷、终身潦倒，然能承唐朝诗歌传统、启五代文人填词风气之先，著有《金荃集》。汤显祖曾在江西临川城内香楠峰下建造一座房子，取名"玉茗堂"，是其后半生进行戏曲文学创作和演出活动的中心。其代表作《牡丹亭》及《紫钗记》《邯郸记》《南柯记》被人合称为"玉茗堂四梦"。罗惇曧去世后不久，其夫人也追随而去，其遗文未及整理便散佚，故伦明有"同穴鸳飞知有伴，遗文蠹蛀不成行"的哀叹。罗惇曧对梨园之事极度沉溺，留下了诸多轶事。例如，程砚秋13岁倒嗓期间，其师仍要其上台演出。罗惇曧厌其师父心狠，借钱为其赎身、买房，请老中医为其调治嗓子，并花费大量时间、精力为其度曲编戏，从而招致夫人梁佩珊的极度不满。老师康有为有诗"莫因顾曲累公瑾，应敬如宾待孟光"进行规劝。伦明在挽诗最后借用《康老子》（又名《老子康》）乐曲里的人物故事隐喻罗惇曧晚年潦倒、女儿患病身亡、夫人发狂等艰难的生活。

---

① 顺德市博物馆编：《顺德书画人物录》，中山大学出版社2001年版，第74—75页。

② 伦明：《又追忆罗瘿公一首十八叠前韵》，《伦哲如诗稿》（第三册），国家图书馆藏稿本，第10页。

伦明曾为罗惇曧《迦音阁赟诗图》题诗。"迦音阁"为罗惇曧的斋号，亦为其租住处。宣统二年（1910）十月，杨增荦、赵熙、潘若海、陈诗等造访罗惇曧，罗惇曧因应官一事"掷客而去，去日暮不归，归又去"，四友皆以其"怠慢"为由，谋划"贬低"罗惇曧而"褒奖"其夫人。于是，赵熙作记称罗惇曧好仙好佛，诗作屈居夫人梁珮珊之下，并率先作《瘿广即事》：

绕屋花深叶满廊，主人爱客衹焚香。

佳儿一揖明秋水，古佛无言守王郎。

稍惜盘山将小别，苦留杨子向南荒。

联诗且赟迦音阁，夜遣梁鸿拜孟光。①

随后，杨增荦、陈诗作和诗。罗惇曧归来拜读赵、杨、陈之诗作后，不仅没有生气，还即兴和诗一首：

推门失喜客仍满，绕屋吟声杂梵香。

割肉自甘谐曼倩，生儿人许竞孙郎。

全家味借旃檀古，十月人来松菊荒。

明日蓟门冲雪去，试参眉意领山光。②

1911年6月，赵熙请林纾以自己题记为意绘图一幅，此即《迦音阁赟诗图》。罗惇曧收到该图后即兴题跋，并提出"遍征题"的愿望，康有为、郑孝胥等先后作题。1924年，罗惇曧去世后，《迦音阁赟诗图》

---

① 《迦音阁赟诗图》，现藏广州艺术博物院。冯嘉安：《晚清都门雅集的民国再聚：〈迦音阁赟诗图〉的创作缘由及容庚的"遍征题"》，《美术学报》2022年第11期，第96页。

② 《迦音阁赟诗图》，现藏广州艺术博物院。冯嘉安：《晚清都门雅集的民国再聚：〈迦音阁赟诗图〉的创作缘由及容庚的"遍征题"》，《美术学报》2022年第11期，第97页。

入于省吾①之手。1932 年，容庚以越王剑换得该图，这可从罗惇曧的堂弟罗惇曼 1937 年 12 月的题识得到印证：

> 宣统初元，余从兄瘿公赁居半塘故宅，平日好客，亦喜游山。虽主人外出而座客常满，余嫂佩珊夫人则款待备至，客极称其贤。时余远在鸡（吉）林，佐简始中丞幕，尝语余曰："闻之京师朋交，咸目瘿公所居为名士窟。"盖谓此也。余嫂为梁夔甫先生女孙。先生吾粤大儒，学业渊长，行为士表。嫂少习诗礼，举止有法度，宜诸公所称誉。余兄既得贤助，且窃喜之，及《赘诗图》作，诸公以其不为怪也，尤欣忭有加焉，一时师友题咏，已成佳话。甲子秋，兄嫂相继下世，书物散失殆尽。此卷不知何时流入海城于氏。希白吾兄，多方以古剑易得。今出视属题，余甫展卷，辄用泫然，既而思物贵得所，希白之不宝其剑而宝此，余转幸其将藉以不没，因书数语以归之。
>
> 丁丑（1937）十二月，惇曼复堪识②

容庚得到《迦音阁赘诗图》后，代罗惇曧征题，黄节、伦明、罗复堪、顾随、程砚秋、谭祖任、罗惇曼、黄宾虹等均在征题之列。其中，伦明题跋曰："卷中除陈（诗）、顾（随）外，皆故人也，今无一存矣。"癸酉（1933）冬至日感赋一绝：

> 一图风雅贤夫妇，廿载烟消旧主宾。
> 遗墨分明吾眼熟，卷中人是梦中人。

---

① 于省吾（1896—1984），字思泊，辽宁海城人。著名收藏家，历任私立北平辅仁大学、国立北京大学教授。
② 广州艺术博物院编：《容庚捐赠书画特集（绘画卷）》，文物出版社 2018 年版，第 219 页。

林纾《迦音阁赘诗图》

《迦音阁赘诗图》以墙垣为界，将罗宅一分为二：左下斋中坐一青衫男子为罗惇曧，右上阁里坐一朱衣女子为梁佩珊，两人皆手执纸笔作赋诗状，故伦明用"一图风雅贤夫妇"来描绘罗惇曧与其妻作诗的恩爱情形。随着二人的离世，一切都烟消云散。紧接着，还让伦明感慨万千的是，为《迦音阁赘诗图》作题者除了陈诗和顾随还健在外，其他人均已作古，卷中人已是梦中人，足见伦明作题时的悲凉之情。

1928 年，伦明赴沈阳编纂《奉天通志》期间，与罗惇曧有一段催诗佳话。伦明好长一段时间未见罗惇曧的新诗面世，遂赋诗一首：

> 唪经惟欠戴僧巾，俗吏名流迹混沦。
>
> 八法徒精供市贱，五铢久坏代耕贫。
>
> 文章辽海秋风客，歌曲罗敷绝代人。
>
> 摩厉欲挑君一战，催诗恼乱坐禅晨。①

伦明在诗前四句叙述了当时政局动荡，社会上存在假和尚念经、官吏鱼龙混杂、读书无用、怀才见弃、通货膨胀严重、老百姓生活困苦等乱象，表达了对社会现实的不满。后四句说历代悲秋的名篇很多，例如唐李贺的《南园十三首》②、西汉刘彻的《秋风辞》③、北宋贺铸的《罗

---

① 伦明：《罗敷庵久不作诗作此挑之五叠前韵》，《伦哲如诗稿》（第五册），国家图书馆藏稿本，第 8 页。

② 见李贺《南园十三首》之六"不见年年辽海上，文章何处哭秋风"。

③ 西汉刘彻因作《秋风辞》，被称作"秋风客"。

敷歌》等，表示自己已经做好准备，要与老朋友赛诗切磋，一决高低，希望老朋友赶快作新诗，不要让自己催诗催得心烦意乱，每天记挂念叨此事。

罗惇曧收到伦明的挑逗诗后久未作答，伦明又赋诗一首，再一次叙述了自己客居他乡、孤单寂寞、思念老朋友之情形：

> 画舫笙歌侧醉巾，梦思珠海泛漪沦。
> 北游到此乡音少，东道烦君旅橐贫。
> 雪土才融春二月，风蓬偶聚我三人。
> 商量避地仍非计，倘肯相从学肇晨。[①]

罗惇曧收到伦明的催诗后仍未相和作答，伦明又作通牒诗，激将老朋友赶快作诗：

> 怯敌真堪赠帼巾，怪君尘牍遂埋沦。
> 积薪碌碌居人下，压线年年怨女贫。
> 岂畏乌台诗起狱，漫夸饭颗语惊人。
> 力惩疲玩衙官例，火速回文限次晨。[②]

伦明在诗的首联调侃罗惇曧缺乏勇气与自己赛诗，并责怪其遗忘了自己寄给他的诗作和信函。颔联提及自己在诗歌创作的道路上虽勤奋，然如同唐代诗人秦韬玉《贫女》中"苦恨年年压金线，为他人作嫁衣裳"一样，始终平庸，屈居人下。颈联诘问罗惇曧：难道是害怕像苏轼一样遭遇"乌台诗案"下狱而不愿与自己赛诗，还是虚夸了李白与杜甫

[①] 伦明：《再调罗敷庵兼东周通甫》，《伦哲如诗稿》（第五册），国家图书馆藏稿本，第9页。

[②] 伦明：《敷庵和诗不来作此促之》，《伦哲如诗稿》（第五册），国家图书馆藏稿本，第9页。

在饭颗山相遇后所作《戏赠杜甫》诗中"借问别来太瘦生，总为从前作诗苦"这一惊人之语？尾联要求罗惇曩不要再继续懈怠下去，限次日早晨之前完成诗作，否则定将受到严厉"惩处"。

罗惇曩收到伦明"通牒"后，即按照伦明的要求"火速"寄出和诗一首。伦明收到后，当即复诗直抒对老朋友一切安好的欣慰，通过"子瞻（苏轼）西江追子由（苏辙）"①"韩愈喜交张籍"的故事类比两人的友谊情同手足，不分贵贱，将自己与罗惇曩、陈思称为"论心三益友"，并约定他日朝夕与共，将两人唱和的诗作整理结集：

> 哦罢飞花落佩巾，正声应信未漂沦。
> 坡翁偶效西江硬，韩子喜交东野贫。
> 此日论心三益友，他年附尾两诗人。
> 题襟多暇编成集，待尔过从共夕晨。②

伦明三篇催诗以及复诗皆以"沦""贫""人""晨"为韵，足见其深厚的叠韵诗歌创作功底。

---

① 出自苏轼《吾谪海南，子由雷州。被命即行，了不相知。至梧，乃闻其尚在藤也，旦夕当追及，作此诗示之》。

② 伦明：《敷庵慈首皆和余韵见示赋此奉答》，《伦哲如诗稿》（第五册），国家图书馆藏稿本，第16页。

梁启超

梁启超（1873—1929），字卓如，一字任甫，号任公，又号饮冰室主人、饮冰子、哀时客、中国之新民、自由斋主人，广东新会人。近代著名政治家、教育家、史学家，戊戌变法领袖之一。清光绪十一年（1885），入广州学海堂读书。光绪十五年（1889）举人。光绪十七年（1891），拜康有为为师，在万木草堂学习。光绪二十一年（1895），与康有为联合各省举人"公车上书"。光绪二十二年（1896），与黄遵宪、汪康年等在

梁启超

上海主办《时务报》，发表系列文章阐述维新变法理论，探索富国强民之路。光绪二十三年（1897），离沪赴湘，任长沙时务学堂总教习。光绪二十四年（1898），参与"百日维新"运动失败后流亡日本。光绪二十八年（1902），在日本横滨创办《新民丛报》，继续宣传改良主张。1912年10月回国后，历任袁世凯政府司法总长、币制局总裁，段祺瑞政府财政总长兼盐务总署督办，私立南开大学、国立清华大学等校教授，京师图书馆①、国立北平图书馆馆长等职。②

梁启超与伦明是万木草堂同门师兄弟。光绪十七年（1891），梁启超被康有为以布衣之身请求皇帝变法的胆识以及学识所折服，放弃了广州学海堂官学身份，成为同窗好友陈千秋之后康门的第二个弟子。光绪

---

① 京师图书馆创办于清宣统元年（1909），1928年7月更名为国立北平图书馆，1949年9月27日更名为国立北京图书馆，1951年6月更名为北京图书馆，1998年12月12日更名为国家图书馆，对外称中国国家图书馆。

② 吴其昌：《梁启超传·梁启超生平大事年表》，东方出版社2009年版，第232—244页。

二十二年（1896），伦明拜康有为为师，执弟子礼。虽然他没有像师兄梁启超那样成为维新变法的风云人物，然在老师康有为改良思想的影响下，也曾参与宪友会、公民党等政治活动，① 有过"玉树悲凉唱后庭，琵琶胡语不堪听。红羊失记何年劫，白雁凄闻故国声"② 的忧国情怀，也有过"我有一言与君酌，急须独立图自强""匹夫立志足救世，五洲名誉流无疆"③ 的救世大志。

伦明曾作诗遥寄流亡日本的梁启超。光绪二十四年（1898）九月，戊戌变法失败后，梁启超逃亡日本，创办了资产阶级改良派的重要刊物《新民丛报》，以昌明文化、唤醒民众为己任。其《饮冰室诗话》以"新意境"论诗，极大地推动了以新思想和新事物为"诗料"的"诗界革命"。尚在京师大学堂就读的伦明曾作《无题八首》，署名"东莞生"遥寄梁启超，梁启超收阅后，刊发于《新民丛报》连载的《饮冰室诗话》。《无题》诗文如下：

> 长门幽怨诉年年，身住蓬莱学散仙。
> 思子台空吹暮雨，回心院冷锁寒烟。
> 早传沧海填精卫，苦听荒山叫杜鹃。
> 谁遣虾蟆吞魄去，几回翘首望团圆。
>
> 几闻沧海变桑田，见惯麻姑亦可怜。
> 云暗鼎湖龙去日，尘荒华表鹤归年。
> 嫦娥应悔偷灵药，天女偏愁欠聘钱。
> 八骏不来桃又熟，瑶池昨报宴群仙。
>
> 庭院深深闭暗尘，西风残照易黄昏。
> 相思相望成终古，愁雨愁风又一春。

---

① 李吉奎：《梁士诒》，广东人民出版社 2005 年版，第 102 页。

② 伦明：《无题八首》，载伦明著，东莞图书馆整理：《伦明全集》（第一册），广东人民出版社 2017 年版，第 168 页。

③ 伦明：《汴梁行》，《新小说》1904 年第 9 号，第 169 页。

怨到湘妃惟有血，招来宋玉已无魂。
团圞记得年时月，酒冷灯昏不忍论。

览镜双蛾独自羞，怕随邻女斗风流。
泥人春病全无状，诳我归期又是休。
红袖背人惟有泪，白云远望不胜愁。
章台夹道车如水，日暮珠帘莫上钩。

紫台一去苦相思，马角乌头可有期。
尺帛漫传苏属国，千金谁赎蔡文姬。
素衣珍重休教染，纨扇飘零且莫辞。
回首秋波应一哭，楼台甲帐已全非。

一雨桃花委马蹄，东风狼藉黯凄凄。
恼人天气春如醉，似水年华日又西。
连夜梦魂烦镇压，一春心绪总凄迷。
鞭丝慢指关山道，红雪纷飞鸟乱啼。

谁向修罗问夙因，尘寰一谪若沉沦。
剧怜鸡犬云中客，尽是沙虫劫后身。
回望风云俱惨淡，过来花鸟亦精神。
蓬山此去无多路，青鸟殷勤好问津。

玉树悲凉唱后庭，琵琶胡语不堪听。
红羊失记何年劫，白雁凄闻故国声。
缲尽春蚕丝有限，淘残秋水浪难平。
沉沉心事无人识，独倚银屏待月明。①

---

① 伦明著，东莞图书馆整理：《伦明全集》（第一册），广东人民出版社 2017 年版，第
167—168 页。

梁启超对伦明《无题》诗评价极高："哀艳直追玉溪（李商隐），而言外之美人芳草，字字皆《湘累》[1] 血泪也。"可惜当时梁启超并不知道"东莞生"就是伦明，然梁启超很想认识这位"东莞生"。他说："但兼葭伊人，尚希示我姓字耳。"[2] 希望这位"兼葭伊人"告诉他姓甚名谁，表达了交往的愿望。直至 1927 年，伦明在《怀梁任公先生都中七叠前韵》才道出了"东莞生"是谁："癸卯岁（1903）以《无题》七律八首寄日本，承采入《诗结》。"此时，两人已交往多年，在学术、藏书方面多有交流与探讨。伦明《怀梁任公先生都中七叠前韵》诗云：

> 斟酌新衣改故裳，早年观海住扶桑。
>
> 爱我诗篇图主客，迟君书目写祠堂。
>
> 大儒人识尊荀况，素学谁云变许行。
>
> 冰水青蓝言语妙，世间目论并提康。[3]

伦明在首联叙述了梁启超推行"维新变法"失败后逃亡日本的经历。颔联一是提到自己癸卯年（1903）作《无题八首》以"东莞生"遥寄日本，后深得梁公偏爱；二是提及两人曾商议合作续修《四库全书》一事：1925 年初，清华学校[4]设立国学研究院，先后聘请梁启超、王国维、陈寅恪、赵元任四位学者为研究院导师。国学研究院初办，财政充裕，亦有志续修《四库全书》，希望通过修书为国学研究院的发展打下基础。伦明知悉后，认为这又是一个续修《四库全书》的好机会，于是致函梁启超，意欲辞去道清铁路局总务处长一职，由清华学校国学研究

---

① 《湘累》，郭沫若诗作《女神三部曲》之一。

② 梁启超著，舒芜校点：《饮冰室诗话》，人民文学出版社 1959 年版，第 79—80 页。

③ 伦明：《怀梁任公先生都中七叠前韵》，《伦哲如诗稿》（第三册），国家图书馆藏稿本，第 5 页。

④ 清华学堂始建于 1911 年，1912 年更名为清华学校，1928 年更名为国立清华大学，1937 年与国立北京大学、私立南开大学组建国立长沙临时大学，1938 年迁至昆明更名为国立西南联合大学，1946 年恢复国立清华大学，1949 年中华人民共和国成立后更名清华大学。

院聘任专修《四库全书》，并打算将自己续书楼的藏书搬到清华学校存放，以便续修时参考。伦明与清华学校合作的条件是：清华学校每月付薪金三百元，所撰写的《续修四库全书提要》版权归清华学校所有。不久，伦明接到梁启超的复函，对此计划"大体赞成"，要求伦明提供一份续书楼藏书书目。由于书目不易快速编成，于是，伦明去函北京通学斋伙计孙殿起，吩咐在北京的书目由孙殿起负责撰写，在焦作的书目由自己撰写，并告诉孙殿起具体的写作方法和格式。原文如下：

　　耀卿仁兄台鉴：

　　　　一月前曾致函梁任公。因清华学校开办国学院，且财政充裕，我欲与彼停约，由院聘任专修《续四库提要》。而将我之书籍移存该校保存。校中每月送我薪金三百元，购买书籍在外，我修成之书，则版权归该校。将来成书后，我之书另与该校订价值，或先订价值，而后修书。此层于我之生计及柜上生意，均极有利。顷接任公覆书，大体赞成。惟要先看书目，但书目不易编就。今还有最简办法，此处之书由我编目，在京之书由你代编，不必审慎。但分经、史、子、集四大类，而经之中亦不必分《易》《书》《诗》《春秋》《礼》等类，但系经即归一处，集部亦不分时代先后，惟该书系诗文或他杂著，则列明××堂文集若干卷、诗集若干卷或札记若干卷（此类要详，勿略），某人著、何时刻板便得。即请见字即刻办理，俾我得持以商订办法。兹附任公原书一阅，阅讫存放好，勿失。至胡子俊处汇款如此迟滞，想不欲办，亦不必催他矣。前有信寄春龄来此。久未见来，亦未回复，未知有收到否？即请示知。此信接后祈即回示为盼。此请
　　台安

　　　　　　　　　　　　　　　　　　　哲手
　　　　　　　　　　　　　　　　　　　廿四日①

---

① 伦明：《伦哲如与孙耀卿书》，载雷梦水：《书林琐记》，人民日报出版社1988年版，第94页。

伦明在信中要求孙殿起"请见字即刻办理，俾我得持以商订办法"，可见伦明当时欲快速完成书目的急切心情。然而时运不济，1929 年梁启超遽归道山，伦明与清华学校国学研究院的合作计划还未开始就结束了，梁启超要求伦明制作的藏书书目"至今写未竣也"。[①] 颈联将梁启超比作战国时期的思想家荀况和许行。尾联高度赞赏梁启超在新史学、目录学等方面的学术贡献，是青出于蓝而胜于蓝。

梁启超去世，伦明痛惜失去一位对整理典籍、续修《四库全书》有共同志向的学长，作挽诗曰：

> 名位亦云达，平生志未伸。
> 积成忧国病，徒有起衰文。
> 所学杂儒释，适时无旧新。
> 吁嗟讲座上，岂复见斯人。
> 弱岁闻诗早，终怜请业虚。
> 淡交声利外，浅测语言余。
> 往复一瓻酒，商量七略书。
> 寝门临哭后，遗稿问何如。[②]

光绪十九年（1893），梁启超从新会老家搬到省城广州居住，曾在广州、东莞等地讲学。当时，伦明因父亲卒于江西任所而回到故乡东莞。光绪二十二年（1896）前后，伦明与同邑张伯桢等在东莞聆听完梁启超的讲学后，深感梁启超学识渊博，见闻广益，先后来到广州拜康有为为师，故诗中有"吁嗟讲座上，岂复见斯人。弱岁闻诗早，终怜请业虚"句。梁启超一直支持伦明续修《四库全书》，"往复一瓻酒，商量七略书。寝门临哭后，遗稿问何如"一句，表达了伦明对这位师长兼同道人

---

① 伦明：《怀梁任公先生都中七叠前韵》，《伦哲如诗稿》（第三册），国家图书馆藏稿本，第 5 页。

② 伦明：《挽梁任公先生》，《伦哲如诗稿》（第五册），国家图书馆藏稿本，第 2 页。

深深的痛挽之情。

伦明与梁启超在学术研究上互帮互助。1927 年，伦明感念梁启超向江瀚写推荐信让自己顺利回母校任教，当梁启超介绍学生谢国桢前来借阅藏书时皆慷慨相借，为谢国桢撰写《晚明史籍考》提供了重要的文献支撑。与此同时，梁启超在主持编纂《中国图书大辞典》（又名《群籍考》）时，曾多次通过信函方式与伦明探讨编辑体例等，并"以集部相委"。虽然该编纂计划因梁启超去世而未能实现，然其前期工作对推进当代书目体例的发展具有阶段性意义和学术价值。伦明在《辛亥以来藏书纪事诗》中谈及此事时说：

> 梁任公先生启超……尝欲撰《群籍考》，用朱竹垞《经义考》存、佚、缺、未见四例，而增入辨伪，属稿数岁。一日，天津来书，以集部相委，余覆书略有所诤，大意谓时代愈近，耳目难周，存佚无从定。《隋书·经籍志》所云亡云有者，止据书目为断，以故其所亡者，往往发见于唐时。又辨伪一门，徒滋聚讼，不如听学者自辨，不必下我见。又书目以解题为要，不可如近人展转稗贩，讹谬杂出。先生虽未有后命，而书竟因之中辍。先生尝论《古文尚书》，谓洪良品持论甚好，吾无以难之，可惜自阎百诗作疏证以来，此案已定不可翻矣。或质先生，言东晋至清初，千数百余年之定案，阎氏尚敢翻之，阎氏至今，岁止二百，而云案定不可翻，究竟主此案者何人？所持者何理？先生瞠目不能答。[①]

从上文中，可以大体窥探伦明在书目编纂方面的三个学术观点：一是时代在前进，所见所闻难以周全，存佚无从定夺；二是辨伪之学术已演变为争论聚讼，不如听学者自辨；三是书目最重要的是解题，对近人"展转稗贩""讹谬杂出"提出了批判。

伦明在《辛亥以来藏书纪事诗》中为梁启超立传，诗云：

① 伦明著，雷梦水校补：《辛亥以来藏书纪事诗》，上海古籍出版社 1990 年版，第 63 页。

今日新非昨日新，尊师岂若友通人。

错增朱例征经义，轻信阎书论古文。

梁启超自 1912 年 10 月从日本回国后，深得袁世凯赏识，先后担任袁世凯政府司法总长、币制局总裁等职。然袁世凯公开复辟帝制令梁启超极度失望，后发出讨袁檄文，并与蔡锷等人积极策划武力讨袁和护国运动。1916 年 6 月袁世凯病死，梁启超很快又成为段祺瑞的支持者，担任段祺瑞政府的财政总长兼盐务总署督办。1917 年 9 月，孙中山发动护法战争，段祺瑞被迫辞职，梁启超也随之递交了辞呈。自此，梁启超结束了从政生涯，转而将主要精力投入文化教育和学术研究活动。无论是校勘方法的确立，辑佚理论的阐述，还是人物年谱的编纂方法，梁启超都提出了超越前人的创见，为清至近代以来相关问题的进一步深入求索提供了借鉴。梁启超一生都在不断思考、选择、调整和扬弃，以致被诸多学者称之为"善变"。他晚年与王静安、胡适之等交往频繁，学问日益精进，其间不乏与老师康有为的学说有相悖之处，故伦明诗中有"今日新非昨日新，尊师岂若友通人"之句。在诗后，伦明进一步说明道：

> 梁任公先生启超，壬子归国后，一心治国故。晚岁友王静安、胡适之诸公，学益进，于师说不能无矛盾。不止于复辟之役，见于事者相反也。论者至以孟子斥陈相例之，非也。先生尝言今日之我，与昔日之我战。前日至近，且觉其非，况三十年前之师说，亦何必学汉博士之拘陋战。[①]

梁启超身故后，其藏书以及金石墨本、手稿、私人信札等全部捐赠国立北平图书馆，如今馆中设有专室收藏，编有《梁氏饮冰室藏书目录》。

---

① 伦明著，雷梦水校补：《辛亥以来藏书纪事诗》，上海古籍出版社 1990 年版，第 63 页。

张伯桢

张伯桢（1877—1946），字任材，号子干，法名仁海，又字沧海，别号篁溪，广东东莞人。民国时期著名文史学者。清光绪二十二年（1896），入读万木草堂，成为康有为弟子。光绪二十八年（1902），东莞知县刘德恒主持创办东莞县学堂，受聘为国文教员。光绪三十一年（1905），入日本东京法政大学学习。光绪三十四年（1908），受聘为两广方言学堂教授，主讲法学。宣统元年（1909），留学归国，参加留学生考试及第，赐法政科举人。宣统二年（1910）

张伯桢

年，参加廷试，"钦点"七品京官，任法部制勘司主事。1912—1928 年，任司法部监狱司第一科长，被戏称为司法界"八百罗汉"首座。① 1914 年起，应聘兼任清史馆名誉协修。1915 年，献议"袁督师应配祀关岳"。此后，在北京左安门广东新义园（今北京市龙潭湖公园内）修造袁督师庙，在广渠门内广东旧义园（今北京市东城区东花市斜街 52 号）主持重修袁督师墓，在袁督师庙南主持修建袁督师故居。1919 年，自建房屋于袁督师庙附近，人称"张园"，曾邀康有为在此小住，邀齐白石在此作画。1928 年，因政府迁至南京，辞去一切公职，致力于文史资料的搜集、研究和编著。晚年遁入佛门，寄情佛典。临终前，将自己珍藏的康

---

① 北洋政府首任司法总长王宠惠分 7 次调用 57 名部员回部任职，继任司法总长许世英分 4 次调用 49 人任职，总计共 108 人，恰符佛珠之数。据此，当时司法界有一笑谈，八百罗汉以张果老铁罗汉居首座，司法界因张伯桢 1912—1928 年始终名列司法部监狱司第一科长，为不动尊，故称之为"八百罗汉"首座。

有为、梁启超书牍墨迹以及有关袁崇焕的文物、齐白石等名人的字画共
1300余件捐赠给北京历史博物馆。① 著有《南海康先生传》《明蓟辽督师袁崇焕
传》《袁督师遗集》《张文烈公遗集》《人杰纪念录》《班禅额尔德尼传》
《荣武佛传》《白尊者普仁传》《诸佛出世事迹考》《篁溪存稿》《篁溪杂
志》等，刻印有《万木草堂丛书》《沧海丛书》。

伦明与张伯桢均入读万木草堂，后又同时任教于两广方言学堂，民
国初年又先后迁居北京烂缦胡同东莞会馆，结下通家之好。伦明云：
"（伯桢）幼年与余同学里邸，壮岁入都又与余同寓邑馆，凡二十年，朝
夕与共。"② 正因为二人关系亲密。1933年，张伯桢扶苏璧如为继室，伦
明赋极具打趣、调侃意味的诗作相贺：

> 今朝儿女笑双亲，为笑双亲老结婚。
> 小妇抗颜称大妇，旧人瞥眼作新人。
> 恰如布弈偏移正，又似除官假作真。
> 客怪娶妻违戒律，未妨罗什事同论。
> 白首相偕誓海山，歌完嗜彼又关关。
> 画眉笔擅张京兆，织锦文成苏若兰。
> 前度渐看桃树老，重逢未放烛花残。
> 分除嫡庶妻从一，制礼周婆孰敢刊。③

"客怪娶妻违戒律，未妨罗什事同论"是指张伯桢晚年遁入佛门，
并取法号仁海，故张伯桢扶苏璧如为继室时，客人笑说张伯桢作为念经
和尚娶妻，违背戒律。伦明帮张伯桢解释说，希望各位不要把佛门之事

---

① 翟学良：《张伯桢先生事略》，载中国人民政治协商会议东莞市委员会文史委员会
编：《东莞文史资料选辑》1991年第19辑，第52—56页。
② 伦明著，雷梦水校补：《辛亥以来藏书纪事诗》，上海古籍出版社1990年版，第86页。
③ 张伯桢编：《沧海丛书·篁溪家谱插页影伦明手迹》，1933年。

与居家和尚娶妻纳妾相提并论。"罗什"是指东晋十六国时期后秦的高僧鸠摩罗什（343—413），中国汉传佛教四大佛经翻译家之一。"画眉笔擅张京兆，织锦文成苏若兰"是伦明借用"京兆画眉""织绵回文"之典，说张伯桢和苏璧如夫妻恩爱。"京兆画眉"典出东汉班固《汉书·张敞传》，说张敞与夫人感情笃厚，夫人幼时受伤致眉角有缺陷，张敞每天为夫人画眉后才出门，故此成为后世夫妻恩爱的典范；"织绵回文"典出《晋书·列女传》，窦滔为五胡十六国时期前秦秦州刺史，被徙流沙（今甘肃敦煌），其妻苏若兰思念丈夫，在锦缎织回文旋图诗以赠窦滔，即后来所称的"璇玑图"，喻指妻子或所恋女子的书信或情诗。

1926 年，张伯桢五十大寿，伦明也曾以欢快、流畅的五言诗贺之：

　　　　干翁今五十，菭官隐京华。
　　　　未死先成冢，为僧尚有家。
　　　　病多身转健，心静室空哗。
　　　　应共开尊赏，张园烂缦花。

　　　　尔我称同学，回头三十年。
　　　　兵烽催讲舍，人境换桑田。
　　　　何意离乡日，犹留比屋缘。
　　　　祝君无别语，养老俸多钱。①

伦明还屡屡为张伯桢新作题词。宣统元年（1909），张伯桢《人杰纪念录》完成，伦明题词曰：

　　　　一卷乡邦史，爱英雄、零章剩草，愿书万纸。清浅蓬莱人几见？剩有冤禽凄语。　　问逸事、野人能记。成败由天难逆睹，使诸公、易地皆如此。读终卷，肃然起。

———————

① 原载《正风》1936 年第 2 卷第 3 期。

与君少长居同里，共些时、荒烟搜剔，劫余文字。云散风流者旧尽，收拾残丛能几？　　忽百岁、茫茫交至。三百年来殊寂寂，叹承平、用武浑无地。抚髀肉、泪如雨。①

张伯桢《人杰纪念录》收录袁崇焕、熊飞、何真、罗亨信、彭谊、卢祥、张一凤、苏观生、张家玉、张家珍等乡贤人杰传记、诗文多种，故伦明在题词上阕发出了"一卷乡邦史，爱英雄、零章剩草，愿书万纸"的赞叹。在下阕则慨叹先贤已离我们远去，回想起时下承平日久、人不知兵的现状，不禁潸然泪下。

1914 年，张伯桢认为"官途实为地狱"，有了归隐之意，"同志者"为其绘《篁溪归钓图》② 三幅，并遍征海内名流题咏。易顺鼎、王闿运、吴承仕、徐绍桢、王式通、杨昀谷、马叙伦、袁克文、伦明等 119 人为其题咏。其中，伦明《题篁溪归钓图》诗云：

故山无恙忽相逢，十里青溪在画中。
莫学东坡誓江水，一竿何地不相容？
桃源空记陶元亮，箬笠还输张志和。
添个樵青相伴住，风斜雨细唱渔歌。③

---

① 张伯桢编：《人杰纪念册》，1909 年铅印本，第 14 页。

② 此《篁溪归钓图》非齐白石后来所作《篁溪归钓图》。1917 年，齐白石第二次进京，在易实甫家偶遇同出晚清名士王闿运门下的师兄张伯桢，后多次前往张园小住或长住，曾与弟子瑞光和尚合绘《篁溪归钓图》。张次溪在《齐白石的一生》中回忆道："（袁督师庙）东面是池塘，池边有篁溪钓台，是先君（张伯桢）守庙时游息的地方，他（齐白石）和先君在那里钓过鱼，还和弟子瑞光和尚合作画过一幅《篁溪归钓图》，题诗云：竹绕渔村映晚潮，西风黄叶渐萧条。草溪日暮持竿去，芦荻闲洲路未遥。"（张次溪：《齐白石的一生》，人民美术出版社 2004 年版，第 138—139 页）

③ 张伯桢辑：《篁溪归钓图题词》，载张伯桢编：《沧海丛书》（第二辑），1916 年刻本，第 78 页。

伦明在诗中首先赞美《筼溪归钓图》青溪长流，意境深远，如同重逢久别故乡的山水美景。然后以"苏东坡誓江水"①的故事劝告好友张伯桢不要随意发誓"归隐"，认为任何事物都在不断变化和发展，为人处世不要过于偏执，要学会顺其自然，随遇而安。陶渊明的《桃花源记》是虚幻的人间美景，张志和扁舟垂纶、泛舟为家也不是一般人可以模仿的。找一个女伴，"风斜雨细唱渔歌"，才是人间美好。伦明对好友张伯桢的规劝，尽在诗中，不似亲人胜似亲人。

1919 年，张伯桢在北京左安门内购置一片乱地，传说系明崇祯年间袁崇焕的故宅。张伯桢购置后，大力整治，建房数楹，栽树种果，初具泉石之胜，人称"张园"。友人李霈②为其绘《张园春色图》③，力邀众友为其题诗，其中，伦明《筼溪学长嘱题张园春色图》诗云：

> 画了筼溪又辋川，陆居可似钓鱼船。
>
> 忽饶问舍求田想，别证居家食肉禅。
>
> 觞咏客来休沐日，行藏论定盖棺前。
>
> 胸中丘壑谁能写，惨淡龙眠妙笔传。④

伦明在诗中不仅说张伯桢既有《筼溪归钓图》，又有如同王维《辋川图》美景的《张园春色图》，更梦想过上陆游的《烟艇记》中所描述的隐居生活。与此同时，还对张伯桢买地置业、居家念佛、邀朋饮宴、

---

① 相传，苏轼被贬黄州时喜搜药方，好友巢谷将治疗瘟疫的"圣散子"给了苏轼，苏轼发誓不将此方透露他人。然不久，黄州暴发瘟疫，苏轼毅然拿出了药方。

② 李霈，字雨林，号云仙，晚清至民国时期画家。工山水人物。

③ 此《张园春色图》非齐白石所绘《张园春色图》。齐白石在张园长住期间，也曾作《张园春色图》，后来还在图上题诗表达了对张伯桢父子的感谢："四千余里远游人，何处能容身外身。多谢筼溪贤父子，此间风月许平分。"（张次溪：《齐白石的一生》，人民美术出版社 2004 年版，第 138 页）

④ 伦明著，东莞图书馆整理：《伦明全集》（第一册），广东人民出版社 2017 年版，第171 页。

预筑生圹等事进行了描写。伦明对张园的描写与张次溪《北平岁时志·九月》中对张园的回忆可相互印证："张园者，位左安门里，亦家君子所筑。三亩幽林，鸣禽上下，藤萝叠架，曲苑回环。其间自家君子生圹之外，洁室数楹，足资憩息。厅事所供，半属禅榻经卷，此则家君子晚所耽悦也。十年以来，每遇重阳，都人士之由法塔寺返者，多信步游夕照、万柳诸胜，而我粤同乡，则并瞻谒袁庙，浏览张园。"[1] 在诗最后，伦明既自注《张园春色图》为李雨林所绘，还认为该画作构思精妙，如同宋代画家李公麟（别号龙眠）所作的画作一样，妙笔传神。

伦明还为张伯桢的生圹作《篁溪生圹》诗，诗云：

> 五亩诛茅安草阁，百年埋骨买青山。
> 伏波马革铜台后，都付先生一笑闲。
>
> 落落孤怀与俗违，不须讳死不须归。
> 君今眼见累累冢，何异成仙丁令威？
>
> 人世相寻生老病，佛门彻悟去来今。
> 少年预凶太早计，手载松柏待成林。
>
> 香山醉吟早作传，柴桑蒿里还自歌。
> 文人作达强饶舌，何似日日颜容酡？[2]

张伯桢 40 余岁便在张园为自己建生圹，还邀请文史大家王树枏（晋卿）作墓志铭，光绪二十四年（1898）状元夏同龢手书。虽然两位大家合成的墓志铭被誉为"五百年不朽之作"[3]，然在伦明看来，这都是违俗立异的事情，力劝好友不要担心身后没有归宿，也不要希望身后成为丁

① 张次溪：《北平岁时志》，国立北平研究院史学研究会 1936 年版，第 9 卷；杨志良：《齐白石、张次溪与〈白石老人自述〉》，《齐白石研究》2018 年第 6 辑，第 21 页。
② 伦明著，东莞图书馆整理：《伦明全集》，广东人民出版社 2017 年版，第 171 页。
③ 陆景川主编：《夏同龢研究文集》，贵州人民出版社 2013 年版，第 268 页。

令威那样的仙人。人世间生老病死都是常态，即使是佛门也分今世和来世。香山居士白居易曾为自己作《醉吟先生传》，陶渊明还用古代挽歌《蒿里》为自己作《挽歌》三首，身前即为身后事张罗，是文人放任自达的多事行为，不然，为什么他们天天喝酒把脸喝得通红呢？字里行间表达了对好友张伯桢亲人般的爱护和关心。

伦明《辛亥以来藏书纪事诗》为张伯桢立传。

其一云：

> 国史久传六代名，回思家学想升平。
> 抱残守阙谈何易，父子继承百世成。①

其二云：

> 桯史无须岳倦翁，自营草屋傍精忠。
> 流光邑乘兼家乘，岂是寻常继述同。②

伦明在第一首诗中赞扬张伯桢家学渊源，在第二首诗中赞扬张伯桢推崇本邑英雄袁崇焕之举。张伯桢对东莞籍袁崇焕等民族英雄焚香礼拜，他曾在《袁督师遗集·跋》中曰："袁督师为我邑明季第一重要人物。吾幼年读《明史》，慕其为人。每过其祠，瞻其遗像，为之呜咽流涕不忍去。"③ 也许正因如此，1915 年，北洋政府开设礼制馆，重议民国敬祀先哲名单，张伯桢献议将袁崇焕增至武庙名单中，礼制馆以"袁系文臣，无庸置议"作复。张伯桢不惧罢官风险，撰写《袁督师应配祀关岳意见书》，列举十大理由反驳礼制馆之说，复请于北洋政府，且又联络各省将军、督、抚及北京各部、院长官，以及在京粤籍官员、名流、广

① 伦明著，雷梦水校补：《辛亥以来藏书纪事诗》，上海古籍出版社 1990 年版，第 86 页。
② 伦明著，雷梦水校补：《辛亥以来藏书纪事诗》，上海古籍出版社 1990 年版，第 87 页。
③ 张伯桢编：《袁督师遗集·跋》，载张伯桢编：《沧海丛书》（第一辑），1913 年。

东地方绅耆共200余人吁请，"以阐幽光，壮士气而励忠贞"。张伯桢的提议首先得到了黎元洪的赞同，各省将军、巡按使和北京部院也纷纷响应，最后，北洋政府被迫同意袁崇焕配祀关岳。事后，张伯桢不仅将该事始末、往来信件等编成《袁督师配祀关岳议案》①，还主持修建袁督师庙、袁督师故居，重修袁督师墓，编纂《明蓟辽督师袁崇焕传》《袁督师遗集》等。

在诗后，伦明进一步叙述道：

> （张伯桢）喜收书与刻书，为其师康有为校印《万木草堂丛书》，经部如《孔子改制考》《伪经考》《春秋董氏学》《春秋笔削大义微言考》《礼运注》《中庸注》《论语注》《孟子微》等。又自著《南海康先生传》及《万木草堂讲学记》《万木草堂始末记》《万木草堂丛书目录》《袁崇焕传》《张家玉传》《法源寺志》《枣花怀古录》。又尝编印《沧海丛书》，内中皆明代先烈著述，如《袁督师遗集》《张文烈公遗集》《袁督师配祀关岳议案》。又喜搜集近世史料，贮诸北京左安门内新西里张园中。尝授其子为编《清代学人年鉴》《清代朝野故事类编》《东海余音》《苏报案实录》《章太炎先生在狱佚闻》，录《自立会志》等书，此外搜集粤东人诗文集颇多。②

> 篁溪尝倡议崇祀袁崇焕督师，与关岳并，后建袁督师庙于北京左安门内，自筑精舍傍之。撰《袁崇焕传》，广陈子砺所未备。今次溪为《袁督师后裔考》，洵不愧家学矣。次溪喜收北京历史风物资料，著述亦富。③

---

① 张伯桢编：《沧海丛书》（第一辑），1913年。
② 伦明著，雷梦水校补：《辛亥以来藏书纪事诗》，上海古籍出版社1990年版，第86页。
③ 伦明著，雷梦水校补：《辛亥以来藏书纪事诗》，上海古籍出版社1990年版，第87页。

吴贯因

吴贯因（1880—1936），原名吴冠英，别号柳隅，广东澄海人。近代著名史学家和语言学家，与诗人侯节、许伟余合称"澄海三才子"。清光绪三十一年（1905）至光绪三十三年（1907），先后任教于莲阳许厝村岭梅私塾、澄海景韩书院。光绪三十三年（1907），入日本早稻田大学史学系学习，结识梁启超并成为好友。

吴贯因

1912 年学成归国后，与梁启超在天津创办《庸言日报》和《庸言月刊》。1913 年起，先后担任北洋政府卫生司司长、币制厂厂长、中华书局编辑、北洋政府内务部参事兼编译处处长等职。1927 年起，弃政从学，先后担任东北大学教育、文学院院长，平民大学、燕京大学史学教授，华北大学校长等职。1933—1935 年间，受陈济棠聘请，多次回广东讲学。1935 年，在天津创办《正风》半月刊，发表史论专著多种。1936 年，因脑出血病逝于北平，终年 57 岁。著有《宪法问题之商榷》《中国共和之前途》《中国古代之社会政策》《中国经济进化史论》《丙辰从军日记》《东西印章历史及其品性之变迁》《中国经济史眼》《史之梯》《中国文字之起源及其变迁》《中国语言学问题》等。①

吴贯因对伦明《辛亥以来藏书纪事诗》的刊行发挥了关键作用。1935 年 1 月，吴贯因和王新吾在天津法租界 33 号创立正风报社，编辑发行《正风》半月刊。为扩大影响，《正风》向全国知名学者约稿，伦明也在其列。据雷梦水《辛亥以来藏书纪事诗》校补稿回忆："适吴柳隅

---

① 黄树雄：《潮人旧书》，暨南大学出版社 2016 年版，第 22—23 页。

君主编《正风》半月刊，以重金征文，先生（伦明）遂记述近代藏书家逸事，而系之以诗投之。因连载数期，即作此也。后以吴君逝世，《正风》停刊，诗亦中止。"① 吴贯因主编《正风》虽然得益于"南天王"陈济棠的经济赞助，然其主编思想亦有卓然独立之处。1930 年 4 月，吴贯因在《东北周刊》上发表一篇史学论文提出"铮铮史笔记录时代变迁"的观点，兹节录如下：

> ……故尝谓中国一部历史，自春秋以前，为卜祝之势力范围时代；自孔子以至于今，为儒者之势力范围时代；自今以往，则将成为国民之势力范围时代。而儒者之言，比之卜祝较可征信；国民全体之言，比之个人，又较可征信。后来居上，进化之公例，诚如是也。虽然，因史家位置之变迁，于是史之性质，亦从而异焉。即自春秋以前，史家之记事，以褒贬善恶，为其主要目的；自今以往，史家之记事，以述国家文明之进步，民族存在大势，为其主要之目的。而今之历史，其目的所在，既与全体国民有关系，则史家之地位，不可不得国民信仰之人以当之；史家之记载，不可不体国民公意所在以定之。故史家之位置，比古为高，而史家之责任，亦比古为重也。②

吴贯因主张现代史家相关撰述应当紧紧围绕国家文明进步、民族存在大势等主要目的展开，足见其强烈的社会现实关怀意识。伦明《辛亥以来藏书纪事诗》以记述近代藏书的聚散离合为主旨，兼及藏书文化的传承与弘扬，正是吴贯因所倡导的"史家责任"，正因为如此，伦明《辛亥以来藏书纪事诗》为吴贯因所赏识并得以连续刊行。当时，伦明一边写稿，吴氏一边刊发。在两人的共同努力下，《辛亥以来藏书纪事

---

① 伦明著，雷梦水校补：《辛亥以来藏书纪事诗》，上海古籍出版社 1990 年版，第 120 页。

② 蒋大椿主编：《史学探渊——中国近代史学理论文编》，吉林教育出版社 1991 年版，第 1040 页。

诗》于 1935 年 9 月《正风》半月刊第 1 卷从第 20 期开始刊发至 24 期，1936 年第 2 卷第 1 期至第 3 期，共连载 8 期，第 5 期刊出最后一篇后，吴贯因突发脑出血意外离世，《正风》停刊，诗亦中止，尚有若干首和续作 40 余首未刊发。因当时没有刊印单行本，故伦明的藏书纪事诗被抄录、转录后广为流传。

伦明《辛亥以来藏书纪事诗》稿本和流传的抄本汇集成了足本。原稿本现藏国家图书馆，另外还有金山高燮，番禺叶恭绰，吴县王謇、王伯祥、郑逸梅，太平苏继顾等抄本。其中，金山高燮的抄本现藏上海师范大学图书馆。1937 年，蔡金重编纂的《藏书纪事诗引得》率先将伦明《辛亥以来藏书纪事诗》和叶昌炽《藏书纪事诗》一并编入，使得伦诗和叶诗都得以垂诸久远。[1] 1944 年，叶恭绰据伦明家人所示遗稿抄录 33 首，刊附于《矩园余墨·纪书画绝句》之后。叶恭绰在《矩园余墨·序》中云："特乡邦文献得

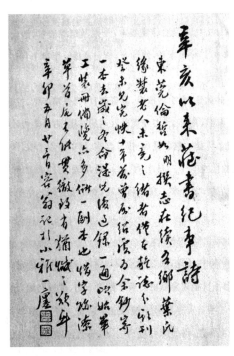

王伯祥《辛亥以来藏书纪事诗》题记手迹

此著录，固亦佳事，因与徐信符所补《广东藏书纪事诗》并为印行。"[2] 20 世纪 40 年代，现代文史研究家王伯祥（1890—1975）曾托郭绍虞抄录一本，后又命其子王湜华再过录一本留存家中，原抄本则赠予陈乃乾。王伯祥在王湜华的抄录本上题识云：

---

[1] 罗志欢：《伦明评传》，广东人民出版社 2014 年版，第 117 页。

[2] 叶恭绰编著：《矩园余墨》，香港商务印书馆 1963 年版，第 1 页。

《辛亥以来藏书纪事诗》，湜儿抄本，一厚册。

东莞伦哲如撰，志在续吾乡叶氏缘督老人未竟之绪者。仅在杂志分期刊登，未见完帙。十年前曾嘱绍虞为予钞寄一本（以此杂志在北方发行，上海无从觅得，乃托绍虞雇书手钞全寄沪）。去岁之冬，命湜儿复过录一通（以原抄本乃乾欲之，因命湜重钞，即以原钞本移赠乃乾焉）。顷始毕工，装册备览，亦多储一副本也。惜字迹潦草，首尾未能一贯，致有犹憾之叹耳。辛卯五月廿三日，容翁记于小雅一廛。①

又见郑逸梅《珍闻与雅玩》记载：

伦明著有《辛亥以来藏书纪事诗》，闻曾载某报，我没有看到，仅见叶恭绰的《矩园余墨》附录一部分，非其全貌。幸同乡王佩诤（謇）录有完整稿，苏继庼向之借抄，我看到了喜不自胜，再由苏家转录。苏未经范祥雍、陆丹林校阅，丹林熟知伦明其人，附记伦明设书铺，以珍籍运销域外，颇多丑诋。苏认为毁之逾分，把它删去。②

自此，伦明《辛亥以来藏书纪事诗》经过不断地转抄而流传，20世纪80年代以来还有多种整理本行世。

伦明《辛亥以来藏书纪事诗》凡诗155首，其中丁日昌、张之洞、李盛铎、傅增湘、张伯桢各2首，实收藏书家150人，附录29人，以近代为主，兼收清代22人，粤籍藏书家35人。该书依照叶昌炽《藏书纪事诗》体例，为每个藏书家写诗一首（间有不止一首），以诗系事，诗后注传，详细辑录藏书家藏书、刻书、校书、访书、买书、卖书、读书、著书等遗闻逸事，是了解古籍聚散线索、版本递藏源流、近代藏书家事迹以及学者著述目录等史料的一部力作。

---

① 王伯祥：《庋榢偶识》（卷三），中华书局2008年版，第90页。
② 郑逸梅：《珍闻与雅玩》，北京出版社1998年版，第546页。

陈　垣

陈垣

陈垣（1880—1971），字援庵，又字圆庵，笔名谦益、钱罂等，广东新会人。出身药商之家，近现代著名教育家、历史学家、宗教史学家，与陈寅恪并称"史学二陈"，"二陈"又与吕思勉、钱穆并称"史学四大家"。清光绪三十四年（1908），在广州与人合办光华高等医学校（后改为光华医学院）。宣统二年（1910），毕业于光华医学院，并留校任教。1911年，参与创办并主编《震旦日报》及副刊《鸡鸣录》，次年以民主革命报人身份当选中华民国众议院议员。1913年3月离穗北上，参加第一届国会会议，从此弃医从政，实现人生第一大转折。1921年后，先后任教育部次长、京师图书馆馆长、国立北京大学教授、燕京大学教授、私立北平辅仁大学校长、北平师范大学史学系主任、中央研究院历史语言研究所研究员、北平研究院历史研究所特约研究员等职。1948年，当选国民党中央研究院院士。中华人民共和国成立后，历任北京师范大学校长、中国科学院哲学社会科学部委员、中国科学院历史研究所第二所所长等职。著有《史讳举例》《二十史朔闰表》《元西域人华化考》《元典章校补释例》等。①

伦明和陈垣均对续修《四库全书》念兹在兹，志同道合。1920年5月，北洋政府大总统徐世昌拟影印文津阁本《四库全书》，明令朱启钤督其事，陈垣则主持文津阁《四库全书》的清点与调研工作。在京师图

---

① 陈乐素：《陈垣》，载陈清泉、苏双碧、李桂海、萧黎、葛增福编：《中国史学家评传》（下册），中州古籍出版社1985年版，第1244页。

书馆张宗祥等人的协助下，陈垣清点了文津阁《四库全书》架、函、册、页的准确数字，共收书 3462 种，103 架、6144 函、36277 册、2291100 页，并编制了详细的《文津阁册数页数表》。同时他还详细阅读了文津阁本所收书的提要，发现与《四库全书总目提要》有不少差异，曾花费数年研究《四库全书》。① 这与同样热衷续修《四库全书》的广东同乡伦明有共同的语言。1921 年 9 月，伦明辞去国立北京大学教席，意欲专事续修《四库全书》。同年 12 月，当他得知对续修《四库全书》素有热情的陈垣任教育部次长并因黄炎培不到任而代理部务工作时，"不胜雀跃"，立即致函陈垣，除对教育部员工罢工和八校索薪提出建议外，重点就续修《四库全书》事提出三点请求：

> 一、编定一应之书目以待搜求也。查教部直辖之图书馆，收藏非不富，然皆就旧有而保存之，初未调查我国现存之籍共有若干。例如经部除《四库》所录外，其未收者若干种，在修《四库》后成书当时未录者若干种。或旧本尚存，或尚有抄本。其最精要之某种则不可不多方求之，或就藏书家移录之。盖此图书馆为全国之模范，其完备亦当为全国冠。况迩来旧书日少，且多输出，私家藏贮，不可持久。若无一大图书馆办此，则国粹真亡矣。

作为版本目录学家的伦明十分清楚目录的功用，他将编纂"一应之目录"的重要性上升到关乎国粹兴亡的高度。同时，伦明还指出《四库全书》"忌讳太多""遗书未出""进退失当"，且由于七阁抄本"急于完书"以致缮校不精，讹错百出，需要校雠。②

> 二、为校雠《四库全书》也。前此曾有刊印《四库》之议，但此书之讹脱，触目而是。若任刊布，贻笑外人（前日本人某曾著论

---

① 文渊阁《四库全书》影印本，商务印书馆 2005 年版，前言页。
② 伦明：《续修〈四库全书〉刍议》，《国学月刊》1927 年第 1 卷第 4 期，第 5—7 页。

言之）。且传布此讹脱不完善之本亦奚取乎？但此书博大，校雠不易。现在教部人员极冗，一时谅难裁撤。其中文理清通者当不乏人，与其画诺而无所事事，何如移一部分之人以校此书。且馆中人员亦不少，若去其素餐者以置清通之人，不一二年，此书便可校完。在国家不费分文而成此大业，何快如之。至校书之法，则宜将内务部新得之《四库》或再借用文渊阁之《四库》，至各书之有刻本者亦居大多数，皆可取资也。①

伦明曾说："修四库书者，知保存矣，惜著录止有三千余种也；知流布矣，惜传写止有七阁也。光绪间，编修王懿荣奏请续开四库馆，补修未尽及晚出诸书，议未果行，此正吾人今日应负之责。"② 伦明认为校雠、补遗、续修三事中，"续最要，且最难"，于是，他拟定了一个自认为切实可行的续修方案。

三、续修《四库全书》提要，此着为最要紧。乾隆修书之时多所忌讳，未著录并未存目者甚多，且晚出之书为当时所未见者亦多。若乾隆以后之著述，其未及收更不待言矣。尝谓我国学术之发挥光大皆在乾隆以后，若此小半截不全，大是憾事。为时未久，各书搜求尚易，且宿学现存者亦尚有人，宜聘请通达者约十人之谱，每人薪修月约五六十元（另有课责之法，兼差者亦可，但须限若干日成一书）。月需经费约一千元左右，亦约一二年而功成，即在学款所减内筹出此数非难。③

伦明对实现上述三事满怀热诚，希望得到陈垣的支持，故在信末郑重地重申：

---

① 陈智超编注：《陈垣来往书信集》，上海古籍出版社 1990 年版，第 41 页。
② 伦明：《拟印〈四库全书〉之管见》，《国闻周报》1933 年第 10 卷第 35 期。
③ 陈智超编注：《陈垣来往书信集》，上海古籍出版社 1990 年版，第 41 页。

如能办到三事，则我公为福于国学者不细。且政治不过暂局，我辈在世界上要当作一事业，留作后世纪念。昔彭文勤在朝颇不满于清议，而功在《四库》，至今谈者犹乐道之，我公如有希望于后世者，此其时矣！闻教长尚未定人，最好我公以次长代理部务。弟自九月即脱离大学教席，绝无别事，日惟闭户读书，自分见弃于世矣。若得附骥尾而有所表见，则我公之赐也。草此即颂援庵我兄大人晚安。①

伦明致陈垣书所谈续修《四库全书》事理由充分，措施得当，情真意切。然时值军阀混战，当局无暇顾及，身为教育部次长的陈垣也无能为力。五个月后，陈垣辞去教育部次长之职，伦明的建议遂成泡影。

1927年，伦明身在河南焦作，不忘北京的老友陈垣，作《怀陈援庵都中十二叠前韵》：

> 徐李图书译越裳，地舆天算逮农桑。
> 几人抱器来西土，有客抄书聚北堂。
> 百犬吠声难上谤，十年树木想连行。
> 由来成学京师易，又见家风绍海康。②

伦明在诗中提及陈垣对宗教史的浓厚兴趣，以及对徐光启、李之藻等精英式天主教徒致力于西学东渐的赞赏。自1917年起，陈垣发奋研究中国基督教史，大力搜集利玛窦、汤若望、南怀仁等西方传教士的著述，于是才有了后来的《元也里可温考》《基督教入中国考》《浙西李之藻传》《大西利先生行迹》《基督教人物四传》《从教外典籍见明末清初之天主教》等系列研究成果。正是陈垣对基督教的深入研究，引起了天主

---

① 陈智超编注：《陈垣来往书信集》，上海古籍出版社1990年版，第41页。
② 伦明：《怀陈援庵都中十二叠前韵》，《伦哲如诗稿》（第三册），国家图书馆藏稿本，第7页。

教知名人士马相伯、英敛之的关注，后被聘为天主教大学——私立北平辅仁大学副校长、校长达26年。"百犬吠声难上谤"是指1926年陈垣任故宫博物院理事兼图书馆馆长期间，因保护文物而被宪兵司令王琦抓捕以及软禁数月，直至南京国民政府接管故宫才获自由一事。"十年树木想连行"是指陈垣曾任北京孤儿工读园园长、北京平民中学校长、国立北京大学国学门教授、燕京大学教授、北平师范大学教授、私立北平辅仁大学教授等教书育人的经历。"又见家风绍海康"是指陈垣著述等身，学问渊博，可与清代经史大家陈昌齐比肩。陈昌齐（1743—1820），字宾臣，号观楼，又署"瞰荔居士"，广东雷州府海康县（今湛江雷州）人。曾任翰林院编修、广西道和河南道监察御史、兵部和刑部给事中、浙江温州兵备道等职，主持校勘《永乐大典》，编校《四库全书》，著有《吕氏春秋正误》《淮南子考证》《楚辞韵辨》《测天约术》《天学脞说》《营造约旨》等。陈昌齐与高邮王念孙极为要好，王念孙曾为其书作序，并认为陈昌齐的著作里有很多前人未发现的高见。

伦明与陈垣同为诗友。20世纪20年代始，北京文化学术界渐有集社雅举。诸如，1922年5月，吴承仕在安徽歙县会馆创办以校订古书为宗旨的思误社，后来更名为"思辨社"。1925年春，谭祖任创办的聊园词社等。伦明和陈垣积极参与思辨社、聊园词社活动，并成为骨干成员。1962年5月5日，为庆祝北京师范大学60周年校庆，陈垣在《光明日报》发表《春风桃李　百年树人》一文，并赋诗八首。昔日同为思辨社、聊园词社成员的尹炎武在上海读到陈垣的诗文后和诗八首，回忆当年与陈垣、伦明等一起问学切磋和谈心述怀的美好时光。其中一首云：

黄陈伦孟闵孙谭，二邵张洪共一龛。
若问聊园思辨社，空余惆怅望江南。①

---

① 尹炎武：《简陈援庵》，载陈智超编注：《陈垣来往书信集（增订本）》，生活·读书·新知三联书店2010年版，第159页。

诗中"黄"指黄节（字晦闻），"陈"指陈世宜（字匪石），"伦"指伦明，"孟"指孟森（字心史），"闵"指闵尔昌（字葆之），"孙"指孙人和（字蜀丞），"谭"指谭祖任（字篆青），"二邵"指邵章（字伯絅）、邵瑞彭（字次公），"张"指张尔田（字孟劬），"洪"指洪汝闿（字泽丞）。社友中，伦、孟、闵、孙长于考证，"二邵"和张、洪均是词家，谭祖任擅长金石鉴赏，再加上黄节的诗、陈世宜的词，他们"高斋促膝，娓娓雅谭，风月聊园"①，既有觞咏佳馔之乐，亦有版本搜奇之趣。

伦明和陈垣均有藏书的雅好。大约1933年，伦明曾在琉璃厂淘得清末两江总督端方档案多册，大部分为电报档案，上海《苏报》案的档案也在其中，这批档案是清末历史的珍贵史料，陈垣知晓后，偕单士元到东莞会馆伦明住处，以900银圆的价格为故宫文献馆购入。现这批档案成为第一历史档案馆的珍藏。② 1934年秋，伦明通学斋访得江苏高邮王氏三世稿本若干种，即与陈垣、余嘉锡、孙人和诸人集资合购。该批稿本有王念孙（字石臞）、王引之（字伯申）父子的书牍、诗文草稿、谢恩札、庶常馆课卷、医方计簿，以及王引之任湖北监司时的治官文书等，另有孙星衍（字渊如）平津馆所抄《尸子》《孙子·魏武注》等数种典籍。余嘉锡曾说，这批稿本"其大部归孙君蜀臣人和，其奇零归于余与哲如，而精华则为陈援庵先生所得，即石臞先生所撰《段懋堂（玉裁）墓志铭》《江晋三论音韵书》是也"③。陈垣藏书很丰富，励耘书屋藏书以历史和宗教两类为特色。伦明在《辛亥以来藏书纪事诗》中为之立传，诗云：

---

① 尹炎武：《尹炎武致陈垣函》，载陈智超编注：《陈垣来往书信集（增订本）》，生活·读书·新知三联书店2010年版，第130页。

② 单士元：《故宫札记》，紫禁城出版社1990年版，第161页。

③ 余嘉锡：《跋王石臞父子手稿》，载余嘉锡：《余嘉锡论学杂著》，中华书局1963年版，第638页。

唐官补出石柱字，元代招来西域人。

俯首王钱到遗墨，但言校例已成陈。①

　　陈垣属于学者型藏书家，其藏书体系与学术研究密不可分，故伦明指出陈垣"藏书致用"的藏书思想时说："君藏书数万卷，非切用者不收。"称赞其藏书质量时说："较谈版本目录者，又高一等矣。""唐官补出石柱字"是指陈垣曾根据《唐书》及唐人墓志数千种对清代劳季言所撰《唐尚书省郎官石柱②题名考》进行补考，补得200余人。"元代招来西域人"是指陈垣素治元史，熟究西教东来始末，著有《元西域人华化考》《元典章校勘释例》等学术著作。"但言校例已成陈"是指陈垣在《校勘学释例》中提出"校法四例"，将历代校勘古籍的方法归纳为对校法、本校法、他校法和理校法，并对每种方法的内涵和具体操作进行了详细解释和说明，首次勾勒出古籍校勘的方法论体系。伦明在诗后还详细说明当年陈垣所得高邮王氏三世稿本中精华之本的情况："君最服膺钱竹汀、王怀祖二先生，因而宝爱其遗墨，所得二先生手稿甚多。去岁新得怀祖撰《段若膺墓志铭稿》，尤可贵。其《经义述闻》，乃怀祖稿，非伯申，可异也。"③

　　陈垣收藏清代学人的书画手稿甚富，曾在私立北平辅仁大学公开展览，并印有目录一册。书画中远如明人陈献章（字白沙），近如清末陈澧（字兰甫）的作品，皆岭南名家的作品。陈垣新得陈白沙草书手卷时，特请伦明题诗二首：

---

① 伦明著，雷梦水校补：《辛亥以来藏书纪事诗》，上海古籍出版社1990年版，第81页。

② "郎官石柱"是指唐开元年间刻记在二个石柱上的职官档案。一柱记左司及吏、户、礼三部郎官，一柱记右司及兵、刑、工三部郎官，序文由陈九言撰，张旭书，可惜右石柱已佚，只剩左石柱，清代学者劳季言悉心考核，撰《唐尚书省郎官石柱题名考》二十六卷。

③ 伦明著，雷梦水校补：《辛亥以来藏书纪事诗》，上海古籍出版社1990年版，第81页。

合浦还珠事岂殊，汉皋解珮感何如。

诗情字决无非学，闽粤同名两大儒。

讽咏高于击壤吟，收藏重以敬乡心。

江门一脉通黎滘，独感家书抵万金。①

广东陈白沙的手卷曾被寓居汉皋的徐行可收藏，后又回到广东陈垣手中，故伦明用"合浦还珠""汉皋解珮"形容该手卷流转的来龙去脉。陈白沙与黄道周都是明代杰出人物，都号"石斋"，理学、文章、书法、诗歌并重千古，故伦明有"诗情字决无非学，闽粤同名两大儒"之句。"讽咏高于击壤吟，收藏重以敬乡心"一方面是指陈垣收藏陈白沙的手稿，另一方面是指伦明也曾收得陈白沙的弟子、东莞人林时嘉②校刊的《白沙诗教解》（清嘉庆五年本）。"江门一脉通黎滘，独感家书抵万金"是指伦明的五世族叔祖伦文叙一脉世居广东南海黎滘村，其三子伦以诜是陈白沙的再传弟子。民国年间，著名藏书家丁闇公曾介绍某书画店伙计持一伦文叙家书找伦明出售。伦明初听，高兴极了，仔细一看，发现是赝品，真迹已不可觅，故在诗中戏用杜甫的诗句"家书抵万金"。

陈垣与伦明是私立北平辅仁大学的同事。私立北平辅仁大学为著名教育家马相伯创办，自1926年1月起，陈垣先后被聘为该校副校长、校长，直至1952年。该校创办初期，教师都是从国立北京大学、燕京大学、国立清华大学等校聘请而来，章开沅《会友贝勒府：辅仁大学》云："伦明、赵万里、周作人、沈尹默、郑振铎、马衡、刘钧、邓之诚、柯昌泗、朱师辙、陆懋德、范文澜、孙人和、魏建功、罗常培、郭家声、唐兰、容肇祖、罗庸、朱光潜、谭其骧等都是从其他大学特别是名师荟

---

① 伦明：《陈援庵新得白沙草书手卷属题》，《伦哲如诗稿》（第6册），国家图书馆藏稿本，第26页。

② 林时嘉，字子逢，号遂斋，广东东莞人。陈白沙弟子。

萃的国立北京大学聘请的。"①
1929 年，陈垣聘请伦明为该校讲
师，为高年级学生讲授《史记》
《汉书》研究、历代诗代表作品、
诗专家研究、作文（二年级）课
程，深受学生喜欢。② 曾就读于私
立北平辅仁大学历史系的周一良
曾回忆道：

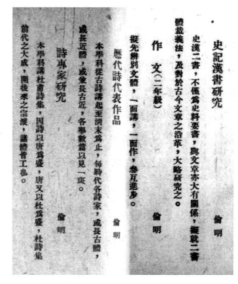

《辅仁大学文学院中国文学系
课程表及课程说明》内页

> 我 1931 年进入北平辅仁
> 大学历史系，那时辅仁开办
> 不久，制度很不健全，对于
> 低年级课程毫不重视。一年

级有两门中国史课程……而辅仁大学中国文史方面著名学者陈援庵
（垣）先生、余季豫（嘉锡）先生、伦哲如（明）先生等，一年级
学生都无缘接近，更谈不到亲聆教诲了。我感到不满足，决心
转学。③

伦明在私立北平辅仁大学任教期间，积极响应校长陈垣的号召，参
加学校组织的系列活动。例如，1930 年 7 月 23 日至 24 日，伦明参加
"北平辅仁大学辅仁社十九年（1930）夏令讲习会"，连续两天为学生讲
演中国书籍之分类。④

伦明与陈垣是学术上的诤友。伦明乐意用自己的藏书为好友的学术

---

① 章开沅主编，孙邦华编著：《会友贝勒府：辅仁大学》，河北教育出版社 2004 年版，
　　第 33—34 页。

② 《辅仁大学文学院中国文学系课程表及课程说明》，《磐石杂志》1933 年第 1 卷第 2、
　　3 期合刊，第 147—148 页。

③ 周一良：《周一良集·第 3 卷：佛教史与敦煌学》，辽宁教育出版社 1998 年版，第 198 页。

④ 《北平辅仁大学辅仁社十九年夏令讲习会讲题》，辅仁大学辅仁社 1930 年，第 2 页。

研究提供服务，陈垣撰写《史讳举例》等著作，均得益于其藏书。书稿完成后，陈垣总是先将初稿寄送伦明、胡适、陈寅恪审阅，三人审完后均毫无保留地提出修改意见，甚至有时帮助其完成修改。抗日战争期间，陈垣居留北平，伦明回到广州，陈垣在给香港的儿子陈乐素的家书中，多次提到与伦明、胡适和陈寅恪在学术上的交流与切磋，流露出对昔日挚友的思念。1939年初，陈垣完成论文《汤若望与木陈忞（1939年1月14日）》，他在给陈乐素的家书中说："前者文成必先就正于伦（明）、胡（适）、陈（寅恪）诸公，今诸公散处四方，无由请教，至为遗憾。"1940年初，陈垣的《明季滇黔佛教考》即将完成，1940年1月7日，他在给陈乐素的家书中再次表达了对伦明等好友的思念："文成必须有不客气之诤友指摘之，惜胡（适）、陈（寅恪）、伦（明）诸先生均离平，吾文遂无可请教之人矣，非无人也，无不客气之人也。"充满了对三位学术诤友的怀念之情。1940年1月21日，陈垣特派长子陈乐素专程前往蔡元培在香港的家中拜访，言伦明因战事阻隔在东莞老家，患脑充血病稍愈，居乡又不安全，请托蔡元培帮助伦明在香港安排一工作。蔡元培在当天的日记中写道：陈乐素"曾与许地山商量，可否在冯平山图书馆安插，无可设法。因询我可否在北平图书馆安插，答以亦不可能。"①1940年8月，陈垣《明季滇黔佛教考》刊印完毕，特吩咐儿子陈乐素赠寄伦明一册。② 1944年10月，伦明病逝于东莞。1947年，陈垣帮其实现"藏书为公"的遗愿，所有藏书悉归国立北平图书馆。1971年，陈垣去世，家人遵其遗愿，将所藏4万余册书籍、千余件字画等全部捐献给北京图书馆。时隔24年，两位好友的藏书又相遇在一起，这是怎样的一种缘分呢。

---

① 中国蔡元培研究会编：《蔡元培全集》（第十七卷），浙江教育出版社1998年版，第400页。

② 陈垣：《陈垣家书》，载陈智超编注：《陈垣来往书信集（增订本）》，生活·读书·新知三联书店2010年版，第1103—1109页。

容 庚

容庚（1894—1983），原名容肇庚，字希白，号颂斋，广东东莞人。近现代著名古文字学家、考古学家、文物鉴藏家、收藏家。1917年，于东莞中学毕业后留母校任教，业余学习篆刻与古文字。1922年，携《金文编》北上求学，深得罗振玉、马衡赏识，遂入国立北京大学文科研究所国学门当研究生。1926年，研究生毕业后，留校任讲师，翌年转入燕京大学先后任襄教授、教授，并任《燕京学报》主编。1927年起，兼任北平古

容庚

物陈列所鉴定委员。抗日战争胜利后，南下广州任岭南大学教授兼中文系主任，主编《岭南学报》。1952年，院校调整后任中山大学中文系教授。著有《金文编》《商周彝器通考》《殷周青铜器通论》《武英殿彝器图录》《善斋彝器图录》《伏庐书画录》《汉梁武祠画像录》等。[①]

伦明与容庚是寓居北京东莞会馆的知交。清光绪二十八年（1902），伦明兄弟三人北上京城参加京师大学堂招生考试，暂住北京烂缦胡同东莞会馆。宣统三年（1911）三月，伦明再次北上京城访书，至十月武昌起义爆发，暂住北京烂缦胡同东莞会馆半年。1915年，伦明携广州所藏精善本举家迁居北京，因北京烂缦胡同东莞会馆已住满，暂赁居莲华寺一段时间，后又举家迁居会馆安家，并租用会馆最西面的四合院8间房藏书，即后来"续书楼"所在地。1918年，北京上斜街东莞会馆新馆建成，伦明一家又迁居新馆居住。由于"续书楼"仍在旧馆，伦明经常往返于新旧两个会馆之间。1922年，容庚和弟弟容肇祖北上求学，暂居北

---

① 易新农、夏和顺：《容庚传》，花城出版社2010年版，第1—392页。

京上斜街东莞会馆新馆，与伦明成为近邻。容庚工作后，则安家于燕京大学内。据《留京东莞学会（半年刊）》记载，1922 年 10 月，留京东莞学会成立，会址设在上斜街东莞会馆新馆，会长何作霖，罗瑶任文牍员，容庚、容肇祖、伦慧珠任审查员。① 1926 年 1 月 10 日，留京东莞学会在北京东莞会馆新馆召开会员大会，公推罗瑶为会长，卢翊为编辑委员，容庚、容肇祖、徐光谦为《留京东莞学会年刊》编辑。② 伦明祖孙三代长期居住于北京东莞会馆，容庚、容肇祖则是间断性地居住于此。抗日战争全面爆发后，容庚工作及生活的燕京大学被日本人占领，1941—1946 年，容庚又回到北京东莞会馆新馆居住。容庚在《丛贴目》自序中说："四一年十二月，太平洋战争起，余移居上斜街东莞会馆，百无聊赖，以书画遣日。"③ 伦、容两家是北京东莞会馆数年的亲邻，知之甚深。1946 年春，容庚返回广州，其藏书等资料仍留在北京东莞会馆，由伦明的儿子伦绳叔代为保管，直至 1951 年容庚家人分两次运回广东。④

伦明与容庚在学术上互帮互助。伦明在京师大学堂念书及后来工作期间，凡过眼《四库全书》未收之书便有心抄录并撰写提要。容庚主编《燕京学报》期间，将伦明该部分提要拟名《续书楼读〈书〉记》，在《燕京学报》上发表。伦明在《续书楼读〈书〉记》篇首题记云：

> 余拟续修《四库全书提要》，成尚书类提要稿，文繁未剸，容子希白（庚）见之，取卫古文者毛西河以下十二篇及《孔子家语疏证》一篇代为刊布。⑤

---

① 留京东莞学会编：《留京东莞学会（半年刊）·会务纪要》，东莞学会 1923 年版，第 112 页。

② 留京东莞学会编：《留京东莞学会（年刊）·会务纪要》，东莞学会 1926 年版，第 112 页。

③ 容庚编：《丛贴目》（第一册），中华书局香港分局 1980 年版，第 2 页。

④ 资料由伦志清提供。

⑤ 伦明：《续书楼读〈书〉记》，《燕京学报》1928 年 6 月第 3 期，第 457 页。

容庚在学术研究过程中也曾请伦明代查文献出处。例如，容庚曾请伦明帮忙查找李文田的资料，伦明查找后回复容庚云：

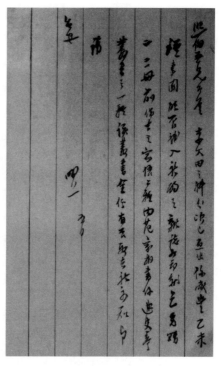

伦明致容庚书

> 熙伯（希白）吾兄台鉴：李文田之科分项已查出，系咸丰乙未，经奉闻，能否补入？祈酌之。杂志如印就，乞惠赠二三册。前借去之《家语》二种，内范家相书，系《述史亭丛书》之一种，该丛书全份有否取去？祈示知。
> 即请台安。①

容庚所藏伦明尺牍凡 46 通，两人交流最多的是买书、卖书及取款、收款之事。例如，1928 年，伦明赴沈阳谋事，因当时奉天图书馆和通志馆尚未设立，不能入职。适时物价上涨，所带资财捉襟见肘，为此特函容庚，请其代为处理校书款项及事务，并请其帮忙汇款至奉天，同时也提到卖书诸事。其书信云：

希白吾兄台鉴：

弟于月之七日由京动身，匆匆未及走别，歉甚！十日早抵奉，现寓奉垣内东鹰市口胡同鼎昌旅馆。此间日用比北京加倍，一上手车最少奉币约五元（约大洋三毛），一小菜奉币八元（约大洋五毛），栈租每日奉币三十四元（合大洋一元二三毛），不管饭食。所携旅费住十余天，已将尽矣。所谋之事，一图书馆，一通志局，二

---

① 容庚编：《伦明尺牍》，现藏广东省立中山图书馆，未刊。

者或可得一。惟二机关尚未成立，大约已成者，即有人满之患，不易插足。未成者又需时日，即如国学馆所聘王晋卿等三人，来奉时已二月，现仅报考三人，均未定薪水，则弟之事又可推知矣。前将来京时，京中一切欠款及住馆经费、裱糊费等由珠女倩翟君款清理，共七十六元。又弟欠上海中国书店五十余元，杭州抱经堂二十四元，均已面述，允于书价内取出代偿。顷珠女来函云，兄不允拨，想是书价未核妥之故，切乞早为核定。内书价有一起一百七十元，又一起《续文选》五十余元，又一起四百余元，除共欠尊款二百五十元外，余数尚多，翟君款系短期相约，势难延之。而上海、杭州两处积欠多日，关于信用，兄所素知，亦不宜久宕。又弟临行时留下亲笔批校《李长吉集》四册，价六十元，亲笔批校《江文通集》四册，价亦六十元。又抄本《南疆佚史》八册，价八十元，存钟妻处，以备发送。各书或有重复被退，又或另有他项用途，在弟离京之后，故为此预备。因他刻本虑与贵校有重复，弟去后不便更换，而此三书均系抄校之本，万无重复之理也！又弟此间费用已尽，并再账支六十元交珠女汇来，切勿延缓。弟此次出门进退无虑，皆吾兄之力。先人托妻寄子之谊不口遇也，感谢之意不可言喻，只有录之于心而已。前临行时曾提及杨君钟羲可任校目之事，此人系盛伯义表弟，深于目录，胜赵万里等十倍。观其所著《雪桥诗话三集》可知。闻其穷甚，一百八十薪金可请来也。弟不识其人，临行于尹硕公处晤其子，谈次，深慨文人末路之困，乞兄有以成全之。余不多及，此上，即请

台安。

明上重阳后二日①

---

① 广东省立中山图书馆编：《广东省立中山图书馆馆藏名人手札选萃》，商务印书馆2002年版，第109—155页。

容肇祖

容肇祖（1897—1994），字元胎，广东东莞人。近现代中国哲学史研究专家、民俗学家。1913 年春，考入东莞中学。1917 年秋，入读广东高等师范学校英文专业，1921 年秋毕业后回到东莞中学任教。1922 年，北上求学，考入国立北京大学哲学系。1926 年毕业后，任教于厦门大学国学研究院。1927 年春，厦门大学国学研究院停办，回到广州任国立中山大学预科国文教员兼哲

容肇祖

学系讲师，与顾颉刚等发起成立国立中山大学民俗学会，曾担任该会主席，是《民俗》周刊及《民俗丛书》主要负责人之一。1930 年秋，受聘于岭南大学，任国文系副教授。1932 年秋，重新回到国立中山大学国文系、历史系任教。1934 年起，任教于私立北平辅仁大学和国立北京大学。全面抗战爆发后，辗转于云南昆明西南联合大学、香港岭南大学、韶关乐昌县坪石镇的国立中山大学执教。1946 年秋，任国立北京大学哲学系教授。1952 年，调往北京市文教委员会文物组从事文物古迹考查、整理和鉴定工作。1956 年 7 月起，一直在中国科学院哲学研究所工作，直至 1986 年 12 月离休。[1]

伦明与容肇祖是居住于北京东莞会馆新馆的近邻。容肇祖几度在北京求学、工作和生活：1922—1926 年在国立北京大学就读；1934—1937 年在私立北平辅仁大学、国立北京大学任教；1946 年北上定居至 1994 年病故。容肇祖在北京工作生活了近 60 年，1922 年和 1936 年曾居住在北京东莞会馆新馆，他在《我的家世与幼年》一文中这样叙述道："民

---

① 李欣荣：《容肇祖评传》，广东人民出版社 2016 年版，第 180—188 页。

国十一年壬戌（1922），我25岁。夏，我与大哥北上到北京，住上斜街东莞会馆，准备投考。"① 伦明的嫡孙伦志清曾拜访过容肇祖，容肇祖曾说："我与伦明有几十年的交往，知之甚深。"②

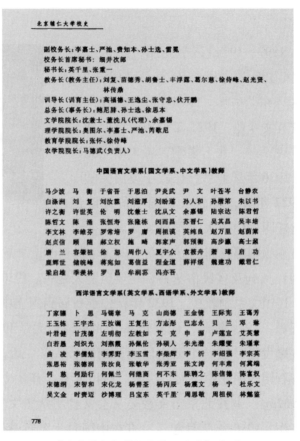

《北京辅仁大学师生员工名录》内页

伦明与容肇祖均是私立北平辅仁大学的教师。1934年，容肇祖受聘于私立北平辅仁大学，担任国文、历史、哲学三系副教授，讲授中国文

---

① 容肇祖：《我的家世与幼年》，载中国人民政治协商会议东莞市委员会编：《容庚容肇祖学记》，广东人民出版社2004年版，第248页。

② 资料由伦志清提供。

学史、诸史通论等课程，[①] 同时兼国立北京大学哲学系讲师。在《北京辅仁大学师生员工名录》中，中国语言文学系（国文学系、中文学系）教师有伦明、容肇祖等69人。[②]

容肇祖利用伦明的藏书从事学术研究。1936年，容肇祖开始收集和整理《何心隐集》。何心隐（1517—1579），本名梁汝元，字柱乾，号夫山，江西吉安永丰人。曾因设计弹劾奸相严嵩和讲学得罪当权者张居正，明万历七年（1579）以聚徒"讥切时政"、宣扬"异端"罪名被捕杖杀。容肇祖广泛收集、抄录何心隐著作加以校勘、标点，又多方搜集有关何心隐的传记、序跋、祭文以及其他参考材料，合编为《何心隐集》。1960年，《何心隐集》由中华书局出版，容肇祖在《何心隐集·序》中云：

> 《爨桐集》是何心隐遗留下来的唯一著作，原刻本是明天启五年（1625）张宿诠校订刻印的，流传得很少。1936年我从伦明先生处借抄。伦明先生早已逝世，该刻本现由北京图书馆收藏。[③]

---

① 北京辅仁大学校友会编：《北京辅仁大学校史（1925—1952）》，中国社会出版社2005年版，第301页。

② 北京辅仁大学校友会编：《北京辅仁大学校史（1925—1952）》，中国社会出版社2005年版，第778页。

③ 容肇祖：《何心隐集序》，载（明）何心隐著，容肇祖整理：《何心隐集》，中华书局1960年版，第7页。

张荫麟

张荫麟（1905—1942），号素痴，广东东莞人。近代著名学者、历史学家，被许冠三称为"近八十年来罕见的历史奇才"。1922年，毕业于广东省立第二中学。1923年，考入清华学校，在求学过程中以史学才识出众，与钱钟书、吴晗、夏鼐并称"文学院四才子"。1929年，以优异成绩毕业于国立清华大学后，公费前往美国斯坦福大学攻读西洋哲学史和社会学，获哲学博士学

张荫麟

位。1933年回国后，任国立清华大学哲学系、历史系讲师，两年后升为教授。1935年，受教育部委托，主编高中、初中及小学历史教科书。1937年抗日战争全面爆发后，只身脱险前往天目山禅源寺的浙江大学讲授史学。1938年春返回东莞石龙小住后，赴昆明任教于西南联合大学。1940年，前往贵州遵义任教于浙江大学。1942年10月，病逝于遵义。代表作有《中国史纲》等。[1]

伦明与张荫麟有翁婿之亲。张荫麟幼年丧母，1926年读大学三年级时丧父，不仅学费来源断绝，还负责教养弟弟。出于对张荫麟学识的欣赏和浓浓的乡亲之情，伦明聘请张荫麟为女儿伦慧珠教习国文，随着两个年轻人频繁接触，张荫麟渐渐爱上了伦慧珠，但伦慧珠当时并没有接受张荫麟的爱。1929年，张荫麟在容庚等人的劝说下，带着遗憾前往美国留学。张荫麟留学后，经过伦明多方劝说，伦慧珠才恢复与张荫麟通信。1933年冬，张荫麟学成归国，伦慧珠前往香港码头迎接。1935年4

① 李欣荣、曹家齐：《张荫麟评传》，广东人民出版社2016年版，第181—187页。

月，张荫麟和伦慧珠在众多亲朋好友的祝福声中结为伉俪。1939年，因多方原因两人争吵不断而离婚。1940年7月29日，张荫麟因离婚心情苦闷，以及因工资报酬与校方发生争执而辞去西南联大教职，前往已迁往贵州遵义的浙江大学文学院史地学系任教，并与钱穆、朱光潜、贺麟、郭洽周、张晓峰等主办《思想与时代》杂志。在缺医少药的情况下，1942年10月24日，张荫麟因肾炎去世，年仅37岁。张荫麟去世后，伦慧珠极度悲伤，对两人离婚极尽懊悔，她在给张荫麟好友贺麟的长信中这样写道：

> ……荫麟的死耗，我在廿七日《大公报》看到，当时晕过去有十多分钟，醒来后我觉得这是一场梦，但可惜是一个永远不能挽救的事实。它所给予我的悲哀与创痛，是在今生的任何事都不能填补的了。无论如何，在他的生前，我曾爱过他、恨过他，爱曾一度消灭，但他的一死，恨也随之而逝。到现在我依然爱他，我觉得万分对他不起，我不曾尽了我的职责。我们把有限的宝贵的韶光辜负了。他憎恨着我，我仇视着他，以为还有个无限的未来给我们斗气呢，结果彼此抱恨终身！这一切都咎由自得，怨谁？现在我不断质问自己，这次应该死的是我不应是他。他是这般有用，而我早已厌倦人世了。……在十月二日我刚到曲江时就写了一封信给荫麟，阿匡①也有一封信，另附相片两张。谁知这信今天退回来了，外面写着"此人病故退回"，但由邮局印记看得，此信二十号已到遵义，赶得及在荫麟死前看看他的儿女及信，谁人竟做了这件遗憾的事，把信退回。命定了今生我不能再见着他，倘若我能早一点得到关于他病的消息，我一定还来得及和他最后一诀。现在什么都完了，只剩下

---

① 指张荫麟的儿子张匡；张荫麟的女儿叫张华。

这无尽期的悲痛，令我懊悔，自嗟，自怨！……①

张荫麟的去世不仅让伦慧珠极尽悲伤，也让众多学者惋惜，钱穆、陈寅恪、王芸生、熊十力、吴宓、吴晗、钱钟书、朱自清、施蛰存、贺麟等纷纷撰文追悼这位年轻有为的优秀才子。②

伦明利用自己的藏书为张荫麟的学术研究提供支撑。1929年，张荫麟撰写《纳兰成德传》时，就曾利用伦明的藏书。张荫麟在《纳兰成德传·序》云：

> 更有一意外之获，近从伦明先生处，得读余数年来谒求而未得之《通志堂集》，喜可知矣。据此书可补正本传之处甚多。③

张荫麟在伦明的影响下，也喜藏书。吴晗在《记亡友张荫麟先生（1905—1942）》一文中写道：

> 荫麟不是一个世俗的收藏家，不大讲究版本，可是生性喜欢收书。限于财力，收藏的书其实不够多。留美时省吃省穿，剩下的钱全给弟妹作教育费。到在清华服务的时候，才能有一点点剩余的钱收买旧书，开头装不满一个书架，慢慢的有好几排书架了。到离开北平前，他的小书房架上、桌上、椅上、地板上全是书。进出都得当心，不是碰着头，就是踩着书。所收的以宋人文集为最多，大概有好几百种。又在厂甸、隆福寺各冷摊搜集辛亥革命史料，得一百

---

① 贺麟：《我所认识的荫麟》，载［美］陈润成、李欣荣编：《天才的史学家：追忆张荫麟》，清华大学出版社2009年版，第41—45页。

② 参见中国人民政治协商会议东莞市委员会编：《张荫麟先生纪念文集》，汉语大词典出版社2002年版。

③ 张荫麟：《纳兰成德传》，载《学衡》1929年7月第70期，第26页。

几十种，打算继续访求，期以十年，辑为长编，来写民国开国史。1937 年春天，我们一同跟着清华历史系西北旅行团，到长安、开封、洛阳游历，我在开封相国寺地摊上，偶然得到排印本的《中兴小纪》，记清同治中兴的，传本颇不多见。荫麟一见便据为己有，闹了半天，提出用《四部丛刊》本《明清人文集》十种对换。我看着他那贪心样子，只好勉强答应。荫麟高兴极了，立刻塞进他的行李袋，再也不肯拿出来。回校后我去讨账，他在书架上东翻翻西翻翻，翻了大半天，都不大舍得，只拿出牧斋《初学集》《有学集》两种塞责。几个月后，清华园成天成夜听见炮声，荫麟也在日夜蹀蹀书房中，东摸摸、西靠靠，看着书叹气，最后才一狠心，告诉我，尽量搬吧，尽量寄出去吧，只要你搬得动，寄得出去。到他离平后，他夫人一股脑儿给搬进城（北京东莞会馆），到今天，他的书还寂寞地堆在原来的地点，无人过问。①

1947 年，伦慧珠将伦明的藏书悉数捐赠给国立北平图书馆后，又将暂存于北京东莞会馆内张荫麟的藏书 7616 册（其中：中文 7531 册，西文 85 册）全部捐赠给浙江大学史地研究所，史地研究所设"东莞书室"专藏。② 据伦明家人事后回忆，当时，伦慧珠将张荫麟藏书拉回北京东莞会馆后，与伦明的藏书同存一室，张荫麟捐赠的藏书中，也可能夹杂有伦明的藏书。③

---

① 吴晗：《记亡友张荫麟先生（1905—1942）》，载《人物杂志》1946 年第 1 卷第 11—12 期，第 2—6 页。
② 国立浙江大学文学院编：《国立浙江大学文学院概况》，1947 年 9 月。
③ 王余光、郑丽芬：《伦明生平》，载伦明著，东莞图书馆整理：《伦明全集》（第一册），广东人民出版社 2017 年版，第 14 页。

张次溪

张次溪（1909—1968），名涵锐、仲锐，字
次溪，号江裁，笔名有燕归来簃主人、肇演、张
大都、张四都、涵江等，广东东莞人。近现代著
名历史学家、方志学家。年少时随父母在北京生
活，先后就读于梁家园第十九小学、志诚中学、
世界语专门学校、孔教大学，于孔教大学获文学
士学位。1926 年至 1928 年秋，先后担任《丙寅
杂志》（月刊）编辑、北京《民国日报》副刊编
辑。1928 年冬赴天津，任职于河北高等法院，兼

张次溪

任《民报》编辑。1930—1937 年，任职于国立北平研究院史学研究会，
从此奠定了研究史学、方志学的基础。1938—1949 年，由于国立北平研
究院史学研究会解散，曾至天津、南京、张家口等地谋生，仍不辍史学
研究。中华人民共和国成立后，任职于北京师范大学历史系，参与"辛
亥革命历史资料丛刊"的收集、整理和编辑工作。① 主要著作有《清代
燕都梨园史料》《清代燕都梨园史料续编》《北平史迹丛书》《燕都风土
丛书》《京津风土丛书》《中国史迹风土丛书》《北平志》《北平天桥志》
等，为研究北京民俗文化提供了丰富的史料。②

伦明视张次溪为犹子。伦明与张次溪的父亲张伯桢少年同学，民国
初年两家先后从广东东莞迁往北京，同住烂缦胡同东莞会馆，两家仅一
墙之隔。张次溪在《伦哲如先生传》云："其（伦明）寓所与余仅隔一

---

① 张叔文：《北京史专家张次溪》，载中共东莞市委宣传部编：《东莞当代学人》，广东
　教育出版社 2008 年版，第 228 页。张叔文系张次溪的儿子。

② 东莞市地方志编纂办公室编：《东莞人物录》（第 1 辑），东莞地方志编纂委员会
　1998 年版，第 200—201 页。

墙，以两世通家之好，视余如犹子。"① 张次溪通过伦明的帮助，多次为朋友提供历史文献。例如，1933 年初，南桂馨（字佩兰）欲出资刊行旧友刘师培（字申叔）的遗书，委托郑裕孚主持其事，多方托人网罗搜集刘师培的佚散文字。郑裕孚从张次溪处得知伦明藏有刘师培遗稿，经张次溪引荐后，南桂馨与伦明见面，伦明将家中藏书"尽举所有与之"。② 张次溪在《伦哲如先生传》中也提到该事："往岁宁武南佩兰欲刻丛书，余告以伦家有仪征刘申叔师培遗稿，南氏介余往借刻之，即世所传《刘申叔遗书》也。"③ 对于张次溪、伦明对《刘申叔遗书》编纂的帮助，该书的总审校钱玄同在《刘申叔先生遗书总目·跋》中亦有提及："余在未借得刘氏家藏稿本以前，有十余种已先向赵斐云（万里）、伦哲如（明）两君借得传抄本录印，其后乃再用家稿复勘。……《中国民族志》系郑君（裕孚）向伦哲如君借得原印本录印。"④ 1944 年，伦明去世，张次溪作《伦哲如先生传》，通过讲述伦明读书、买书、藏书、访书、抄书、教书、续书、著书等动人故事来纪念这位如父如师的前辈。

伦明为张次溪收藏的《江堂侍学图》题诗。由于张次溪的父亲张伯桢与齐白石均是王湘绮的弟子，张次溪 12 岁就认识齐白石，往来前后近40 年。张次溪不仅帮助齐白石刊印《白石诗草二集》，还整理出版《白石老人自述》《齐白石的一生》等。1932—1933 年，张次溪为齐白石编纂《白石诗草二集》时，遍邀名家题词，精选良工刊印，齐白石深为感动，题诗于《白石诗草二集》，诗云：

> 画名惭愧扬天下，吟咏何必并世知。

① 张次溪：《伦哲如先生传》，载东莞图书馆编：《伦明研究》（第一册），广东人民出版社 2020 年版，第 12 页。

② 伦明著，雷梦水校补：《辛亥以来藏书纪事诗》，上海古籍出版社 1990 年版，第 65 页。

③ 张次溪：《伦哲如先生传》，载东莞图书馆编：《伦明研究》（第一册），广东人民出版社 2020 年版，第 12 页。

④ 钱玄同等编：《刘申叔先生遗书总目·跋》，载刘师培：《刘申叔遗书》（上），江苏古籍出版社 1997 年版，第 4—5 页。

多谢次溪为好事，满城风雨乞题词。①

　　齐白石还自注曰："此集初心未敢求人题跋，张子次溪替人遍乞诗词，余老年因得樊山翁社中诗友数人为友。"为感谢张次溪的无私付出，又知张次溪为桐城吴北江（闿生）夫子的得意门生，齐白石特意画《江堂侍学图》相赠，并题诗两首。

雪深三尺立吴门，侍学江堂今写真。
继起桐城好家法，精神直为国追魂。②

君家名父早知闻，湘绮门墙旧梦痕。
华发三千同学辈，几人有子作文人。③

　　通过赠图、赠诗，足见齐白石对这位好学上进世侄的赞赏，以及奖掖后学的热忱。张次溪收到《江堂侍学图》后，特邀请伦明为其题诗，伦明《题张次溪北江侍学图》除了夸赞张次溪聪慧好学、广友为师等良好品质外，还极尽一位如父如师长者的谆谆告诫。诗云：

张生少颖慧，未冠誉鹊起。结交欲其广，尽友天下士。
上者奉为师，从之习文史。往者沈南野④，耽诗贫至死。
生日就问业，不怕聋两耳。每念易箦言，时周卖饼妓。
并时吴北江，啧啧名父子。都下讲文格，姚马⑤鼎足峙。
生学虽未至，下笔窃摹拟。别来托豪素，常若亲砚几。

---

① 张次溪：《齐白石的一生》，人民美术出版社 2004 年版，第 153 页。
② 张次溪：《齐白石的一生》，人民美术出版社 2004 年版，第 136 页。
③ 张次溪：《齐白石的一生》，人民美术出版社 2004 年版，第 136 页。
④ 沈宗畸（1857—1926），字太侔，晚号南野，广东番禺人，著名藏书家，清末民初京城四大才子之一。
⑤ "姚马"指姚永朴（1861—1939）和马其昶（1855—1930），二人曾师事吴汝纶。

末世礼义薄，师道沦棘枳。学者旅而进，诲者利是市。
同在庠序间，尔我秦越视。似生敦古谊，吾见亦仅矣。
虽然我所望，尚有进于此。师友诚当求，标榜良可耻。
依人侈门户，曷若立诸己。羹墙可见圣，形迹胡取尔。
征题尤近俗，有作徒谀美。况更征及我，我名漏人齿。
附和意不屑，固却又非理。聊发夙所感，因及为学旨。
昔儒箴墨守，一师奚足恃。始念判静躁，更上忘誉毁。
拉杂述此篇，不觉写满纸。闭户十年后，当思我言是。①

伦明为张次溪新婚作贺诗。1933 年，张次溪与徐肇琼于北京西长安街广和饭庄举行婚礼，忘年交齐白石和老师吴北江证婚，伦明到场贺喜，作《贺张次溪世兄新婚》四首之一，诗云：

世昌有兆占归妹，耦大无嫌降女英。
半缺□圆初五夜，定教月姊妒双星。②

张次溪的老师赵元礼有朋友徐蔚如以研佛弘法为务，一直想刊印清末桐城派诗文名家范当世的文章。张次溪知晓后，将自己收藏的《范氏文集》赠送给徐蔚如。徐蔚如敬佩张次溪的为人，遂将大女儿许配给张次溪。不久，徐蔚如夫人病故，大女儿受佛学影响，表示要为母亲守孝终身，誓不嫁人。为此，徐蔚如只得将小女儿徐肇琼嫁给张次溪，故伦明自注云："其妇盖以妹易姊者。"

伦明为张次溪《清代燕都梨园史料》出版多方奔走。张次溪醉心于京戏和戏曲史研究，在伦明的指导下，常流连于北京琉璃厂旧书摊，搜

---

① 伦明：《题张次溪北江侍学图》，《伦哲如诗稿》（第五册），国家图书馆藏稿本，第 4 页。

② 伦明：《贺张次溪世兄新婚四首之一》，《伦哲如诗稿》（第六册），国家图书馆藏稿本，第 1 页。

集到一批一向不被人重视而又稀见的戏曲资料，内容涉及戏曲名优传略、梨园轶闻掌故、戏曲班社沿革、戏曲演出活动等。为了将该批具有珍贵史料价值的资料刊印，伦明多方奔走于书商之间，希望借书商之力刊发。张次溪在《清代燕都梨园史料·自序》云：

> 此书既粗有所成，海内嗜古之士，咸来索观。余乃谋诸伦丈哲如。于是伦丈与各书贾分议梓行，累禩之，久议终弗定。盖丈所矜护者既深，故亟欲厥成，以饷当世。惜乎诸贾之未喻夫此也！展转至今，乃复由伦丈介绍于邃雅斋主人董金榜，承允代为刊布。一代掌故由此得以流传，于是乃知物之显晦亦各有时，非人力所能强也。此书卷帙繁多，余又日冗俗务，校雠之责，荆人徐肇琼助余理之，故收入《双肇楼丛书》中。此固余夫妇刻书校籍之始也。①

1934 年冬，北平邃雅斋线装铅印《清代燕都梨园史料》12 册，辑入有关著述 38 种。1937 年元旦，北平松筠阁又线装铅印《清代燕都梨园史料续编》4 册，收入有关著述 13 种。该史料丛书的出版，得到戏曲界的高度赞赏，京剧名伶程砚秋作序，伦明题作十二绝句代序。伦明序作如下：

> 朝衫脱后寄闲情，高下评衡色艺声。
> 自是承平风雅事，不同元老梦东京。

历代官员们下朝后素喜观戏赋闲，也好品评剧中扮演者的长相、演技及唱法，这种娱乐方式一直是太平盛世时的风雅之事，南宋孟元老撰写《东京梦华录》就有相关的内容。

---

① 张次溪编：《清代燕都梨园史料·自序》，载张次溪编：《清代燕都梨园史料》（正续编），中国戏剧出版社 1988 年版，第 20 页。

小唱风沿四百年，污泥何碍产青莲。
榛苓大有思贤意，删却扶苏山木篇。

歌童佐助酒兴的小唱起源于明代万历年间，至清代宣统初奉令禁止，自兴至废约 400 年。朝士们对歌童小唱非常熟悉，喜欢将其记录下来。张次溪《清代燕都梨园史料》有一些辑录就是这方面的内容。歌童本不属业伶，然而名伶又多出其中，故伦明有"污泥何碍产青莲"之句。"榛苓大有思贤意"是指《诗经·邶风·简兮》讽刺卫国的国君不能任贤授能，导致贤者都愿意从事伶官这种低贱之职。"删却扶苏山木篇"是指有的朝士错误地认为《诗经·郑风·山有扶苏》是男子取悦男子的诗篇，故将其删掉。

菊榜随同蕊榜开，但论门第不论才。
王郎晚蹇朱郎死，风雪天南独忆梅。

北平每逢戏曲大比拼之年，照例开展菊榜投票，戏迷们踊跃推荐心目中的名角。然伦明认为每次菊榜都是以门第而论，如朱幼芬之榜眼与前科王琴侬之状元，皆以门第得上选。光绪三十年（1904）最后一次菊榜，王惠芳得状元，朱幼芬得榜眼，梅兰芳只名列第七名，故伦明有"风雪天南独忆梅"之句，似有为梅兰芳抱屈之感。

肯费柔肠赋凤皇，刚公气性老逾刚。
断桥一见魂堪断，欲拟罗敷陌上桑。

广东潮阳曾习经性格孤峻，晚年死守西山之节，曾经创作的《小凤皇赋》甚工。伦明很喜欢京剧演员罗小宝主演的《断桥》，其主角许仙很像乐府诗《陌上桑》中的罗敷一样，集美貌与坚贞于一身，故有"断桥一见魂堪断，欲拟罗敷陌上桑"之句。

采兰岁晚涉寒江，旅榇萧条剧可伤。

散尽黄金不归去，名都无此少年郎。

清末民初著名书画收藏家辛耀文（1876—1928，号仿苏），不仅嗜好书画，满屋异藏，而且还雅好戏剧，斥资巨万力捧姚佩兰，花费千金眷养家戏班。中年家道中落，将自己芋花庵价值连城的全部藏品典押他人，后遭巧取豪夺，致生病住院达半年之久。愈后再次移居北平，仍然喜欢姚佩兰所唱之戏，只可惜没多久就因病去世了。伦明认为，辛耀文有此结局，皆为嗜戏所伤。姚佩兰虽貌妍然艺拙，演花衫也没什么名气，不知道辛耀文为何如此沉迷。

妙手琵琶说采芝，旧游似梦旧人非。

梨园弟子伤头白，一曲当筵泪湿衣。

1934 年春，伦明在万家花园江宅随朋友在席间听唐采芝弹琵琶，突然回想起光绪二十八年（1902）初识唐采芝时的情景。过去 33 年，当时所识的那一批梨园弟子除唐采芝、姜妙香外，均已作古。故此，一曲终罢，伦明不禁"当筵泪湿衣"。

刘家场景楚生腔，十些红儿是粤妆。

莺燕年年换春色，寻春忙煞易龙阳。

明清之际时尚女伶演戏，明末清初昆剧作家刘光斗①家的女伶家班最为有名。所演《唐明皇游月宫》布景奇幻，观者骇怪，而朱楚生则以

---

① 刘光斗（1591—1652），字晖吉，明末清初昆曲作家，累官监察御史加大理寺右寺丞，家养女伶班尤为有名。

腔调及姿态擅场。其他比较有名的还有李明睿①家的冲末，李渔②家的晋兰二姬，查伊璜③家的戏班"十些"。十些才美兼具，其中的"红些"是粤产家伎，平时不得于广场厌众目。清雍正、乾隆年间，女伶渐渐消失。至清末，女伶又兴起于上海和天津。辛亥革命后，女伶也于北平兴盛，易实甫④诗中有很多知名女伶的描写。为此，伦明在诗尾发出感慨："花开易谢，月好难留。曾不几时，歌台又换一辈，看花者不能无憾也。"

> 海外衔膺博士新，有人扫地惜斯文。
> 世无欧九伶官绝，几辈沧江拾细鳞。

　　某君从海外得一博士衔归来，有朋友为其绘制一幅梅兰芳主演的《黛玉葬花图》，伦明认为该戏谑者寓意甚巧。因为，民国时期捧角之风兴盛，戏伶虽地位低贱，然当时对戏伶的尊敬已然超过师儒。当时谈戏的著述大量增加，只可惜内容空洞，言之无文，得一遗十，让人心生自郐之感。故伦明在诗尾发出感叹：只可惜当今再没有像欧阳修《伶官传》这样好的著述了，昔日的情形与当今之情形相比，真是不可同日而语。

> 画虎添蛇识者讥，家鸡野鹜并容之。
> 老夫冷眼观时变，落落杨余守旧规。

---

① 李明睿（1585—1671），字太虚，江西南昌人。明末清初诗人、史学家。明天启二年（1622）进士，累官少宗伯，吴梅村的座师。清顺治年间，家养女乐班影响较大，主演《牡丹亭》《燕子笺》等，曾拥有以"八面观音""四面观音"盛名的绝代佳人。
② 李渔（1611—1680），自号笠翁，字谪凡，江苏如皋人。明末清初文学家、戏曲家，家养戏班专为达官贵人演戏。
③ 查继佐（1601—1676），号伊璜，浙江海宁人。明末清初史学家、文学家，累官南明兵部主事。通晓南北戏曲，家养女乐皆经"些"字命名，故又称十些班，如留些、叶些、澄些、珊些、梅些、红些、柔些、迟些等。
④ 易实甫（1858—1920），名顺鼎，字实甫，号哭庵，湖南汉寿人。清末民初诗人，争捧梅兰芳，迷恋刘喜奎，曾为多位女伶作诗。

民国时期，一些戏班为了取悦俗者，竞相排演新剧。新剧情节散漫拖沓，演员动作、唱腔生疏，佳者殊鲜。在新剧上演时，戏院喜欢把新戏和旧戏分前场和后场放在一起演出。对于喜欢经典戏曲的伦明认为，这种做法如同画虎添蛇，把家鸡、野鹜放在一起一样，特别让人生厌。在诗尾，伦明提及自己冷眼观察当时北平戏曲界的变化，发现一向为京人所排斥和拒绝的海派京剧已然在北平蓬勃发展，而北平仅剩下杨小楼、余叔岩等数人还在遵守旧规，笃守宗派，其他人则也能坦然接受海派京剧。

> 瘿公日日涸歌丛，小牧看花有祖风。
> 张子破荒成菊谱，那分越鸟与胡骢。

罗惇曧日日混迹戏院，与罗惇曧同为广东老乡的杨小牧旅长与其祖父杨掌生一样，也喜欢观看尚小云主演的戏曲。杨懋建，字掌声，号尔园，道光十二年（1832）恩科举人，喜交戏曲艺人，著有《长安看花忆》《梦华琐薄》等戏曲专著。张次溪编纂的《清代燕都梨园史料》，不管是北方的还是南方的戏曲史料均收录其中。"越鸟与胡骢"取自汉代佚名古诗"胡马依北风，越鸟巢南枝"句。

> 笠翁圆海遂寥寥，黄蒋词工律欠调。
> 时俗轻文翻重曲，可容击缶易钧韶。

戏曲创作分审律、填词、搬演三事，三者兼之而善者，唯明朝戏曲家阮圆海[①]、李渔。阮圆海所作之曲，有寄托，有讥讽，真不愧是作曲大家，只可惜其创作内容大多诋毁东林党人，为魏忠贤奸党辩护，以致

---

① 阮大铖（1586—1646），字集之，号圆海，安徽人。明末清初戏曲作家。创作的传奇《春灯谜》《燕子笺》《双金榜》《牟尼合》等均由自家戏班演出。

遭士人君子们所唾弃。清代蒋心余①、黄韵珊②等戏曲家工词而不识律，伶工知律而不解词，至于搬演，则词客、伶工都没有这个能力，故清内府所编诸剧均不佳。自白话文盛行以来，娴熟古文的作曲家不能执笔为文，用白话文创作者也只是对旧曲率意割裂取用，致新排之戏绝无精彩，故伦明认为，难道能够容忍将古代的"击缶"易换成"钧韶"？如果用这种方法来改良革故，实在让人难言。

> 沫土亡于靡靡音，郑声何意到青衿。
> 果哉非乐墨家论，邈矣无弦陶令琴。③

民国时期，北平玩票之风盛行，上自王公，下至负贩，趋之若鹜，荒政怠事。伦明认为，郑卫之声，即使美名曰艺术，也应有专人从事，不需人人皆学习，为什么一定要让学子们都去学习戏曲呢？学子荒废学业而去学艺，就好比"须眉"易以"巾帼"，可惜也可耻。伦明自言1933年前后尤其讨厌看戏，只喜欢阅读元、明曲本，认为戏俗而曲雅。就好像晋代诗人陶渊明拥有的无弦素琴一样，虽没有琴弦，但能奏出心中美妙的乐章。

伦明为张次溪《东莞袁督师后裔考》出版题诗。张次溪秉承家学，有着深厚的乡邦情愫。1937年，《袁督师后裔考》出版，伦明题词五首于卷首：

> 几辈衣冠一炙豚，广渠门侧旧坟园。
> 年年公祭清明节，何用忠臣有子孙。

---

① 蒋士铨（1725—1785），字心余，江西南昌人。清代戏曲家、文学家。著有《红雪楼九种曲》等。

② 黄燮清（1805—1864），原名黄宪清，字韵甫，号韵珊，浙江海盐人。清代诗人、剧作家。著有《倚晴楼七种曲》等。

③ 张次溪编：《清代燕都梨园史料》卷首，载《民国丛书》（第五编），上海书店出版社1996年版。

相传，袁崇焕被处死后，有仆从佘某，广东顺德人，将其收葬于北平广渠门内的旧粤东会馆所在地的广东义园，并世代为其守墓，当今守墓者均为其后裔。按照一贯的做法，客居京师的广东官宦、学者、学生等于每年清明节皆前往广东义园公祭袁崇焕，祭品一般按照广东习俗采用烧猪。伦明曾多次主持该公祭活动，故认为像袁崇焕这样的忠臣有没有子孙无所谓，广东人都是其子孙，都会追思他。

> 国破将军亦断头，有人清宴忆南楼。
> 自言身是从龙裔，忘却春秋九世仇。

袁崇焕被明崇祯皇帝以谋逆罪处死后，张次溪对其后裔去向进行了深入研究和考证。伦明的老师屠寄曾入黑龙江寿山将军（富明阿）幕府，听寿山将军自言是袁督师后裔。屠寄《袁富将军战略》中，明确地记载了寿山将军为袁崇焕后裔一事。寿山将军于光绪二十六年（1900）奉命与俄罗斯开战，屠敬力谏不从，没过多久即战败而死。袁崇焕的后裔从顺治年间至光绪，刚好九世，故伦明有"忘却春秋九世仇"之句。

> 巢覆何期卵得完，家风远溯御儿村①。
> 南人可有南归意，今日榆关隔国门。

鸟巢即使被毁灭了，可能还有完卵留下。伦明在私立北平辅仁大学执教时的学生吕某，自言为吕留良后裔，这可能是吕留良狱发后，子侄充配黑龙江后繁衍下来的。伦明认为，南方人出事之后，其后裔不一定都能回归南方，听闻袁崇焕的后人多居黑龙江瑷珲。陈垣作《晚村后裔考》时，听闻袁崇焕、吕留良的后裔均在黑龙江后，遂一并考证。

> 气壮成虹饯别诗，只今欲问复辽期。
> 将门自昔原无种，我愿人人继督师。

---

① "御儿村"，古地名，位于浙江省桐乡市崇福镇，明末清初吕留良的故乡。

如前所述，袁崇焕临危受命督师蓟、辽、登、莱、天津等地军务之际，粤籍名士相聚广州名刹光孝寺作画题诗为其送别，是为《袁督师应召饯别图》，伦明曾考出 19 人诗作并为该图作跋。伦明在诗尾提议，即便袁崇焕没有后裔，也希望人人都能继承袁崇焕遗志。

> 桯史无须岳倦翁，自营草屋傍精忠。
> 流光邑乘兼家乘，岂是寻恒继述同。①

张伯桢与张次溪父子为了袁崇焕诸事能子承父业，同心协力，这如同南宋的岳霖（字及时，号商卿）、岳珂（字肃之，号倦翁）父子一样，致力于为岳飞辩冤、整理岳飞遗稿。张伯桢曾撰写《袁督师应配祀关岳意见书》，还主持修建袁督师庙、袁督师故居，重修袁督师墓，且自筑精舍傍之。又撰《袁督师传》，多与陈伯陶所撰内容不同，如今张次溪撰《袁督师后裔考》，不愧是邑风家学的优良传承。

伦明在《辛亥以来藏书纪事诗》中为张次溪立传。诗云：

> 人才无赖记燕兰，移作春明菊部看。
> 已过廿四番花信，莺啭皇州春色阑。②

"人才无赖记燕兰"是指张次溪收藏《燕兰小谱》等戏曲文献，后取名《清代燕都梨园史料》刊刻。"移作春明菊部看"是指张次溪痴迷梨园罕见文献的搜集和整理。"莺啭皇州春色阑"是借用唐朝岑参《奉和中书舍人贾至早朝大明宫》中的诗句，喻指《莺花小谱》《听春新咏》。"已过廿四番花信"，喻指《日下看花记》等观花类戏曲文献。在诗后，伦明进一步说明道：

> 同邑张生次溪，刊其所藏《燕兰小谱》等三十余种，自乾隆迄

---

① 伦明：《东莞袁督师后裔考》卷首，载伦明著，东莞图书馆整理：《伦明全集》（第一册），广东人民出版社 2017 年版，第 171—172 页。
② 伦明著，雷梦水校补：《辛亥以来藏书纪事诗》，上海古籍出版社 1990 年版，第 87 页。

今未间断，题曰《清代燕都梨园史料》，余为题十二绝以代序。所收书多罕见。要目有：西湖安乐山樵所著之《燕兰小谱》五卷，小铁笛道人所著之《日下看花记》四卷，来青阁主人所著之《片羽集》，留春阁小史所著之《听春新咏》三卷，半标子所著之《莺花小谱》一卷，华胥大夫所著之《金台残泪记》三卷，粟海庵居士所著之《燕台鸿爪》等集一卷，杨掌生所著之《辛壬癸甲录》《长安看花记》《丁年玉笋志》《梦华琐簿》各一卷，四不头陀所著之《昙波》一卷，双影盦生所著之《法婴秘笈》一卷，余不钓徒殿春生所著之《明僮合录》二卷，麋月楼主所著之《增补菊部群英》一卷，艺兰生所著之《评花新谱》一卷，邗江小游仙客所著之《菊部群英》一卷，麋月楼主所著之《群英续集》一卷，艺兰生所著之《宣南雅俎》一卷，沅浦痴渔所著之《撷华小录》一卷，蜀西樵也所著之《燕台花事录》一卷，香溪渔隐所著之《凤城品花记》一卷，萝摩庵老人所著之《怀芳记》一卷，苕溪艺兰生所著之《侧帽余谈》一卷，佚名氏所著之《菊台集秀录》一卷，新刊《菊台集秀录》一卷，王韬所著之《瑶台小录》一卷，佚名氏所著之《情天外史》二卷，李慈铭所著之《越缦堂菊话》一卷，陈澹然所著之《异伶传》一卷，易顺鼎所著之《哭庵赏菊诗》一卷，罗瘿公所著之《鞠部丛谭》一卷，沈太侔所著之《宣南零梦录》一卷，倦游逸叟所著之《梨园旧话》一卷，许九埜所著之《梨园轶闻》一卷，陈彦衡所著之《旧剧丛谈》一卷，张次溪所著之《北京梨园掌故长编》《北京梨园金石文字录》各一卷。后又有《清代燕都梨园史料续编》之作，续目有冒鹤亭所编之《云郎小史》，张江裁所编之《九青图咏》，铁桥山人等所著之《消寒新咏》，众香主人所著之《众香国》，播花居士所著之《燕台集艳》，蜃桥逸客等所著之《燕台花史》，杨云史所著之《檀青引》，李毓如所著之《鞠部明僮选胜录》，谢素声所著之《杏林撷秀》，鸣晦庐所著之《闻歌述忆》，张次溪所编之《北京梨园竹枝词荟编》《燕都名伶传》《燕归来簃随笔》。[1]

---

[1] 伦明著，雷梦水校补：《辛亥以来藏书纪事诗》，上海古籍出版社1990年版，第87—89页。

在京同事

1917 年 11 月，伦明被聘为国立北京大学法预科教授兼文科研究所国文门诗词科教员，开启了大学教授生涯。1921 年 9 月，伦明辞去国立北京大学教席，专事续修《四库全书》。1927 年，经梁启超极力推荐，伦明再次回到母校任教，并于 1929 年兼任私立北平任辅仁大学讲师。1934 年前后，伦明进入北平民国学院任教至 1937 年 7 月南归。伦明在京任教期间，与国立北京大学的蔡元培、黄节、朱希祖、沈尹默、刘师培、马叙伦、邓之诚、林损、刘半农、胡适、顾颉刚，私立北平辅仁大学的高步瀛、朱师辙、余嘉锡、尹炎武、孙人和，故宫博物院图书馆工作的傅增湘，北洋政府众议院工作的蔡璋、东方文化事业总委员会工作的徐鸿宝和杨树达等学者交往密切。

蔡元培

蔡元培（1868—1940），字鹤卿，号孑民，浙江绍兴人。近代著名教育家、中华民国首任教育总长。清光绪十五年（1889）举人，光绪十八年（1892）进士，被点为翰林院庶吉士，后授翰林院编修。清末先后担任绍兴中西学堂监督、上海澄衷学堂首任校长、南洋公学经济特科班总教习、中国教育会会长、爱国学社及爱国女学总理、上海光复会会长、同盟会上海负责人等职。1907—1911 年，赴德国莱比锡大学留学。民国期

蔡元培

间，多次前往德国、法国留学及考察，历任南京临时政府教育总长，国立北京大学校长，国民党中央监察委员，国民政府大学院院长、司法部长、监察院长，中央研究院院长等职。抗日战争全面爆发后移居香港，1940 年 3 月 5 日病逝。[1] 著述等身，绝大部分收入《蔡元培全集》。

伦明是蔡元培出任国立北京大学校长后聘任的教授。1916 年 12 月 26 日，黎元洪颁布总统令，任命蔡元培为国立北京大学校长。1917 年 1 月，蔡元培到任后不拘一格招揽人才，引进大量有新思想、有真才实学、有专长与特长的教师，仅 1917 年就先后有陈独秀、李大钊、胡适、钱玄同、刘半农、梁漱溟等不同学术背景和不同政见的人员入校任教，一时间名师荟萃、人才云集，伦明就是其中之一。在 1917 年 11 月 30 日第 3 版的《北京大学日刊·专任教员题名》中，伦明被聘为法预科教授[2]，

---

① 李克、沈燕：《蔡元培传》，北京时代华文书局 2015 年版，第 265—273 页。

② 蔡元培：《我在教育界的经验》，载中华书局编辑：《蔡元培选集》，中华书局 1959 年版，第 334 页。

后又兼任文科研究所国文门诗词科教员，主要讲授诗，授课时间每月一次，即每月第一周星期三下午四时至五时。1919年，伦明被评为四级教授，月薪 220 元，彼时胡适、朱希祖、辜鸿铭、马叙伦等为一级教授，月薪 280 元。①

伦明与蔡元培等人共同发起陈黻宸、陈怀叔侄的追悼会。伦明任教于国立北京大学后，除多次聆听蔡元培演讲外，还与蔡元培等人共同参加校内追缅活动。1917 年 7 月，寓居北京的伦明得知自己在京师大学堂的恩师、两广方言学堂亲如兄弟的搭档陈黻宸病逝，极度悲伤，不仅撰写挽

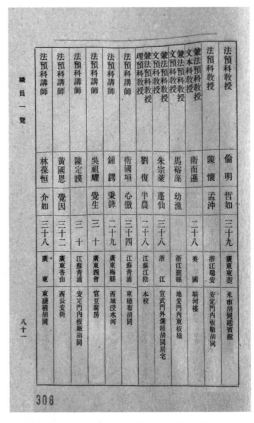

《国立北京大学廿周年纪念册职员一览》内页

联、挽诗以致哀思，而且还与校长蔡元培、好友马叙伦、张伯桢等 34 人共同发起陈黻宸追悼会，并在 1917 年 12 月 7 日的《北京大学日刊》上刊登《陈介石先生追悼会启事》：

> 瑞安陈介石先生以痛感鸰原，撄疾怛化，闻讣惊哀，淹涉日月，位哭之礼未申，思旧之怀弥恻。（蔡）元培等拟以本月十八日即旧历十一月初五日，设位于北河沿北京大学法科，集兹袍契，共举悼临。②

---

① 陈明远：《文化人的经济生活》，文汇出版社 2005 年版，第 100 页。
② 《陈介石先生追悼会启事》，《北京大学日刊》1917 年 12 月 7 日第 4 版。

1922 年 6 月 22 日，陈黻宸的侄子、伦明两广方言学堂和国立北京大学文科的同事陈怀（字孟冲）去世，伦明此时虽然已经辞去国立北京大学教席，但仍与蔡元培、朱希祖、沈尹默、马叙伦、林损等 27 人联名发起陈怀追悼会，并在 1923 年 1 月 4 日《北京大学日刊》刊发《陈孟冲先生追悼大会通告》：

> 北京大学教授瑞安陈孟冲先生，力疾讲学，徂逝京华，哲人云亡，剥肤等痛，惟以告凶之间，适在伏暑之中，表哀之礼，稽而未行，岁序延迟，凄怆曷极。兹择于一月七日下午二时，即阴历十一月二十一日，在北京大学第三院大礼堂开追悼大会，藉发潜德，爰式方来。凡我同人，尚希戾止，不胜公感之至。①

伦明积极参与蔡元培倡导的校园活动。1917 年底，伦明所在的国立北京大学法科同事胡钧教授倡导建立合作组织。1918 年，经校长蔡元培同意，中国第一个消费合作社——北京大学消费公社成立，该社成立的宗旨是为教职工和学生提供物美价廉的图书、杂货等消费品，并采取募股方式进行经营，社员凭募股证购货，记账支取物品。伦明积极参与，认购消费公社募股 2 元。② 1918 年 5 月，国立北京大学在经费有限的情况下，拟通过募捐的方式建设法科苑囿。校长蔡元培率先支持，并与伦明、马寅初、陈怀、林损、陶孟和、王建祖、胡钧、王荫泰、朱锡龄、徐崇钦、张孝杉、屠振鹏、黄振声、余荣昌、左德敏、王启常等联名发起募捐活动，于 1918 年 5 月 11 日《北京大学日刊》上刊登《募捐启》：

> 敬启者：自本校成立，忽已廿年，纪盛之典虽行，垂远之业未

---

① 中国蔡元培研究会编：《蔡元培全集》（第五卷），浙江教育出版社 1997 年版，第 4 页。

② 《中国第一个合作社——北京大学消费公社》，《中国供销合作经济》2001 年第 1 期，第 18 页。

举，同人不揣微末，愿有赞扬，拟集货泉，共建苑囿。盖征往古，此制实多，载考遐方，例尤不鲜。况士志于艺，用心孔殷，诵习之余，宜以游息。闻莺鸣而求友声，观草长而滋生意，云飞霞蔚，皆为文章，树木树人，道斯一贯。仲舒之勤，何嫌于窥园，与点之乐，尽寄乎风咏。居者不出，坐傲啸于羲黄，来者如归，共盘桓夫晨夕。檐户维新，幸无妨帽碍眉之诮，拳石之积，犹作凌嵩超岱之观。养性悦魂，为学日益。从此百年，枝皆成栋，南国之棠可思，武城之树不毁，实赖诸君之赐。

刻已就本校法科隙地，扫除瓦甓，鸠工经始，伏乞量力捐金，并希早惠，由募捐人收齐，转交法科会计课收入，俾便促督晋筑，不日成之。他日观水寻源，即末返本，诸君与有荣施焉。另附图式一纸。均祈大鉴，并请公安。①

---

① 中国蔡元培研究会编：《蔡元培全集》（第三卷），浙江教育出版社 1997 年版，第 321 页。

黄 节

黄节（1873—1935），初名纯熙，字佩文，后更名节，字晦闻，笔名蒹葭楼主等，广东顺德人。岭南著名诗人，与梁鼎芬、罗瘿公、曾习经合称"岭南近代四家"。清光绪三十一年（1905），与邓实、马叙伦、刘师培、田北湖、陈去病、诸宗元等在上海创设国学保存会，刊印《风雨楼丛书》，创办《国粹学报》，成立国学保存会藏书楼，收藏明、清禁书和史料 16 万余册。宣统二年（1910）至 1913 年，任教于两广优级

黄节

师范学堂，后任学堂监督。1912 年，在广州与谢英伯、潘达微等组织"天民社"，创办《天民日报》，力倡民主、民权。1915 年，袁世凯复辟帝制期间，频频撰文抨击招致忌恨，此后不再参与新闻舆论工作，致力于学术研究和教育事业。1917 年起，任国立北京大学文科教授，先后讲授中国通史、诗学等课程。1923 年 3 月，任孙中山元帅府秘书长，一个月后辞职，返回国立北京大学继续任教。1928 年 6 月至 1929 年春，应李济深之聘，任广东省教育厅厅长兼广东通志馆馆长。1929 年秋，返回国立北京大学任教授，兼任国立清华大学讲师。著有《蒹葭楼诗集》《诗学》《诗律》《变雅》《汉魏乐府风笺》《魏武帝魏文帝诗注》等。①

伦明与黄节长期共事。光绪三十三年（1907），伦明从京师大学堂毕业后回到广州两广方言堂任教务长兼经济科教授，与黄节成为同事。

---

① 李韶清编：《顺德黄晦闻先生年谱》，载黄节：《蒹葭楼自定诗稿原本》，广东人民出版社 1998 年版，第 266—341 页。

期间，黄节创办南武公学会，起草《南武公学叙》①，并与伦明一道敦请陈黻宸在南武公学讲学五期，倡导发扬国粹、学习西学、重视教育、男女平等主旨，深受听众喜爱。② 1911 年 6 月，清末中国第一个全国性的资产阶级改良派政党——宪友会成立大会在北京湖广会馆举行，参会人员 100 余人。会议通过《宪友会章程》二十五条，提出尊重君主立宪等政治纲领，推选全国 18 个省和八旗支部发起人，伦明、姚梓芳、黄节被推选为广东支部发起人。该会后因武昌起义爆发内部分化而瓦解。③ 1917 年，黄节受聘于国立北京大学文科教授，与同时在校任教的伦明再次成为同事。1919 年，伦明被聘为四级教授，月薪 220 元；黄节被聘为六级教授，月薪 180 元。

伦明和黄节既是诗友又是藏友。1922 年，伦明与黄节、陈垣、余嘉锡、孟森、闵保之、谭祖任、张尔田等先后加入聊园词社。他们每月一集，你唱我和，快意无比。1927 年，伦明在焦作任职期间怀念好友作《怀黄晦闻都中十叠前韵》：

> 研京词藻识云裳，春殿年年长谷桑。
> 后氏授诗多著籍，孔门用赋定升堂。
> 修书红袖陪鹦砚，饮水青田下鹤行。
> 记得罪言传诵遍，识君正遇秀才康。④

黄节为诗，文思缜密，趣新语妙，深思独得，融唐诗高华与宋诗峭健于一体，散发出浓郁的家国情怀，世称"唐面宋骨"。1917 年起，黄

---

① 陈希：《岭南诗宗——黄节》，广东人民出版社 2008 年版，第 103—104 页。

② 高谊：《叙陈户部公方言人材》，载《北京图书馆藏珍本丛刊》（第 186 册），北京图书馆 1999 年版，第 155 页。

③ 《时报》，宣统三年（1911）五月十三日，载章开沅、林增平主编：《辛亥革命史》，人民出版社 1980 年版，第 443—444 页。

④ 伦明：《怀黄晦闻都中十叠前韵》，《伦哲如诗稿》（第三册），国家图书馆藏稿本，第 6 页。

节在国立北京大学任教期间，主讲诗学，编纂《诗旨纂辞》《变雅》《汉魏乐府风笺》《曹子建诗注》《阮步兵诗注》《谢康乐诗注》《顾亭林诗说》等名山之作，故伦明在诗中高度赞誉其诗学成就。黄节喜欢藏砚，仅存砚就达数十方，且其书法融唐入宋，飘逸沉着，媚婉刚健，行云流水，深得推崇，故伦明有"修书红袖陪鹦砚，饮水青田下鹤行"之句。伦明在诗后回忆自己与黄节相识的过程："君壬寅闱艺，敷陈时务切，房师袁公荐而未售，为刊落卷于京师。余读之，始识君。"① 即指光绪二十八年（1902），黄节参加科举考试，有感于庚子国乱，《策论》考卷针针洞见时政、兵防、科举等弊端，为考官袁玉锡所赏识，便上荐主考官陆润庠被拒，再荐又被拒，遂联十八房考官联合举荐，又被拒。袁氏三荐而遭三拒，深为抱不平，慨然拿出俸薪刊刻黄节落第卷广为传发，一时成为美谈。伦明拜读黄节的落第卷，始与黄节相识。

1929 年，伦明从沈阳回京，经过黄节在北京高井胡同的宅第时，本想与好友见上一面，然此时黄节人在广东，伦明遂作思念诗，述说自己拜访黄宅、两人共事广州以及自己经常梦见老友等事。诗云：

> 井旁一宅叩门开，不厌谈诗访百回。
> 薄暮小车过巷曲，经时深院锁莓苔。
> 草堂人日空相忆，海舶长风迟不来。
> 报尔连宵频见梦，荔枝红处共衔杯。②

伦明在《辛亥以来藏书纪事诗》为黄节立传：

---

① 伦明：《怀黄晦闻都中十叠前韵》，《伦哲如诗稿》（第三册），国家图书馆藏稿本，第 6 页。
② 伦明：《正月九日经高井胡同黄晦闻故居感作寄晦闻广州》，《伦哲如诗稿》（第五册），国家图书馆藏稿本，第 3 页。

诗义参韩不废毛，兼之熟选读离骚。

虽然弟子生前盛，怎及声名死后高。①

　　黄节自 1917 年到北京后，先后在国立北京大学、国立清华大学讲授"诗学"，"遍笺曹子建、阮嗣宗、谢康乐、鲍明远诸家诗。晚岁治《毛诗》，撰《诗旨纂辞》"，黄节因为授《毛诗》、治《楚辞》《文选》等缘故，平时凡见到《毛诗》《楚辞》《文选》这三类书，无不收藏，因而收藏了很多罕见本，然黄节比较吝啬，不肯示人。黄节生前弟子很多，去世后"诗稿为大力者索去印行，于其殁也，又褒而扬之，于是海内无不知晦闻而益重其诗矣"，故伦明诗中有"虽然弟子生前盛，怎及声名死后高"之句。黄节藏有汪龙撰《毛诗申成》稿本，在离世前几天，由伦明牵线搭桥将该书的副本归藏于东方图书馆，黄节其余的藏书则收藏于国立北京大学。②

---

① 伦明著，雷梦水校补：《辛亥以来藏书纪事诗》，上海古籍出版社 1990 年版，第 69 页。
② 伦明著，雷梦水校补：《辛亥以来藏书纪事诗》，上海古籍出版社 1990 年版，第 69 页。

朱希祖

朱希祖（1879—1944），字逖先，又作迪先、逷先，浙江海盐人。近代著名史学家、藏书家。清光绪三十一年（1905），官费留学日本早稻田大学，攻读史学专业。光绪三十四年（1908），在东京与鲁迅随章太炎学习《说文解字》。宣统元年（1909）归国，后与鲁迅同时受聘于浙江两级师范学堂（今杭州师范大学前身）。翌年，改就嘉兴府中学堂任教。辛亥革命后，公举为海盐县首任民事长，半年后辞职，旋到浙江省教育厅

朱希祖

任事。1913 年，为教育部起草国语注音字母方案，后受聘任国立北京大学预科教员兼清史馆编修。1918—1926 年，先后任国立北京大学文科教授兼文科研究所国文门教员、中国文学系主任、史学系主任。1926 年夏，改任清华学校、私立北平辅仁大学教授。1928 年，重返国立北京大学任史学系主任，并发起成立中国史学会。1930 年，入中央研究院任研究员。1932 年，前往广州任国立中山大学教授兼文史研究所所长，成为研究南明史的权威。1934 年，前往南京任中央大学历史系主任，同年任古物保管委员会主任。1935—1936 年，任南京国民政府高等考试典试委员、考试院考选委员会委员等职。1944 年 7 月 5 日，病逝于重庆。著有《中国史学通论》《伪楚录辑补及伪齐录校补》等。①

伦明与朱希祖均嗜书如命。两人为国立北京大学国文研究所同事，虽然教授的课程不同，一个教授版本目录学、诗词学，一个教授中国文

---

① 周文玖编：《朱希祖先生学术年表》，载朱希祖：《中国史学通论》，商务印书馆 2015 年版，第 495—550 页。

学史、中国史学史，然两人年龄相近，兴趣相投，交往频繁。据朱希祖儿子朱偰回忆："到了一九二七年以后，我家来往的人，都是史学家或藏书家。史学家有陈垣、陈寅恪等；藏书家有伦明、郑振铎、马隅卿等人。"[1] 在国立北京大学任教期间，伦明和朱希祖在工作之余经常逛琉璃厂旧书肆以及市场冷摊，收获颇丰。至1937年，朱希祖"郦亭"藏书已达25万余册，所藏南明史籍如同他的南明史研究一样，公认名列全国第一。1924年，伦明购得海盐彭孙贻的《茗斋百花诗》，同是浙江海盐人的张元济委托朱希祖前往伦明处借抄，伦明慷慨相借。[2] 1929年2月24日，朱希祖参观伦明的藏书后，感叹道："伦君藏书以清代集部为最富，北平藏书家无出其右者。"[3]

伦明在《辛亥以来藏书纪事诗》中为朱希祖立传。诗云：

> 书坊谁不颂朱胡，轶简孤编出毁余。
> 勿吝千金名马至，从知求士例求书。[4]

伦明在诗中高度概括了朱希祖在书坊的名气、藏书特色、求书时的豪气、读书人藏书的特性等。周作人曾在《知堂回想录》云：

他（朱希祖）的绰号乃是"朱胡子"，尤其是在旧书业的人们中间，提起"朱胡子"来，几乎无人不知，而且有点敬远的神气。因为朱君多收藏古书，对于此道很是精明，听见人说珍本旧钞，便揎袖攘臂，连说"吾要"，连书业专门的人也有时弄不过他，所以朋友们有时也叫他"吾要"，这是浙西方言，里边也含有

---

① 朱偰：《我家的座上客——交游来往的人物》，载朱偰：《天风海涛楼札记》，中华书局2009年版，第17页。

② 张元济研究会、张元济图书馆编：《张元济研究论文集：纪念张元济先生诞辰140周年暨第三届学术思想研讨会论文集》，中国文史出版社2009年版，第267页。

③ 杨新华主编：《朱偰与南京》，南京出版社2007年版，第347页。

④ 伦明著，雷梦水校补：《辛亥以来藏书纪事诗》，上海古籍出版社1990年版，第75页。

幽默的意思。①

　　朱希祖藏书很有特色。他不仅喜藏南明史、野史和浙江海盐乡贤著述，而且还藏有明钞宋本《水经注》《鸭江行部志》、宋版《周礼》等孤本。其中，他对南明史籍情有独钟，深知南明史籍在清代屡经禁毁和窜改，故每得一本，必深加校考，辨别真伪，探幽发微，以求历史真相。因朱希祖收藏有版本极佳的明钞本郦道元《水经注》，遂将藏书楼命名为"郦亭"，章太炎为其题写"郦亭书室"匾额。著名史学家谢国桢曾云："海盐朱希祖先生喜藏野史，闻有一书，不惜兼金求之，缪（荃孙）氏所藏野史多入其手，故所得独多。"②

　　朱希祖是读书人类型的藏书家，苏精《近代藏书三十家》云：

　　　　朱希祖是史学家，因此郦亭藏书既非供鉴赏，也不徒供校雠，而是取以读书治学用的，从他的题跋中可以看出一个读书的藏书家，与其它欣赏的、校雠的藏书家不同之处，后两者往往只娓娓于一书的递藏授受源流与自己收藏的经过，或是龂龂于字词同异的争辩与版本甲乙的校勘；而读书的藏书家所注重的，则是一书内容的考订论证、本旨要义的发明阐述，以近代学人而言，王国维、胡玉缙等人如此，朱希祖同样是如此。③

　　继诗后，伦明详注曰："海盐朱逖先希祖，购书力最豪，遇当意者，不吝值。尝岁晚携巨金周历书店，左右采掇，悉付以现。又尝预以值付书店，俟取偿于书，故君所得多佳本。自大图书馆，以至私家，无能与君争者。君所得乙部居多，尤详于南明，兼及万历以后诸家奏议、文集，

①　周作人：《北大感旧录》，载周作人著，止庵校订：《知堂回想录》，河北教育出版社2002年版，第562页。

②　柳和城：《百年书人书楼随笔》，浙江教育出版社2017年版，第74页。

③　苏精：《近代藏书三十家》，传记文学出版社1983年版，第161页。

遇古本及名人稿本亦未尝不收也。"① 关于伦明认为朱希祖"购书力最豪""悉付以现",其家属认为并不完全属实,因为朱希祖乃一教授,哪来巨金,又何能"悉付以现"?其孙子朱元曙曾检出朱希祖附在日记里的账单力证此说:"1929 年 2 月 4 日,薪金加稿费共入 458.8 元,支付 31 家书店欠债 527.25 元。""1929 年 2 月 9 日,阴历除夕,上午八时起,各书店前来索书债,约二十余家,一一付给。"② 据此不难看出,朱希祖豪购图书不假,但都是赊账。据南京图书馆所藏朱希祖手稿《南京出纳记》所载:"民国二十三年(1934)三月十日,收中央大学二月份薪金 326 元,付萃古局洋 140 元、保古山房 13.4 元。"③ 可见,朱希祖每月薪资一半用于购书,这与谢国桢《南京在望》所载南京龙蟠里国学图书馆经常费④"民国七八年间,每月只有二百元,公开阅览后,才加到四百九十元,直到民国十六七年间,始增加到每年两万二千元"⑤ 相比,伦明谓朱希祖"购书力最豪""自大图书馆以至私家,无能与君争者",也是属实的。

伦明与朱希祖藏书归公的思想如出一辙。伦明认为藏书将属于公而不属于私,晚年病革时嘱好友张伯桢将其藏书介归国立北平图书馆。朱希祖也认为:"藏书之人能自籀读以终其身可矣。子孙能继起则遗子孙,否则,可送存图书馆,犹得贻令名于不朽也。"⑥ 20 世纪五六十年代,朱偰先后将郦亭所藏的善本、孤本、手稿等以及存在北京老宅中的图书全部捐赠给北京图书馆,其中包括明钞宋本《水经注》《鸭江行部志》、宋版《周礼》等孤本。郦亭其他藏书则捐赠给南京图书馆。朱希祖、朱偰父子两代,保存中国文献典籍之功,当永载史册。

---

① 伦明著,雷梦水校补:《辛亥以来藏书纪事诗》,上海古籍出版社 1990 年版,第 75 页。
② 杨新华主编:《朱偰与南京》,南京出版社 2007 年版,第 340 页。
③ 匡淑红:《析朱希祖藏书》,载虞浩旭主编,天一阁博物馆编:《天一阁文丛》2006 年第 4 辑,第 267 页。
④ 经常费包括图书馆购书费以及日常维持图书馆运营的其他开支。
⑤ 谢国桢:《南京在望》,载丁帆编:《金陵旧颜》,南京出版社 2014 年版,第 432 页。
⑥ 朱偰:《先君逖先先生年谱》,载中国人民政治协商会议海盐市委员会文史委员会编:《文史大家朱希祖》,学林出版社 2002 年版,第 207 页。

沈尹默

沈尹默（1883—1971），原名实，号君墨，又作君默，后改尹默，笔名尻墨、秋明，晚号秋明室主，祖籍浙江吴兴（今湖州）。因父亲在陕西任职，出生于陕西汉阴县。是近现代著名书法家、诗人、教育家，与李志敏合称"北大书法史上两巨匠"。幼年就读于私塾，清光绪三十一年（1905）赴日本留学，次年因旅费不继归国。光绪三十三年（1907）起，任教于浙江高等学堂、

沈尹默

浙江省立第一中学、浙江两级师范学校等。1913—1929年，任国立北京大学文科教授兼国文门研究所主任等职。1917年起，兼任国立北京大学书法研究会首任会长。1918年起与陈独秀、周树人、周作人、李大钊、钱玄同、胡适、刘半农等轮职担任《新青年》编辑。1922年后，兼任北京女子师范大学、私立北平辅仁大学等校教授。1929—1931年，任河北省教育厅厅长。1932年，任国立北平大学校长。1934年，任北平研究院史学研究会研究员。抗日战争全面爆发后，任重庆国民政府监察院监察委员。抗战胜利后，定居上海。中华人民共和国成立后，历任中央文史馆副馆长、上海市人民委员会委员、上海文化管理委员会委员、上海市文联副主席、上海市书法家协会首任主席等职。著有《秋明集》《秋明室杂诗》《秋明室长短句》等。①

伦明与沈尹默在诗词方面兴趣相投，教学之余常一起唱和。伦明和

---

① 《沈尹默年表》，载上海虹口区档案馆、上海市虹口区文学艺术界联合会编：《沈尹默文献》，上海书画出版社2020年版，第10—13页。

沈尹默分别在国立北京大学国文研究所担任诗词、古典文学等方面的教学及研究工作，在诗词方面造诣很深。伦明《辛亥以来藏书纪事诗》综述辛亥以来藏书家之渊源、递嬗及流变，是藏书人必读之作。沈尹默的《秋明集》《秋明室杂诗》清丽洒脱、隽永飘逸，曾被称为词坛一代清才之作。共同的诗词爱好，两人教学之余常在一起唱和。例如，1920 年农历五月十一日，国立北京大学同人宴集于城东金鱼胡同海军联欢社，沈尹默出示其生日那天的述怀之作《西江月》4 首①，第二天，马叙伦和作 12 首，伦明和作 6 首，张尔田和作 3 首，遂形成 4 人参加、总数 25 首的《金鱼唱和词》。沈尹默的 4 首《西江月》唱词如下：

> 户外犹悬艾叶，筵前深映榴花。端阳过了数年华，节物居然增价。　　新我原非故我，有涯任逐无涯。人生行乐底须赊，好自心情多暇。

> 脑后尽多闲事，眼中颇有佳花。饭余一盏雨前茶，敌得琼浆无价。　　午睡一时半晌，客谈百种千家。兴来执笔且涂鸦，遣此炎炎长夏。

> 眼底凭谁检点，案头费甚功夫。天然风月见真吾，漫道孔颜乐处。　　骑马看山也得，乘槎浮海能无。人间何处不相娱，随分行行且住。

> 不道死生有命！便云富贵在天。现成言语不能言，读甚圣经贤传。　　流水高山自乐，名缰利锁依然。老牛有鼻总须牵，绕得磨盘千转。

---

① 马叙伦著，周德恒编：《马叙伦诗词选》，文史资料出版社 1985 年版，第 189 页。

围绕沈尹默的唱词，伦明紧扣沈尹默"五月端阳"题面，同调和词6首①，分别如下：

依样桃符柜黍，客中佳节经过。五陵裘马少年多，屠狗场中着我。　共道田文启薛，休提屈子沉罗。客来燕市例悲歌，慷慨荆高唱和。

最忆江乡乐事，家家竞赛端阳。海潮涌现万龙艘，箫鼓中流荡漾。　更有荔子湾口，绿阴夹岸清凉。晚风柔软浪花香，唤起桃根打桨。

早慕山长芦叟，微官七品归欤。空疏补读十年书，泛宅烟波深处。　何事长安索米，翻成稷下吹竽。忝颜还自托师儒，笑问为人为己。

坊肆百千评价，斋厨黄绿标签。书城高与债台连，典尽春衣还欠。　不是催租败兴，难教识字成仙。门多恶客橐无钱，笑咏桃花人面。

谁奏回风妙曲，竞传堕马新妆，风情半老惜徐娘，未解入时眉样。　女伴踏青斗草，朝朝芳约匆忙。兽炉香里日偏长，独自倚楼惆怅。

---

① 伦明著，东莞图书馆整理：《伦明全集》（第一册），广东人民出版社 2017 年版，第170—171 页。

几度兴刘覆楚，何人怨李恩牛。青灯评史笑休休，天上白云苍狗。　　见说干戈蜀道，又传鼓角黄州。他乡伤乱仲宣楼，可仗清愁被酒。

伦明和词前四首既有"五陵裘马少年多，屠狗场中着我"的慷慨，又有遥想故乡端午赛龙舟"海潮涌现万龙双，箫鼓中流荡漾"的壮美，更有"书城高与债台连，典尽春衣还欠"爱书成狂的自嘲，以及"笑咏桃花人面"理乱不闻、自得其乐的洒脱。其五、其六既有对时局纷乱、生活不易的诉说，又有对新生活的憧憬，充分展现了伦明的诗词功底及其艺术表现力。

刘师培

刘师培（1884—1919），字申叔，号左盦，江苏仪征人。出身于经学世家，曾祖父刘文淇、祖父刘毓崧、伯父刘寿曾、父亲刘贵曾皆以经术闻名，为其成为近代著名经学家提供了土壤。清光绪二十八年（1902）举人。光绪三十年（1904），加入上海光复会，主编《警钟日报》。光绪三十二年（1906），与陈独秀、章士钊等任芜湖皖江中学教员，发行《白话报》。光绪三十三年（1907），加入同盟会。宣统元年（1909）至宣统三年（1911），追随两江总督、直隶总督端方，先后担任两江督辕文案兼两江师范学堂教习、直隶督辕文案及学部谘议官等。辛亥革命后，任教于四川国学院及国学学校。1913—1914 年，追随山西都督阎锡山，任高等顾问，创办《国故钩沉》。1915—1916 年，追随北洋政府总统袁世凯，任北洋政府公论谘议、署参政院参政，发起筹安会，拥护袁世凯恢复帝制。1917—1919 年，任国立北京大学文科教授兼国学门教员，与黄侃、梁漱溟、陈汉章、马叙伦等成立"国故月刊社"，任《国故》月刊总编辑。著有《中国中古文学史讲义》《汉宋学术异同论》《两汉学术发微论》等，皆辑入《刘申叔遗书》。①

刘师培

伦明与刘师培同时任教于国立北京大学。1917 年 11 月，刘师培任文科教授兼文科研究所国文门教员，伦明任法预科教授兼文科研究所国文门教员，两人成为文科研究所国文门的同事。由于授课时间差异，直

---

① 曹子西主编：《北京历史人物传》（下），北京燕山出版社 2014 年版，第 678—680 页。

至 1919 年前两人都未曾谋面。伦明在《辛亥以来藏书纪事诗》中回忆起与刘师培初见时的情况云："余于己未（1919）始得识面，身顾而瘦，沉默寡言笑，手不释书，汲汲恐不及。"① 同为文科教授兼文科研究所国文门教员的周作人曾在《北大感旧录》中回忆刘师培道：

（刘申叔）来到北大，同在国文系任课，可是一直没有见过面，只有一次，即是上面所说的文科教授会里，远远望见他。那时大约他的肺病已经很是严重，所以身体瘦弱，简单地说了几句话，声音也很低微，完全是个病夫的模样，其后也就没有再见到他了。申叔写起文章来，真是"下笔千言"，细注引证，头头是道，没有做不好的文章。②

1918 年国立北京大学
《各研究所研究科目及担任教员一览表》

周作人的回忆，印证了伦明与刘师培见面的情形，并道出刘师培"身顾而瘦，沉默寡言笑"的真正原因乃由肺病所致。伦明《辛亥以来藏书纪事诗》为刘师培立传，诗云：

---

① 伦明著，雷梦水校补：《辛亥以来藏书纪事诗》，上海古籍出版社 1990 年版，第 65 页。
② 周作人：《北大感旧录》，载周作人著，止庵校订：《知堂回想录》，河北教育出版社 2002 年版，第 543 页。

向歆传世阐绝学，妙义时参新旧间。

稿草不随黄土没，故人高谊邈难攀。①

刘师培家族累代传经，曾祖父刘文淇、祖父刘毓崧、伯父刘寿曾、父亲刘贵曾均接力疏证《左传》，编纂《春秋左氏传旧注》，世称"三世一经"。刘师培秉承家风，经学功底深厚。在其短暂的一生中，不仅广征经师遗说，编纂《礼经旧说考略》等70余部著作，还善于把近代西方社会科学研究的方法和成果吸收到中国传统文化研究中来，开拓传统文化研究的新境界，故伦明有"向歆传世阐绝学，妙义时参新旧间"的妙赞。刘师培去世后，其著述手稿大多遗失，甚为遗憾。伦明以藏书家独到的眼光收藏有刘师培部分印本外，还从友人处抄得十余种。"故人高谊邈难攀"是对刘师培的挚友南桂馨（字佩兰）的赞誉。南桂馨于1934年出资十万，安排郑裕孚（字友渔）主持刊行《刘申叔遗书》，伦明曾尽举所有文献相助。伦明还在诗后详细说明《刘申叔遗书》刊行情况：

> 南君桂馨，先生故友也，托郑友渔介于张次溪而识余，述南君意，余尽举所有与之。南君捐资十万，属友渔主任校事，已将次竣工矣。其目有《尚书源流考》《毛诗礼记》《毛诗词例举要》《荀子词例举要》《礼经旧说考略》《逸礼考》《周礼古注集疏》《西汉周官师说考》《春秋古经笺》《读左札记》《春秋左氏传时月日古例考》《春秋左氏传传注例略》《春秋左氏传答问》《春秋左氏传古例诠微》《春秋左氏传例解略》《周书补正》《周书王会篇补释》《尔雅虫名今释》《小学发微补》《群经大义相通论》《古书疑义举例补》《国语补音》《穆天子传补释》《管子斠补》《晏子春秋补释》《晏子春秋校补》《晏子佚文辑补》《老子斠补》《庄子校补》《墨子拾补》《荀子补释》《荀子斠补》《荀子逸文辑补》《韩非子校补》

---

① 伦明著，雷梦水校补：《辛亥以来藏书纪事诗》，上海古籍出版社1990年版，第65页。

《贾子新书校补》《贾子新书佚文辑补》《春秋繁露斠补》《春秋繁露佚文辑补》《白虎通义校补》《白虎通义阙文补订》《白虎通义定本》《白虎通义源流考》《白虎通德论补释》《扬子法言校补》《理学字义通释》《读道藏记》《读书随笔续笔》《左盦题跋》《国学发微》《周末学术史序》《两汉学术发微论》《汉宋学术异同论》《南北学派不同论》《古政原论》《古政原始论》《敦煌新出唐写本提要》《楚辞考异》《琴操补释》《左盦集外集》《诗录词录》《论文杂记》《文说》《经学教科书》《中国历史教科书》《中国地理教科书》《伦理学教科书》《中国文学教科书》《中国中古文学史讲义》《中国民族志》《攘书》《中国民约精义》等。友渔主矜慎，一字不敢删削，惟原稿多属未完。又先生操笔时恃其强记，不暇覆审原书，加以印本草率，字多鱼鲁。始事时，余曾约余季豫共任雠对，既而俱苦其烦，改由赵羡渔专任之，恐未能尽善而无憾也。至先生《左传疏证稿》失于四川者，竟不可返。或云为天津某家收得，俟详访。①

----

① 伦明著，雷梦水校补：《辛亥以来藏书纪事诗》，上海古籍出版社 1990 年版，第 65—66 页。

马叙伦

马叙伦（1885—1970），字彝初，改字夷初，号石翁、寒香，晚号石屋老人，浙江杭县（今浙江杭州）人。中国民主促进会主要创始人和首位中央主席，近现代著名教育家、社会活动家。幼年入杭州养正书塾，师从陈黻宸，后入读杭州府中学堂。清光绪二十八年（1902），随陈黻宸赴上海，与汤尔和、杜士珍为《新世界学报》撰稿。光绪三十年（1904），先后在杭州、江山、

马叙伦

诸暨等地做教员。光绪三十四年（1908），与邓实、黄节、刘师培、陈去病等发起"国学保存会"。同年下半年，前往广州任两广方言学堂教授。宣统元年（1909），任浙江官立两级师范学堂教员，兼浙江谘议局书记。同年 11 月，参加柳亚子、黄宾虹等人发起的革命文学团体南社。宣统三年（1911），东渡日本，由章太炎介绍加入同盟会。1912 年，任北京医学专门学校（北京医科大学前身）教员。1916 年，任浙江省财政厅厅长秘书。1917—1921 年，任国立北京大学教授。1922 年，任浙江省教育厅厅长。1924 年，任北洋政府教育部次长。1927 年，任浙江省政务委员兼民政厅厅长。1928 年，任国民政府教育部次长。1931 年，入北大任教。全面抗战期间，隐居上海从事抗日活动。1946 年，组织成立中国民主促进会，任常务理事。中华人民共和国成立后，任教育部首任部长、高等教育部部长、全国政协副主席、中国民主促进会主席、中国民主同盟中央副主席、中科院学部委员、中国文学改革委员会主任等职。著有《说文解字六书疏证》《六书解例》《庄子解诂》《庄子义证》《老子覆

诂》《邓析子校录》《石屋余渖》等。①

伦明与马叙伦同在两广方言学堂任教。光绪三十二年（1906），因两广总督岑春煊奏调，陈黻宸前往广州两广方言学堂任监督，兼充两广优级师范学堂教务长。马叙伦随老师陈黻宸来到两广方言学堂，任文科兼伦理科教授，与任教务长兼经济科教授的伦明成为同事。在两广方言学堂任教期间，伦明与马叙伦成为朝夕相处的同事，教学之余，每日同行逛书肆，寻觅珍稀古籍，其乐融融。一日，马叙伦得到陈白沙弟子李云谷②残砚半规，特嘱好友伦明题诗，伦明遂作《马夷初属题砚》三首：

> 凤咮龙尾亦区区，爱此磨砻出大儒。
> 一样白沙门下物，不教燕石换珍珠。
>
> 半缺云腴墨沈新，几行题刻署灵均。
> 乡邦怀旧无穷意，绿绮题诗共怆神。
>
> 高第街南讲舍空，百年绝学复谁宗。
> 流传片石缘非偶，岭海经师拜马融。③

这诗是伦明少见的题物诗。他在第一首诗中叙述砚台虽小，然爱砚者通常会出大儒。湛若水④作为陈白沙的弟子和衣钵传人，据说在京师

---

① 余丽芬：《正道上行：马叙伦传》，浙江人民出版社2008年版，第318—325页。
② 李云谷（1436—1526），字孔修，号子长，广东顺德人。侨居广州，陈白沙的得意弟子，素以生性刚直著称，工诗能画，善画翎毛、走兽、山水等。晚年隐居杏坛罗水村和南海西樵，潜心治学，90岁无疾而终，葬于广东南海西樵山云路村。
③ 伦明：《马夷初属题砚》，《伦哲如诗稿》（第一册），国家图书馆藏稿本，第15页。
④ 湛若水（1466—1560），原名湛露，字元明，号甘泉，广州增城人。明弘治十八年（1505）进士，累官吏、礼、兵三部尚书，陈白沙衣钵传人，与王阳明并称"湛王之学"。

为官时，都人为之谚曰"门前讲道学，门后买珍珠"①，故伦明有"一样白沙门下物，不教燕石换珍珠"之句。

伦明在第二首诗中提及岭南大儒陈白沙弟子李云谷之残砚和邝露（湛若）②之绿绮台琴两件珍贵遗物。马叙伦得到的李云谷残砚有其师陈白沙（献章）的铭辞，词句完整，只是纪年处缺数字，四周为屈翁山（大均）题记，断灭不全。马叙伦遂将该半缺之砚拓图而识之，并邀陈宝琛、朱祖谋、马通伯、黄节、章太炎、杨昀谷、伦明等一众好友为其题砚。其中，黄节热衷于收藏砚台，见到明代乡贤李云谷的残砚后爱不释手，乞求马叙伦割爱，马叙伦见其如此痴迷，便举以相赠。黄节去世后，因家庭生活拮据，其如夫人将黄节生前所藏26方砚台交由马叙伦寻觅买主，马叙伦发现自家旧物——李云谷残砚也在其中。为避该物流落于市和私取之嫌，马叙伦于是找一小贩先购得，然后再从小贩手中购回，可见马叙伦对黄节家人以及李云谷残砚的爱护与用心。马叙伦《石屋余渖·黄晦闻遗砚》详载此事：

> 晦闻遗砚大小廿六方，由其如夫人送来，嘱为代觅受主。……其中半月形一砚，本系余家旧物，乃晦闻乡贤明代李云谷所遗，有云谷之师陈白沙隶书铭词，屈翁山跋之。……晦闻卒之前岁，乞于余，余举以赠。不意晦闻遽下世，而此砚又将流落人间，然余以避嫌不敢取也。伏丈乃为复从肆贾购之。贾见其残，亦喜即有受者，遂不偾价而复归于余。盖砚本规形，残及半矣。③

绿绮台琴曾是明武宗的御琴，明末散落民间，后为抗清名士邝露所

① 伦明：《马夷初属题砚》，《伦哲如诗稿》（第一册），国家图书馆藏稿本，第15页。
② 邝露（1604—1651），字湛若，号海雪，广东南海人。明末抗清名士、诗人、书法家、古文物鉴赏家和收藏家。
③ 马叙伦：《石屋余渖》，上海书店1984年版，第116页。

得。邝露精于琴，对绿绮台琴珍爱无比，"出入必与俱"。清兵入粤后，广州沦陷，邝露抱琴而死。邝露殉国后，琴被清兵所抢，售于市，为广东归善（今惠阳）人叶龙文以百金购得。叶氏某日泛舟丰湖，邀请文士雅聚。席中抱出绿绮琴，诸人一见先朝遗物，均唏嘘不已，当场赋诗，以屈大均之作最为脍炙人口，其中"我友忠魂今有托，先朝法物不同沉"更是一字一泪。此琴后由叶龙文后人保存，至道光末叶家家道中落，将琴质于当铺而无力赎还，即被东莞可园主人张敬修购得。民国初年，张家中落，琴亦以破残不堪难修复而售予邓尔雅。伦明在诗中自注曾在好友邓尔雅处目睹此琴，记得琴上刻有"绿绮"两大字及"武德四年"四小字。也许正是考虑到"乡邦怀旧无穷意"，伦明遂应马叙伦之托，题诗以追思。

伦明在第三首诗中说出李云谷残砚能够流传下来不是偶然的，岭南的大儒们为经学的传承与发展付出艰辛的努力。大儒已逝，然岭学未绝，马叙伦任教两广方言学堂期间住广州高第街，主讲经学，一直以东汉经学大师马融为榜样，接续广东经学的教导传承，为岭南经学教育的发展作出了承前启后的贡献。

伦明曾托马叙伦搜集谭献①的著作。马叙伦的同乡前辈谭献治学勤奋，是一位致力于词学尤深的学者，其文词隽秀，琅琅可诵，著有《复堂类稿》等，逝世后遗书陆续散出。伦明特托回杭州休假的马叙伦代为搜访他的遗著。马叙伦在书肆冷摊中购得《意林》一册，该书为谭氏刻而未竟的初印待校本，是非常难得的孤本。后来伦明亲自到杭州访书，在某书店架底发现谭氏评点本《述学》二册，大喜，购之。事后，伦明作诗曰：

---

① 谭献（1832—1901），原名廷献，一作献纶，字仲修，号复堂、半厂、仲仪（又署谭仪）、山桑宦、非见斋、化书堂，浙江仁和（今杭州市）人。近代词人、学者。

马总书携半部回，汪中述学没尘灰。

平生矫矫西京学，不保江都一玉杯。①

"平生矫矫西京学"是指谭献一生致力于西汉董仲舒《春秋公羊传》研究，耗30年精力编纂散佚不全的《董子定本》。"不保江都一玉杯"是指谭献的《董子定本》毁于淞沪会战，表现了伦明对战争的深恶痛绝和对珍贵文献被毁的惋惜。伦明在《辛亥以来藏书纪事诗》"谭献小传"中云："记在涵芬楼见先生《董子春秋》稿本，先生治《春秋》，主董子，必精心结撰之作，惜匆匆未及详阅。上海之役毁于火，不知海内有复本否？"②

伦明与马叙伦是国立北京大学的同事。1917年，马叙伦被聘为国立北京大学文科教授兼文科研究所哲学门、国学门教员。同年，伦明亦被聘为法预科教授兼文科研究所国学门教员，两人再度成为同事，交往更为频密。1920年，马叙伦、伦明、沈尹默、张尔田等国立北京大学同仁宴集于北京城东金鱼胡同海军联欢社唱和，金鱼胡同位于王府井大街东侧繁荣地带，民国以后，北洋政府海军部曾租用那家花园西大院（现和平宾馆附近）办"海军联欢社"。海军官兵常在此宴会娱游，吟诗赏月，听书观剧，歌舞升平，而各界重要公宴、社会名流婚宴也喜欢假座这里。马叙伦将该次唱和之作结集为《金鱼唱和词（调寄〈西江月〉）》，收录沈尹默原唱四首、马叙伦和作十二首、伦明和作六首、张尔田和作三首。1921年6月，在马叙伦和李大钊的领导下，国立北京大学等国立八校教职员为北洋政府长期欠薪再次进行索薪斗争，提出教育基金和教育经费独立的诉求。伦明积极声援，并在致教育部次长陈垣的信中写道："现下关于教育者有二大问题：一为部员罢工，二是八校索薪。其一略事疏

---

① 伦明著，雷梦水校补：《辛亥以来藏书纪事诗》，上海古籍出版社1990年版，第14页。

② 伦明著，雷梦水校补：《辛亥以来藏书纪事诗》，上海古籍出版社1990年版，第14—15页。

通便可无事，次者本年内能筹得一月经费亦可敷衍。惟此项经费，当时秉轴者过徇教职员之意，如愿以偿，致令交部无从筹措，此实大错。实则该廿二万元约可减七万至十万之间，费轻则担负易，政府履约不难。如能应付得法，减费一层不难办到。"①

伦明寓居焦作期间惦念老友马叙伦，作《怀马夷初杭州五十一叠前韵》。1927 年，道清铁路英籍人员全部撤离，由中国人接管。是年，伦明因故羁留焦作过年，"风雪闭门，事希境寂"，不免思念故乡，思念此时正在杭州任职的好友马叙伦。诗云：

> 江心泛舟雾侵裳，珠女如花唱采桑。
>
> 宵深被酒眠游艇，日出听钟上课堂。
>
> 千里差池黄鹄举，十年疏散白鸥行。
>
> 比传踪迹仍飘忽，好趁风云展济康。②

伦明在诗中首先回忆与马叙伦任教于两广方言学堂时，夜游泛舟、日出授课的美好情景。紧接着，述说两人于 1921 年分别离开国立北京大学教席后，如同疏散的白鸥一样，天各一方，思念之情油然而生。"比传踪迹仍飘忽"是指 1926 年马叙伦任北洋政府教育部次长期间，因强烈谴责段祺瑞政府镇压北京学生运动引发"三一八"惨案而被通缉，先后避居杭州、广州、上海、宁波、福州、厦门等地，直至 1927 年北伐军攻占杭州才回到故乡一事，表达了伦明对好友的关心。"好趁风云展济康"是伦明希望好友在仕途上实现自己的政治理想和抱负的祝福。

伦明与马叙伦有共同的藏书爱好。马叙伦的藏书楼"天马山房"所藏宋、元、明、清本、稿本、抄本、批校本数百种，清人的词集最多，

---

① 陈智超编注：《陈垣来往书信集》，上海古籍出版社 1990 年版，第 41 页。

② 伦明：《怀马夷初杭州五十一叠前韵》，《伦哲如诗稿》（第三册），国家图书馆藏稿本，第 28 页。

编有《天马山房藏书目》《天马山房书目》（未刊），著录近 2000 种。伦明在《辛亥以来藏书纪事诗》为马叙伦立传：

闲摊往往获书佳，日日同寻府学街。

岂是晚年憎绮业，割心一一遣金钗。①

伦明在前两句再一次提到与马叙伦在两广方言学堂任教期间"日日同寻府学街"购书的情景；后两句则叙述 1930 年马叙伦辞去国民政府教育部次长之职，再一次回到国立北京大学任教期间，将自己天马山房二万余册藏书售予私立北平辅仁大学一事。伦明在诗后小传中详述此事："仁和马夷初叙伦，三十年前与余同居广州，游每同行。府学东街，广州卖旧书处也。数年前，君以所藏，全归辅仁大学，凡两万余册。近代人词集多至数百册，君不善词，而好收词集。数年前，谭篆青家设选会，多资之。"② 马叙伦的藏书以清人词集及清代小说最有特色，1952 年，私立北平辅仁大学并入北京师范大学，马叙伦的藏书亦因此归北京师范大学图书馆。

---

① 伦明著，雷梦水校补：《辛亥以来藏书纪事诗》，上海古籍出版社 1990 年版，第 101 页。

② 伦明著，雷梦水校补：《辛亥以来藏书纪事诗》，上海古籍出版社 1990 年版，第 101 页。

邓之诚

邓之诚

邓之诚（1887—1960），字文如，号明斋、五石斋，祖籍江苏江宁（今南京）人，出生于四川成都。清末闽浙总督邓廷桢嫡孙，近现代著名历史学家。早年就读于成都外国语专门学校、云南两级师范学堂，毕业后历任《滇报》编辑、昆明第一中学史地教员等职。1917年起，任国立北京大学教授兼教育部国史编纂处国史纂辑员。1921年起，任国立北京大学史学系教授，兼任国立北平师范大学、国立北平大学女子文理学院、燕京大学等校史学教授。1930年起，任燕京大学历史系教授，兼任国立北平师范大学和私立北平辅仁大学史学教授。1941年冬，被日本军逮捕入狱，翌年获释。1945—1951年，任燕京大学历史系教授。1952年，任北京大学历史系教授。1953年退休，后任中国科学院哲学社会科学部历史考古专门委员。著有《中华二千年史》《骨董琐记全编》《清诗纪事初编》《桑园读书记》《东京梦华录注》等。①

伦明与邓之诚既是国立北京大学的同事，又是私立北平辅仁大学的同事。1917年，伦明和邓之诚分别被国立北京大学校长蔡元培聘为法预科教授和史学系教授。1929年、1930年，两人又分别被私立北平辅仁大学校长陈垣聘为版本目录学教授和史学教授，两人同事数载，交往频繁。伦明《辛亥以来藏书纪事诗》多次提到在邓之诚住所见到某书等事。例如，伦明在《辛亥以来藏书纪事诗》陈宝琛小传中云："其旧抄本《西

---

① 刘绍唐主编：《民国人物小传（第十一册）》，上海三联书店2016年版，第280—285页。

园闻见录》，当属海内孤本……余一见于丁闇公所，再见于邓文如所，以卷帙之巨，未敢借抄也。"① 在"缪禄保小传"中云："惟先生有晚年日记三巨册，曾见之邓文如处，多记版本及他轶闻，子寿云，遗命不许刊。"② 同样，邓之诚也经常拜访、关心伦明。邓之诚在 1934 年 8 月至 1947 年 3 月的日记中就有 5 处提到伦明：1934 年 8 月 5 日，"晨入城，访贺履之、孙师郏、伦哲如，赠以《（骨董）琐记》一部"；1934 年 8 月 31 日，"访伦哲如，吃面一碗半"；1940 年 11 月 22 日，"得伦哲如东莞信及诗，哲如病风痹二年余，竟获痊愈，可喜也"；1946 年 12 月 13 日，"通学斋书估来言：伦哲如书决定由北平图书馆出资收买，价由图书馆组织'评价委员会'定之，等于发官价而已。其书装大木箱三百余，皆有清一代文集。富哉"；1947 年 3 月 11 日，"病甚，未上课。通学斋雷（梦水）估来言：'伦哲如藏书近以一万万元归北平图书馆。'此价在平世不及万元，得值仅十之一耳！无异掠夺"。此外，该日记还有几十处提到邓之诚在伦明的通学斋买书以及通学斋伙计送书上门的情况。例如，1945 年 10 月 29 日，"通学斋估来，付四万七千五百为《亦园全集》《解春集·文钞·诗钞》《安序堂文钞》《玉红草堂诗文》《浔溪纪事诗》《簪云楼集》《炊闻词》《国朝八家诗钞》《辇下和鸣集》《陋轩诗》附《续集》十书之值。"③ 伦明通学斋的伙计雷梦水因经常帮邓之诚买书，与邓之诚甚为熟悉，他在《邓之诚先生买书》一文中生动地回忆帮邓之诚寻觅到罕见本《土风录》的情景：

　　先生藏有一部传世极罕的笔记书《土风录》，清张思撰，刻于嘉庆年间，唯缺首册，他曾嘱我留意为他配齐。数年后，通学斋收到一批书发现其中正好有这本。次日，我就骑车到成府为先生送书。

---

① 伦明著，雷梦水校补：《辛亥以来藏书纪事诗》，上海古籍出版社 1990 年版，第 24 页。
② 伦明著，雷梦水校补：《辛亥以来藏书纪事诗》，上海古籍出版社 1990 年版，第 33 页。
③ 邓之诚著，邓瑞整理：《邓之诚文史札记》，凤凰出版社 2012 年版，第 51、54、112、399、418—419 页。

先生一见我，就用惯有的那种带着四川口音的口气说："梦水，你今天又为我送什么好书来啦？"我随即回答说："邓先生，我为您配上那部《土风录》的首册了。"这真是喜出望外，他高兴地捧着那本书来回翻阅，大加赞赏，像这样事有过好几次。①

邓之诚赠送伦明《孟臣公画蝶图卷》。邓之诚曾于市井摊位购得《孟臣公画蝶图卷》，当得知孟臣公为伦明族叔时，便慷慨地将图卷赠送给伦明，伦明感动异常，作《邓文如以先族祖孟臣公画蝶图卷见赠敬纪二律》。小序云：

> 先族父孟臣公，讳五常，南海人。吾家系出南海，明末始迁东莞。咸丰辛酉，孟臣公与先君子同举本省乡闱，姓名俱同，主司加"五"字以别之，一时播为美谈。曾至吾乡谒祖，时予尚未生也。后纳资为工部郎中，外放云南昭通府知府，卒于任。予壮岁游京师，书肆老人为予道公轶事，始知公与潘孺初、杨惺吾相友善。擅书画，喜收藏金石碑帖。文如得是图于市摊，酒后出相示，询知为予家物，慨然见赠，因作诗纪之。

其诗云：

> 江南邓子嗜骨董，奇秘真令俗眼惊。
> 鉴藏妙识丹青意，持赠非同缟纻情。
> 残绢不随尘劫火，遗书重念昔时楹。
> 贴墙七字龙蛇动，联璧完归抵百城。②

---

① 雷梦水：《邓之诚先生买书》，《读书》1983 年第 1 期，第 115—116 页。
② 伦明：《邓文如以先族祖孟臣公画蝶图卷见赠敬纪二律》，《伦哲如诗稿》（第二册），国家图书馆藏稿本，第 5 页。

伦明在诗的前半部分述说邓之诚喜欢骨董，《骨董琐记》记述的奇闻秘事令人眼界大开。邓之诚工于鉴藏，妙识丹青，曾将伦明先族祖孟臣公画蝶图卷收藏后又赠予伦明。后半部分叙述伦明祖籍广东东莞望溪乡，藏弄图书甚多，自移居江西崇仁县后全部散失。伦明的父亲精通八法，早年曾临摹赵孟頫（号松雪道人）的书法，至晚年益加苍劲。伦明自言童年不知收拾，片纸无存。后来回老家，发现有父亲留下的一幅七字楹帖，重新装裱贴于墙上，字如龙蛇舞动，甚是灵动俊秀。在诗的最后，伦明再一次提到邓之诚将孟臣公画蝶图卷完璧归还，这种深情厚谊永生难忘。

伦明和邓之诚同有收藏清人著述的雅好。伦明认为"书至近代始可读"，因此其续书楼多收清人集部著作、清代禁书、《四库全书》未收之书。邓之诚五石斋藏书早年以学术研究之需多收史学书籍，后专收清代集部、禁书以及清末民初人像、风俗、中外名胜古迹、风俗照片等，与伦明收藏有相似之处。邓之诚在1947年7月12日的日记中写道：

> 检《书目》，数年来所集顺（治）康（熙）人诗文仅二百八十种，合之旧藏适三百种。盈千之愿，不知何年可偿。然伦哲如所藏集部为康熙刻本者凡十二箱，予所有者，或可企及此数，且有为哲如未见者。异收拾过晚，使十年前着手，所得必当数倍于此。近年集部无人过问，书估因而不收，予辈求之，乃甚难矣！①

至于伦明与邓之诚收藏清人著述的情况，通学斋伙计雷梦水比较清楚。他曾说道：

> （邓之诚）用几年时间收藏了七百多种清初人集部，以藏有大量清初人集部自豪。他以他收藏的集部书与北京另一收藏家伦哲如先生所收藏书相比，按种数讲，伦比他多二百余种，但以名头单本书论，

---

① 邓之诚著，邓瑞整理：《邓之诚文史札记》（下），凤凰出版社2012年版，第432页。

他有而伦无者就有百十余种，对私人收藏家来说，可谓富矣。①

伦明《辛亥以来藏书纪事诗》为邓之诚立传，诗云：

> 黟君便是老骨董，琐记何时又续成。
> 此外当编今世说，笑嬉怒骂总文情。②

诗前两句对邓之诚博览群书后完成的《骨董琐记》《骨董续记》等学术成果给予了充分肯定，后两句则对邓之诚"臧否人物"的耿直性情进行了生动描述。伦明在诗后还自注云："江宁邓文如之诚，撰《骨董琐记》八卷，近又成《续记》六卷。光怪陆离，如游宝藏。君善臧否人物，笑嬉怒骂，皆成文章，笔之为书，即今世说矣。"③

"臧否人物"主要是指评论人物好坏。邓之诚性格直爽，极尽嬉笑怒骂、讽刺挖苦之能事，有时甚至语近刻薄。例如，邓之诚在 1959 年 7 月 14 日的日记中写道："报载：张元济于十四日死于上海。此人以遗老自居，而骂清朝。胜利后，反对蒋中正。解放后，勇于开会，当场中风，卧病数年，今始化去。在商务馆发财二三十万，为人绑票，去其大半。沦陷后，骤贫，先卖住屋，后并所藏批校本书籍而罄之。八年前，曾以《翁文端日记》卖与燕京大学。一生刻薄成性，能享大年，亦甚幸矣！"④ 类似以上"臧否人物"的内容，日记中还有多处。正因为伦明对邓之诚耿直性情的熟知，才有"此外当编今世说，笑嬉怒骂总文情"的调侃。

---

① 雷梦水：《书林琐记》，人民日报出版社 1988 年版，第 37 页。
② 伦明著，雷梦水校补：《辛亥以来藏书纪事诗》，上海古籍出版社 1990 年版，第 96 页。
③ 伦明著，雷梦水校补：《辛亥以来藏书纪事诗》，上海古籍出版社 1990 年版，第 96 页。
④ 邓之诚著，邓瑞整理：《邓之诚文史札记》（下），凤凰出版社 2012 年版，第 1175 页。

林 损

林损（1890—1940），字公铎，又字攻渎，浙江瑞安人。近代经史学家。幼年随舅父陈黻宸、表兄陈怀学习，清光绪三十三年（1907）随舅父入广州，就读于两广优级师范学堂，毕业后任教于瑞安高等小学。1912 年，赴上海任共和建设讨论会文案、《黄报》编辑等职，与黄兴、宋教仁等宣扬革命。1914 年，任国立北京大学预科讲师，后续聘为教授，兼北平师范大学、中国大

林损

学讲席。1919 年前后，与国立北京大学旧学派教授组织汉学研究会，创办《唯是学报》，宣传文言文与儒家传统理论；与钱玄同、胡适等新派论战，发表长达数万言的《汉学存废问题》，影响颇大。1927 年春，前往沈阳任教于东北大学。1928 年，任教于上海交通大学。1929—1934 年，任职于国立北京大学，仍坚持与新派抗衡，后被解聘。1934 年秋至 1936 年夏，任教于南京中央大学。1936 年秋，任教于西北农林专科学校。抗日战争全面爆发后返回浙江瑞安，里居不出，著述不辍。1940 年 8 月 26 日因肺病去世，终年 50 岁。著有《伦理正名论》《政理古微》《中庸通义》《老子通义》《辨墨》《中国文学讲授发端》《文学要略》等，大都未刊。[1]

伦明与林损相识于广州，又是国立北京大学同事。光绪三十三年（1907），伦明被京师大学堂的老师、林损的舅舅陈黻宸聘为两广方言学堂教务长兼经济学教授，林损与兄林辛，表弟陈晢、陈哲追随舅父至广

州，并就读于两广优级师范学堂，课余拜马叙伦、高谊和从叔林仲伊为师，其间与伦明多有接触。例如，光绪三十四年（1908）初夏，伦明和黄节提倡讲学会，敦请陈黻宸在南武公学讲学，林损即前往听讲。[①]1917 年起，两人同在国立北京大学任教，成为同事。1917 年 12 月 12 日，《北京大学日刊》第二十三号公布的法预科教职员名单中，林损、伦哲如、沈朵山、刘半农、刘农伯等均在列。[②] 1919 年前后，伦明还与林损、陈怀合作编印《文范》（六册）。[③] 如前所述，林损的舅舅陈黻宸、表兄陈怀去世时，伦明与林损、马叙伦等在校长蔡元陪的率领下，联名分别在《北京大学日刊》刊发举行追悼会通告，举办追思活动。

---

① 陈镇波：《苦难狂士——林损》，载陈梦麟主编、浙江复兴国学研究院编：《二十世纪浙江国学家》，浙江人民出版社 2014 年版，第 218 页。

② 《本校各科国文英文教学教员一览表》，《北京大学日刊》1917 年 12 月 12 日第二十三号第 1 版。

③ 罗志欢：《伦明评传》，广东人民出版社 2014 年版，第 280 页。

刘半农

刘半农（1891—1934），原名寿彭，后名复，初字半侬，后改半农，晚号曲庵，江苏江阴人。近代著名文学家、语言学家。清光绪三十一年（1905），入读翰墨林小学。光绪三十三年（1907）至宣统二年（1910），入读常州府中学堂。宣统三年（1911），参加辛亥革命，在革命军中担任文牍和翻译工作。1912 年 2 月离开部队，前往上海谋生，先后任新剧团体开明社编辑、中华书局编译员，创作、翻译发表多篇文学作品。1917 年，被聘为国立北京大学法预科教授。1918 年，参与《新青年》编辑工作。1920 年春，携眷赴欧洲留学，先入英国伦敦大学院学习，1921 年转入法国巴黎大学学习试验语言学，1925 年获法国国家文学博士学位，后回国任国立北京大学国文系教授、研究所国文门导师。首创"她"字，工诗歌创作，《教我如何不想她》《听雨》《织布》等诗被著名语言学家赵元任谱曲后广为传唱。著有《扬鞭集》《瓦釜集》和《半农杂文》等。①

刘半农

1917 年 11 月，伦明与刘半农同时被聘为国立北京大学法预科教授。刘半农主讲模范文和文法概论等课程，课余经常去琉璃厂、东安市场淘书。一日，刘半农在东安市场看到了《翻清说》，因事务繁忙，匆匆一瞥，便离开了。后来想要回去买这本书时，已被店家卖出，刘半农怅然

---

① 鲍晶编：《刘半农生平年表》，载鲍晶编：《刘半农研究资料》，知识产权出版社 2011年版，第 52—77 页。

而归。后来刘半农与赵万里①谈及此事，并请其帮忙留意。一月以后，赵万里在伦明续书楼藏书处见到此书，便以实情相告。伦明得知刘半农需要该书，当即慷慨相赠。刘半农《〈翻清说〉跋》记述此事，并可见赵万里的热诚、伦明的义气与豪爽：

> 去年中秋前一日，东安市场隐逸书肆贾人持旧书数种求售，中杂此卷（《翻清说》），适以事忙，匆匆一阅，便即归之。后思翻译方术，古人鲜有讲论，魏氏生雍乾之世，而持说乃多与今世译人不谋而合，是固译界一重要史材也。乃欲重索其书，则已为别一书肆取去。更求之彼肆，又以已售对。问售与何人，则游移其辞，不即实告。迹访无从，怅然而已。后偶与赵斐云（万里）谈及，嘱为关意。越一月，斐云果见其书于伦哲如许，便以余追求之情相告。哲如慨然曰："既半农需此，吾当举以相赠。"于是原卷复归于余。区区五叶破书耳，而既失复得，中有一段因缘，当志之以彰斐云、哲如两君之惠。②

1934年夏天，时在国立北平图书馆工作的王芷章③撰写了一本考证西皮、二黄、秦腔、梆子腔、勾腔、戈腔及昆腔等源流的小册子，名为《腔调考源》。钦慕刘半农中国戏曲研究方面的成就和名气，又苦于与刘

① 赵万里（1905—1980），字斐云，浙江海宁人。中国近现代著名版本目录学家。早年入东南大学中文系（今南京大学文学院），师从吴梅习词学。1925年毕业后任清华学校国学研究院助教，得王国维、吴梅指导。1928年后，就任于国立北平图书馆。中华人民共和国成立后，历任北京图书馆研究员、善本特藏部主任等职。长期从事版本目录学和古籍善本研究，喜藏书，积聚颇富。著有《汉魏南北朝墓志集释》等。

② 刘半农：《半农杂文二集》，上海书店出版社1983年版，第358页。

③ 王芷章（1903—1982），字伯生，号二渠，河北平山人。戏曲史学家。1929年毕业于北京孔教大学，1933年在国立北平图书馆工作。著有《清昇平署志略》《腔调考源》《清代伶官传》《中国京剧编年史》等。

半农不熟，在出版之前，托伦明从中斡旋，刘半农看在伦明面上答应作序，且在序言中道出伦明请托一事：

> 平山王二渠君积多时研究之结果，写成《腔调考源》一书，将出版，以伦哲如先生之介绍，要求我替他做一篇序。序是我不大会做的，只能说，我既然侥幸得于此书出版之前即有阅读的机会，自然应当在读完之后，把自己的意见写出一些，以答谢王君的盛意。①

刘半农作完序后，即匆匆前往内蒙古作方言调查，不久在内蒙古染病与世长辞。伦明请托之序，成为刘半农生前为他人所作绝序之一。

---

① 英集：《刘半农先生谈戏曲音乐》，载中国戏曲年鉴编辑部编：《中国戏曲年鉴（1983）》，中国戏曲出版社 1983 年版，第 367 页。

胡　适

胡适（1891—1962），曾用名嗣穈，字希疆，学名洪骍，后改名适，字适之，安徽绩溪人，出生于上海。近现代著名思想家、文学家、哲学家。清光绪三十年（1904）起，入上海梅溪学堂、澄衷学堂、中国公学读书。宣统二年（1910），考取留美官费生资格，先后入读康奈尔大学、哥伦比亚大学，获博士学位。1917年回国，后任国立北京大学教授、评议会评议员、《新青年》编辑、《北京大学日刊》编辑、哲学

胡适

研究所主任、《国学季刊》编委会主任等职。1926年2月至1927年4月间，前往英国、苏联、美国、日本等地考察调研。1927年6月起，先后任南京国民政府大学院委员会委员、中国公学校长等职。1931年1月起，任国立北京大学文学院院长。1932年，创办《独立评论》。1937年9月，以国立北京大学文学院院长的身份赴美国从事国民外交工作，次年任国民政府驻美国大使，直至1942年9月辞职。1943年起，在美国哈佛大学、芝加哥大学等校讲学授课。1946年9月，回国就任国立北京大学校长。1949年4月，侨居美国纽约。1952年，担任联合国教科文组织世界人类科学文化史编辑委员会委员。1957年11月，被蒋介石任命为"中央研究院"院长，直至1962年2月24日因心脏病突发去世。毕生获得35个荣誉博士学位，著述等身，大多收入《胡适全集》。①

---

① 刘筱红、金珂：《追求卓越，坚守自由——北京大学校长胡适》，山东教育出版社2012年版，第511—533页。

　　伦明和胡适同期被聘为国立北京大学教授。1917 年 9 月，胡适被聘为国立北京大学文科教授，在哲学门主讲中国哲学史大纲、西洋哲学史大纲，在英国文学门担任英文学、英文修辞学、外国诗歌、欧洲文学名著等课程，与伦明成为同事。1927 年，伦明重返母校任教，主讲目录学、版本学等课程。1931 年 1 月起，胡适任国立北京大学文学院院长，成为伦明的直接领导。

　　伦明曾帮助胡适校书、印书、荐书。胡适 1934 年 1 月 4 日的日记写道：

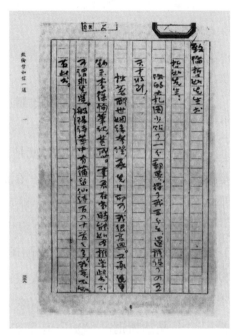

胡适致伦明书

　　　　伦哲如先生来信说：蒲留仙之诗，《般阳诗萃》中曾选刊百四十首。此书为道光刊本，惜不得尊著所举之两抄本及石印本一校之。恰好余季豫（嘉锡）先生来谈，我托他把石印本《蒲集》及罗尔纲所作三种本子互校目录带给伦君一校。①

1934 年 1 月 7 日，胡适收到伦明信函后复函道：

　　　　哲如先生，你的大札因少贴了一分邮费，罚了我三分钱，还耽误了四五天才收到！拙著《醒世姻缘考证》，承先生印可，我很高兴。又承抄示李葆恂笔记，甚感。李君在当时能如此推崇此书，不可谓非先觉。《般阳诗萃》中有蒲留仙诗百四十首之多，我竟不知

① 胡适著，曹伯言整理：《胡适日记全集：1934—1939》（第 7 册），台湾联经出版公司 1993 年版，第 8 页。

有此书。昨托余季豫先生带去石印本蒲集一套，又三种蒲集目录互勘对照表一册，倘蒙先生一校之，当可添不少佐证材料。如先生需用其它两种抄本，亦乞示知。小航先生死时，我正将去国，不及往吊唁。今读先生挽诗，追念此老殷勤见访之厚意，不胜感慨之至。他的世兄现在北大，我前曾嘱以搜集小航先生材料。他说，许多烂纸都给老人家病中"擤"鼻涕用掉了！我听了只能叹口气而已。匆匆问新年中起居。

胡适敬上，廿三，一，七①

通过以上日记和信函，可知胡适对伦明校勘古书的水平和能力十分信赖，愿意将《蒲（松龄全）集》委托给伦明校对。胡适为了考证《醒世姻缘传》的作者"西周生"就是蒲松龄，曾利用伦明提供的《归学庵笔记》《般阳诗萃》等藏书进行考证。胡适对伦明追挽共同的朋友王小航极为赞赏，并为伦明提供王小航世兄及王小航遗稿的相关信息。

胡适晚年还曾提及伦明的藏书。据《胡适之先生晚年谈话录》，1960 年 3 月 30 日，胡适对儿子胡颂平说："张荫麟的《中国史纲》，我预备看一遍。……张荫麟这个人很聪明，也很用功，也很怪。他离婚的太太是伦明的小姐。伦明也是广东人，他家藏书很富盛，听说后来也卖光了。"② 胡适所谓的"卖"是事实，当时，伦明的藏书近以一万万元归国立北平图书馆，③ 但相对伦明藏书的数量及其学术价值而言，所谓的"卖"无异于"捐"。也许正是如此，2009 年出版的《中国国家图书馆馆史（1909—2009）》在"接受捐赠"篇④中将伦明殁后续书楼藏书悉归国立北平图书馆定性为"捐赠"。

---

① 耿云志、欧阳哲生编：《胡适书信集》（中），北京大学出版社 1996 年版，第 605 页。

② 胡颂平编著：《胡适之先生晚年谈话录》，中国友谊出版公司 1993 年版，第 62 页。

③ 邓之诚著，邓瑞整理：《五石斋文史札记》（二十五），《中国典籍与文化》2007 年第 3 期，第 109 页。

④ 李致忠主编：《中国国家图书馆馆史（1909—2009）》，国家图书馆出版社 2009 年版，第 151 页。

顾颉刚

顾颉刚（1893—1980），原名诵坤，字铭坚，笔名双庆，江苏苏州人。近现代著名史学家、民俗学家。少时先后入读私塾、长元吴公立高等小学校、苏州公立第一中学堂。1913—1920 年，入读国立北京大学，毕业后留校任助教，兼职图书馆相关工作。1926 年，任厦门大学国学研究院教授。1927 年，任国立中山大学历史系主任、教授、图书馆中文部主任、语言历史研究所主任，主编《中山大学语言历史所周刊》。1929 年，任

顾颉刚

燕京大学国学研究所研究员兼历史系教授，主编《燕京学报》。1935 年，任北平研究院史学研究会历史组主任，主编院刊《史学集刊》。抗日战争全面爆发后，历任云南大学文史教授、齐鲁大学国学研究所主任、重庆中央大学历史系和中文系教授、复旦大学史地系教授等职。1945 年 11 月，任文通书局编辑所所长。1946 年，任兰州大学历史系教授。中华人民共和国成立后，历任复旦大学教授、中国科学院历史研究所研究员等职。著有《古史辨》《汉代学术史略》《秦汉的方士与儒生》等。①

顾颉刚曾参观伦明的藏书处。1913—1920 年，顾颉刚入读国立北京大学农学、哲学系，其间伦明在国立北京大学任教。1920 年，顾颉刚毕业后留校任助教，兼图书馆编目、参考咨询等工作，与伦明成为同事。1929 年起，顾颉刚任教燕京大学期间，与容庚交好，同有搜集甲骨文、金文及著作之嗜好。全面抗战爆发之前，顾颉刚曾由容庚介绍，前往烂缦胡同北京东莞会馆参观伦明的藏书。他在《缓斋藏书题记·经部》之

---

① 李峰编：《苏州通史·人物卷》（下），苏州大学出版社 2019 年版，第 188—189 页。

《尚书传授同异考》题记云：

> 先生名明，广东东莞人，毕业于京师大学堂师范馆，晚年任教于辅仁大学。余以容希白（庚）先生之介，至宣南烂缦胡同东莞会馆观其藏书，堆积满屋而无箱架，惟铺木板于地，书置其上，高与人齐。以距琉璃厂近，无日不去，故所得多鲜见本。抗日战争中逝世，所藏书悉归北京图书馆。①

他还在《窭雅斋丛书》中云：

> 伦哲如先生性好搜罗秘籍，任辅仁大学教授，课外足迹全在书肆，数十年中所得孤本不少。其居在宣外东莞会馆，刚（指顾颉刚）于抗日战争前曾往参观，室中不设书架，惟铺木板于地，置书其上，高过于人，骈接十数间，不便细索也。②

顾颉刚以治史著称，于《尚书》致力尤深，一生博稽群籍，藏书近10万册。1954年，他由沪至京就职中国科学院历史研究所时，中科院特意包了两节火车厢为其运输藏书。为此，王謇《续补藏书纪事诗·顾颉刚》云："溯源甲骨兼吉金，攻治尚书老伏生。南北藏书卅万卷，安车徒载到京城。"顾颉刚喜欢在藏书上作题记，简介书的内容并作点评，或记录作者信息，《尚书传授同异考》《窭雅斋丛书》就属于记录作者信息类型。顾颉刚以上两篇关于伦明的题记，虽然文字略有差异，然内容大致相同，寥寥数语，将伦明藏书之丰、储书之奇、搜聚之辛详细记注，钦慕之情溢于言表。

---

① 顾颉刚著，王煦华整理：《缓斋藏书题记·经部》，载上海图书馆历史文献研究所编：《历史文献》（第1辑），上海科学技术文献出版社2001年版，第3页。
② 顾颉刚著，王煦华整理：《缓斋藏书题记·集部》，载上海图书馆历史文献研究所编：《历史文献》（第4辑），上海科学技术文献出版社2001年版，第18页。

高步瀛

高步瀛（1873—1940），字阆仙，一作朗仙，河北霸县人。近代著名古文献学家、考据学家，被誉为"河北真儒"。清光绪二十年（1894）举人。光绪二十七年（1901）起，先后任教畿辅大学堂、保定优级师范学堂。光绪二十九年（1903），赴日本弘文学院师范专业学习。光绪三十年（1904）八月归国后，受邀任职直隶学务处。光绪三十二年（1906），任学部侍郎，后调任图书局任编审。辛亥革命后，先后任教育部佥事、编审处主任、社会教

高步瀛

育司司长等职。1927年起，先后任教于国立北平师范大学、北平女子师范大学、私立北平辅仁大学、中国大学等。著有《国文教范笺注》《古今体诗约选笺注》《唐宋文举要》《唐宋诗举要》《古今辞类要注》《文选李注义疏》《古文辞类纂笺证》《周秦文举要笺证》等。

伦明和高步瀛同是私立北平辅仁大学的教师，又是寒山社、秭园社和思辨社的社友。据《北京辅仁大学师生员工名录》，中国语言文学系（国文学系、中文学系）教师有伦明与高步瀛等69人。① 其中，高步瀛于1939年任教于私立北平辅仁大学，主讲三礼等课程。② 民国时期，北京文化界盛行举办社团活动，伦明和高步瀛积极参与寒山社、秭园社等社团的活动。例如，关赓麟编辑出版《寒山社诗钟选甲集》5卷，后附

---

① 余嘉锡：《高阆仙先生墓碑铭》；许振东：《试论真儒高步瀛的君子品格》，载《廊坊师范学院学报》2020年第1期，第5—12页。

② 《北京辅仁大学师生员工名录》，载北京辅仁大学校友会编：《北京辅仁大学校史（1925—1952）》，中国社会出版社2005年版，第778页。

《社员名录》共 86 人，伦明、高步瀛均在列。高步瀛编选的《寒山社诗钟选丙集》6 卷，后附《社员名录》108 人。此外，伦明和高步瀛还是思辨社的成员，二人经常会面交流。[1]

伦明《辛亥以来藏书纪事诗》为高步瀛作传，诗云：

> 彭顾何汪仅补苴，千年选学此归墟。
> 惜翁类纂同行世，略惜榛芜欠剗除。[2]

诗中"彭顾何汪仅补苴"是指清代学者彭兆荪（1769—1821）、顾广圻（1766—1835）、何焯（1661—1722）、汪师韩（1707—?）均对唐朝李善《文选李注》进行过校雠和补注。然伦明认为，他们只是补苴罅漏，远远比不上后来居上的高步瀛《文选李注义疏》。高步瀛中举后师从桐城吴汝伦，博通四部，学殖深厚，选注笺疏，尤为所长，有学者把他的考据学与广东黄节的诗学、桐城吴闿生的古文并称为"中国三绝"。他综合清代的《文选》研究成果，对《文选李注》进行疏解，广征博引，使其变得更加易读、易懂。《文选李注义疏》虽源于清儒，但又远超清儒，集清代朴学之大成，故伦明有"千年选学此归墟"的褒奖。可惜 1940 年高步瀛因病去世，未竟全功，计划 60 卷只完成 8 卷。高步瀛的另一部大作《古文辞类纂笺证》于民国初年动笔，对桐城派大师姚鼐所编《古文辞类纂》进行汇校、笺疏，对字词音义进行训释，对文章中各类典故旁征博引、追本溯源，被誉为"考据之门径，学问之渊海"。不过，伦明认为该作略显繁杂，如同"榛芜欠剗除"。伦明在诗后，对高步瀛以上两部巨著详细说明道："霸县高阆仙步瀛，撰《文选义疏》，甚详博，脱稿者未及十一，已六巨册矣！与已成之《古文辞类纂注》，俱不免过繁之嫌。"[3]

---

① 汪梦川：《南社词人研究》，上海古籍出版社 2015 年版，第 67 页。

② 伦明著，雷梦水校补：《辛亥以来藏书纪事诗》，上海古籍出版社 1990 年版，第 84 页。

③ 伦明著，雷梦水校补：《辛亥以来藏书纪事诗》，上海古籍出版社 1990 年版，第 84 页。

朱师辙

朱师辙（1878—1969），字少滨，江苏苏州人，出生于安徽黟县。近现代著名文字训诂学家、诗词家。清光绪三十一年（1905），入读江南高等学堂。1912—1915 年，任北洋政府参政院秘书。1916 年，随父朱孔彰入清史馆整理资料。1920—1925 年，任清史馆协修、兼辅仁社、私立北平辅仁大学和中国大学教授、故宫博物院文献馆专门委员会委员。1926—1934 年，任河南大学教授。1935—1939 年，任成都华西大学教授。

朱师辙

1939 年秋，任私立北平辅仁大学教授。1943 年 9 月，任中国大学教授。1946 年，任安徽学院教授。1947—1951 年，任国立中山大学教授。退休后，在陈毅副总理的关照下择地定居杭州，为浙江省政协委员。他藏书甚富，毕生从事汉学研究，造诣深厚。著有《商君书解诂定本》《续和清真词》《黄山樵唱》《清史述闻》等。①

朱师辙与伦明曾先后执教于私立北平辅仁大学，朱师辙讲授《尚书》研究、清史研究、修史经验、《商君书》研究、校勘学等课程，② 伦明讲授《史记》《汉书》研究、历代诗代表作品、诗专家研究、作文（二年级）等课程。③ 1922 年，朱师辙等 8 人在北京歙县会馆成立"思误社"（后更名为"思辨社"），伦明积极参加该社"校订古书"的相关

---

① 陈梦麟主编：《二十世纪浙江国学家》，浙江人民出版社 1994 年版，第 115—119 页。

② 徐乃乾主编，北京辅仁大学校友会编：《北京辅仁大学校史（1925—1952）》，中国社会出版社 2005 年版，第 267 页。

③ 《辅仁大学文学院中国文学系课程表及课程说明》，《磐石杂志》1933 年第 1 卷第 2、3 期合刊，第 147—148 页。

活动。后聊园词社成立，伦明和朱师辙又同是聊园词社的活动骨干，两人互动频繁。[1] 朱师辙不仅著述等身，而且藏书宏富。伦明《辛亥以来藏书纪事诗》为朱师辙立传，诗云：

> 著书百种稿犹完，绝学留贻到子孙。
> 皖中山水减颜色，采访未登朱氏门。[2]

伦明在诗中对朱师辙的家学及其学术成绩高度赞赏。朱家世代儒生，书香传家。祖父朱骏声（1788—1858），字丰芑，号允倩，是钱大昕的高足。嘉庆二十三年（1818）举人，曾任安徽黟县训导等职，为清代著名学者。咸丰元年（1851）进呈所著《说文通训定声》被称"赅洽"，赏加国子监博士衔。父亲朱孔彰（1842—1919），字仲武，更字仲我，晚号圣和老人，光绪八年（1882）举人，曾主淮南书局及蒙城书院，后任职于江楚编译局、江南通志局、安徽存古学堂、清史馆等。精研《说文》，善书法，长于小篆，为近代著名经学家。[3] 朱师辙的先辈著述百余种，因家贫大多无力梓行，只有朱骏声《说文通训定声》、朱孔彰《中兴将帅别传》等少量著作刊行于生前。为了继承家学，朱师辙毕生倾注大量时间和精力校订、增补、整理、刊行祖父两代遗著，故伦明有"著书百种稿犹完，绝学留贻到子孙"之叹。又由于朱骏声曾寄籍江苏元和（今苏州）、朱孔彰曾寄籍江苏常州等地，民国时期编纂的《安徽丛书》没有收录朱骏声、朱孔彰的著述，伦明认为，这是一个让"皖中山水减颜色"的巨大遗憾。继诗之后，伦明进一步说道：

> 黟县朱少滨师辙，其祖父著述满家，多未刊行。祖丰芑先生骏

---

[1] 杨树达：《积微翁回忆录》，上海古籍出版社1986年版，第17页。

[2] 伦明著，雷梦水校补：《辛亥以来藏书纪事诗》，上海古籍出版社1990年版，第55—56页。

[3] 《苏州通史》编纂委员会编，李峰主编：《苏州通史·人物卷中（明清时期）》，苏州大学出版社2019年版，第322页。

声所著书，有《六十四卦经解》八卷，《易郑氏爻辰广义》二卷，《易经传互卦卮言》一卷，《易消息升降图》二卷中，《易章句异同》一卷，《学易札记》四卷，《尚书古今文证释》四卷，《逸周书集训校释增校》一卷，《诗集传改错》四卷，《诗序异同汇参》一卷，《诗地理今释》四卷，《仪礼经注一隅》二卷，《三代礼损益考》一卷，《井田贡税法》一卷，《大戴礼校正》二卷，《夏小正补传》一卷，《春秋平议》三卷，《春秋三家异文核》一卷，《春秋乱贼考》一卷，《春秋左传识小录》二卷，《春秋烈女表》一卷，《春秋国名今释》一卷，《春秋地名职官人名考略》二卷，《春秋阙文考》一卷，《四书碻解》二卷，《四子书简端记》四卷，《论语纪年》一卷，《孟子纪年》一卷，《经史答问》八卷，《传经表》一卷，《说文通训定声》十八卷、补遗二卷，《古今韵准》一卷，《六书假借经征》四卷，《说解商》十卷，《小学识余》四卷，《经韵楼说文注商》一卷，《说文引书分录》一卷，《古说字形谬误》二卷，《小字本说文简端记》二卷，《释庙》一卷，《释车》一卷，《释帛》一卷，《释色》一卷，《释农具》一卷，《古文释义》一卷，《说雅》一卷，《小尔雅约注》一卷，《江晋三音学十书补订》四卷，《七经纬韵》一卷，《秦汉郡国考》四卷，《晋代谢氏世系考》一卷，《十六国考》一卷，《名人占籍今释》四卷，《徐中山王谱系考》一卷，《朱氏世系考》一卷，《各府县人物志》二十卷，《山名今释》一卷，《老子》《列子》《庄子》《管子》《晏子春秋》《吕氏春秋》《新序》《说苑》《盐铁论》《风俗通义》，荀悦《申鉴》《论衡》，刘昼《新论》简端记各一卷，《读韩非子札记》一卷，《淮南子校正》六卷，《说丛》六卷，《岁星表》一卷，《天算琐记》一卷，《数度衍约》四卷，《轩岐至理》四卷，《汉书隽语》四卷，《俪语拾锦》四卷，《离骚约注》一卷，《李杜韩苏诗选》六卷，《苏诗分韵》一卷，《如话诗抄》一卷，《传经室文集》十卷、附《赋》十一卷，《传经室诗集》四卷，《庚午女史百咏》一卷，《选词九十调谱》二卷，《词话》二卷，《临啸阁诗余》四卷。父仲荄先生孔彰所著书有《九经汉注》数十卷,《说文重文笺》七卷,《说文萃三编》九卷,《释说文读若例》一卷,《说文环语》一卷,《中兴将帅别传》三十卷,《续编》六卷,《三朝闻见录》若干卷,《光绪两淮盐法志》二百卷,《半隐庐丛稿》六卷,《小桃园笔记》四卷,《林和靖诗集注》四卷,《年谱》一卷,《血性语》四卷,《题曾文正公祠百咏》一卷,《圣和老人文集》六卷,《圣和老人诗集》四卷,所刊者不及十之一二。少滨自著有《商君书解诂》及《词集》,《清史艺文志稿》四卷,已刊。前岁皖人刊《安徽丛书》而不及君家,盖丰芑先生寄籍元和,仲莪先生又寄籍常州故也。①

朱师辙于1920—1938年整理并刊行祖父、父亲遗稿20余种,然未整理刊行的遗稿总量仍然很大。随着年岁增长,刊行艰辛,朱师辙感到极度内疚和焦虑,他在《粤游杂感五绝》中写道:"自惭辜负耆儒望,艰继前修学术传。"中华人民共和国成立后,朱师辙直接致信党和国家主要领导人,力求实现自身无力完成的心愿。1951—1962年,他先后给毛泽东、董必武、周恩来、陈毅等中央领导人写信,并奉送祖父朱骏声及本人已出版的书籍。毛泽东收到信后,亲笔给朱师辙复函问候。在中央领导人的关心下,朱氏遗著多得以顺利出版。"文化大革命"发生后,朱氏遗著的出版工作中断,朱家所藏字画均被抄走。但朱家祖孙三代治学所用一万余册藏书躲过了一劫。朱师辙去世后,其藏书被捐赠给浙江图书馆。②

---

① 伦明著,雷梦水校补:《辛亥以来藏书纪事诗》,上海古籍出版社1990年版,第55—56页。

② 丁红:《朱师辙生平著述及其三代藏书》,载中国人民政治协商会议浙江省委员会文史资料研究委员会编:《浙江文史资料选辑》1999年第64辑,第114—121页。

余嘉锡

余嘉锡（1884—1956），字季豫，湖南常德人，生于河南商丘。近现代著名目录学家、古典文献学家。清光绪二十七年（1901）举人。光绪三十四年（1908），入吏部文选司主事，因父去世回家丁忧，后任教于常德师范学堂。1919年起，在赵尔巽家教馆参与《清史稿》审阅，并以清史馆馆长柯劭忞为师。1928年起，先后任私立北平辅仁大学讲师、教授、国文系主任、文学院院长等职，同时兼任国立北京大学、中国大学、北平民国学院、北京女子师范大学教授，主治目录学。1948年，被南京国民政府选为中央研究院文史组院士。1950年起，任中国科学院语言研究所专门委员。著有《四库提要辨证》《目录学发微》《古书通例》《世说新语笺疏》《余嘉锡论学杂著》等。①

余嘉锡

伦明与余嘉锡既是私立北平辅仁大学、北平民国学院的同事，又是版本目录学、古典文献学等方面的密友。余嘉锡在私立北平辅仁大学主要讲授目录学、古籍校读法、经学通论研究、《世说新语》研究、古今著述体例、文章著作源流、骈体文选读、《楚辞》等课程，在北平民国学院主讲目录校勘学。伦明在私立北平辅仁大学主要讲授古文献、诗歌和作文等课程，在北平民国学院教授诗词学、版本学。两人不仅授课内容相近，而且对《四库全书》有共同的学术旨趣。余嘉锡《四库提要辨

---

① 李学勤：《余嘉锡先生小传》，载刘梦溪主编：《中国现代学术经典：余嘉锡　杨树达卷》，河北教育出版社1996年版，第3—7页。

证》对《四库全书总目提要》的谬误和阙略作了大量补正，全书 24 卷，是积 50 余年心血所取得的学术成果，也是研究《四库全书》及《四库全书总目提要》的主要参考书之一。伦明毕生为续修《四库全书》奔走呼喊，撰写《续修〈四库全书刍议〉》《拟印〈四库全书〉之管见》《关于印行〈四库全书〉意见书》《四库全书目录补编》等著述，并参与《续修四库全书总目提要》的撰写工作。

伦明和余嘉锡均酷好藏书。余嘉锡"读已见书斋"藏书丰富，所藏皆教学研究之学术著作。如前文所述，1934 年，伦明、余嘉锡、陈垣、孙人和四人曾集资购买索价甚高的王念孙三世稿本若干种，虽然该稿本大部分归孙人和，精华归陈垣，伦明和余嘉锡只得到小部分，然余嘉锡对此欢喜不已，不忍去手。[①] 由于该稿本是通学斋搜集到的，伦明虽为斋主，然也将该支出挂在私人账上，余嘉锡不由得感叹道："时伦哲如虽为通学斋东主，然按书铺惯例，私人购书也要上账，履行手续，伦君严以律己，诚可敬也！"[②] 藏书家徐行可曾得到《巴陵方氏藏书志》一册，寄给好友余嘉锡嘱其校雠并作序，伦明见后"携书而去"，留下信函二封，一封给余嘉锡，一封给徐行可，足见伦明、余嘉锡、徐行可三人感情之深。

伦明在《辛亥以来藏书纪事诗》为余嘉锡作传，诗云：

> 改字删篇四库书，馆臣属草更粗疏。
> 隔时应有他山石，精识吴彭谢弗如。[③]

余嘉锡年少即读《四库全书总目提要》，认为该官书成于众手，且

---

① 余嘉锡：《余嘉锡文史论集》，岳麓书社 1997 年版，第 600 页。
② 雷梦水：《孙耀卿先生传略》，载中国人民政治协商会议北京市委员会文史资料研究委员会选编：《文史资料选编》（第 12 辑），北京出版社 1982 年版，第 166 页。
③ 伦明著，雷梦水校补：《辛亥以来藏书纪事诗》，上海古籍出版社 1990 年版，第 53 页。

迫于期限，未能覆检原书，援据纷纶，错漏百出，乃积数十年之功，搜集证据，推勘事实，对《四库全书总目提要》进行辨证和校改，积稿七百余篇二十余册，后成《四库提要辨证》。余嘉锡在《四库提要辨证·序录》中提到辨证的过程道："余治此有年，每读一书，未尝不小心以玩其辞意，平情以察其是非，至于搜集证据，推勘事实，虽细如牛毛，密若秋荼，所不敢忽，必权衡审慎，而后笔之于书。"① 正因为如此，伦明对其研究成果作出了"博而核"的极高评价："武陵余季豫同年嘉锡，积二十余年之力，成《四库全书提要辨证》，博而核，止史子二部，已得七百余篇。所辨者单就提要本文，证其舛谬，于阁书之割裂删改，尚未之及也。君此外校补之书尚多，于古今目录之学探索尤深。"② 与此同时，伦明还认为，即使是北宋史学家吴缜的《新唐书纠谬》、南宋学者彭叔夏的《文苑英华辨证》也无法与余嘉锡的《四库提要辨证》相比，足见伦明对余嘉锡《四库提要辨证》"引证之博，考辨之精"的服膺。

---

① 余嘉锡：《四库提要辨证》，湖南教育出版社 2009 年版，第 33 页。
② 伦明著，雷梦水校补：《辛亥以来藏书纪事诗》，上海古籍出版社 1990 年版，第 53 页。

尹炎武

尹炎武（1888—1971），又名文，字石公，号尹山、硕公、蒜山，江苏丹徒（今镇江）人。近现代著名古文献与文物专家。清宣统三年（1911），入安徽存古学堂，师从朱骏声学《说文》，后入上海中国公学攻读古文及法律。1919 年起，历任北京农业学堂教员、国立北京大学教授、私立北平辅仁大学国文系主任、中法大学教授、河南大学历史系主任、江苏省通志馆编纂。1941 年起，任国立贵阳师范学院中文系主任、

1933 年，尹炎武等在聊园宴请法国汉学家伯希和合影（前排左起：陶湘、杨钟羲、伯希和、柯劭忞、孟森；后排左起：谭缘青、朱叔琦、杨心如、陈寅恪、尹炎武、陈垣）

教授。抗战胜利后，任南京国民政府国史馆编修。中华人民共和国成立后，任上海市文物保管委员会委员，曾与柳诒徵等合力恢复绍宗楼藏书。①

伦明与尹炎武不仅是私立北平辅仁大学的同事，而且还是思辩社、聊园词社的社友。尹炎武与陈垣交情甚笃，《陈垣来往书信集》收入尹炎武与陈垣往来信函 83 通。其中，尹炎武在信函中多次表达对伦明等思辩社、聊园词社诸友的思念。例如，1934 年 12 月 23 日的信函写道："聊园居士（谭祖任）、江安老人及伦老师（伦明）、余季老、雪桥、心史、葆之、理斋、羹某、少滨、蜀丞、燕龄、森老、遇夫、孟劬、文如诸巨子，见面时幸为道意。"1935 年 1 月的信函又写道："开岁聊园数社集，知君定忆未归人。"② 此外，尹炎武多次通过陈垣打听伦明等朋友的近况并代为问候。例如，1933 年 4 月 30 日的信函问询道："哲翁（伦明）前寄一信，未辱嗣音，岂已南行耶？"1934 年 3 月 9 日的信函写道："南来颇见异书，恨不与公同之见。森玉、季豫、哲儒（伦明）幸为道意。"1934 年 3 月 8 日的信函又写道："季豫、哲儒（伦明）、羹某、聊园诸公，伏冀代为道意。"1944 年 9 月 7 日的信函问询道："聊园觞咏如恒，可有昔时之盛？……哲儒（伦明）养疴家弄，曾否还平？"③ 足见尹炎武、陈垣与伦明交往之密切。

伦明在《辛亥以来藏书纪事诗》中为尹炎武立传。诗云：

> 小住三年斠乘楼，别君不断见诗邮。
>
> 江南文献时时盛，可有烟云眼底收。④

---

① 张荣芳、曾庆瑛：《陈垣》，金城出版社 2008 年版，第 183 页。

② 陈智超编注：《陈垣来往书信集（增订本）》，生活·读书·新知三联书店 2010 年版，第 130—134 页。

③ 陈智超编注：《陈垣来往书信集（增订本）》，生活·读书·新知三联书店 2010 年版，第 126—136 页。

④ 伦明著，雷梦水校补：《辛亥以来藏书纪事诗》，上海古籍出版社 1990 年版，第 106 页。

　　1929 年，当时省会设在镇江的江苏省政府成立《江苏通志》编委会，庄蕴宽任总纂，陈去病、张相文、陈汉章、柳亚子、吴稚晖等一大批名流参与。约 1934 年，尹炎武也参与其中，曾多次向伦明邮寄诗作，故伦明有"小住三年斠乘楼，别君不断见诗邮"之诗句。在诗后，伦明进一步说明道：

　　　　丹徒尹硕公炎武，现修《江苏通志》，寓丹徒，所居楼，题曰斠乘。时以新诗见寄，君有嗜书癖，但随得随散。曩游开封，不半岁，载书数大簏返。比年来往京镇间，寓目当更博也。①

---

① 伦明著，雷梦水校补：《辛亥以来藏书纪事诗》，上海古籍出版社 1990 年版，第 106 页。

孙人和

孙人和（1894—1966），字蜀丞，号鹤臞，江苏盐城人。近现代著名藏书家、文献学家、词学家。毕业于国立北京大学，获文学士学位。早年在交通部图书馆工作，1929年后，历任中国大学国文系教授，国立北平师范大学、国立北京大学讲师，私立北平辅仁大学名誉教授，北京古学院文学研究会研究员，河北大学教授等。1947年，任上海暨南大学文学院院长。中华人民共和国成立后，担任中华书局顾问、中央文史研究馆

孙人和

馆员。1958年，成为第一届古籍整理出版规划小组哲学组成员。著有《论衡举正》《抱朴子校补》《花外集校订》《南唐二主词校证》《阳春集校证》《唐宋词选》《词学通论》《词洅》等。①

伦明与孙人和既是私立北平辅仁大学的同事，又是《续修四库全书总目提要》的共同参与者。据《北京辅仁大学校史（1925—1952）》记载，伦明和孙人和分别于1929年、1930年受聘于私立北平辅仁大学教授，其中，孙仁和在校所授课程为国文、词、词及词史、《庄子》研究、《离骚》研究、《左传》研究、周秦诸子研究、《蔡中郎集》研究、汉魏诸子研究等，是私立北平辅仁大学开设新课最快、最多的教授之一。②1933年底至1934年初，东方文化事业总委员会聘请伦明、孙人和等71

---

① 孙达武：《孙人和先生事略》，载中国人民政治协商会议盐城市委员会文史委员会编：《盐城文史资料选辑》1990年第9辑，第101—102页。

② 北京辅仁大学校友会编：《北京辅仁大学校史（1925—1952）》，中国社会出版社2005年版，第253页。

人参与撰写《续修四库全书总目提要》，两人再次成为同事。孙人和撰写经部小学类、子部杂家和道家类、集部词曲类稿件 992 篇。其中，词集提要 528 种，占总量 607 种的 87%。① 此外，如前所述，伦明和孙人和等均是思辨社等社团的社员，交往密切。

伦明在《辛亥以来藏书纪事诗》为孙人和作传，诗云：

> 不辞夕纂与晨抄，七略遗文尽校雠。
> 读罢一瓻常借得，笑君全是为人谋。②

孙人和著述丰赡，精考据、校雠和词章之学，故伦明有"不辞夕纂与晨抄，七略遗文尽校雠"的美赞。伦明还在诗后小传中生动地回忆孙人和喜欢借书给他人的情形：

> 盐城孙蜀丞人和，喜校雠，经子要书，皆有精校之本。所收书，亦以涉于考据者为准。每得一未见书，必夸示人，踵门借者不少吝。卢抱经序《群书拾补》，有益人益己语。③

遗憾的是，孙人和所藏之书未有编目，晚年藏书及相关校雠成果大多散失。

---

① 和希林：《孙人和词学活动及文献考述》，《南阳师范学院学报》2020 年第 2 期，第 36—38 页。

② 伦明著，雷梦水校补：《辛亥以来藏书纪事诗》，上海古籍出版社 1990 年版，第 103 页。

③ 伦明著，雷梦水校补：《辛亥以来藏书纪事诗》，上海古籍出版社 1990 年版，第 103 页。

傅增湘

傅增湘（1872—1949），字润沅，后又字沅叔，号润元，自属藏园居士、双鉴楼主人等，四川宜宾江安人。出身于官宦世家，近代著名藏书家、版本目录学家。清光绪十四年（1888）举人。光绪十七年（1891），入保定莲池书院，师从桐城派古文大师吴汝纶。光绪二十四年（1898）进士，选翰林院庶吉士。光绪二十九年（1903），任顺天乡试同考官。光绪三十年

傅增湘

（1904）起，先后任天津女子学堂、北洋高等女学堂、北洋女子师范学堂、京师女子师范学堂总理，开中国女子学校教育之先河。光绪三十四年（1908），任直隶提学使。辛亥革命后，避居上海，与著名校勘学家杨守敬、沈曾植、缪荃孙交往频繁。1914年，任四川约法会议议员、肃政厅肃政使。1917—1919年，任北洋政府教育部总长，力主教育救国，向欧洲派遣留学生。1927年起，任故宫博物院管理委员会委员兼故宫图书馆馆长。1930年，任教于清华大学研究所，主讲版本目录学。晚年隐居北平，长期从事图书收藏、校勘和目录、版本研究。著有《藏园群书经眼录》《藏园群书题记》《双鉴楼善本书目》《双鉴楼藏书续记》《清代殿试考略》等。①

伦明与傅增湘是故宫博物院图书馆的同事。1927年6月18日，张作霖在北京怀仁堂就任"中华民国陆海军大元帅"职，成立军政府。9月

---

① 四川省江安县志编纂委员会编纂：《江安县志》，方志出版社1998年版，第827—830页。

20 日，军政府国务院通过了《故宫博物院管理委员会条例》，决定成立故宫博物院管理委员会，接收故宫博物院。10 月 15 日，王士珍被聘为故宫博物院管理委员会委员长，王式通、袁金铠为副委员长，沈瑞麟、刘尚清、鲍贵卿、胡惟德、张学良、傅增湘、江庸、刘哲、赵椿年、陈兴亚、胡若愚、汤铁樵等 12 人为委员。故宫博物院管理委员会主持工作期间，推选傅增湘为故宫博物院图书馆馆长，袁同礼为副馆长，伦明、马衡、俞同奎、彭济群、颜泽祺、恽宝惠、张玮、谭祖任、张鹤、梁玉书、许宝蘅、袁同礼、徐鸿宝、张允亮、沈兼士、陈庆龠、孙树棠、陈宝泉、杨策、张凌恩、瞿宣颖、李升培、许福奎、凌念京等 24 人为干事。[1] 傅增湘和伦明等在故宫博物院图书馆工作期间，一方面将分散于各大殿的图书集中起来进行分类编目加工，从而使馆内的图书分类有序，有目可查；另一方面筹印清宫旧书，遴选影印书目。

伦明与傅增湘为《四库全书珍本初集》的选编工作共同出谋划策。1933 年 6 月 17 日，南京国民政府教育部特派中央图书馆筹备处主任蒋复璁前往上海商务印书馆签订影印发行《四库全书》未刊珍本合同，决定从拟定的《影印四库全书未刊本草目》中挑选一部分影印，此事在教育界、文化界内部掀起了一场激烈争论。当时，国立北平图书馆副馆长袁同礼和善本部主任赵万里主张以善本代替库本，并拟定了《影印四库全书罕传本拟目》，该《拟目》参考了李盛铎、傅增湘、陈垣、周叔弢、伦明等人的意见。[2] 当时的争论大致分为两派：教育部、商务印书馆主张就文渊阁库本选印；国立北平图书馆及北京、上海、天津等文化名流主张以善本代替库本影印。为了平息争论，教育部又组织陈垣等 17 人编订了《四库孤本丛刊目录》，后经讨论，又形成了《四库全书珍本初集目录》。针对此次争论，伦明随即撰写了《拟印〈四库全书〉之管见》，提出了全印、易善本印以及排印成袖珍本等观点，被文化界认为是一个

---

① 吴景洲：《故宫五年记》，上海书店出版社 2000 年版，第 92 页。

② 芸生：《一周间国内外大事述评》，《国闻周报》1933 年第 10 卷第 26 期，第 9—10 页。

合理可行的计划，值得当局考虑。① 对于此次影印，伦明持开放态度，在坚持自己主张的同时，也希望不要影响该工作的实施，且表明不直接参与其事。据冼玉清说，这主要是碍于与傅增湘的交情："廿二年（1933），北京有人倡抄《四库全书》，先生早不满于《四库全书》，以事由傅增湘主动，碍于交情，不便反对。乃与订条件，全书内容须改换较善之本，且须精校一次。傅亦允之。"② 最后，教育部组织陈垣、傅增湘、张元济、袁同礼等17人商讨出版书目。1934年7月至1935年7月之间，南京国立中央图书馆与商务印书馆合作，分四次印刷出版《四库全书珍本初集》共231种，分装1960册。

伦明与傅增湘有着共同的藏书爱好。傅增湘自辛亥革命爆发后大量收藏古书，经常流连于北京的琉璃厂、隆福寺，又常到浙江、安徽等地访书，甚至前往日本访书。得知某地有善本，必求一得，倘若资力不及，也必求一见，甚至把书借来，进行校勘。其所得薪金，除生活费用之外，全部用以购书。有时绌于资金，往往借债收书，或卖书换书。伦明1921年前后与傅增湘相识，曾共同购买张之洞散出的藏书。伦明《辛亥以来藏书纪事诗》之"张之洞小传"云："公（张之洞）殁后，所藏书至辛酉散出，宋本止数种，《文中子》最佳。余明刻旧抄若干种，皆归傅沅叔。余亦得精椠数种。"③

伦明与傅增湘两位藏书爱好者经常赋诗和唱，伦明曾作《呈傅沅叔先生》云：

相见无烦介束脩，登堂何幸识荆州。

---

① 伦明：《拟印〈四库全书〉之管见》，《国闻周报》1933年第10卷第35期，第1—2页。

② 冼玉清：《记大藏书家伦哲如》，载东莞图书馆编：《伦明研究》（第一册），广东人民出版社2020年版，第9页。

③ 伦明著，雷梦水校补：《辛亥以来藏书纪事诗》，上海古籍出版社1990年版，第18页。

桥边野服裴中令，架上牙签李邺侯。

直以爱才成勇退，微闻止沸有深忧。

昏尘涨地门如水，方外能从野鹤游。

卅年潘盛去匆匆，诸老风流复见公。

秘阁青藜明夜火，残编落叶扫秋风。

奇书尽欲归池北，故事还应记水东。

听道一瓻能许我，定教暴富傲坡翁。①

　　伦明在诗中一开始直接表明与学识渊博的老师傅增湘相见何其幸运，且不须向其交纳学费或送拜师见面礼。紧接着，把傅增湘比作唐代为相20余年、以身系国的裴中令（裴度）和藏书汗牛充栋、书上插满"已读"书签的谋臣李邺侯（李泌），足见傅增湘在伦明心目中的地位和形象。"直以爱才成勇退，微闻止沸有深忧"是指1919年"五四运动"爆发后，北洋政府主张解散国立北京大学，作为教育总长的傅增湘为保持教育之尊严极力反对，拒签罢免蔡元培国立北京大学校长的命令，并愤而辞职一事。针对该事，伦明用"昏尘涨地门如水，方外能从野鹤游"赞扬傅增湘不与权贵同流合污的高贵品质。"秘阁青藜明夜火，残编落叶扫秋风"是指傅增湘昼夜不停地校雠古籍，剪伐榛楛，除尘扫叶，为后人阅读和研究创造条件。"奇书尽欲归池北"是指傅增湘藏园池北书堂奇书众多。傅增湘仰慕同为四川人的先贤苏东坡，不仅以其诗句"万人如海一身藏"命名藏书处为"藏园"，藏园内设长春室、食字斋、池北书堂、龙龛精舍、莱娱室、抱素书屋等，还有意收集宋版东坡诗集。宋版苏诗赵注本、施顾注本、王状元集注本存世孤罕，藏书家若有其一便珍若拱璧，而傅增湘多年搜访，竟三种俱藏，故伦明有"定教暴富傲坡翁"的赞叹。

---

① 伦明：《呈傅沅叔先生》，《伦哲如诗稿》（第一册），国家图书馆藏稿本，第17页。

伦明在河南焦作工作期间，因思念好友傅增湘，作《怀傅沅叔先生都中六叠前韵》云：

> 罢官闲散屏冠裳，不置成都八百桑。
> 客挟一编能入座，家珍双鉴自名堂。
> 心恫苍赤时多故，手勘丹黄日几行。
> 文苑名臣并念罕，风流王宋溯雍康。[①]

伦明在首联赞扬傅增湘 1919 年不与北洋政府同流合污、愤而辞官的高贵品质。颔联叙述傅增湘是一位真知笃好的藏书家。1916 年，傅增湘曾访得前清巡抚端方旧藏宋绍兴二年（1132）两浙东路盐茶司百衲刊本《资治通鉴》，将之与家藏元刊本《资治通鉴》胡注相配，取藏书楼为"双鉴楼"。1928 年，傅增湘又访得盛昱郁华阁旧藏唯一完整传世的南宋淳熙十三年（1186）宫廷写本《洪范政鉴》，又将《洪范政鉴》替换元刊本《资治通鉴》，与百衲本《资治通鉴》相配成"双鉴"，双鉴楼藏书更加名重一时。颈联叙述傅增湘是一位丹黄不辍的校书家：傅增湘生平校书众多，余嘉锡在《藏园群书题记序》中云："（傅增湘）暇时辄取新旧刻本躬自校雠，丹黄不去手，矻矻穷日夜不休。凡所校都一万数千余卷，皆已定，可缮写。"[②]傅增湘也曾在《藏园群书题跋记》中自述勤奋校书的情形道："独于古籍之缘，校雠之业，深嗜笃好，似挟有生以俱来，如寒之索衣，饥之思食，如无一日之可离。灯右雠书，研朱细读，每日率竟千行，细楷动逾数万，连宵彻旦，习以为常。严寒则十指如锥，辉署则

———————

① 伦明：《怀傅沅叔先生都中六叠前韵》，《伦哲如诗稿》（第三册），国家图书馆藏稿本，第 4 页。

② （清）余嘉锡：《藏园群书题记序》，载（清）余嘉锡：《余嘉锡文史论集》，岳麓书社 1997 年版，第 531 页。

双晴为瞀，强自支厉，不敢告疲。"① 尾联则指傅增湘藏有被称为"宋四大书"之一的周必大刻本《文苑英华》，该书成书于宋雍熙三年（986），1000卷，收录南朝梁末至唐末五代近2200人约2万篇文学作品，极为珍贵，故伦明发出"文苑名臣并念罕，风流王宋溯雍康"的赞叹。

伦明《辛亥以来藏书纪事诗》为傅增湘作传，有诗两首：

> 海内外书胥涉目，双鉴已成刍狗陈。
> 取之博者用以约，不滞于物斯至人。
>
> 篇篇题跋妙钩玄，过目都留副本存。
> 手校宋元八千卷，书魂永不散藏园。②

傅增湘双鉴楼藏书20余万册，仅宋、金刊本就有150余种，其藏书之富、版本之精为近代藏书家之首。然傅增湘看重的是书的内在价值，而非其外在的文物价值，他不断刊布所藏古籍，使之化身千百，既可以传承，又方便学者研究使用，所藏古籍"手校者十居八九，传播者十居四五"，做到"上无负于古人，而下亦自慰其辛苦"。③ 1916年，他收得宋版《资治通鉴》后便立即影印流传。1926年，他将自己所藏《永乐大典》卷261—2611按原样影印出版，并撰写长跋介绍其内容，评点其优劣及影印出版原委。1935年，他借贷1.3万元巨款购得著名绍兴监本《周易正义》，此书曾为临清徐氏所藏，曾秘不示人，更遑论借印。然傅增湘将其影印行世，而后售去原书抵债，故伦明认为傅增湘是"取之博

① （清）傅增湘：《藏园群书题跋记》，载范凤书：《中国私家藏书史》，大象出版社2001年版，第506页。
② 伦明著，雷梦水校补：《辛亥以来藏书纪事诗》，上海古籍出版社1990年版，第42—43页。
③ （清）傅增湘：《藏园群书题跋记》，载范凤书：《中国私家藏书史》，大象出版社2001年版，第506页。

者用以约，不滞于物斯至人"的藏书家。同时，傅增湘手校群书，所藏各本或补抄衍文或标记异文或改订误字或乙正顺序或作题跋，而且每得一书，就抄录一副本、撰写一题跋。每得一善本，就写一书录，故伦明有"篇篇题跋妙钩玄，过目都留副本存"的赞叹。此外，傅增湘校书众多，每遇宋元明佳椠本，必以他本过校，认为所有的书不能都为己所有，自己的书也不一定仅为自己所有，故每见一书就借来校对一次，其作用甚至胜过书归自家收藏，以此激励自己广博地校书、读书，故伦明有"书魂永不散藏园"之礼赞。在诗后，伦明进一步说明道："江安傅沅叔先生增湘，尝得宋、元《通鉴》二部，因自题双鉴楼。比年，南游江浙，东泛日本，海内外公私图籍，靡不涉目，海内外之言目录者，靡以先生为宗。先生于书，随弃随收，毫无沾滞，近者又去宋椠本四种，易一北宋《周易单疏》。每慨黄荛圃、张月霄辈，汲汲一世，晚岁乃空诸一切，盖由役于物而不知役物，卒以自困，若先生者进乎道矣。""先生刻《藏园题跋》二册、《续题跋》二册，言皆有物。自云，每遇一宋元本或明抄本，必以他本过校一次，书不能皆为我有，已不啻为我有矣。又云，每日校书，以三十页为度，平生所校，约八千卷，今后当日有所增也。"①

伦明和傅增湘都是"藏书归公"的杰出代表，有传承中华传统文化典籍之功。1930 年，傅增湘就清醒地认识到："文字典籍，天下公器，此殊尤绝异之品，宁终必为吾有？"随着近代图书馆的崛起，"信知私家之守，不敌公库之藏矣"。他晚年身逢国难，目睹数十年来诸前辈藏书大多不能世守，在动乱中相继散失，对自己身后藏书的归宿也深感忧虑。他在《双鉴楼藏书续记》序中写道：

> 物之聚散，速于转轮，举吾辈耽玩之资，咸昔贤保藏之力，又

---

① 伦明著，雷梦水校补：《辛亥以来藏书纪事诗》，上海古籍出版社 1990 年版，第42—43 页。

焉知今日矜为帐秘者，他日宁不委之覆瓿耶！天一（阁）散若云烟，海源（阁）躏于戎马，"神物护持"殆成虚语。而天禄旧藏，重光黎火（指故宫图书馆）；液池新筑，突起岑楼（指国立北平图书馆）。瑶函玉笈，富埒琅嬛。信知私家之守，不敌公库之藏矣。①

1947—1948 年，傅增湘嘱其家属分两次将私藏的宋、金、元本，明清精刻本、名钞本、名校本、傅氏手校本，以及视之为传家之宝的"双鉴"捐献给国立北平图书馆。据 1959 年《北京图书馆善本书目》记载，傅增湘所捐珍贵善本达 280 种。据国家图书馆古籍馆馆长陈红彦的《永远的藏园》，现傅增湘庋藏于国家图书馆的旧藏总计 337 种，3581 册；②明清以来的普通善本 3 万册及自刻书版数十种，其后人遵其嘱，捐赠给家乡四川省，现分藏于四川、重庆等地的多家图书馆。③

---

① （清）傅增湘：《藏园群书题记》，上海古籍出版社 1989 年版，第 1049 页。
② 陈红彦：《永远的藏园》，载国家图书馆古籍馆主编：《文津流觞》（傅增湘特辑），广西师范大学出版社 2022 年版，第 10 页。
③ 傅熹年：《记先祖藏园老人与北京图书馆的渊源》，《北京图书馆馆刊》1997 年第 3 期，第 51 页。

蔡 璋

蔡璋（1873—1958），字子英，福建龙溪人。中国第一位专业速记工作者。少时跟随父亲蔡锡勇①学习《传音快字》，青年时留学日本精研日文速记。回国后，先协助湖广总督张之洞操办洋务，后在资政院从事速记工作。清宣统二年（1910）起，主持北京速记学堂（后改为京师速记讲习所）教务与培训工作，先后培训速记专业人员200多人。1912年，出版中国第一部速记专著——《中国速记学》。② 1913年，袁世凯授予蔡璋四等嘉禾章。③ 1935年，出版中国第一部速记词汇大辞典——《速记汉字合音举隅》。从清末的资政院，到民国前期的历届

《中国速记学》封面

---

① 蔡锡勇（1847—1897），早年入广州同文馆，主修英文，后被保送至京师同文馆学习。曾任美国、秘鲁、日本等国参赞，参照美国凌士礼的速记法，结合我国音韵学，写成《传音快字》。

② 蔡锡勇、蔡璋：《中国速记学·序》，中华书局1934年版。

③ 《铨叙局呈大总统核议教育部请奖蔡璋勋章请鉴核令遵文》，《政府公报》1913年第477号，第9—10页。

国会会议，都是蔡璋及其学生主持速记工作。这些速记资料均成为中央档案馆的重要历史档案。

伦明与蔡璋同期任北洋政府众议院秘书厅秘书。1922 年，伦明京师大学的同学吴景濂①任众议院议长，聘任伦明为秘书。此时，与伦明一起担任秘书的就有蔡璋等人。伦明在《怀蔡子英都中十六叠前韵》诗自注云："余与君尝共事众议院，君发明速记学最精。"② 据《北洋军阀史料·众议院秘书厅秘书录（中华民国十一年八月）》记载，当时蔡璋为一等秘书，伦明为二等秘书。

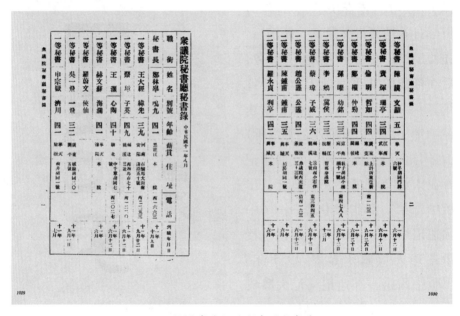

1922 年众议院秘书厅秘书录

1927 年正月初五，伦明在河南焦作过春节。其时大雪封门，想念蔡璋，作《怀蔡子英都中十六叠前韵》，诗云：

---

① 吴景濂（1873—1944），字莲伯，濂伯，号述唐，辽宁兴城县人。清光绪二十八年（1902）入读京师大学堂，毕业后先后任奉天师范学堂监督兼奉天教育总会会长、奉天省谘议局议长、中华民国临时政府参议院议长、北洋政府众议院议长等职。

② 伦明：《怀蔡子英都中十六叠前韵》，《伦哲如诗稿》（第三册），国家图书馆藏稿本，第 9 页。

贷□赊米典衰裳，闻道都门变翳桑。

技不投时宜束阁，众思听法未开堂。

事人宁免官三黜，慰我时裁柬八行。

安得马肥驹围饱，与君纵辔骋庄康。①

伦明在该诗首联生动描述了数年军阀混战以及第一次北伐战争致京都百姓赊米典裳、饿馁绝粮的社会现状。颔联劝说蔡璋，如果时局混乱，技不逢时，速记技术可以束之高阁。不过，假如这样的话，那些想学习速记技术者则无处听讲学习了。宣统二年（1910），清廷资政院迫于速记人才缺乏，开设了速记学堂，聘请蔡璋担任速记教员，共培养速记人才 200 余人，为中国早期速记人才的培养作出了重要贡献。然辛亥革命后，速记学堂因为资政院退出历史舞台而停办。民国建立后，随着速记方案的不断发展和完善，涌现出张才、林春华、徐漂萍、许师慎、居正修等速记方面的人才，形成了"北蔡（蔡璋）南张（张才）"的速记格局，即北洋政府的国会、参议院、众议院和地方议会的速记员都使用蔡氏速记法，广州国民政府使用张才速记法。1924 年后，由于蔡璋速记自身的局限以及速记学校、速记人才膨胀式的发展，蔡璋速记技术在竞争中渐显劣势。1927 年，南京国民政府成立时，蔡璋只带了 4 名速记员南下，与张才庞大的速记队伍合流，可见一斑。颈联提及蔡璋因为工作原因被免职，但在此期间与伦明通信最勤，让伦明深感安慰。伦明在尾联一方面借用"马肥驹围饱"为蔡璋免职叫屈，另一方面，又说明自己愿意与失意的蔡璋一起纵马驰骋康庄大道，尽显朋友之间的深厚情谊。

---

① 伦明：《怀蔡子英都中十六叠前韵》，《伦哲如诗稿》（第三册），国家图书馆藏稿本，第 9 页。

徐鸿宝

徐鸿宝（1881—1971），字森玉，浙江吴兴（今湖州）人。近现代著名版本目录学家、藏书家、文物鉴定家。清光绪十九年（1893），考入江西白鹿洞书院。光绪二十八年（1902），考入山西大学堂攻读化学专业。毕业后，历任奉天将军署文案、奉天测绘学校及实业学校监督、江苏工业学堂监督、清廷学部图书局编译员等职。辛亥革命后，历任清史馆撰修、国立北京大学图书

徐鸿宝

馆主任、教育部金事、京师图书馆主任、国立北平图书馆采访部主任、国立北平图书馆善本部主任、故宫博物院古物馆馆长。中华人民共和国成立后，任华东军政委员会文化部文物处处长兼上海市文物保管委员会主任、上海博物馆馆长、全国第二中心图书馆委员会主任、国务院古籍整理三人领导小组成员、中央文史研究馆副馆长、第二届、第三届全国人大代表等职。毕生致力于文物、古籍的搜集与保护工作，在京师图书馆任主任职间，购回众多流落书肆的孤本秘籍。抗日战争期间，冒险将国立北京大学研究所 2 万余枚"居延汉简"秘密运送香港大学图书馆保存；上海沦陷后，作为"文献保存同志会"五位委员之一，协助郑振铎、张寿镛等多方寻访、购置散落濒于危境的珍籍善本，并予以妥善保护。[①]

伦明与徐鸿宝共同为《续修四库全书总目提要》编纂工作购买图书。20 世纪 20 年代初，日本政府迫于国际和国内压力，决定比照美、

---

① 徐文堪：《先父徐森玉二三事》，载中国人民政治协商会议全国委员会文史资料委员会编：《文史资料选辑》2000 年第 40 辑，第 57—62 页。

英等国先例，将庚子赔款的一部分"退还"给中国，并将其中一小部分专用于"对华文化事业"。1934年，东方文化事业总委员会人文科学研究所成立，并在北京东厂胡同一号大院东北角修建一座三层楼的图书馆，为《续修四库全书总目提要》的编纂工作提前准备文献资料，专门聘请伦明与徐鸿宝共同主持该图书馆图书购买事宜。徐鸿宝原为国立北平图书馆采访部主任，采访经验丰富，在旧书业中颇负声望，于善本鉴别极精，凡所选购者均为有关学术之珍贵典籍，或为人所不知及、不注意的书籍。伦明于图书见闻极博，且通版本目录之学，所购图书多为冷僻史料。强强联手，使得东方文化事业总委员会人文科学研究所图书馆"所藏几经二人之手者，莫非佳椠，几集北京图书之精美，其性质纯为学术之书。尤以名校精稿本最多，出目录十厚册，在数量上虽不足与北平图书馆比，而其精粹，则不相上下，洵孤本秘籍之大观矣。"①

伦明在《辛亥以来藏书纪事诗》中为徐鸿宝作传，诗云：

> 穷士穷商两馈饥，手中挥斥几多资。
> 诸非吾有皆吾有，更清名载口皆碑。②

诗中对徐鸿宝的人品和口碑给予充分肯定和赞赏。徐鸿宝数年来为国立北平图书馆、东方文化事业总委员会图书馆购书，经手资金数十万，所采国内珍本悉数归公，绝不私留。而且按照当时购书惯例，凡经手购书支出必有回润，然徐鸿宝分文不取，一毫不染，书肆之间没有人不赞赏徐鸿宝的，故伦明有"诸非吾有皆吾有，更清名载口皆碑"的感叹。1971年，徐鸿宝去世后，家属将其一万多册藏书全部捐献给上海博物馆。

---

① 谢兴尧：《堪隐斋随笔》，辽宁教育出版社1995年版，第33页。
② 伦明著，雷梦水校补：《辛亥以来藏书纪事诗》，上海古籍出版社1990年版，第101页。

杨树达

杨树达（1885—1956），字遇夫，号积微，晚更号耐林翁，湖南长沙人。近现代著名语言文字学家。幼承家学，清光绪二十三年（1897）至光绪三十年（1904），先后就读于校经堂、时务学堂、求实书院。光绪三十一年（1905）至宣统三年（1911），公费留学日本东京弘文学院大冢分校、正则学校、京都第三高等学校。1911 年从日本回国后，先后任教于楚怡工业学校、湖南高等

杨树达

师范学校、湖南第四师范学校、湖南省立第一师范学校、湖南省立第一女子师范学校。1920—1922 年，历任教育部国语统一筹备会辞典编辑兼北京师范学校教员、北京法政专门学校、北京高等师范学校教员。1923年，任北京高等农业专门学校教员。1924 年，任国立北京师范大学国文系教授兼系主任。1926 年，任清华学校（今清华大学前身）国文系和历史系教授。抗日战争全面爆发后，受聘任湖南大学教授、文法学院院长。1947 年，被选为南京国民政府中央研究院院士。中华人民共和国成立后，历任湖南师范大学教授、湖南文史馆馆长、中国科学院语言研究所学术委员、中国科学院哲学社会科学部学部委员。著有《汉书窥管》《淮南子证闻》《盐铁论要释》《释名新略例》《古书疑义举例续补》《积微翁回忆录》等。①

---

① 张芷：《杨树达年谱》，载湖南师范学院古汉语研究室编：《古汉语论集》（第 1 辑），湖南教育出版社 1985 年版，第 362—382 页。

伦明与杨树达是《续修四库全书总目提要》的共同参与者。1933年底至1934年初，伦明和杨树达均被东方文化事业总委员会聘请撰写《续修四库全书总目提要》，杨树达撰写提要195篇。其中，经部小学类提要5篇，史部正史类提要19篇，集部别集类和总集类提要171篇。此外，伦明和杨树达都好藏书，常有来往。例如，1931年2月4日，杨树达从伦明续书楼借得陈兰甫（澧）手校《韩非子》，录其评语。[1]

伦明在《辛亥以来藏书纪事诗》中为杨树达立传，诗云：

> 郋园许学有传薪，祭酒班书补缀勤。
> 自为长沙开学派，再传门下几门人。[2]

杨树达是著名藏书家、经学家叶德辉的入门弟子，治班固《汉书》用力最多，精研唐代颜师古网罗《汉书》而成的《汉书注》、清代治《汉书》最富者王念孙的《读〈汉书〉杂记》，以及采集清代鸿儒治《汉书》集大成者王益吾的《汉书补注》，最后写成的《汉书窥管》被学界公认为是《汉书》文献整理的巅峰之作，故伦明对其评价甚高，有"祭酒班书补缀勤"之赞。"经学致用"是湖南的文化传统，然不善考据曾为江浙文人士大夫所诟病。章太炎曾云："三王不通小学。""三王"除江西王安石外，王夫之、王闿运均为湖南人。杨树达与同在高校任教的曾运乾结"雪耻之盟"，于抗日战争全面爆发前毅然回到湖南大学，"培植乡里后进，雪太炎所言之耻"[3]，故伦明有"自为长沙开学派，再传门下几门人"之句。伦明还在诗后进一步说明道："长沙杨遇夫树达，

---

① 杨树达：《积微翁回忆录》，北京大学出版社2007年版，第38页。
② 伦明著，雷梦水校补：《辛亥以来藏书纪事诗》，上海古籍出版社1990年版，第75页。
③ 杨树达：《积微居回忆录》，上海古籍出版社1986年版，第220页。

为叶焕彬①入室弟子。专致力王益吾②《汉书补注》，遍搜王氏未采诸家，为之增益。君所至以《汉书》为教，故都讲坛中，无第二人也。"③ 杨树达对伦明的评价颇为自得，他在 1935 年 11 月 17 日的日记中这样写道："闻伦哲如撰《辛亥以来藏书纪事诗》载入《正风》杂志（二十二期），购取阅之，中曾及余《汉书》之业云。"④

---

① 叶德辉（1864—1927），字焕彬，号直山，别号郋园，湖南湘潭人。自幼喜欢《说文解字》，以"许慎所居在汝南之郎"而号"郋园"。
② 王先谦（1842—1917），字益吾，湖南长沙人。清末民初教育家、史学家、经学家、训诂学家，因宅名"葵园"，学人称为葵园先生。
③ 伦明著，雷梦水校补：《辛亥以来藏书纪事诗》，上海古籍出版社 1990 年版，第 75 页。
④ 杨树达：《积微翁回忆录》，北京大学出版社 2007 年版，第 75 页。

两广挚友

伦明从京师大学堂毕业后，在两广地区辗转任职近十年，先后任两广方言学堂教务长兼经济科教授、广州西区模范高等小学校长、两广总督张鸣岐幕僚、广西浔郡中学堂校长、公民党广东支部发起人之一、广东视学官等职，交游广泛。即使后来客居京城，也始终惦念自己的乡亲和友人。其中，伦明与陈伯陶、张其淦、杨增荦、梁士诒、叶宝仑、郑谦、张其锽、杨鹤宾、莫伯骥、徐信符、陈官桃、江天铎、冼玉清、罗香林等交往密切，或是拜访，或是赠诗，或是信函，多有往来。

陈伯陶

陈伯陶（1855—1930），字象华，一字子砺，广东东莞人。清代东莞县唯一文探花，清末民国时期著名学者。少时曾入读龙溪书院，拜广东大儒陈澧为师，后又随陈澧入读广州学海堂、菊坡精舍。清光绪五年（1879）中举人，光绪十八年（1892）进士，殿试获一甲第三名（探花），授翰林院编修、文渊阁校理、武英殿纂修，后历任国史馆协修、总纂，云南、贵州、山东乡试副考

陈伯陶

官，南书房行走，江宁提学使等职。光绪三十二年（1906）六月，前往日本考察教育，回国后在南京创办方言学堂、暨南学堂。光绪三十四年（1908），任江宁布政使。宣统二年（1910）五月，弃官回乡。辛亥革命爆发后，先后避居香港九龙红磡、官富场，特意在官富场宋帝昺逃难之所结庐，署名"瓜庐"，潜心著述，自号"九龙真逸"。著有《孝经说》《胜朝粤东遗民录》《宋东莞遗民录》《明季东莞五忠传》《袁督师遗稿》《增补罗浮山志》《东莞县志》《瓜庐文剩》《瓜庐诗剩》《宋台秋唱》等。①

伦明多次拜访陈伯陶。陈伯陶和伦明同属清末东莞县中堂司人，一个是中堂司凤涌人，一个是中堂司望溪人。作为后学的伦明仰慕学识渊博、高中探花的陈伯陶，曾于光绪二十三年（1897）前后拜访过陈伯

---

① 杨宝霖：《陈伯陶传》，载中国人民政治协商会议东莞市委员会文史资料委员会编：《东莞文史资料选辑》1998 年第 29 辑，第 11—18 页。

陶，陈伯陶对痴迷读书的伦明很是赏识。1927 年，伦明《怀陈子砺先生九龙二十五叠前韵》自注"余辱知爱在三十年前"① 即指此事。光绪二十八年（1902）12 月，伦明进入京师大学堂学习，此时陈伯陶任武英殿纂修，同居京城，伦明再一次登门拜访陈伯陶，并向其借抄《四库书目略注》。② 1929 年，伦明前往香港九龙拜访陈伯陶，进餐时，谈及陈伯陶正在笺注的《吴梅村诗发微》，伦明询问陈伯陶，吴梅村《题冒辟疆姬董白小像》末首有"墓门深又阻侯门"句，"阻侯门"三字何意。陈伯陶解答道："此指陈沅（陈圆圆，名沅）耳，辟疆尝属意沅。见陈其年《妇人集》。其时（陈沅）已归吴三桂，故曰阻侯门也。往者故友罗瘿公即据此三字，为（董）小宛入宫之证。冒鹤亭又力辨其非，使早得先生是说，两君俱可以息喙矣。"③ 伦明好学肯问，陈伯陶耐心解答，足见二位东莞学人的情谊。

伦明为陈伯陶作七十岁贺寿诗。1924 年 3 月，陈伯陶七十大寿，新朋旧友纷纷致贺，陈伯陶自撰《七十述哀一百三十韵》，回顾自己一生的重要经历。伦明感念先生恩情，作《寿陈子砺先生七十》。诗云：

> 太乙烛绛霄，夜望南天明。朝来读公诗，忧患慨所丁。
> 公早掇巍科，清望侔韶韺。乘轺试滇黔，簪笔侍禁廷。
> 朝议设提学，命公如金陵。此邦盛文物，储才为国桢。
> 惜哉时不来，变法同熙宁。误国自亲贵，愚呆秉钧衡。
> 黩货斁纪纲，乱象浸以萌。痛心榱栋崩，夫岂一木撑。
> 浩然乞归养，奉母陔兰馨。惟公忠孝全，匪但进退轻。

---

① 伦明：《怀陈子砺先生九龙二十五叠前韵》，《伦哲如诗稿》（第三册），国家图书馆藏稿本，第 13 页。

② 伦明著，雷梦水校补：《辛亥以来藏书纪事诗》，上海古籍出版社 1990 年版，第 20 页。

③ 伦明著，雷梦水校补：《辛亥以来藏书纪事诗》，上海古籍出版社 1990 年版，第 20 页。

蕴毒爆一朝，九鼎移神京。难发谁能收，宇内共苦兵。

此时公何往，海滨寄数楹。避地追幼安，著书学虞卿。

志期阐幽光，文献搜榛荆。始乡次郡国，椠本走不胫。

自经变乱来，岁已逾周星。人生七十稀，公更爵德并。

全美天所靳，玉步一旦更。旷怀有史初，朝姓几废兴。

达人放眼观，扰扰蛮触争。况公早投簪，鸿飞本冥冥。

行歌和采芝，安问刘与嬴。而公后凋松，岁寒不改青。

迟暮念故君，扶儿涉重溟。自称草莽臣，输财效微诚。

感伤时事非，奏对老泪零。吁嗟今何世，四维忽已倾。

莽操正得志，跖蹻纷横行。亦有清流人，甘心投浊泾。

首阳□晚节，朱门乞残羹。正气未即亡，非公谁与赓？

贱子□乡曲，窃下月旦评。节可为文山，幸践黄冠盟。

才可抗遗山，晚修野史亭。及今览揆辰，祝公如日升。

公今岁七十，齿牢耳不鸣。步随健飞鹊，目辨细字蝇。

早岁受道箓，内景研黄庭。又谙摄生术，二竖无敢撄。

濒海气候佳，吐纳舒骸形。全家住桃源，鸡犬驯不惊。

凡兹先后天，俱是上寿征。我闻服古士，从来享修龄。

荀卿殿周祀，伏胜逃秦坑。远者难悉详，屈指数有清。

博推毛萧山，醇似李文贞。填词朱锡鬯，制曲尤展成。

文格方望溪，书法刘诸城。述经王伯申，考史钱竹汀。

□□纪晓岩，校雠卢抱经。麓台深画理，归愚正诗声。

息园舆地该，苏斋金石精。芸台兼事功，学海培菁英。

荫甫早休退，藏山媲勋名。群公皆翰林，所异生承平。

不然弹指间，重宴招蓬瀛。往时史秕辈，馆阁遗典型。

公曰姑置之，吾岂牵尘缨。为公更举例，寿莫如老彭。

一生述不作，独被鲁叟称。可怜侪殷顽，麦秀歌凄冷。

厉幽再遭乱，身窜西戎腥。讵无悯世怀，未抵好古情。

大年亦有尽，无尽惟仙灵。龙威秘笈多，手披眼不停。

偶觏下方劫，历历千棋枰。勿须远求仙，亦勿养生瓶。①

伦明在诗中不仅叙述了陈伯陶高中探花后两典乡试、再为学官等为官经历以及辛亥革命后循迹九龙，以遗民自居、开坛讲经、振兴国学、潜心著书的生活状态，而且对陈伯陶信道善医、渊博的学识、高洁的人品等进行了生动的描写。与此同时，还对陈伯陶考证和保护香港宋王台等古迹、创办学海楼、与前清遗民宋台唱和、编纂《东莞县志》、著《宋东莞遗民录》《胜朝粤东遗民录》《明季东莞三忠传》等进行赞誉和颂扬，并祝福陈伯陶健康长寿。该贺寿诗寄出后，伦明久未收到陈伯陶的回复，身在河南焦作任职的伦明再次赋诗问候陈伯陶：

早脱朝衫戏彩裳，晚勤修志敬维桑。

桃花露覆秦人屋，梅树霜摧葛令堂。

锦里新成耆旧传，儒林风拜丈人行。

南鸿一去无消息，曾写新诗问健康。②

诗的首联叙述了陈伯陶于宣统二年（1910）五月以奉养年事已高的老母为由，辞去江宁布政使南归一事。辛亥革命后，陈伯陶拒绝出仕邀请，隐居香港九龙。1915 年春，接受邑人叶觉迈邀请，在九龙设修志局，利用东莞明伦堂沙田经理局经费，组织乡贤十余人，历时六载修成《东莞县志》凡 98 卷附沙田志 4 卷，合 130 余万字，集东莞历代方志之大成。颔联讲述陈伯陶曾在广东博罗罗浮山下修建梅花书屋，因避居香

---

① 伦明：《寿陈子砺先生七十》，《伦哲如诗稿》（第三册），国家图书馆藏稿本，第 37 页。

② 伦明：《怀陈子砺先生九龙二十五叠前韵》，《伦哲如诗稿》（第三册），国家图书馆藏稿本，第 13 页。

港后无人打理，该书屋已成为强盗聚集的地方。颈联再次提到 30 年前拜访陈伯陶受其赏识一事，并对陈伯陶的新作《明季东莞五忠传》等刊刻出版表示祝贺。尾联提到陈伯陶甲辰七十大寿时，自己曾作五古长篇寄祝，然而久未得到回复，只有再次写诗问候先生是否安康，表达了伦明对陈伯陶的关心和挂念之情。

伦明《辛亥以来藏书纪事诗》为陈伯陶立传。诗云：

酥醪观里一黄冠，共古遗民守岁寒。

闲为梅村笺本事，董姬原未入侯门。

陈伯陶的父亲陈铭珪①信道教，慕神仙，"性廉静寡欲，好山栖，尝合同人筑梅花仙院于罗浮，祀赵师雄。又修复酥醪观，与门弟子读书谈道其中。"② 陈伯陶深受父亲影响，有挥之不去的罗浮道士情结，曾在罗浮峰下建梅花书屋，辞官后则以清朝遗民自居，后迁居香港九龙，不接受民国政府一官半职，以示忠臣不事二主。尾联则回忆陈伯陶避居香港九龙笺注明末清初著名诗人吴梅村的诗，伦明询问《题冒辟疆姬小像》中"阻侯门"为何意、陈伯陶耐心作答的情景。在诗后，伦明进一步说明道："同邑陈子砺先生伯陶，早年与其父幼珊先生，俱著籍罗浮酥醪观为道士。通籍后，师事李仲约侍郎，因亦好收明清间野史，及万历后诸家奏议别集。官江苏提学。宣统初，见朝局日非，告养母归。辛亥后，避居九龙，著《元东莞遗民录》《胜朝广东遗民录》，又有《宋台秋唱》。宋王

---

① 陈铭珪（1824—1881），字京瑜，号友珊，陈伯陶之父。肄业于粤秀书院，深得院长楞廷魁器重，与谭莹、李文田、陈澧等交往较为密切。虽学识渊博，但科举之路并不顺畅，仅考中咸丰壬子科副贡，以家居授徒讲学为生。中年后隐居罗浮山，在山上修筑酥醪观和梅花仙院，与弟子读书谈道其中。著有《长春道源流》《浮山志》《荔庄诗存》等。

② 陈伯陶编撰：民国《东莞县志》卷 72《人物略十九》，东莞养和印务局 1927 年版，第 9 页。

台者，在九龙海滨，先生考为宋帝昺行宫故址，因招诸遗老相唱和，辑为是卷。又修《东莞县志》，于袁崇焕、张家玉、苏观生三传尤详核，皆所以托其志也。他著有《孝经说》《荀子性善说》《吴梅村诗发微》……先生殁于辛未，遗命以所藏书，捐置酥醪观中。"①

---

① 伦明著，雷梦水校补：《辛亥以来藏书纪事诗》，上海古籍出版社 1990 年版，第 20—21 页。

张其淦

张其淦（1859—1946），字汝襄，号豫泉，晚
号罗浮豫道人、岭南迁叟，广东东莞人。清末民
国时期著名学者。年少时拜陈伯陶的父亲陈铭珪
为师，自此与陈伯陶成为切靡至密的好友。清光
绪五年（1879）举人，中举后旋入广州学海堂拜
广东大儒陈澧为师。光绪十八年（1892），会试中
榜，因患天花未参加殿试。光绪二十年（1894）
补试，中进士，授翰林院庶吉士。光绪二十一年
（1895），任山西黎城知县，有政声。光绪二十六

张其淦

年（1900），任山西巡抚府文案，数月后受"黎城教案"牵连被革职，
返乡后任龙溪书院山长达七年。光绪三十四年（1908），复官为安徽省
候补道员，后以道员改充安徽自治局总办洋务局会办。宣统二年
（1910），署安徽提学使。辛亥革命后，弃官隐居上海，以著述、办实业
为乐。其上海居所"寓庐"在抗战中被炸毁，藏书70余箱悉付劫火。
著有《寓园丛书》《邵村学易》《左传礼说》《洪范微》《松柏山房骈体文
钞》《明代千遗民诗咏》《邵村咏史诗钞》《邵村寿言》《梦痕仙馆诗钞》
《吟芷居诗话》《五代咏史诗钞》《元八百遗民诗咏》《老子约》《邵村重游
泮水诗集》等，另辑有《东莞诗录》，刊刻《张文烈公遗诗》等。①

伦明曾为张其淦赋诗贺"重游泮水"②之喜。同治十三年（1874），

---

① 杨宝霖：《张其淦和他的诗》，载中国人民政治协商会议东莞市委员会文史资料委员
  会编：《东莞文史资料选辑》1998年第29辑，第19—23页。

② 清制，童生考入州、县学谓之入学或入泮、游泮，自此时起至期满六十年时再行入学
  典礼，谓重游泮水，俗称重逢入学，以此作为曾考中生员（秀才）而享高寿的庆典。

16 岁的张其淦考中秀才，至 1934 年正好一甲子。以清朝遗民自居的张其淦遵循旧例，举行"重游泮水"之礼。据张其淦《邵村重游泮水诗集》记载，当时，戚党僚友作诗 300 余首"以纪其盛"。其中，伦明作《张豫泉重游泮水诗》四首以贺，诗云：

> 惜无后进称同案，喜与先师证夙缘。
> 新国不妨征旧典，耆龄真见返童年。
> 秀才立志今宁变，博士传经老尚研。
> 好似阿婆作春梦，依稀记得定情篇。
>
> 一领青衿讵值钱，书生志业此先鞭。
> 矮檐白战文锋利，高殿朱圈卷墨妍。
> 百里种花汾水曲，十年树木皖江偏。
> 浮名抛后修名在，料理千秋托简编。
>
> 谁坏先朝造士基，生员渐比晓星稀。
> 礼亡羊豕辞文庙，官废狐狸代学师。
> 丽日六经同束阁，失时八股绝传衣。
> 杖藜重焰圜桥水，何止惊心玉貌非。
>
> 不闻钟鼓闹乡祠，聊借园亭当泮池。
> 二老待清难合地，诸生习礼幸同时。
> 三千招客春申浦，八十生儿子野诗。
> 乘兴更寻蓬岛胜，知君已订后游期。①

张其淦聪敏勤劬，曾为广东著名学者陈澧入室弟子。时两广总督张之洞入学海堂视察并考试学子，张其淦所撰骈文《岭南名臣序赞》被选为第一，从此文名鹊起，伦明贺诗中"矮檐白战文锋利"即指此事。

---

① 伦明：《张豫泉重游泮水诗》，《伦哲如诗稿》（第六册），国家图书馆藏稿本，第9—10页。

"百里种花汾水曲"是指张其淦任山西黎城知县期间，视民如子，善政颇多。例如，他对"尊经""黎阳"两书院只教应试贴的教学方法颇为不满，认为有误人才。于是每月集中两院学子讲授经史辞章之学，并捐俸刻印靳荣藩《吴梅村诗辑览》数百部供士子们阅览。好友陈伯陶为官经过黎城时，称其为"吏治饰风雅"。"十年树木皖江偏"是指张其淦于宣统二年（1910）署安徽提学使后，实行教育改革，大力培养人才。未几，辛亥革命爆发，张其淦避居上海，人才培养计划搁浅。"二老待清难合地"是指张其淦和仍然健在的同案容咏南情谊深厚，然一个居上海，一个居广东东莞，想见一面实在太难。"诸生习礼幸同时"是指1914 年 9 月袁世凯颁发《祭孔令》，并进行中华民国首次"官祭孔子"活动。依此，学子们每年在 9 月 28 日孔子诞生日举行公祭活动。"八十生儿子野诗"是指北宋著名词人张先（字子野）85 岁时仍娶 18 岁女子为妾，后来该小妾还为其生子的轶事，苏轼曾作《张子野年八十五尚闻买妾述古令作诗》。伦明在贺诗中借用张先的故事笑说 75 岁的张其淦宝刀不老，可多寻找一些蓬岛仙胜游山玩水。张其淦收到伦明的贺诗后，十分欣喜，将其收录于《邵村重游泮水诗集》中。

伦明曾作诗贺张其淦"重宴鹿鸣"之喜。清代科举制度中，中举者满一甲子可"重宴鹿鸣"，以示尊享高寿。1939 年，正好是张其淦中举60 年，伦明作《张豫泉太史寄示重宴鹿鸣诗奉和二律》：

> 德皇初载贡辀轩，八八贤书剩一贤。
> 棘院名无后同齿，桂宫梦作小游仙。
> 遥思道士栽桃日，近拟耆儒赐榜年。
> 晚泛吴淞江山宅，风波不到孝廉船。
>
> 即今后进亦头旛，学仕无成愧乙科。
> 父子弟兄传世并，文章政事让君多。
> 龙头一去孤无和，娄尾重邀醉更歌。

待到己年赓丙作，同题两拟体如何。①

作完诗后，伦明越看越不满意，经过反复修改，又写成一篇新的《张豫泉太史寄示重宴鹿鸣诗奉和二律》：

即今后进亦头蹯，学仕无成愧乙科。
父子弟兄传世并，文章政事让君多。
龙头人去成单调，蚁尾时来更法歌。
待到己年赓丙作，一题两拟体如何？

秋风得意墨三篇，名列贤书两纪前。
棘院已无后同齿，桂宫曾咏小游仙。
回思道士栽桃日，休拟耆儒赐榜年。
晚饮吴淞江上水，逝波不动孝廉船。②

张其淦的父亲张端（1823—1886）与伦明的父亲伦常于清咸丰十一年（1861）同年乡试中举人，张其淦及弟弟哲云与伦明、伦叙又先后中举人，张其淦为学长于诗文，著作颇多，为官颇有善政，口碑甚佳，故伦明有"父子兄弟传世并，文章政事让君多"之句。张其淦与陈伯陶生同里，长同学，同壬辰会榜，同入翰林院，同任提学使，同为清朝遗民，可谓亲密无间。1930 年，陈伯陶驾鹤西去后，只留下孤孤单单的张其淦。由此，伦明在诗中发出"龙头人去成单调，蚁尾时来更法歌"的感叹。

---

① 伦明：《张豫泉太史寄示重宴鹿鸣诗奉和二律》，《伦哲如诗稿》（第六册），国家图书馆藏稿本，第 4 页。

② 伦明：《张豫泉太史寄示重宴鹿鸣诗奉和二律》，《伦哲如诗稿》（第六册），国家图书馆藏稿本，第 5—6 页。

杨增荦

杨增荦（1860—1933），字昀谷，一字云谷，江西新建人。清末民国时期著名诗人。清光绪二十四年（1898）进士，为刑部主事。光绪三十一年（1905），任热河理刑司员。光绪三十四年（1908），补授刑部推事。宣统元年（1909），分发四川候补知府。同年，两广总督张鸣岐从武昌拦住即将赴蜀任职的杨昀谷，惜其才华而将其奏调广东，督署法科参事。宣统二年（1910），入张鸣岐幕。1916年，任国史馆协修。1917年，任司法部秘书。1924年，任

杨增荦

交通部推事。晚年沉潜佛典，逝于津沽。著有《杨昀谷遗诗》8卷等。[1]

伦明与杨增荦同为张鸣岐幕府僚友。宣统二年（1910）九月，伦明入两广总督张鸣岐幕府，与杨增荦成为僚友，直到翌年辛亥革命爆发。张鸣岐（1875—1945），字坚白，号韩斋，山东无棣人。光绪二十年（1894）举人，光绪二十四年（1898）入广东布政使岑春煊幕府，后随岑春煊升迁而步步升迁，累官至两广总督兼广州将军。1911年4月，黄花岗起义爆发，张鸣岐会同广东水师提督李准顽固拥护帝制，反对民主共和，指挥镇压黄花岗起义，大肆捕杀革命党人。同年10月，武昌起义爆发后逃亡日本。1911年3月，伦明"重客都门"[2]。6月，参加清末中国第一个全国性的资产阶级改良派政党宪友会（其前身是谘议局联合会）成立大会，直至武昌革命爆发后在京城尽购四大竹箱书籍而归，正

① 《江西省人物志》编纂委员会编：《江西省人物志》，方志出版社2007年版，第309页。
② 伦明：《浣溪沙春恨十首》，《伦哲如诗稿》（第一册），国家图书馆藏稿本，第5页。

好躲过了张鸣岐大规模屠杀黄花岗起义志士的罪恶行动。此时，僚友杨增荦正好在广州，在黄花岗起义中，其衣物、诗稿尽失。他在《次和赵幼梅见赠之重和二首》中提到"自失此编百回索，甚于赤水求玄珠"[①]即指此事。

伦明多次作诗遥寄日夜思念的友人杨增荦。辛亥革命后，伦明前往广西寻职，任广西浔郡中学堂校长后，思念仍然客居广州的僚友杨增荦，作《寄杨昀谷广州时客浔江》词，这是伦明少有的几首词之一。词云：

> 鹤唤猿啼天欲暮，故人招我深山住，拓地十畦先种树。携家去，荷锄结个耕田侣。　　无奈向禽遥间阻，扁舟又逐天涯路。不耐狂风兼横雨。呼谁语，宵深魑魅窥人舞。[②]

光绪三十四年（1908），杨增荦补授刑部推事，数十年官场生涯，曾一度让其厌倦，萌发避世之心，遂在故乡江西西山买山归隐。在西山朱霞寺居住 3 个月后，因乡里土豪横出，伤及其子，归隐之愿只好作罢。[③] 杨增荦曾告知伦明在故乡买山一事，故伦明在该词中提议，如果杨增荦在时局动荡的情况下回乡隐居，可以招呼一声，自己愿意随其"深山住"，结个"耕田侣"，做个隐居不仕者。即使有狂风暴雨，魑魅魍魉，相信黑暗终将成为过去。伦明的词，为身处黑暗中杨增荦点燃了前行的火把。

1927 年，身在河南焦作任职的伦明思念老友，再一次作《怀杨昀谷都中十四叠前韵》。诗云：

---

① 陈诵洛：《杨昀谷先生遗诗序》，载张元卿：《陈诵洛年谱》，天津古籍出版社 2015 年版，第 196 页。

② 伦明：《寄杨昀谷广州时客浔江》，《伦哲如诗稿》（第一册），国家图书馆藏稿本，第 4 页。

③ 夏敬观：《忍古楼诗话》，载张寅彭主编：《民国诗话丛编》（第三册），上海书店出版社 2002 年版，第 8 页。

乡贤诗似乐莲裳，粟里荒芜不种桑。

观政十年官比部，避人一榻占庵堂。

壮岁识君筹笔地，平生索友卖浆行。

无聊烛跋论时艺，隆万删余爱顺康。①

伦明在诗中直抒杨增荦长于诗歌，其名气与清同光体赣派诗人陈三立、夏敬观比肩，其部分诗作的内容呈现出鲜明的江西地域文化色彩。紧接着，伦明又娓娓道出杨增荦买山荒芜不种桑，在刑部任职时曾一心向往白衣观音；中年入张鸣岐幕府，很少与老朋友交往，认识的多为星卜负贩之辈；喜好谈论时文，不喜明朝文人说理之作，独赏清初李来泰、王广心等文人著述，曾抄文数篇寄给伦明欣赏等事。据考证，伦明所言杨增荦喜欢与星卜负贩之辈交往属实。其孙杨圣希在《先祖昀谷公事略》一文中写道："同乡前辈刘德荣先生早岁在北大攻读俄语，时常到我祖父住处，亲见当时任交通总长的叶恭绰，在席上和祖父的朋友——卖冰糖葫芦和卖小菜的两个小贩共进晚餐。"②杨增荦晚年潜修佛乘，生活困顿，马叙伦曾用"落拓故乡，奉佛独居，卒以穷死"③来形容杨增荦晚年的生活。

---

① 伦明：《怀杨昀谷都中十四叠前韵》，《伦哲如诗稿》（第三册），国家图书馆藏稿本，第 8 页。

② 杨希圣：《先祖昀谷公事略》，载中国人民政治协商会议江西省新建县委员会文史资料研究委员会编：《新建县文史》1989 年第 2 辑，第 90 页。

③ 马叙伦：《石屋余渖》，载张寅彭主编：《民国诗话丛编》（第三册），上海书店出版社 2002 年版，第 196 页。

梁士诒

梁士诒（1869—1933），字翼夫，号燕荪，广东三水人。近代中国政坛的重要政治人物。早年就读于三水、广州、香港等地，后与梁启超游学于佛山书院，结为同窗之好。清光绪二十年（1894），考取进士，授翰林院编修。后历任武英殿及国史馆协修、北洋编书局总办。光绪三十年（1904），入唐绍仪幕。光绪三十三年（1907）起，先后任邮传部提调、铁路总局局长等职。辛

梁士诒

亥革命后，历任袁世凯总统府秘书长、交通银行总理、财政部次长、北洋政府国务总理等职，有"活财神""二总统"之称。曾创办中国第一家证券交易所——北京证券交易所。1933 年 3 月 3 日，应段祺瑞之请北上商议国家大计，4 月 9 日病逝于上海。①

伦明曾受梁士诒派遣在广东设立公民党支部。1913 年，临时大总统袁世凯急于登上正式总统宝座，指使亲信、总统府秘书长梁士诒等人组织御用党——公民党。该党于 1913 年 9 月 18 日在北京成立，由与梁士诒有关系的同志会、与叶恭绰有关系的铁道协会、朱兆莘领导的集益社、司徒颖领导的潜社以及与江天铎有关系的超然议员社等五个政团联合而成。该党推举梁士诒、叶恭绰为正、副党魁，宣布的党纲是："在于以国家之权力，实行政治之统一，且增进国民之幸福。"为了扩大该党在

① 张开秀：《梁士诒生平》，载中国人民政治协商会议广东省委员会文史委员会编：《广东文史资料》1990 年第 62 辑，广东人民出版社 2005 年版，第 125—139 页。

全国的影响和势力，梁士诒指派伦明回到广州设立公民党广东支部。1914 年 1 月 9 日，在伦明等骨干成员的积极努力下，公民党广东支部正式成立，推选广东都督龙济光、广东民政长李开侁任名誉部长，梁士诒、叶恭绰任正部长，广东财政监督官李心灵任副部长。通过伦明等举办的《时敏报》（1914 年 1 月 5 日创刊）、《大公报》（1914 年 1 月 29 日创刊）的积极宣传与推动，公民党广东支部发展党员上千人，势力庞大，党费充裕，且加入该支部的成员多有官方背景。① 1915 年 3 月，梁士诒等发起帝制运动，袁世凯政府颁布了《国民代表大会组织法》。同年 8 月 20 日，广东省举行国民代表初选，伦明当选为国民代表。② 袁世凯复辟帝制激起全国人民的强烈反对，公民党自行消亡。自此，伦明一心从事教育工作。

---

① 李吉奎著，岭南文库编辑委员会，广东省政协学习和文史资料委员会合编：《梁士诒》，广东人民出版社 2005 年版，第 123 页。

② 《纪广东国民代表之选举》，《申报》1915 年 11 月 5 日。

叶宝仑

叶宝仑（1873—1936），名满铎，字镇棠，别字子琼，广东东莞人。清光绪二十一年（1895）秀才，光绪二十七年（1901）辛丑恩科举人，曾任广东蕉岭县县令，东莞县学堂首届国文教员，抗日名将蒋光鼐的老师。1935年，与徐夔飏、杨鹤宾、杨锡光、罗舜球、崔斯澎、徐绍业、骆荷锟、祁正、张淦光、邓庆仁、张秉煌等12人结成凤台新社，每月雅集一次，互相唱和，迭为宾主。杨鹤宾《凤台新社吟草初集》收录叶宝仑诗27首，《宋台秋唱》《宋台图咏》各录叶宝仑诗4首。①

叶宝仑为蒋光鼐题字

伦明与叶宝仑既为同乡，又于同年乡试中举人，彼此相知相熟。1936年，叶宝仑去世，伦明作《闻叶同年宝仑之讣诗以哭之三叠前韵》悼念友人。诗云：

岭树遥遥别几时，新诗读罢辄情移。

九天仙骨轻能举，廿载循声远未知。

---

① 东莞市茶山镇人民政府编，陈贺周编著：《茶山乡贤》，世界图书出版公司2021年版，第474页。

磨镜何由吊徐稚^①，鼓琴从此失钟期。

庚辛齿录今余几，不及康强老座师。^②

　　光绪二十七年（1901），伦明与叶宝仑同年参加乡试中举，故称其"叶同年"。诗首联叙述两人分别已久，由于分隔遥远，诗作邮寄往来是两人常态的联系方式。1935 年，伦明曾寄《陪张公豫泉游宴》诗给叶宝仑，叶宝仑还没有来得及唱和就已辞世，实在让人痛心。颔联回忆叶宝仑气质超尘绝俗，1917 年后为县宰 20 余年，颇有政声。颈联述说品行高尚的人值得所有人尊敬，就好比世人缅怀"磨镜奔丧"的徐稚一样。如今老友仙逝，就好像伯牙失去了知音钟子期，足见伦明与叶宝仑关系亲密。尾联则回忆两人光绪庚子辛丑并科同中举人，同拜夏孙桐为座师的情景。

---

① 　徐稚，字孺子，东汉后期声闻海内的高士。据《太平御览》记载，黄琼任太尉时，欲征辟徐稚为官，但被谢绝。黄琼去世后，徐稚欲参加葬礼，然家贫没有盘缠，便沿路磨镜挣取路费，最后一路坎坷地来到黄家祭奠黄琼。

② 　伦明：《闻叶同年宝仑之讣诗以哭之三叠前韵》，《伦哲如诗稿》（第六册），国家图书馆藏稿本，第 13 页。

郑　谦

郑谦（1876—1929），字鸣之，号觉公，江苏溧阳人。廪生，清光绪二十三年（1897），为云贵总督李经羲之子李国筠代写应试文章而中举，自此博得李氏父子毕生器重。光绪三十二年（1906），东渡日本法政大学深造，毕业回国后一直跟随李国筠左右，历任云贵总督府参事、宪政筹备处参事、皖北税务局局长、广东政务厅长等职。1917 年，经李国筠引荐，任黑龙江督军署秘

郑谦

书长，旋任黑龙江省政务厅厅长。1922 年，受张作霖、张学良赏识，任东三省保安司令部秘书长。1925 年，任江苏省省长兼江苏省督办。1928 年起，任东北保安司令部秘书长。1929 年 4 月病故于沈阳。①

伦明与郑谦早年相识于广东。1914 年 5 月，李国筠任广东巡按使，郑谦跟随李国筠来到广东，任广东省政务厅厅长，而此时伦明充任广东省视学官。政务厅是巡按使公署的内部机关，置厅长一人总理厅务，厅下分设总务、内务、教育、实业四科。② 当时教育事务隶属政务厅，故郑谦是伦明的直接领导。通过工作上的密切接触，伦明与郑谦互相欣赏，成为好友。

伦明多次为好友郑谦作诗。1925 年 2 月，奉军大举南下，势力延伸至江苏、安徽和上海等地，张作霖为维护东南利益，以文人当政和苏人治苏之名，擢拔已在奉军任职且为江苏溧阳人的郑谦担任江苏省省长，

---

① 钱善宝：《军阀混战年代的"百日省长"——郑谦》，载中国人民政治协商会议江苏省溧水县委员会编：《溧水古今》1984 年第 2 辑，第 44 页。

② 钱瑞升、萨师炯等：《民国政制史》，上海人民出版社 2008 年版，第 358—359 页。

然郑谦固辞不受，经张作霖再三劝说且要求必须莅任，郑谦于 1925 年 2 月 14 日被迫上任。上任不久，因江苏官场人物关系错综复杂，困难重重，郑谦曾一度想辞职。伦明知悉后，作《奉贺鸣之省长兼感旧述怀恭成四律》极力劝说。诗云：

> 功名时会若相催，游子离乡拥节回。
> 杜甫晚参严武幕，常何新荐马周才。
> 单车到处宵烽息，三径归来昼锦开。
> 淡泊知公平昔志，缨冠急难敢徘徊。
>
> 虎踞龙蟠旧建康，曾侯曾此定洪杨。
> 可怜财赋三吴地，半变疮痍百战场。
> 策贵弭兵和楚晋，政期拔吏得龚黄。
> 由来医病通医国，固本除邪是妙方。
>
> 太原公子仗旌麾，幕府才名重牧之。
> 公异参军习蛮语，我游乡校讲儒规。
> 政闲时玩南楼月，客满豪倾北海卮。
> 十载雪泥劳忆念，岭南风物话余悲。
>
> 投簪端拟老樵渔，多难驱人别井间。
> 饿死常艰方朔粟，治生未熟计然书。
> 即今吴庑栖孤士，时到夷门吊废墟。
> 愁极转生闲意兴，江南春好忆何如。①

伦明在第一首诗中首先叙述功与名有时交相促使，如同离乡的游子有时也能回到故乡管理一方。紧接着，伦明用唐代杜甫、马周入仕的例

---

① 伦明：《奉贺鸣之省长兼感旧述怀恭成四律》，《伦哲如诗稿》（第一册），中国国家图书馆藏稿本，第 11 页。

子劝说郑谦怀才就应担当大任。杜甫居成都期间，好友严武①数度劝其出仕，杜甫均婉言谢绝。后来感其诚意，遂入严武幕府任检校工部员外郎。大将常何②曾向唐太宗举荐门人马周③，唐太宗派人四请马周，马周开始力辞不就，后感念皇上重视人才的诚意而入仕，最终成为经世名臣。伦明劝说郑谦道：轻车就简地回到故乡任职，也算是衣锦还乡，素知淡泊名利是其志向，然解救危难之时又怎能犹豫徘徊呢。

伦明在第二首诗中首先叙述旧时的南京是虎踞龙蟠的六朝故都，曾国藩曾在此平定太平天国"洪（秀全）杨（秀清）之乱"。可惜曾经的财货赋税富地，现在变成满目疮痍的战场，表达了对战争的深恶痛绝。紧接着，伦明为郑谦出谋划策：平息战乱，和解是最好的解决方式，就像楚国和晋国从一开始争霸至后来主动和解一样；任用官员，多提拔像龚遂、黄霸这样的循吏才会长治久安。治国和治病是一个道理，唯有固本除邪才是良方。

伦明在第三首诗中首先通过太原公子李世民能够在征战中获胜依靠的是帅旗和亲力亲为的冲锋陷阵，衙署的官吏能够出名除了有才以外还应脚踏实地的事例告诫郑谦，为官一方要熟悉地方语言，振兴地方教育还须讲究儒家规矩。紧接着，伦明劝慰郑谦从政不要过于辛苦，闲暇之时可以听一听戏，与朋友相会时可以喝一点酒。在诗尾，伦明回想起与郑谦距1914年起共事于广东政务厅已十载，其间的人与事如同雪泥鸿爪一样，满是记忆；一提起岭南风物就联想到背井离乡的自己，满是悲伤。

伦明在第四首诗中继续劝慰郑谦，如果此时辞官去做一个村舍中人，就好比多难之时驱人离别自己的故里。人在要饿死的时候，多学学东方

---

① 严武（726—725），华州华阴（今陕西华阴）人。唐朝中期名将、诗人，曾任成都尹、剑南节度使等职，封郑国公。

② 常何（588—653），河内郡温县（今河南温县）人。唐朝初期著名将领，卒后获赠左武卫大将军。

③ 马周（601—648），博州茌平（今山东）人。年轻时怀才不遇，前往京城长安后，与中郎将常何相识并寄居常家，在唐太宗征集建议过程中被常何举荐为官，为唐朝贞观之治作出积极贡献。

朔"粟饱侏儒"的计谋，多了解一下范蠡教人致富的《计然书》。至今吴地的祭祀大殿里还栖息着不苟于时俗的高士，平时多到城门凭吊一下因兵燹之灾而造成的废墟。伦明认为郑谦可能是愁到极致时，才突然想到辞官过陆游《闲意》①中的生活，希望与好友一起忘掉忧愁，一起回忆江南春色。伦明在诗中尽显好友之间的规劝、谋划之责。1925 年 10 月，直系军阀孙传芳出兵讨奉，为保存实力，奉系军队全部退出江南，郑谦于 10 月 18 日离开南京，从任命至离开一共 8 个月。因旧时嘲讽忽上忽下、来去匆匆的官员为"百日鬼"，故郑谦在江苏有"百日省长"之称。

1927 年，时在河南焦作的伦明思念好友郑谦，作《怀郑鸣之天津》，再一次回忆与郑谦在广东共事以及郑谦在东北任职等事，诗云：

> 酒痕未浣广州裳，棠憩留思我梓桑。
> 辽海春融花照幕，陪京昼永锦张堂。
> 乞闲暂许归私第，论政曾陪侍末行。
> 闻说山公多启事，不堪揖拜懒嵇康。②

伦明在诗中首先直述郑谦为政广东期间，素爱豪饮，然德政显著，深受乡人的赞誉和怀念。紧接着，提及郑谦在辽海时，任东北保安司令部秘书长；居南京时，任江苏省省长；自己充任广东省视学官时，曾是郑谦的下属。结尾通过晋朝选官山涛举荐嵇康出仕，嵇康作《与山巨源绝交书》，申明自己任性疏懒，不堪礼法约束等理由拒绝出仕的故事，隐指 1926 年郑谦拒绝出任北洋政府颜惠庆内阁内务部总长一事。

伦明与郑谦曾共谋筹印《四库全书》之大计。1928 年 12 月，杨宇霆发起影印、校雠和续修《四库全书》，郑谦时任东北保安司令部秘书长，根据杨宇霆的旨意，邀伦明游沈阳，协助筹印《四库全书》，并参

---

① 《闲意》为陆游力主抗金被罢官回乡闲居时所作。

② 伦明：《怀郑鸣之天津》，《伦哲如诗稿》（第三册），国家图书馆藏稿本，第 11—12 页。

与《奉天通志》的编纂。伦明和郑谦久别后再一次在沈阳重逢，双方倍感激动。此时的郑谦给伦明的印象是"惊看鬓似丝"，郑谦"自言多疾痛，端为历艰危"。1929 年 1 月 10 日，因杨宇霆被张学良所杀，《四库全书》影印、校雠、续修计划被迫中止。面对这样的局面，伦明颇感无奈与失望，决定返回北平。就在伦明收拾行装准备返家之际，忽闻与杨宇霆关系甚笃的郑谦因惊吓过度而郁郁而终。3 个月之内痛失杨宇霆、郑谦两位好友，伦明心情沉重，遂作《哭郑鸣之》，追忆好友如同南宋乾道五年（1169）状元郎郑乔一样，学识渊博，从政业绩显著，具有谋臣之才，鉴藏图书万卷，喝酒时喜欢豪饮等事以及两人相识相知的深厚情谊：

> 郑侨称博物，从政亦恢恢。
> 偶近弹棋局，聊充借箸材。
> 鉴藏书万卷，寄托酒千杯。
> 我忆论交始，英声满越台。
> 辽海重相见，惊看鬓似丝。
> 自言多疾痛，端为历艰危。
> 同作登楼赋，迟歌招隐辞。
> 摧心束装日，一哭了交期。①

---

① 伦明：《哭郑鸣之》，《伦哲如诗稿》（第五册），国家图书馆藏稿本，第 1—2 页。

张其锽

张其锽（1877—1927），字子武，号无竞，
广西临桂（今永福县）人。民国时期直系军阀政
客。自幼随父亲张琮（字石邻）入粤，就读于广
雅书院。清光绪三十年（1904）进士，以即用知
县分发湖南，先后任零陵、芷江知县，后因在芷
江知县任上剿匪有功，转任南路巡防队统领、南
武军统领。1912 年，任湖南谭延闿都督府军务厅
厅长。1914 年，任约法会议议员。1917 年，任北

张子武

洋政府国务院高等顾问。1918 年起，先为谭延闿幕僚，后竭力调解南北
军阀矛盾，与直系军阀吴佩孚结为把兄弟，追随其左右，任吴佩孚军总
司令部秘书长。1922 年起，任广西省省长。1925 年，再任吴佩孚讨贼联
军总司令部秘书长。1927 年 7 月，随吴佩孚入川途中被劫杀。述有《墨
经通解》《小取篇斠注》《独志堂诗文丛稿》等。①

　　张其锽的父亲张琮于光绪九年（1883）任东莞县知县，张其锽早年
入读广雅书院，与诸多粤籍学人有交往，伦明便是其中之一。与此同时，
张其锽与曾在广西为官多年的东莞可园主人张敬修家族多有交往，曾为
张敬修的侄子、朝议大夫、赏戴花翎、尽先选用知府张嘉谟撰墓志铭。②
在伦明眼中，张其锽是不可多得的文武全才。1927 年，随吴佩孚溃退河
南郑州的张其锽给同在河南焦作任职的伦明去函，述说自己曾在重阳节

---

① 瞿宣颖：《陆军上将广西省长临桂张公墓志铭》，载卞孝萱、唐文权编：《辛亥人物
碑传集》，团结出版社 1991 年版，第 561—563 页。

② 张其锽：《诰授朝议大夫、赏戴花翎、尽先选用知府鼎铭张公墓志铭》，载杨宝霖编
著：《东莞可园张氏诗文集》，广东人民出版社 2008 年版，第 255—257 页。

前往汉阳龟山登高时回想起兄弟间的豪情，更添思念。伦明当即作诗答曰：

> 好语传来快欲听，龟山重九客登亭。
> 常时佳节思兄弟，此日高歌洗甲兵。
> 苍狗浮云无定态，黄龙痛饮有豪情。
> 别来风景应如旧，只惜篱花染血腥。①

诗寄出不久，伦明思念张其锽，又作《怀张子武郑州二十二叠前韵》。诗云：

> 夜治军书不解裳，东隅失欲挽榆桑。
> 一士无如人诺诺，九攻未见阵堂堂。
> 勋名独秀峰千尺，风度灵和柳数行。
> 不信书生能杀敌，文成何以起南康。②

伦明在首联赞誉张其锽为了挽回失利的军事局势，"夜治军书不解裳"。颔联则表明战事前景不容乐观，"九攻未见阵堂堂"。颈联则用"独秀峰"比喻张其锽功名昭著，用"灵和柳"的典故比喻张其锽风度翩翩。尾联引用心学大家王阳明在江西南康平定宁王叛乱的历史故事，隐喻张其锽虽为书生，然能文能武，亦能在军事上作出成就，表达了对友人的祝愿。

---

① 伦明：《得子武郑州书，有当于重阳日龟山登高云语喜其豪壮，作此答之》，《伦哲如诗稿》（第二册），国家图书馆藏稿本，第 24 页。

② 伦明：《怀张子武郑州二十二叠前韵》，《伦哲如诗稿》（第三册），国家图书馆藏稿本，第 12 页。

杨鹤宾

杨鹤宾（1877—1950），名寿松，字鹤宾，号苍野、种杏老农，广东东莞人。以医为业，业余为诗，入凤台新社。1938年日寇入侵后，先后避居东莞望牛墩、香港等地。抗战胜利后，又入东官诗社。著有《呕心吟草》等。①

伦明与杨鹤宾以诗结友。1937年7月，伦明从京城回到故乡东莞望牛墩扫墓，后因抗日战争全面爆发，交通阻断，无法北归，留居故里。

1935年11月凤台新社同人合影（后排左起：张秉煌、邓庆仁、祁正、叶宝仑、骆荷锟、张淦光；前排左起：徐绍业、崔斯溶、杨锡光、徐夔飔、杨鹤宾、罗舜球）

---

① 杨宝霖编：《东莞诗词俗曲研究》（上册），乐水园2002年版，第297页。

1938 年 8 月，日寇入侵广东，善诗的杨鹤宾、徐夔飏①、张伯克②、杨载之避居东莞望牛墩，与同有诗歌爱好的伦明交善，造访数次。1938 年 11 月 20 日，即东莞莞城沦陷前一日，杨鹤宾随女婿徐思达逃难至香港，其他几位诗友也各奔东西。自此，他们不再相见。1939 年 4 月，徐思达的父亲徐夔飏病卒于香港，内地误传为杨鹤宾卒，伦明信以为真，万分悲痛，作诗悼之。诗云：

> 过从日短意偏长，羣鼓声催客散场。
> 归梭魂招洋岛远，过门腹痛小庐荒。
> 老坡有意诗调谷，小谢无媒字丐江。
> 遥想凤台诸逸老，阐幽定有挽章详。③

"过门腹痛小庐荒"是指伦明听说杨鹤宾去世后万分哀痛，曾遣人前往杨宅探视，发现家门紧闭。"老坡有意诗调谷"是指 1938 年伦明曾根据诗的格调为杨鹤宾作诗数千言。"小谢无媒字丐江"是指民国初年，伦明居住京都时，杨鹤宾的朋友谢晓帆欲乞江天铎为其诗集题签，由于谢晓帆不认识江天铎，曾委托伦明以诗索得。杨鹤宾去世一事虽为乌龙，但通过此诗可以了解伦明与杨鹤宾交往的画面。1943 年，伦明思念杨鹤宾，抱病题词七绝一首：

---

① 徐夔飏（1861—1939），字莞珊，东莞莞城同德街人。清光绪二十年（1894）进士，分发山东即用知县未赴任。光绪二十八年（1902），创办东莞县学堂并任学监。
② 张尊桦（1875—1949），字绍华，又字伯克，张嘉谟孙子，张其光长子，居道生园。先后就读于两广师范优等学堂、北京法政专门学校。1925 年前后，任东莞中学国文教员，善诗能词。
③ 杨鹤宾：《呕心吟草·续集》附录，东官杨诒远堂家藏，1943 年，第 27 页。

一叟悬壶隐市边，行吟往往得佳篇。

沧桑重见形如鹤，真个诗人杨大年。①

伦明在诗中将杨鹤宾比作北宋文学家、诗人杨大年，率真洒脱、才华横溢、满腹经纶，充分表现了伦明对好友杨鹤宾的欣赏。

杨鹤宾为伦明作哭诗。1944年10月，伦明病逝于东莞望牛墩，杨鹤宾得知后，作《哭伦哲如孝廉》，诗云：

细雨清明欲断魂，凝思成梦尚留痕。

蜚声到处文章贵，鄂荐随年泰斗尊。

公哭我先公转殁，我哀公后我还存。

沧桑变幻知何极，日暮途长不忍言。②

首联叙述了杨鹤宾得知伦明去世后的悲伤之情；颔联高度赞扬伦明的学术成就；颈联道出伦明误听自己去世而作哭诗，然无奈自己现在仍然活着，正为好友作哭诗；尾联则隔空向好朋友道出时局的沧桑和生活的艰难，不能用言语来表达的悲情。

---

① 伦明著，东莞图书馆整理：《伦明全集》（第一册），广东人民出版社2017年版，第184页。原载杨鹤宾：《呕心吟草续集·题词》，东官杨诒远堂家藏，1943年，第1页。

② 杨宝霖：《灯窗琐语》（七），《文化周末》专刊2016年8月20日。

莫伯骥

莫伯骥画像

莫伯骥（1878—1958），字天一，广东东莞人。近现代著名藏书家。幼年入读宝安书院，后入读广州逊业学堂等校。清光绪二十九年（1903）至 1914 年，任《羊城日报》编辑。其中，宣统元年（1909），在广州西关开设"仁寿西药房"。1916 年，经广惠镇守使莫荣新向粤省督军陆荣廷推荐被委任为军医正。1925 年起，因药房规模越开越大，经济越来越宽裕，开始大力搜藏图书。1929 年后的三四年间，以 20 万元购得 40 万卷书，后藏书增至 50 万卷，遂将藏书楼"福功书堂"易名为"五十万卷楼"。1931—1933 年，礼请同邑卢子枢协助整理藏书。1937 年，日军轰炸广州，举家至香港友人家避难，随身带出之书不过 4 皮箱，留在广州的 1400 余箱珍藏均遭浩劫，其子知悉后辗转托人收回数十箱。1941 年起，随子莫培樾寓居澳门直至 1958 年病逝。撰有《清四库总目提要补正》《张氏书目答问述补》《历代广东书征》《藏书纪事诗补续》《清代女子著述考》《四库撰人考》《群书索引》《廿四史索引》《经学文献》《五十万卷楼藏书目录初编》《五十万卷楼群书跋文》等。①

伦明与莫伯骥均是民国时期著名的东莞籍藏书家。伦明和莫伯骥同岁，二人"少相习"②，一起读书攻科举之学业，后又同住广州城，有共同的藏书爱好，"每一佳本出，辄为所夺"。1915 年，伦明举家迁居北京

---

① 许艳青：《莫伯骥评传》，广东人民出版社 2017 年版，第 181—188 页。

② 伦明著，雷梦水校补：《辛亥以来藏书纪事诗》，上海古籍出版社 1990 年版，第 94 页。

后与莫伯骥中断联系。1925 年某日，伦明阅读《广东七十二行商报》，看到报上刊有莫伯骥《读徐君信符中国书目学书后》，始与莫伯骥恢复联系。1929 年，伦明请假回到广州，特意造访莫伯骥五十万卷楼，观其所藏，作《抵家作》：

> 冷寂东街路，年时访古勤。
> 书林空旧椠，肆友换新人。
> 榕寺苔生殿，诃林栋作薪。
> 只应徐与莫，赏析不辞频。①

诗中描述了广州售卖古画、图书之地的府学东街（今广州文德路与文明路交界处）从繁荣热闹到门庭冷落的变化。随着时间的流逝，伦明认为一切都已改变，唯有自己与徐信符、莫伯骥二友往来赏书的兴致和友情不变。

伦明与莫伯骥恢复联系后，经常通函商榷，"往复不绝"。伦明与莫伯骥久别后的第一封信谈到以下几个问题：

一是赞赏莫伯骥学术精进：

天一仁兄台鉴：

久别未晤，契阔之感，想彼此同之。顷从友人处阅粤中《七十二行报》，见大著《读徐君信符中国书目学书后》。数年前，请假回粤，即闻人言吾兄搜诸古籍甚富，然不料所造之深至是，佩服佩服。

二是叙述自己的藏书状况及目的：

弟亦同兹痼癖，二十年来，沉潜于此，尤好清人著述。虽资力

---

① 伦明：《抵家作》，《伦哲如诗稿》（第二册），国家图书馆藏稿本，第 15 页。

无多，购蓄有限，然以收藏家例，贵古而薄今，即弟所有，海内似无第二家矣。窃不自谅，欲以个人之力，成《续四库全书提要》。已着手两载，成二百数十篇。以去岁有阁议续修《四库书》之事，因成《刍议》一篇，兹将印稿呈正。四部分类，鄙意本有不惬，然既之续，则不宜与原书立异。即欲立异，亦应俟书成并原书一例订正未晚也。且原四部分类之意，盖欲执简御繁，分而为四。则简无可简矣。若如《南洋中学图书馆书目》之分为十

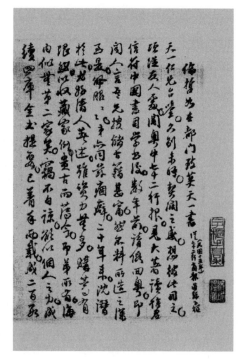

伦明致莫伯骥书

三，似未了解此意。且严格分之，又岂止十余而已哉。

三是拜托莫伯骥代访粤人著述：

弟久离乡土，于粤人著述，多有欲觅而不得者。如曾勉士之经学各种，吕坚、黄虚舟、刘彬华诸集，温伊福文集，又《劬学堂集》《何宫赞遗书》、陈海楼《赐书堂集》，皆不可得，欲乞吾兄代为访求。此外粤人有何名著，亦乞录目见示。若得书，先示其目及价，弟即着家人备款送上，然后将书寄京。

四是自荐可代莫伯骥购买或借抄名著：

兄欲有得之书，弟亦可代为访求。弟在京设有通学斋书店，在

琉璃厂，已数年。京师为书籍聚集之地，无论如何难得者，亦可代购，或借抄也。

五是请托莫伯骥设法借抄李文田所藏的明清野史：

又前闻同乡陈子砺先生，谈李若农家藏明末清初佚史最多。砺翁近著各书，多取材于此。若农子敦孟，系砺翁学生，故能借。前砺翁允为弟借来移抄全份，惜一时不克遽归。吾兄能设法借出抄录否？如不能，当转乞之砺翁。此种书关系掌故甚大，且弟遍访藏书家，关于此种储藏极少，幸勿交臂失之也。

六是谈所藏目录之事：

大著金石各书，有脱稿否，快欲一读。现在邮寄稳速，远道不能阻也。尊驾关于粤人著作，请录目见示。弟所藏以集部为多，清初秘本尤多，但杂在群书中，尚未有目耳。此上。①

伦明和莫伯骥两位莞籍藏书家在收藏我国古籍的道路上携手共进，常因购买图书多次通信。例如，1926年，《莫伯骥致伦明书》云：

哲如兄鉴：

寄来书五包已到。唯所谓《古今析疑》不见。兹择数种：《吕月沧文》《南浦秋波录》《崇德堂集》《湖海集》《贾氏遗书》《书目初编》、映（影）印《亭林生日册》《东井文抄》《南雷四集》（共九种）。照定价为一百一十八元。价似太昂。然以道远见教，请以整数一百元交换。且前次《考亭集》太昂，此次须略让以示公平。

① 伦明：《伦明致莫伯骥书》，原载《广东七十二行商报》1926年第7版，卢子枢抄原件现藏"卢子枢艺术纪念馆"。

上海书目二十元，请查检便知，非
诳言也。修整之费，尚不致五十余
元。如合清意，请转前途。余书用
挂号寄回，请收示复。如合，即将
前款合此次书款一并寄上取书。
此颂
日祉

　　　　　　　伯骥复四月十六日①

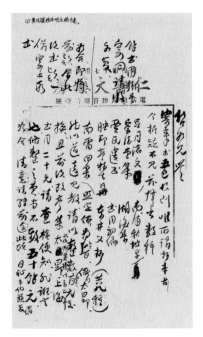

莫伯骥致伦明书

　　一般情况下，藏书家之间通信要么
互相仰慕，要么版本鉴赏，要么学术讨
论，要么代购图书。此函异于常态，两
位藏书家在购买古籍时讨价还价。9 种
图书，伦明要价 118 元，莫伯骥还价
100 元。其理由是：上次购书要价太贵，
此次应该让价；上海书目标价是 20 元，不信可以自查；修整之费尚不至
50 余元。平心而论，伦明要价不是"上天取价"，莫伯骥还价也不是
"落地还钱"，只是两位藏书家买卖书籍时的精打细算而已。

　　伦明在《辛亥以来藏书纪事诗》中为莫伯骥立传。诗云：

> 君堪继起孔兼丁，我似相逢尹避邢。
> 册万卷书非幸致，后身应是范东明。

　　诗中的"孔""丁"分别指孔广陶和丁日昌，均为清代粤中著名藏
书家。"范东明"是明代著名藏书家、浙江宁波"天一阁"主人范钦的
号。伦明认为，自广东南海孔氏藏书、丰顺丁氏藏书相继衰落后，广东
藏书事业继起之责，当属莫伯骥。与此同时，伦明甚至认为，莫伯骥将

---

① 杨宝霖：《灯窗琐语》（六），《文化周末》专刊 2016 年 8 月 13 日。

自己的字号取为"天一",与宁波范钦"天一阁"的阁号相同,这或许不是偶然巧合。此外,伦明在诗中利用"避面尹邢"这一典故,比喻自己因嫉妒而羞于与莫伯骥见面;利用"虬髯公"这一小说中的传奇人物,比喻自己在莫伯骥面前甘拜下风,只能远走京城开辟新天地,让莫伯骥"独霸南越"。这显然是伦明自谦,然从中可知伦明对莫伯骥藏书成就的肯定和赞赏。"避面尹邢"典出《史记·外戚世家》。汉武帝同时宠幸尹夫人和邢夫人,诏二人不得相见。尹夫人向武帝请求见邢夫人,相见后,尹夫人"乃低头俯而泣,自痛其不如也"。"虬髯公"是传奇小说中的人物,故事出自杜光庭《虬髯客传》,讲述隋末虬髯公有意逐鹿并自立为王,自从随好友李靖面见太原公子李世民后,认为李世民有雄才伟略,气度不凡,未来天子非他莫属,遂把自己的全部家产赠与李靖,求其辅助李世民成就大业,自己则听从道士劝说远走朝鲜半岛,遁迹为扶余国主。

伦明在诗后进一步说明道:"同邑莫天一伯骥,与余少相习。睽隔垂二十年,岁乙丑,阅粤报,见君论著,始通函商榷,自是往复不绝。君于是时,已从事聚书。又四年,余南旋,得观其所藏。此后三四年间,君识益精,气益雄,所得至四十万卷,挥斥至二十余万金,亦豪矣哉。自南海孔氏、丰顺丁氏,相继陵替后,继起之责,舍君谁属?君少攻举业,壮究医经。中岁以后,始治目录,而弱龄锡字,即与范氏藏书之阁相符,岂偶然哉!闻迩年谢绝书客,手编藏书志已付梓,又深合老氏止足之义,余愧见未及此,使黄荛圃、张月霄辈知此意,何至垂老尽丧其所有哉。余与君,恰如虬髯公遇太原公子,知物无两大,遂遁迹为扶余国主,让老夫臣佗独霸南越,君闻此语,能禁一轩渠耶。"[①]

伦明还在《辛亥以来藏书纪事诗》未刊稿中记述莫伯骥发明的书籍防虫法:"吾友莫天一,多储书,又识西药,据云自德国来之臭丸原料,

---

① 伦明著,雷梦水校补:《辛亥以来藏书纪事诗》,上海古籍出版社 1990 年版,第94—95 页。

可辟蠹，每书一箧，置三四块，年一换，效最著，余未曾试，不知然否。"①

莫伯骥去世后，其藏书由其子莫培樾售卖。据广东省立中山图书馆罗焕好《我国近代著名藏书家莫伯骥及其五十万卷楼藏书》统计，盖有"东莞莫氏五十卷楼劫后珠还之""东莞莫伯骥所藏经籍印""东莞莫伯骥号天一藏书印""东莞莫氏五十卷楼"等印章的莫伯骥旧藏散布中国大陆、香港和台湾等地区。现国家图书馆藏有 30 余部，包括莫伯骥视为镇库之宝的宋本《孙可之集》十卷等；广东省立中山图书馆藏有 66 部，包括元刻本 3 种，明刻本 38 种，其余为清刻本及抄本，且有 15 种孤本；香港大学冯平山图书馆藏有明刻本《张文定公四友亭集》二十卷、明刻本《筹海图编》十三卷；台湾"国立中央图书馆"藏有明嘉靖三十三年（1554）刻本《丹铅总录》二十七卷等。

---

① 伦明著，宋远补注：《辛亥以来藏书纪事诗未刊稿笺注》，载《中华文史论丛》（第四十九辑），上海古籍出版社 1992 年版，第 88 页。

徐信符

徐信符（1879—1948），名绍棨，字信符，以
字行世。祖籍浙江余杭，游幕于粤，遂籍番禺，
出生于广东英德县署，其后迁居广州状元桥（今
小北路）定居。近代广东著名藏书家、版本目录
学家。早年入读学海堂，先后任教于香山隆都学
堂、广府中学、两广高等学堂、两广高等师范学
校、广东公立法政学校、岭南大学、国立广东法
科学院、广州大学、国立中山大学等校任讲师、

徐信符

教授，曾兼任广东省编印局发行部主任，广东省修志局编纂，广东省文
献馆理事，广东图书馆董事、委员等职，嗜书成癖，藏书甚富。著有
《广东藏书纪事诗》等，编有《中国文学史》《中国诗学史》《古籍校读
法》《目录学》等讲义十余种，参编《广雅丛书》《学海堂丛书》等。①

伦明和徐信符因藏书志向相同而结为好友。伦明任职广州期间，与
徐信符同城而居，一居城东，一居城北。伦明任教于两广方言学堂时，
徐信符任教于广东法科学院。1913 年，伦明与李汉桢②创办《广东平
报》，聘请徐信符任总编辑，负责报馆事务，两人又成为同事。《广东平
报》后来由于"副刊中多述广东文献，所刊之文，极其审慎，作风过于

---

① 徐汤殷：《徐信符叙传》，载伦明著，杨琥点校：《辛亥以来藏书纪事诗》，北京燕山
  出版社 2008 年版，第 297—299 页。
② 李汉桢，毕业于香港皇仁大书院，历任广雅中学、方言学校和广州中学校教员。

平实，故开办两年，即告停版"①。伦明与徐信符在广州讲课、办报、搜集古籍，每有所得，则邀请对方"赏奇辩异，切磋交流"。伦明有诗云：

> 城北徐公爱蓄书，赏奇辨异每邀余。
> 我惭佣笔顾千里，君欲争雄士礼居。②

"城北徐公爱蓄书"是指徐信符住广州北城状元桥，家中并不宽裕，所有收入除生活外，尽以购书。积 10 余年，插架数万卷，多佳椠。自南海孔氏、潮州丁氏所藏散出后，粤中藏书家当以徐信符为巨擘。"我惭佣笔顾千里，君欲争雄士礼居"是指伦明和徐信符分别以顾千里、黄丕烈为榜样。"士礼居"是黄丕烈的藏书室名，黄丕烈与顾千里皆精擅版本研究和文字校勘，在乾隆、嘉庆、道光年间的藏书界中，黄丕烈被誉为"版本第一人"，顾千里被誉为"校勘第一人"。

1915 年，伦明举家迁居北京后，仍与粤籍藏书家及其后人保持往来，如谭莹之孙谭祖任、丁日昌次子丁惠康（字叔雅）、孔广陶次子孔昭鋆、梁鼎芬之子梁思孝等，然与徐信符、莫伯骥的交往最为频密。

伦明和徐信符均撰有"藏书纪事诗"。清末叶昌炽《藏书纪事诗》是中国藏书史研究的开山之作，首创"纪事诗藏书家传"的体例，有"书林之掌故""藏家之诗史"的美誉。自光绪二十三年（1897）叶昌炽《藏书纪事诗》首刊以来，该类撰述接踵而出，仅广东籍藏书家的著述就有三部，如伦明《辛亥以来藏书纪事诗》、莫伯骥《藏书纪事诗》（未刊）及徐信符《广东藏书纪事诗》。徐信符对伦明《辛亥以来藏书纪事诗》评价极高，他认为伦明""《辛亥以来藏书纪事诗》于南北藏书家收

---

① 徐家凤：《徐信符和南州书楼概述》，载中国人民政治协商会议广东省委员会文史委员会主编：《广东文史资料》（第 66 辑），广东人民出版社 1991 年版，第 140 页。
② 伦明：《广州杂诗》，《伦哲如诗稿》（第一册），国家图书馆藏稿本，第 3 页。

藏事迹极为明审，今日粤中明悉藏书掌故者，断推伦氏"①。

伦明和徐信符各自在"藏书纪事诗"中为对方立传。伦明《辛亥以来藏书纪事诗》徐信符小传云：

> 君家城北系南州，名满书林书满楼。
> 通介堂中说经叟，无书无屋雪盈头。

伦明在诗一、二句对徐信符的藏书成就给予肯定。徐信符的南州书楼位于广州小北路 120 号，既是住处也是藏书处。民国初年，战乱频繁，徐信符低价购得曾钊面城楼、伍氏粤雅堂、孔氏岳雪楼、潘氏宝礼堂、陈澧传鉴堂以及东塾读书楼的大量孤本和善本，为南州书楼的藏书打下了深厚的基础。此外，徐信符任教于大学期间，课余经常到广州文德路古旧书店淘书，委托朋友在北京、天津、南京、上海、杭州等地购书。南州书楼最盛时，藏书达 600 余万卷，以广东文献、各省通志、诗文集和丛书最富。1932 年，因水灾损失藏书 400 余箱，徐信符为此卧病累月。抗日战争全面爆发后，运往香港的 150 余箱精善之本和留存在广州的藏书又损失不少。徐信符去世后，遗存藏书由广东省立中山图书馆、中山大学图书馆、加拿大温哥华图书馆等单位收藏。伦明在诗三、四句对徐信符的伯父徐灏和堂兄徐绍桢的藏书情况进行叙述。徐灏（1810—1879）是著名的经学大师，著有《通介堂经说》等，其子徐绍桢（1861—1936）曾任民国军政府卫戍总司令、两广各路招讨军总司令、孙中山掌粤期间广东省省长等职，承其家父通介堂所藏，入仕后，又在江苏、浙江、福建等地广为搜书，其学寿堂藏书珍本丰富。然晚年历经忧患、生活困顿，所藏无存，到最后是"无书无屋雪盈头"，与徐信符

---

① 徐信符：《广东藏书记略》，载广东省文史研究馆主编：《广东文物》（卷九），上海书店出版社 1990 年版，第 857 页。

"名满书林书满楼"形成鲜明对比。诗后，伦明又进一步说明道："番禺徐信符绍棨，家本儒素，而购书甚豪。往昔余居粤时，与有同好，每一佳本出，辄为所夺。君未出广州一步，而自北平以至宁苏沪浙诸书店，无不识君名，盖皆曾通函购书者也。数年前，新起一楼，以储珍本，楼中秘异不胜举，最忆孙退谷《元明典故编年》，系两朝日录相连，四库著录本及顺德龙氏刻本之《元朝典故编年》，非原本也。君从父灏字仲远，灏子绍桢，字固卿，以经学世家，有《通介堂经说》诸种行世。固卿曾为显宦，亦好聚书，但随得随散。现流寓上海，年七十余矣，犹著书不辍。有《老子说》《大学说》《诗经解》等行世。"①

徐信符对伦明也极为欣赏。他曾将明朝以来广东藏书家辑成《广东藏书纪事诗稿》，在该书中为"伦明续书楼"诗曰：

> 四库重修愿莫申，续编提要有何人。
> 奇赢亿中非无术，通学斋开足疗贫。②

徐信符在诗中高度赞赏伦明毕生续修《四库全书》之志向，以及开通学斋书店启迪民智的行为，同时也为其续修《四库全书》的愿望没有完成表示深深的遗憾。据史料记载，徐信符《广东藏书纪事诗稿》还未完成即遽捐馆舍，后为广东大学同人索去，叶恭绰为之校阅，刊于1949年《广大学报》复刊第 1 卷第 1 期上。前有序云："此诗稿乃本校已故目录学教授徐信符先生遗著，曾经叶恭绰先生校阅。收广东自明代以迄民国藏书家数十人，详述广东典籍聚散之源流，阐扬藏书家之潜德，泂为不朽之作。且其中所述广雅书局十峰轩、广雅书院冠冕楼、菊坡精舍书藏、惠州丰湖书藏之史实，实均为广东文化教育重要史料，尤足珍贵。

---

① 伦明著，雷梦水校补：《辛亥以来藏书纪事诗》，上海古籍出版社 1990 年版，第 90 页。
② 徐信符：《广东藏书纪事诗稿》，载《广大学报》1949 年复刊第 1 卷第 1 期，第 86 页。

惟首页所咏明代藏书家，有诗而无小传，盖未完成之稿也。"① 《广东藏书纪事诗稿》所载"伦明续书楼"条目下原本有诗无传，亦是未完之稿，后其子徐承瑛（汤殷）补辑传文。

伦明和徐信符是广东大学同事。抗日战争期间，广东大学是沦陷时期广东的最高学府。在广州沦陷时期，部分知识分子为了生存不得不进入高校教书，但一般都声明只负责教书，所有开会、演讲以及与政治有关的事情一概不参加。徐信符被聘为广东大学图书馆馆长时，表示愿意当馆长，但要易名为"徐成"，且只能在香港遥控领导，这真实地反映了当时知识分子的心态。伦明也是在这种复杂的背景下为了生活而进入该校任教。据参与创办广东大学的陈嘉霭回忆道："徐虽在香港挂名，但馆内用人，则由徐选荐。徐将其南州书楼所藏之书籍借与广东大学陈列，其中有古籍之最精彩者为宋版蚕茧本的《陈后山集》。""广东大学院系确立后，文学院分为三系：中国文学系，我兼主任；教育系，区声白教授兼主任；历史学系，伦哲如教授兼主任，伦去世后，该系合并于中文系。"② 据此可知，伦明去世前一直在该校任教。

---

① 徐信符：《广东藏书纪事诗稿》，载《广大学报》1949年复刊第1卷第1期，第69页。

② 陈嘉霭：《沦陷时期的广东大学》，载中国人民政治协商会议广州市委员会文史委员会编：《广州文史资料》1998年第五十二辑，第343页。

陈官桃

陈官桃（1880—1933），字红宝，号恭甫，广东东莞人。清末民国时期政府官员。早年拜康有为为师，入读万木草堂。[①] 清光绪二十四年（1898），以县冠军补博士弟子员。光绪二十八年（1902）九月，东莞县学堂创办，被聘为首届国文教员。其后，随叔父陈高第留学日本法政大学。回国后参加游学生考试及第，赐法政科举人。宣统元年（1909），参加廷试，考取一等第六名，授内阁中书，后改授河南即用知县。至河南开封后，深受河南巡抚吴重熹赏识，奏补任河南镇平知县兼河南巡抚署总文案，因成绩卓著，奏以道员补用。1912年，任河南省警察厅厅长。1913年，任广东高等检察厅厅长。1914年，任河南高等审判厅厅长。1920年，罢官归京。[②]

陈官桃

伦明和陈官桃同为康有为弟子，彼此熟悉。光绪十九年（1893）十月，康有为的弟子梁启超和韩铭基（字云台）到东莞莞城周氏宗祠教冬学，邀请东莞进士尹庆举署名张贴街招（广告）广为宣传，叶觉迈、张伯桢、陈高弟、陈官桃等前往听讲后与老师联系不断，大约于光绪二十

---

① 陈汉才：《康门弟子述略》，广东高等教育出版社1991年版，第156页。

② 东莞市茶山镇人民政府编：《茶山乡贤》，世界图书出版广东有限公司2021年版，第234—235页。

三年（1897）先后入读万木草堂。① 据罗志欢《伦明评传》，伦明于光绪
二十二年（1896）拜康有为为师，执弟子礼。② 据此，伦明、张伯桢、
陈官桃、叶觉迈、陈高弟等应在同时间段先后拜康有为为师。

伦明曾写诗宽慰辞官而归的陈官桃。民国时期有严格的法官聘用、
考核、升降制度，然司法总长无视规定，任人唯亲，法官靠关系升迁之
风日盛。陈官桃任河南高等审判厅厅长期间，因用人不阿，有悖司法总
长之意，1919 年受到司法惩戒委员会惩戒，1920 年，遂辞官而归。郁郁
不得志的陈官桃多次向伦明索诗，伦明因事务缠身久未回应。已在河南
焦作任职的伦明得空间隙忆及陈官桃索诗一事，颇感不安，遂作诗寄之，
诗云：

> 李家祠里两头巾，少小无成白日沦。
> 输尔读书兼读律，只今忧道更忧贫。
> 老来苦作儿曹役，客久偏思里社人。
> 宦达固佳归亦好，钵山筇杖趁花晨。③

诗前小序云：

> 同邑陈恭甫，名官桃，少同问业于韩云台、麦孺博二先生，既
> 而游日本习法政，曾充高等法厅长。近岁居京师，悒悒不得意，索
> 余赠诗，久未有应，客中忆及思讽其归，作此寄之。

---

① 杨宝霖：《梁启超与东莞中学》，载黄灿明编：《莞中往事》，东莞中学校志办 2012
年版，第 13 页。

② 罗志欢：《伦明评传》，广东人民出版社 2014 年版，第 11 页。

③ 伦明：《同邑陈恭甫名官桃少同问业于韩云台麦孺博二先生既而游日本习法政曾充
高等法厅长近岁居京师悒悒不得意索赠诗久未有应客中忆及思讽其归作此寄之十
二叠前韵》，《伦哲如诗稿》（第五册），国家图书馆藏稿本，第 11 页。

　　韩铭基（字云台）和麦孺博（字孟华）均为康有为弟子，年少时与梁启超齐名。伦明言陈官桃少时同问业于韩云台和麦孺博，是指陈官桃于光绪十九年（1893）听完梁启超和韩云台的冬学课后，即拜韩云台为师，后又拜麦孟华为师。伦明在诗中不仅回忆陈官桃为学、为官的经历及品行，而且感慨自己年少时虚度光阴，一事无成；年老时客居他乡，为儿女们辛勤劳作。最后劝慰陈官桃，官位显达、仕途亨通固然好，然辞官归乡也是一桩美事，可以悠闲地在家乡新建的公园里散步，岂不美哉。

江天铎

江天铎（1880—1940），字竞庵、兢庵、崭盦，广东花县（今花都）人。民国时期政治家，近代著名藏书家。早年留学日本早稻田大学法政科，回国后历任民政部则例局纂修、京师高等警察学堂教习、陆军部军法司法官等职。中华民国成立后，当选国会众议院议员。1915 年，任北洋政府国务卿徐世昌法律顾问，兼律师公会会长。1917 年，任北洋政府段祺瑞内阁农商部次长、代总长。1922 年起，历任全国水利局总裁、扬子江水道讨论委员会副委员长、华威银行总裁、私立北京民国大学校长、内务部次长等职。1927 年 1 月被免职后，在上海从事律师工作，业余研习书法和诗文。①

江天铎

伦明和江天铎有多个共同的师友。江天铎与伦明在万木草堂的老师康有为有数十年交情，虽然两人没有正式师生关系，然江天铎一直对康有为执弟子礼，而康有为亦对江天铎青眼有加，视为知己，多次赠送书法。② 江天铎与伦明京师大学堂的老师林纾也是好友，朱羲胄《林畏庐先生学行谱记四种》不仅收录了江天铎为林纾所作的诗，而且还收录有江天铎撰写的挽联："风标合拟林和靖；身世差同郑所南。"③ 江天铎与伦明曾经的领导梁士诒交好。1913 年 12 月，袁世凯的得力干将梁士诒

---

① 李玉安，黄正雨编：《中国藏书家通典》，中国国际文化出版社 2005 年版，第 848 页。

② 中国社会科学院编：《近代史资料·康有为先生收文录》，中国社会科学出版社 1981 年版，第 69 页。

③ 朱羲胄编：《林畏庐先生学行谱记四种·贞文先生学行记（三）》，四川大学出版社 2018 年版，第 300 页。

指派伦明回广州设立公民党广东支部，江天铎、伦明京师大学堂的同学朱兆莘均是公民党的得力干将。①

伦明和江天铎有着共同的藏书爱好。江天铎除收藏古籍外，还收藏烟嘴数百种。每得一佳本便去书向伦明炫耀。1927年，江天铎在顾维钧临时内阁内务部次长位置被免后，前往上海从事律师工作，此时，身在焦作的伦明为了宽慰友人，作《怀江竞庵上海》，诗云：

> 菁华未竭去褰裳，生计长江地可桑。
>
> 朝见驱车辞相府，暮传对簿上公堂。
>
> 朝争牛李难中立，世重申韩少内行。
>
> 暂别高阳多酒侣，寓书待报起居康。②

首联借用先秦《卿云歌》中"菁华已竭，褰裳去之"之句，述说江天铎精力才华未竭便退隐一事。紧接着，伦明又借用陶渊明"江边种桑"③的典故，寄语江天铎归隐后的生活。颔联叙述江天铎被免去内务部次长职务后，迅速复操律师旧业。颈联通过唐朝末年"牛李党争"事件说明官场党派林立，正直的官员即使想保持中立都很困难这一事实，劝慰江天铎不要太在意免职一事，可以在当局重视法制然缺乏专才的情况下大显身手。"申韩"是战国法家申不害和韩非的并称，专指法家之学。尾联则继续劝慰江天铎只是暂时离别北洋政府高层，以后还会有复出的机会，希望两人多传书信，频报安康。

伦明《辛亥以来藏书纪事诗》为江天铎作传。诗云：

---

① 蔡鸿源、徐友春编：《民国会社党派大辞典》，黄山书社2012年版，第9页。

② 伦明：《怀江竞庵上海》，《伦哲如诗稿》（第三册），国家图书馆藏稿本，第13页。

③ "江边种桑"出自陶渊明诗歌《拟古·种桑长江边》。通过"桑树"隐喻晋朝，喻说晋朝灭亡的一段历史。自此，诗歌中常以"江边种桑""江头种桑"借指陶渊明。

竞公中岁研书法，余事论文语语精。

近得张储二家集，为言风格压元明。①

伦明在诗中高度赞扬江天铎的书法和诗文功底，并提到其藏元末明初张羽的《张来仪集》和明朝储巏的《柴墟集》。张来仪（1333—1385），原名羽，字来仪，江西九江县人。累官至太常寺丞，后因事贬谪广东，途中投江而亡。能文善画，长于诗，是明初吴中"四杰"之一。储柴墟（1457—1513），名巏，字静夫，号柴墟，江苏泰州人。明成化二十年（1484）进士，累官至南京户部左侍郎，工诗，明朝著名诗人，著有《皇明政要》《柴墟集》《駉野集》等。江天驿对张羽和储巏极度欣赏，认为张羽的文章为元文第一，储巏的诗也有独到之处，故伦明有"近得张储二家集，为言风格压元明"之句。在诗后，伦明进一步说明道：

> 花县江竞庵天铎，专法学，书法劲绝，其诗文委抑深奥，自成一派。近居沪上，喜搜求集部，每遇佳本，辄书来相炫。近得张来仪、储柴墟二文集，言来仪文为元文第一，柴墟为唐顺之师，顺之不能出蓝，皆其独到之见。余愧未读二家专集，无以复之也。②

---

① 伦明著，雷梦水校补：《辛亥以来藏书纪事诗》，上海古籍出版社1990年版，第78页。
② 伦明著，雷梦水校补：《辛亥以来藏书纪事诗》，上海古籍出版社1990年版，第78—79页。

冼玉清

冼玉清（1895—1965），自号琅玕馆主，别
署琅玕馆主人、西樵女士、西樵山人，尊称"冼
姑"，原籍广东南海西樵，出生于澳门。工书画，
善诗词，近现代著名文献学家、藏书家。自幼受
业于名师陈子褒的灌根学塾，后入读香港圣士提
反女校。1918 年，转学至广州岭南大学附中。
1920 年考入岭南大学中文系，1924 年毕业后留任
助教，继任讲师、副教授。1927 年，兼岭南大学
文物馆馆长，直至 1949 年。抗日战争期间，随岭

冼玉清

南大学迁校香港、粤北曲江等地。抗战胜利后，任岭南大学文科教授。
1952 年，岭南大学并入中山大学，继续在中山大学任教授，直至 1955
年退休。著有《碧琅玕馆诗钞》《粤人著述过眼录》《广东女子艺文考》
《闺秀艺文志》等，所撰文史笔记多收录于《艺林丛录》。①

伦明与冼玉清在北京相识后成为好友。1929 年春，冼玉清利用岭南
大学放假的机会，应燕京大学教务主任周钟岐之邀漫游北京。一日，与
书法家番禺王薳（字秋湄）同游小市书摊，在鸿春楼与伦明相遇，相谈
甚欢，后结为知心好友。翌日，伦明赠诗曰：

粤峤知名早，京华识面新。
锦车来墨客，绛幔拜经神。
林下论文友，闺中不字身。

---

① 周川主编：《中国近现代高等教育人物辞典》，福建教育出版社 2012 年版，第 434 页。

惊闻归计急，家有倚闾人。①

伦明在诗中不仅生动地描述了两人见面时的情景，而且对冼玉清经学方面的学识高度赞赏，称其为"经神"。与此同时，伦明还在诗中对冼玉清结交文友、待闺不嫁、父母急盼回家等事进行了生动描写。自鸿春楼相见后，两人往来频繁，交往密切。据冼玉清回忆："余僦居（北京）锡拉胡同女青年会，先生（伦明）每得佳椠，辄以相示。又同访傅增湘沅叔及北京图书馆，看所藏善本，余之留意版本自此始。六月余南归，先生撰五言长古四首送行，第三首畅论广东学风，一时传为佳作。"② 1933 年 4 月，伦明应日本斯文会之邀，前往日本鉴定古籍善本，邀约冼玉清同行，冼玉清因病未能成行。同年下半年，伦明力邀冼玉清前往北平相助续修《四库全书》事，冼玉清因教务工作繁忙未能答应，然二人书信往来不辍，伦明曾和冼玉清长韵诗十余首。1937 年 7 月，伦明回乡扫墓，抵穗后即至岭南大学拜访冼玉清。冼玉清力劝伦明洗脱旧日文人放荡不羁的恶习，以笃实周慎为务。伦明作诗"积过如山去日长，悚然一棒下当场"，既为自省，又为对好友忠言提醒的服膺。1938 年 10 月，岭南大学迁往香港，伦明曾去信已随岭南大学赴港的冼玉清，谓"乡间不可居，欲来港就专馆教席"。冼玉清与马鉴、许地山两位朋友商量，均希望伦明来港，然因"难求栖止之地，遂尔中止"。欲任岭南大学专馆教席愿望落空后，伦明心情极度苦闷，寄诗冼玉清述说战争带给自己的痛苦和绝望，诗云：

局蹐穷乡一坯长，艰难屡觅避兵场。
战争道阻音书梗，忧患心劳笔砚荒。

① 冼玉清：《记大藏书家伦哲如》，载东莞图书馆编：《伦明研究》（第一册），广东人民出版社 2020 年版，第 9 页。
② 冼玉清：《记大藏书家伦哲如》，载东莞图书馆编：《伦明研究》（第一册），广东人民出版社 2020 年版，第 9 页。

果帝暴秦甘蹈海，所思之子怅横江。

黄冠白刃吾何任，切欲从君一审详。①

广州沦陷后，伦明从广州返回故乡东莞望牛墩，为躲避战争，辗转于新塘、横沥之间，正所谓"艰难屡觅避兵场"。时土匪又猖獗，声言扒村，伦明一夕数惊，苦不堪言。而此时乡间既无书籍，又无可谈之人，日惟作诗以自遣。"忧患心劳笔砚荒"是伦明的自谦，据东莞文史专家杨宝霖考证，伦明在此期间作《乡园忆旧》七绝数百首，可惜今无一字流传。②"果帝暴秦甘蹈海"典出《战国策·赵策》，是指客游赵国的齐人鲁仲连在秦军围攻赵国邯郸时，以利害关系进言前来劝和的魏国大臣，希望其放弃尊秦昭王为帝、以屈辱换和平的想法，表明如果他们执意要这样做，自己将蹈海而死的坚定立场。最后，魏国大臣服膺，魏国援军赴到，终解邯郸之围。"所思之子怅横江"是指爱国诗人屈原在楚国郢都被秦军攻破后，自沉于汨罗江，以身殉国。"黄冠白刃吾何任，切欲从君一审详"是指在日寇践踏乡土之时，是做一个飘零无梦的黄冠道士，还是做一个慷慨迎白刃的勇士，伦明犹豫不定，急切地想和好朋友冼玉清一起商量和讨论。

伦明曾尽出其所藏粤人著述给弟子李棪编印《续岭南遗书》，后李棪前往香港任教，伦明致函冼玉清，要求帮忙询问李棪该部分藏书的下落，以及与滞留香港的国立北平图书馆馆长袁同礼洽谈藏书归公一事。1941 年 12 月，香港沦陷后，冼玉清随岭南大学迁往粤北，自此与伦明联系中断。直至抗战胜利后，冼玉清重返广州，才知伦明已于 1944 年 10 月在东莞病逝。在痛心和惋惜之余，即刻函商伦明北平家属，请以藏书悉归国立北平图书馆，以遂伦明生前之志。1947 年，通过陈垣、袁同礼等一批学者的奔走努力，伦明的藏书最终归国立北平图书馆。冼玉清认

---

① 冼玉清：《记大藏书家伦哲如》，载东莞图书馆编：《伦明研究》（第二册），广东人民出版社，2020 年版，第 10 页。

② 杨宝霖：《梁启超激赏伦明诗》，载《文化周末》1916 年 7 月 28 日。

为，这是对九泉之下伦明的慰藉。

伦明多次为冼玉清的著述题词。冼玉清北平之行后，开始留意古籍版本以及广东地方文献。她多次造访伦明的通学斋，编有《通学斋广东书目》。又曾在徐信符的南州书楼披阅累月，录成《南州书楼所藏广东书目》。1936年3月，冼玉清患病初愈，所作《更生记》刊行，伦明于卷首题诗：

> 闲情写出病情长，快意文章苦恼场。
> 竟是设身尝地狱，未教埋骨恨天荒。
> 十年去国非南海，万里投荒岂北江。
> 此记在今犹怕读，当时赢得不知详。[①]

"更生"者，重生也。冼玉清以凄清之笔调，多感之文思，记述了自己从甲状腺病发作到重获新生的全过程，故伦明有"闲情写出病情长，快意文章苦恼场"之佳句。"十年出国非南海，万里投荒岂北江"，是指冼玉清喜欢游玩，又喜欢搜集古文献、字画、彝器等，曾撰《万里孤征记》。1941年，冼玉清细梳岭南历代才女著述的研究成果《广东女子艺文考》出版，伦明为其题诗：

> 从古风诗以地分，领南花木自成春。
> 不关炜管存偏见，子树书□半粤人。
> 岂但虹屏与道昇，即今艺苑属娉婷。
> 画眉□笔能传史，伏阁他时愧老生。[②]

岭南诗歌自明清以来以群体姿态出现，蓬勃发展。近代诗人张维屏

---

① 冼玉清：《更生记》，琅玕馆丛书本1948年版，第4页。
② 余祖明编纂：《广东历代诗钞》（卷6），能仁书院1980年版。

（1780—1859）《诗人征略》初编粤人占十之二三，续编粤人占十之七八，二者合起来几乎占一半，这是打破文人对岭南诗歌创作之微词与偏见不争的事实。紧接着，伦明紧扣主题，说自古才女不仅有江南的沈虹屏和管道昇，当今在文学艺术界占据一席之地的女性也很多，例如，冼玉清等。沈虹屏，名彩，字虹屏，浙江湖州人。本是清代著名藏书家、书画家陆烜（号梅谷）夫人彭贞隐的陪嫁侍女，后成为陆烜侧室。在陆烜的教育与熏陶下，学问精进，不仅精通版本校勘之学，掌管梅谷藏书，而且长于书法和题跋。管道昇，字仲姬，浙江湖州人。元朝著名书画家赵孟頫的夫人，元延祐四年（1317）被朝廷封为魏国夫人。工诗词书画，著名的《我侬词》即出其手。伦明《辛亥以来藏书纪事诗》中"跋书何让沈虹屏，辨画真知管道昇"[1] 即指二人在撰写跋文和鉴别书画方面的才能。在诗的最后，伦明通过东汉才女班昭的故事，进一步说明"扫眉才子笔玲珑"的独特魅力，凸显冼玉清编纂《广东女子艺文考》的重要性和必要性。班昭，字惠班，史称"班大家"，中国古代第一位修撰正史的女史学家。班昭的哥哥班固去世后，汉和帝欣赏班昭的才华，诏令续修《汉书》。《汉书》完成后，马融拜班昭为师，每天伏阁研习《汉书》，故伦明有"画眉□笔能传史，伏阁他时愧老生"之句。

伦明《辛亥以来藏书纪事诗》为冼玉清立传。冼玉清任岭南大学教授时，帮助学校广泛搜集粤人著作，家中的藏书也很丰富。王謇《续补藏书纪事诗》、伦明《辛亥以来藏书纪事诗》均为其作传。伦明诗云：

> 跋书何让沈虹屏，辨画真知管道昇。
> 好古好游兼两美，更看万里记孤征。[2]

伦明在诗中高度赞誉冼玉清与沈虹屏、管道昇一样博学多才，同时，又说冼玉清既不像徐霞客好游而不好古，也不像陈寿卿好古而不好游，

---

[1] 伦明著，雷梦水校补：《辛亥以来藏书纪事诗》，上海古籍出版社1990年版，第108页。
[2] 伦明著，雷梦水校补：《辛亥以来藏书纪事诗》，上海古籍出版社1990年版，第108页。

而是"好古好游兼两美"。冼玉清写下的《万里孤征记》，既可说是"徐霞客再生"，继承了《徐霞客游记》传统，又可说是"徐霞客超生"，兼用读书与观景的方式探"有字书"之意，究"无字书"之理。在诗后，伦明进一步说明道：

南海冼玉清女士，现教授岭南大学，助校中收粤人著作甚备，撰有《粤人著述过眼录》。沈虹屏名彩，陆梅谷侍史，著有《春雨楼集》。蒋生沐《东湖丛录》，载其《晏公类要》后跋一则，闺阁究版本，始见于此。《缘督庐日记》又载其手写《尚书义》十二册，称为玉台佳话，镇库尤物。女士又撰《管仲姬书画考》，谓仲姬画，十之九出伪作，其愈工者愈伪，此论前人未道及也。又好游，尝居故都一年，北至关外，南道宁越，撰有《万里孤征记》。今岁四月，曾拟游日本，因病不果。前人谓徐霞客好游而不好古，陈寿卿好古而不好游，女士殆兼之矣。①

---

① 伦明著，雷梦水校补：《辛亥以来藏书纪事诗》，上海古籍出版社1990年版，第108页。

罗香林

罗香林（1906—1978），字元一，号乙堂，广东兴宁人。近现代著名历史学家。1924 年在兴民中学毕业后前往上海承天英文学校就读。1926 年，考入清华学校史学系。1930 年毕业后旋入母校研究院，专治唐史与百越源流问题，且同时肄业于燕京大学研究院。1932 年，任国立中山大学校长室秘书，兼广东通志馆纂修。1934 年，执教于南京国立中央大学，兼中央古物保管委员会审核事

罗香林

宜。1935 年，兼任上海暨南大学教授。1936 年，任广州中山图书馆（今广东省立中山图书馆）馆长。1938 年广州沦陷后，为馆藏善本和重要典籍免遭战火焚毁，费尽心力将重要馆藏运至广西。1940 年起，又赴粤北国立中山大学文学院任教。抗日战争胜利后，任广东省政府委员兼省立文理学院院长、广东文献馆理事会成员、国立中山大学史学系教授。1949 年，举家迁往香港，先后任教于香港文化专科学校、香港汉文夜学院、新亚书院、官立汉文夜校及香港大学等。1967 年后，任香港珠海书院文学院院长等职。著有《颜师古年谱》《客家源流考》《中国通史》《百越源流与文化》等。①

伦明与罗香林初识于罗香林入读清华学校期间。当时，伦明正与清华学校国学研究院商谈合作续修《四库全书》事宜，罗香林的老师梁启超、朱希祖等均与伦明交往频密。1937 年 3 月 18 日，伦明致书时任广州中山图书馆馆长的罗香林：

---

① 兴宁县地方志编修委员会编：《兴宁县志》，广东人民出版社 1992 年版，第 888 页。

香林先行台鉴：

拜奉手书，情殷下问，愧乏伟论，藉副雅怀。往者粤当道漠视文化，图书馆等于虚设。近年则侈建筑之观，不知充实内容。皆是憾事。今得我公负此重任，当必日有进步。搜求本省文献自是要事，但粤人著作流出外省者殊少。弟聚书数十年，所得亦属有限。想因山岭间阻，输出不易。而在于本地者又因潮湿生蠹易于蚀坏之故，然不得因其难改而置之也。弟所藏略有二三万种，精秘居多，暇当开一目寄上。事关公益，有必需者亦可割爱也。现已分示通斋掌柜孙耀卿君，此人在书行中称第一手，所见既博且尤诚实。前令岳迪先兄居平时最相契。有所购依价不减。可一讯也。现弟有摄印《袁督师督辽饯别图》，赠呈一份。原图闻亦可出售，但未问价表。督师为我省惟一伟人，且今日对辽事与明季略同，宜有此以厉同仇之气。又张萱（惠州人）有《西园闻见录》，系未刊本，一百余巨册，每册在百册[页]以上。旧为陈师傅宝琛所藏，其子欲售予燕京大学，已议定三千金矣。而陈氏家属多不尽同意，因是中止。弟识其后人，拟借抄一份。前曾函询岭南大学女教授冼玉清君。据云有某图书馆欲抄之，乃去信，至今未覆，不知何故。弟之抄法，系觅工多人抄写，且抄后再请一校对，每千字约以二角五分计算，连校工纸价约五六百元左右。然不敢确定。好在皆有实数可算也。及今不抄，想此书或流出国外，或遭意外损失，悔无及矣。张萱著书最多，尚有《汇雅》《西园存稿》等，皆少流传。而《闻见录》尤为孤本，尤宜急也。又，友人藏有《北京政府公报》，自光绪三十三年始（此月开办），至民国十七年止（此月为止），完全不缺，待价而沽。又有梁节庵先生手写《补元史艺文志》，陈东塾先生手批《通典》及《孟子》，皆是有关乡邦之要籍，以价昂未敢遍阅，如有意可代作介也。此复。即请
台安

弟伦明拜上三月十八日①

---

① 广东省立中山图书馆、香港大学冯平山图书馆编：《罗香林论学书札》，广东人民出版社 2009 版，第 336—337 页。

伦明致罗香林函中主要表达了以下几层意思：一是认为广东图书馆事业发展应重视文献的收藏与整理工作。伦明曾在《辛亥以来藏书纪事诗》卢靖小传中云：

> 余以为近十余年来，国中设图书馆不少，即如吾粤省立图书馆，窥其所有，仅如寒儒斗室，每月常费千数百元，不添置一册，徒耗于馆员薪金。近闻政府议以三十万金，改筑馆址，诚美观矣，如败絮其中何。①

在馆舍与馆藏二者之间，伦明看重的无疑是后者。他认为：

> 现值道衰文敝之日，守缺搜残，实为要务。力大者，自古椠至精刻旧抄，宜尽量收之；力小者，同就经史子集中，择其一部，应有尽有，庶几挽回外输，保存国粹。②

伦明将图书馆的馆藏建设上升到国粹存亡的高度，不可谓不沉重而深刻，相信任何一位对中国近代文献流散变迁遭际有着切肤之痛的人都能体会。对此，图书馆人不能无所作为，故对罗香林有"今得我公负此重任，当必日有进步"的谆谆嘱托。二是认为广东图书馆事业发展过程中搜求粤籍文献非常重要，自己可以为粤籍文献的搜求提供途径和资源，并特别提到"事关公益"，在这一点上，伦明"藏书为公"的思想与现代图书馆公益服务理念一脉相通。三是赠予《袁督师督辽饯别图》影印件。四是商议抄校张萱《西园闻见录》等。

---

① 伦明著，雷梦水校补：《辛亥以来藏书纪事诗》，上海古籍出版社1990年版，第50页。
② 伦明著，雷梦水校补：《辛亥以来藏书纪事诗》，上海古籍出版社1990年版，第50页。

豫辽同事

1924 年，伦明在友人的引荐下赴河南焦作道清铁路局任总务处长，开启了历时三年的客居生活。在此期间，结识了朱应奎、袁进之、王希古、文卿局长、景秋皋等友人，闲暇时交游唱和，创作了大量叠韵诗。1928 年秋，应杨宇霆之邀，赴沈阳商议影印、续修、校雠文溯阁《四库全书》，并参与《奉天通志》的撰修，与王树枏、杨钟羲、陈思、杨云史、金梁、朱应奎、杨宇霆等成为要好同事。伦明自沈阳归京后，时常思念友人，或作诗，或写信，始终与友人们保持密切联系。

王树枏

王树枏（1851—1936），字晋卿，号陶庐，晚号陶庐老人，又号绵山老牧，河北新城人。晚清官员、近代著名文史学者。少时先入读父亲王铨主讲的安肃凤山书院，后入读祖父王振纲主讲的保定莲池书院。祖父离世后，师从黄彭年。清光绪八年（1882），受冀州知县吴汝纶之聘，主讲冀州信都书院。光绪十二年（1886）进士，授

王树枏

户部主事，后申请外放获准，历任四川青神、资阳、新津、富顺、铜梁县知县，后被冤告革职。光绪二十一年（1895），入两江总督张之洞幕，与幕友梁鼎芬、柯逢时、黄遵宪交往密切。光绪二十二年（1896），入陕甘总督陶模幕。光绪二十四年（1898），任甘肃中卫县知县。光绪三十一年（1905），任兰州道台。光绪三十二年（1906），任新疆布政使，至宣统二年（1910）因新疆迪化发生纵火案被开缺。1914年起，入清史馆任职十余年，历任协修、纂修、总纂。1925年，任东方文化事业总委员会委员。1928年起，任奉天萃升书院山长，并被聘为《奉天通志》编纂之一。参与编纂的《清史稿》和《新疆图志》等巨著，成为中国史籍和边疆史地学的经典之作。主持或参与编纂有《奉天通志》《河北通志稿》《民国新城县志》等。著有《汉魏六朝砖文》《新疆图志》《新疆金石志》《晚晴簃诗汇》，其多数著作收入《陶庐丛刻》。①

伦明与王树枏同修《奉天通志》。1914年，王树枏入清史馆任职后，

① 景元平：《王树枏先生简略年谱》，载景元平：《王树枏传》，中国文史出版社2022年版，第279—290页。

与伦明的好友、清史馆协修张伯桢交往密切，其文集、诗集中有多篇关于张伯桢的诗文，诸如《张篁溪先生圹志铭》《张园记》《题张篁溪归钓图》等。在此期间，伦明与王树枏也多有交往。1928年11月1日，奉天省公署正式成立奉天通志馆，馆址设在沈阳故宫文溯阁东院。《奉天通志》由张学良任总裁，翟文选、臧式毅任副总裁，白永贞任馆长，袁金铠任副馆长，王树枏、吴廷燮、金梁等人任总纂，纂修则由陈思、王树翰、杨钟羲、于省吾、伦明等人担任。《奉天通志》拟目23门，王树枏负责《礼俗志》的编撰，伦明负责《实业志》《交涉志》（与穆六田合编）的编撰，自此两人成为同事。1931年，"九一八"事变爆发后，通志馆人员星散，馆务停顿，直至1937年《奉天通志》才由奉天省公署刊印，最后印行之《实业志》已非伦明所撰，而是由白永贞重编之版本。据1937年刊印的《奉天通志》编辑凡例，其内容"大事叙至清末，其他各志，从其断限"，故涉及民国的内容很少，涉及伪满的部分更是能避则避，可删则删。伦明所纂《交涉志》因涉及伪满与日本关系而被重编，损失了不少有用的史料。

王树枏担任《奉天通志》总纂时年近80岁，比伦明长26岁，且身体欠佳。在平时工作中，伦明非常关心其身体和生活，这可从伦明《谒晋卿先生》中窥见一斑：

> 小别一相访，刚逢病起初。
> 新年供余果，静室拥残炉。
> 老鹤瘦见骨，蠹鱼饥食书。
> 慨言师道苦，避地意何居。[1]

伦明与王树枏在沈阳共事二年有余，对其为官、为学精神高度赞赏，他的《呈晋卿先生》诗云：

---

[1] 伦明：《谒晋卿先生》，《伦哲如诗稿》（第五册），国家图书馆藏稿本，第3页。

贩夫走卒识山巾，周鼎谁云世委沦。

百卷著书勤忘耄，廿年开府贵能贫。

早时紫气迎关尹，何术文身化越人。

重试河阳种花手，春风桃李应芳晨。①

　　首联叙述了 1911 年 8 月王树枬被革去新疆布政使职务后，隐居山西
介休迎源堡，自号"绵山老牧"。1912 年正月，袁世凯派特使宣召王树
枬进京，任命为宣慰使，拟派其前往陕西劝降"勤王"的任允，王树枬
断然拒绝。② 对此，伦明通过周鼎虽委弃沉没于泗水，然尊贵地位不减，
来赞誉隐士王树枬拒绝袁世凯的气节。颔联赞扬王树枬为学有恒有勤，
为官耐得清贫：王树枬毕生勤于著述，尤其是在编纂《奉天通志》《续
修四库全书总目提要》时已是耄耋老人，然沉醉其中，不能自拔；王树
枬为官二十载，在四川任知县七年，雷厉风行，开拓进取，后被冤告开
缺。在西北任职十三年，虽工作、生活条件异常艰苦，然恪尽职守，政
绩显著，后因突发事件被革职。颈联通过"紫气东来，青牛西逝"的故
事和"越人文身断发，以避蛟龙"的旧习，述说王树枬在西北边陲对未
开化居民的教化之功。"紫气东来，青牛西逝"是指春秋战国时期函谷
关令尹喜一天清晨突然看到东方紫气氤氲，擅长占卜的他认为必有大人
物经过，便出门相迎，正好遇到辞官的老子骑着青牛悠悠而来。尹喜热
情相迎，并恳请老子做篇文章再走，于是，老子便应邀写下五千余字的
《道德经》后才西去。尾联借用"河阳种花"这一典故赞美王树枬曾做
县令，治理有方，声名远扬。"河阳种花"是指西晋文学家潘岳（字安
仁）任河阳县（今河南孟县）县令时，遍种桃李，传为美谈之事。

---

① 伦明：《呈晋卿先生》，《伦哲如诗稿》（第五册），国家图书馆藏稿本，第 15 页。
② 景元平：《王树枬传》，中国文史出版社 2022 年版，第 188 页。

杨钟羲

杨钟羲（1865—1940），原姓尼堪，名钟广。
清光绪二十五年（1899）冠汉姓为杨，改名钟
羲，字子勤，号梓励，又号雪樵、雪桥、留垞等。
先隶满洲正黄旗，乾隆间改为汉军正黄旗，祖籍
辽阳。近代著名文史学者、藏书家。清光绪十一
年（1885）举人，光绪十五年（1889）进士，授
翰林院庶吉士，散馆后授编修。光绪二十三年
（1897）起，先后任国史馆协修、会典馆图画处

杨钟羲

协修、湖北巡抚端方幕僚、两湖高等学堂提调。光绪二十九年（1903）
起，历任湖北乡试监试官、襄阳知府、安陆知府。光绪三十四年
（1908）起，历任淮安知府、江宁知府。辛亥革命后，蛰居上海，以遗
民自隐，不问世事，寄情文史。1924 年，应废帝溥仪之招入京，与王国
维、温肃、景方昶同任南书房行走。1930 年，在北京设雪桥讲舍，传播
国学，日本汉学家仓石武四郎、吉川幸次郎等中外学者百余人听讲。
1933 年，应狩野君山之邀东游日本，遍访汉籍及日本汉学家。著有《八
旗文经》《雪桥诗话》《留垞杂著》《圣遗诗集》等。①

伦明曾向容庚举荐杨钟羲。1928 年，伦明被聘为奉天通志馆纂修。
到达沈阳后，他在给容庚的信中说：

前临行时曾提及杨君钟羲可任校刊之事，此人系盛伯羲表弟，
深于目录，胜赵万里等十倍。观其所著《雪桥诗话三集》，可知闻

---

① 杨钟羲：《雪桥自编年谱》，载杨钟羲撰，雷恩海、姜朝晖校点：《雪桥诗话全编》，
人民文学出版社 2011 年版，第 2830—2850 页。

其穷甚，一百八十薪金可请来也。弟不识其人，临行于尹硕公（炎武）处晤其子，谈次深慨文人末路之困，乞兄有以成全之。①

通过以上信函，可知伦明赴沈阳前并不认识杨钟羲，然而伦明"深慨文人末路之困"，并肯定其目录学方面的功力，希望容庚给予帮助和照顾。赵万里比杨钟羲小 30 岁，属于后学，目录学功底不如老一辈学者也很正常，然而伦明"胜赵万里等十倍"的月旦之评，在今日看来，不免令人感到有些讶异，但也反映伦明的率真。伦明《辛亥以来藏书纪事诗》为赵万里作传，诗云："手中何限名山副，眼底无涯沧海观"，小传末句"屡次南下，为图书馆访书，又得造天一阁观其所藏，宜目中无余子矣"，也似有讽刺意味。赵万里年少得志，睥睨一切的真性情可能在伦明眼里是"目中无余子矣"。

杨钟羲后来也到奉天通志馆任职，负责编纂《人物志》，与伦明成为同事。杨氏入职奉天通志馆，伦明是否从中助力不得而知。自此两人相识，相见恨晚，结下深厚友谊。其《赠杨雪樵先生》诗云：

> 萧然白发旧儒巾，早值承明老隐沦。
> 藏鉴及追前辈盛，奔驰何救晚年贫。
> 陪都文献资今日，伯起声名是古人。
> 客里转嫌相见暮，茗杯谈往遣霜晨。②

首联叙述伦明初见杨钟羲时的印象是破旧的儒巾包裹着稀疏蓬乱的白发，设想他早期蒙荫皇恩、入仕为官时多么意气风发，然而辛亥革命后隐居上海，如今变得如此沉沦。颔联提及杨钟羲喜收藏，精鉴赏，其收藏规模和鉴赏水平直追已过世的表兄盛昱，伦明感慨像杨钟羲这样才

① 广东省立中山图书馆编：《广东省立中山图书馆馆藏名人手札选萃》，商务印书馆 2002 年，第 109 页。

② 伦明：《赠杨雪樵先生》，《伦哲如诗稿》（第五册），国家图书馆藏稿本，第 5 页。

学傍身的老学者，奈何为了生计也要东奔西走。颈联述说陪都沈阳故宫里的典籍已成为今日文化之资，昔日大有声名的杨氏先祖杨伯起[①]业已作古。尾联道出为谋生而客居沈阳的伦明与杨钟羲相见恨晚，经常通宵达旦喝茶聊天的情景。

1929 年，杨钟羲返回北京，伦明前往送行，看到杨钟羲身着破旧皮衣，携带所用之书缓缓离开奉天时，想起《奉天通志》这一名山事业还未完成，老朋友们就已各奔东西，顿感孤独凄冷，于是赋诗云：

> 敝裘在体弊在巾，人世肯逐波澜沦？
> 橐笔出游兴易倦，载书归去装不贫。
> 名山待成未竟业，歧路犹有迷津人。
> 萧斋自今越凄冷，谈笑绝响鸦噪晨。[②]
>
> 不惯儿女泪湿巾，尤厌文士嗟沉沦。
> 养亲读书至可乐，杀人越货毋宁贫。
> 到家亦慰倚闾望，入关笑非弃儒人。
> 为我致声尹文子，盍少谢客休昏晨。[③]

第一首诗描写杨钟羲离开沈阳时，身着破旧的皮衣，稀疏的白发裹在头巾里。伦明认为，不论时势如何变化，杨钟羲操守依旧，波澜不惊。出行时，常常带着笔墨纸砚随时记录所见所感，笔耕不辍；归京时，坐拥书籍，虽贫而富。只可惜《奉天通志》还未完成，友人们便陆续离去，往日热闹的书斋变得如此冷清，如今谈笑之声绝响，空留清晨的鸟鸣。

第二首提及杨钟羲到沈阳工作时已过花甲之年，往返均由其长子杨

---

① 杨伯起，指杨震，字伯起，东汉弘农华阴人。被誉为"关西夫子"，杨氏先祖。
② 伦明：《雪翁将还京师》，《伦哲如诗稿》（第五册），国家图书馆藏稿本，第 6 页。
③ 伦明：《杨生鉴资将侍其尊人雪翁还京师，作此送行，兼讯石公》，《伦哲如诗稿》（第五册），国家图书馆藏稿本，第 6—7 页。

鉴资侍候左右，伦明对陪伴父亲上路的杨鉴资叮嘱道：不习惯儿女离别时哭哭啼啼，尤其讨厌文士们扼腕叹息自己陷入困境。赡养父母、读书都是非常快乐的事情，不要因为贫穷而去杀人越货。回家团聚后，也就了却母亲对子女的想望。入关后，不要轻易放弃做一个读书人。到京后，帮我问候尹文子，同时，尽量少社交，多休息。杨鉴资在父亲的影响下，自幼熟读经史，能诗善画，杨钟羲最后十年的著作，均由其校勘、编纂。杨钟羲回到北京后，居住在好友尹炎武（又名尹文）家中。正如前文所述，尹炎武是伦明结交多年的好友，故伦明在诗中特请杨鉴资代为问候。

杨钟羲返回北京后不久，伦明又作《寄怀雪翁都门》：

> 车轮生角那可巾，别君弦月魄忽沦。
> 百花未芽春已暮，万卷在手家空贫。
> 文章向来爱老辈，意气不欲投时人。
> 遥知课孙眠起早，且勿问婢炊停晨。[1]

伦明在诗中首先说杨钟羲离开沈阳时自己很想留住他的心情，恨不得让车轮生角，停止转动，不再前行。杨钟羲离开沈阳后，自己的魂魄如同月死魄一样，也被杨钟羲带走了。紧接着，说时间过得飞快，百花还未发芽，沈阳已进入暮春。自己虽万卷在手，然没有好朋友陪伴，家中仿佛空空如也。著书立说老一辈人经验丰富，只是老一辈的人也有自己秉性，不愿意去迎合时人。最后叙述杨钟羲每天要给孙子上课，睡得早，起得也早，劝说好朋友不要太操心家事，认为每个人都有自己的工作职责，婢女们为什么还没有做早餐这种小事情就不必过问了，字里行间表现两人亲如手足的真挚情谊。

伦明与杨钟羲共同参与《续修四库全书总目提要》撰写工作。1931年7月，杨钟羲、伦明分别成为"东方文化事业总委员会"最早聘任的6位研究员之一。1933年4月，杨钟羲应日本学者狩野直喜邀请，前往

---

① 伦明：《寄怀雪翁都门》，《伦哲如诗稿》（第五册），国家图书馆藏稿本，第14—15页。

日本访书。① 杨钟羲晚年极为贫困，所藏图书绝大部分被卖，唯一留存的只有翁方纲手书《唐诗选》楷书六册。伦明在《辛亥以来藏书纪事诗》为其立传，诗云：

> 格古旧闻郁华阁，抄诗曾住小玲珑。
> 瓣香长奉覃谿老，手写唐诗楷绝工。②

郁华阁是盛昱的藏书楼，杨钟羲比盛昱小 15 岁，称盛昱为表兄。盛昱作为大藏书家，收藏金石、古籍极多，杨钟羲常去盛府请益，两人曾合作编纂《八旗文经》60 卷。辛亥革命后，杨钟羲以遗臣自隐，在上海租界一住就是 10 余年，生活非常清苦，然孜孜矻矻，埋头撰著《雪桥诗话》《雪桥诗话续集》《雪桥诗话三集》《雪桥诗话余集》共 40 卷。其间，为了生计，经朋友介绍曾为大藏书家刘承干校勘古籍以贴补家用，故伦明有"格古旧闻郁华阁，抄诗曾住小玲珑"句。伦明进一步说道："汉军杨子勤钟羲，与盛伯希（昱）为中表，辛亥后流寓上海，为刘翰诒（承干）校书，成《雪桥诗话》四集。未几，归京师。贫甚，尽货其书，惟存翁覃溪（方纲）手写唐诗六册，楷书绝精。"③

---

① 周建华、韩丽霞：《杨钟羲日本访书考》，《文教资料》2013 年第 10 期。
② 伦明著，雷梦水校补：《辛亥以来藏书纪事诗》，上海古籍出版社 1990 年版，第 27 页。
③ 伦明著，雷梦水校补：《辛亥以来藏书纪事诗》，上海古籍出版社 1990 年版，第 27 页。

陈　思

陈思（1875—1932），字慈首，辽宁辽阳人。近代著名文史学者。清光绪二十七年（1901）举人，历任广西容县、藤县、桂平县和江苏江阴知县，河南、广西巡抚文案，江苏省长公署、农商部京兆尹秘书，北平女子大学、东北大学教授，《奉天通志》撰修，文溯阁《四库全书》保管委员会委员等职。著有《清真居士年谱》《稼轩先生年谱》《白石道人年谱》《浣花年谱》《韦端己年谱》《上古三代地理通考纲要》等。①

1917 年江阴乡贤合照（后排左一为陈思）

伦明与陈思为"论心益友"。伦明与陈思既是清光绪庚子（1900）辛丑（1901）并科乡试同年，又同拣发广西知县。伦明在《敷庵慈首皆和余韵见示赋此奉答》中称自己与陈思、罗惇曧为"论心三益友"，工作之余，三人多有唱和，关系密切，感情敦厚。1928 年，杨宇霆邀请伦

---

① 李骞主编：《辽阳古今人物》，大连出版社 1996 年版，第 55 页。

明游沈阳，伦明到达后先后与郑谦、莫月樵、曾子敬、王希哲、孙星舞、陈思等人会晤。尤其是与老友陈思再次重逢，内心欣喜不已，伦明作《游沈阳杂诗》云：

> 西王母国新修史，东道主人昨解官。
> 早识百城胜南面，悔将手版换儒冠。①

伦明说陈思著有《西王母考汇》，后又辞官参与《奉天通志》中的《田亩志》和《物产志》的撰修，早年的藏书成就胜过做官时的政绩，曾一度后悔将手稿换一儒冠等事。伦明居沈阳时，与陈思朝夕相见，谈学最洽。"九一八"事变后，奉天通志馆工作停顿，修纂人员各自回家，伦明曾邀陈思元宵节在北京东莞会馆家中相聚，然而久盼不至，遂赋诗云：

> 共听衙鼓整冠巾，头白逢君岁易沦。
> 犹梦桂林山水秀，似闻瘴县宰官贫。
> 千年场屋余吾辈，片石韩陵属此人。
> 极目烟尘来路阻，孤吟何以慰萧晨。②

伦明在诗中回忆自己和陈思同年中举后同拣发广西知县，说广西桂林山水虽美，但陈思在烟瘴之地的容县、藤县、桂平当县令时异常艰难和困苦。感叹岁月匆匆，两人在沈阳再次相逢时已成白头老翁，参加过科举考试的只剩下自己这一代人，并借用"片石韩陵"赞誉陈思科考的文章精妙绝伦。最后提及两人在沈阳相逢又别离时，约好来年元宵节相见，然而迟迟不见陈思踪影，难道是烟尘阻碍了陈思来京路途，留下自

---

① 伦明：《游沈阳杂诗》，《伦哲如诗稿》（第二册），国家图书馆藏稿本，第23页。

② 伦明：《陈慈首约灯节后来馆久盼不至七叠前韵》，《伦哲如诗稿》（第五册），国家图书馆藏稿本，第9页。

己孤吟又怎能抚慰了无生气的清晨？诗句充分表达了伦明对陈思的思念之情。按照陈思去世的时间推算，此时的陈思已重病缠身，这可能是陈思无法履言赴约的真正原因。"片石韩陵"是指南北朝时期著名文学家温子升为纪念北魏丞相高欢的文治武功，在河南韩陵山（今安阳市东）撰写的碑文。该碑文文采飞扬，故将"片石韩陵"喻指文章精妙绝伦。

伦明《辛亥以来藏书纪事诗》未刊稿有陈思传，诗云：

> 词人南宋母西王，事事关心到鬓霜。
> 旧学商量如昨日，招魂不是旧辽阳。

1932 年，57 岁的陈思因病去世。1933 年 4 月，伦明应邀赴日本鉴定古籍，路过沈阳车站时，回想起昔日两人探讨学术，以及陈思前往车站送自己回京等情景，仿佛就发生在昨天，不禁发出了"旧学商量如昨日，招魂不是旧辽阳"的感慨。伦明在诗后小传中详细叙述道："辽阳陈慈首思，最熟南宋事，尝撰《辛稼轩年谱》《姜白石年谱》《姜白石词笺》，辑白石遗文，数书皆考索数十年，俱脱稿。又撰《西王母考汇》，存江阴，余未之见也。君又熟古地理，以为《穆天子传》《山海经》所言地理，按之古书，无不合，断非伪作。因撰《古地理表》，未成。余戊己间（1928—1929）居沈阳，与君日夕相见，谈学最洽。君殁于东北事变后，余今岁四月游东京，道过沈阳，住车站一宿，忽触想君前日送行处，为怅惋不已。"①

---

① 伦明著，宋远补注：《辛亥以来藏书纪事诗未刊稿笺注》，载钱伯城主编：《中华文史论丛（第四十九辑）》，上海古籍出版社 1992 年版，第 88 页。

杨云史

杨云史（1875—1941），初名朝庆，更名鉴莹，又更名圻，字云史，以字行，又字思霞，号野王、石花林主人，江苏常熟悟庄（今张家港）人。近代著名诗人，清光绪初年三大名御史之一杨崇伊的儿子，李鸿章的孙女婿。早年随父入京，与江都何震彝、常熟翁之润、吴县汪荣宝以名公子擅文章而合称"江南四公子"，曾被康有为称为"天下第一才子"，被钱钟书父亲、著名古文学家钱基博在《现代中国文学史》中称为"绝艳奇才"。清光绪二十一年（1895），以秀才任詹事府主簿。次年，入京师同文馆习英文。光绪二十七年（1901），纳粟为户部郎中，举孝廉。光绪二十八年（1902），中顺天北闱乡试南元①。光绪三十三年（1907），受张伯熙知遇，奏调任邮传部郎中。光绪三十四年（1908），出任大清国南洋领事，驻新加坡。辛亥革命后，辞职归国。1920年冬，任江西督军陈光远秘书，次年2月告归。1921年8月起，先后任北洋军阀吴佩孚幕僚、幕僚长。1928年起，任东三省保安总司令张学良高等参议，1931年"九一八"事变东北沦陷后回到家乡常熟。1932年，吴佩孚回到北京，聘其为机要秘书。1939年，吴佩孚去世后，避居香港直至1941年病逝。著有《江山万里楼诗词钞》《江山万里楼诗词钞续编》等。②

杨云史

① 南元，即明清科举时代，南方诸省的学子应试北闱（乡试），考中第二名者称为南元，第一名例归直隶籍人。

② 陈国安：《杨圻年表》，载杨圻著，马卫中、潘虹校点：《江山万里楼诗词钞》附录二，上海古籍出版社2003年版，第702—738页。

伦明与杨云史相识后多有唱和。1928年春，杨云史应张学良之邀移居沈阳。同年冬，伦明应杨宇霆之约赴沈阳，共同爱好诗歌的二人在沈阳相遇相识后，多有唱和。据文献记载，光绪十八年（1892），17岁的杨云史与李经方之女李国香（字道清）结为夫妻。光绪二十六年（1900）正月二十九日，李国香去世。光绪二十九年（1903）秋，续弦漕运总督徐仁山之女徐檀（号霞客）。1925年，徐檀病逝，杨云史盖棺次日便随军出师。二度丧妻的杨云史在武汉寻得校书陈美美，到沈阳后，于1928年8月，新纳一北方妓为妾，更名为狄南美，作《燕归来词》云：

> 蓬山一去出风尘，尚是风波百折身。
>
> 数尽雕梁都不是，可怜愁杀卷帘人。
>
> 西飞青雀报佳期，阿母新传密誓词。
>
> 湿尽青衫半天下，肝肠只有玉人知。
>
> 年来啼笑若为容，载酒江山百战中。
>
> 博得蛾眉心肯死，书生未必异英雄。
>
> 三年开眼蕙丛恨，一夕投怀红拂情。
>
> 画烛照人含泪笑，自怜哀乐不分明。[①]

杨云史在《燕归来词》中道出纳狄南美为妾的心路历程：狄南美，原名狄素，北平丰台人。擅京剧、鼓技，能仿唱谭鑫培和梅兰芳的唱腔。16岁前往上海鬻艺，18岁败嗓，因亲老无以为养，乃易名小琴为妓。在辽东与杨云史相遇后，心生倾慕求为妾，杨云史以骤遇未睹性情，姑漫应之而未诺。此时，商人章某乃与狄母密商，愿赠多金而纳为妾。狄母不知女意，仓促受金成约。狄南美知悉后大怨狄母，狄母亦后悔无及。农历七月初七，狄母前往安慰杨云史，认为事与心违，以后必当以报，其意至为凄恻，让杨云史深为感动，乃安慰狄母道，今世无缘，来世再为夫妇。至七月十五日晚上，杨云史正与友人相聚于酒楼，突见狄南美

---

① 孙爱霞整理：《〈北洋画报〉诗词辑录》，天津古籍出版社2018年版，第491页。

相投，谓将终身侍奉杨云史。众友惊问其故，狄南美乃诉自己前往章家哭诉、绝食，誓不相从，再加上章妻素来强悍且妒忌心强，不能容忍丈夫再纳妾，大闹十日，章某则令自赎而毁约。杨云史识狄南美不及兼旬，漫应至今亦仅半月，感念其备历艰辛，矢志相从，即于 1928 年 8 月怜而纳为妾室。杨云史回想亡妻徐檀于 1925 年 8 月嘱其速纳佳人娱老的临终遗言，至今迎狄南美为妾历时一千日，虽无负夫人遗言，然夫人玉骨已寒，寸心交战，顿感怅然，遂发出"三年开眼蕙丛恨，一夕投怀红拂情"的感慨。杨云史纳妾后，众多友人相贺，然而此时的杨云史一想起挚爱的夫人已不在人间，则心有哀痛；一想起一介皤鬓老夫而拥此鬓颜，则心生不安，故有"画烛照人含泪笑，自怜哀乐不分明"之句。

杨云史纳妾后，诸多朋友赋诗作贺，伦明亦作《奉和云史先生燕归来词七律一首》：

> 半月离愁泪未干，主人无恙旧巢安。
>
> 客中无意逢红拂，砚畔多情伴彩鸾。
>
> 此日高飞能择木，来年佳梦合征兰。
>
> 一双面白头俱黑，钱柳因缘勿例观。[①]

伦明在诗中不仅奉和了杨云史《燕归来词》半月离愁、悲喜交加之感，而且还紧扣贺诗主题，恭喜杨云史客居沈阳时遇到意中人，自此吟诗作赋身边多一仙女相陪；祝福狄南美今日择夫而嫁，来年早生贵子；愿江东才子杨云史英俊潇洒如故，塞北佳人狄南美青春美貌永驻，再现钱谦益和柳如是才子配佳人、相扶相携的知音故事。"妓逢红拂"典出唐末杜光庭传奇小说《虬髯客传》。红拂，原名张出尘，由于战乱，沦为隋朝权臣杨素的侍妓。她为人侠义，追求自由，在筵前对文武双全的李靖一见钟情，即盗令私奔，追寻所爱，与李靖结秦晋之好。在后世的

---

① 伦明：《奉和云史先生燕归来词七律一首》，《伦哲如诗稿》（第一册），国家图书馆藏稿本，第 8 页。

文学作品中，多将"妓逢红拂"比作遇见意中人。"文箫彩鸾"典出唐代裴铏《传奇》。吴彩鸾乃一女仙，因下凡时不小心泄漏身份，被天界罚在人间为妻十年。唐文宗太和年间，吴彩鸾中秋节巧遇穷书生文箫于钟陵西山，互生爱慕，结为夫妻。为解家贫，吴彩鸾日书孙愐《唐韵》一部，每次售卖五千钱以度日。十年罚满，文箫与彩鸾遂各乘一虎仙而去。在后世文学作品中，多将"彩鸾"比作心爱之人。"燕梦征兰"典出《左传·宣公三年》。春秋时期，郑文公有一贱妾燕姞，某日梦见天使赠送自己兰花，并告诉燕姞生下儿子后取名"兰"，即为贵子。燕姞生下儿子后，想起天使的告诫，为儿子取名"兰"，即后来的郑穆公。在后世的文学作品中，"燕梦征兰"喻指妇人生贵子。"钱柳因缘"指明末59岁的文坛领袖钱谦益不顾家人反对，以正妻之礼迎娶23岁的青楼才女柳如是，上演一曲才子佳人、白发红颜的忘年之恋。

伦明还曾作《戏杨云史》，诗云：

> 从容筹笔想纶巾，蜀主终扶汉鼎沦。
> 咨及白衣军国重，迎来碧玉小家贫。
> 大烹鼎侧残羹客，急劫棋边冷眼人。
> 甚欲共君参睡诀，黑甜乡住不知晨。①

伦明在诗中首先戏说杨云史作为吴佩孚幕僚长的失败，虽尽忠竭力辅佐，然如同诸葛亮辅佐刘禅一样事与愿违。此处实指吴佩孚1927年在广州国民政府组织的第二次北伐战争中彻底失败，率残部逃往四川一事。紧接着，伦明戏说杨云史作为军阀谋臣的无奈，既不能阻止军阀常年混战而振民疾苦，又不能摆脱寄人篱下、庐小家贫的困境；帅主们天天美味大餐，幕宾们日日残羹剩菜，作为"棋边冷眼人"，即使有急事禀报，也只能耐心等待好战的帅主们将"棋"下完。最后，戏说杨云史受聘张学良后，虽才学傍身，然发挥作用有限，每天酣睡至午后才起床，要向其讨教如此能酣睡的秘诀。1927年春，张学良聘杨云史前往北京为其逐

① 伦明：《戏杨云史》，《伦哲如诗稿》（第五册），国家图书馆藏稿本，第10页。

日讲解《贞观政要》，杨云史遂日临书斋以俟，然而久之终未得一见。杨云史叹曰："前言诟戏老夫耶？孺子真不可教也。"因以病辞。1928 年春，杨云史复又被张学良招至沈阳，每天仍无所事事，只好每日酣睡，最后乃拂袖而去。①

1929 年，杨云史在沈阳过虚岁 55 岁生日，伦明再次作贺诗，对其诗才、幕才以及人品极度赞赏。诗云：

> 汐社相从有岁年，诚斋老去富诗篇。
> 才名旧著莲花幕，韵事新题燕子笺。
> 棨戟能容长揖客，竹松共保岁寒天。
> 不因髀肉生微感，皂帽辽东也自贤。②

首联提及南宋遗民谢翱（1249—1295）创立的汐社存续近十年，是元初浙江地区最具影响的遗民诗社之一；南宋文学家杨万里（1127—1206）的诗自成一家，形成了对后世影响广泛的诚斋体，存诗达 4200 余首。颔联说杨云史是诗才横溢的风流才子，是名满天下的幕府名士，新作韵事诗《燕归来词》。颈联提及杨云史是将帅们能够容忍的长揖不拜之客，其品行如同不畏霜寒的青松和翠竹一样，清华其外，淡泊其中。尾联劝说杨云史不要因为生活安逸、无所作为而暗生感慨，品行高洁也是自己才能的一种表现。"皂帽辽东"典出《三国志·管宁传》。管宁，字幼安，学行皆高，东汉末年天下大乱，自北海郡避乱至辽东多年，屡次拒绝朝廷征聘，常戴皂帽、着布襦裤、穿布裙，甘守清贫，被称为"辽东帽"，后喻指清高的节操。宋文天祥《正气歌》"或为辽东帽，清操厉冰雪"即用此典。

---

① 陈灝一：《杨云史先生家传》，载杨圻著，马卫中、潘虹校点《江山万里楼诗词钞》附录二，上海古籍出版社 2003 年版，第 696 页。

② 伦明著，东莞图书馆整理：《伦明全集》（第一册），广东人民出版社 2017 年版，第 173 页。

金　梁

金梁

　　金梁（1878—1962），字息侯，号小肃，晚号瓜圃老人，满洲正白旗瓜尔佳氏，世为浙江杭县（今杭州）八旗驻防，故亦作杭县人。近现代著名满族学者。清光绪二十八年（1902）举人。光绪三十年（1904）进士，后入京师大学堂进士馆学习，历任京师大学堂提调、警察厅左厅知事。宣统二年（1910），任奉天旗务处总办。宣统三年（1911），任奉天新民府知府。1913年，充任张学良的国文和书法教师。1916年，先后任奉天清丈局副局长、代理局长和奉天政务厅厅长。1917年，任奉天北路道洮昌道尹，兼奉天辽源交涉员。1923年，任蒙古副都统等职。1924年，赏头品顶戴花翎，与绍英、耆龄、宝熙、荣源充废帝溥仪小朝廷内务府大臣。1927年，任清史馆校刊总阅。1928年，任奉天通志馆总纂，兼任奉天文溯阁《四库全书》校印馆坐办、东三省博物馆筹备委员会委员长。中华人民共和国成立后，担任国家文物组顾问和文史馆馆员。编著有《四朝佚闻》《清帝后外传外纪》《清官史略》《满洲秘档》《黑龙江通志纲要》《瓜圃丛刊》《当代人物志》《盛京故宫书画录》等。①

　　伦明与金梁相识于京师大学堂。伦明入读京师大学堂期间，金梁入读京师大学堂进士馆，后又任京师大学堂提调。"提调"是处理事务的高级管理人员，清末各新设机构常设该职。据光绪二十四年（1898）五月十五日颁布的《总理衙门奏拟京师大学堂章程》，京师大学堂"设提

---

① 沈广杰：《金梁年谱新编（1908—1931）》，《沈阳故宫博物院院刊》2006年第2辑，第184—195页。

调八人，以各部院司员充。一人管支应，五人分股稽查学生功课，二人管堂中杂务"①。主要职责包括"督饬各馆学生斋长及副斋长以维持寄宿舍内秩序；考察寄宿舍内学生之操行勤惰；掌管学生名簿履历、学生旷课登记、出外请假审批；监督医生检查学生身体健康及寄宿舍卫生；宣读圣谕及其他一切行礼活动时，率领该馆学生到礼堂，并指挥一切动作仪节"②。

伦明与金梁既同修《奉天通志》，又共同实施影印文溯阁《四库全书》。1928年，金梁和伦明先后进奉天通志馆，参加编纂《奉天通志》，金梁作为张学良的老师，被聘为《奉天通志》总纂之一，同时负责编纂《疆域志》《建置志》《氏族志》和《人物志》。此外，两人又共同协助筹划影印文溯阁《四库全书》相关工作。据伦明事后回忆："金息侯同年梁，同客沈阳校刊文溯阁《四库全书》，事成为人忌阻，唯续编书目，倍增旧目，余一手所成，息侯为张学良作序。息侯前在京提议校印四库文源、文渊两本，皆事败垂成。今文渊阁已出样本，国联秘书长艾文诺已定留百本，亦为人所阻，息侯与余同抱伤心。又同修《奉天通志》，亦以'九一八'事变停顿。"③ 据上文所知，伦明和金梁在筹备影印文溯阁《四库全书》时并不顺利。当时，奉天学者董众撰写了6000余字的《选印文溯阁四库全书议》，认为全印文溯阁《四库全书》"工程巨大，徒耗物力，无此必要"，主张聘请海内知名学者鉴选珍本影印，这与金梁、伦明主张全印、校雠、续修的主张相异。为了弥合"全印"和"选印"之间的分歧，金梁曾嘱伦明先选要目，以作选印之准备，然而伦明对选印之议不屑一顾，离奉回京。后来金梁在《四库全书孤本选目表·自叙》一文中云："戊辰冬，创印《四库全书》，兼有选印孤本之议，伦哲如素精目录学，余属以先选要目，旋即别去，久未见复"，金梁只好

---

① 《总理衙门奏拟京师大学堂章程》（光绪二十四年五月十五日），载北京大学校史研究室编：《北京大学史料·第一卷：1898—1911》，北京大学出版社1993年版，第85页。
② 朱有瓛主编：《中国近代学制史料（第二辑下册）》，华东师范大学出版社1989年版，第902—903页。
③ 伦明著，雷梦水校补：《辛亥以来藏书纪事诗》，上海古籍出版社1990年版，第100页。

亲自"用《简明目录》选批书眉，以待商榷"，并于 1930 年录成《四库全书孤本选目表》，总计选目 394 种。其中，选出未见刊本或绝版图书241 种，难得刊本、刊印不全以及讹舛过多的图书 153 种。① "九一八"事变后，《奉天通志》的编纂工作停顿。伦明为了获得薪金，与通志馆多有联系，每月与总纂金梁通信三四次，了解馆中情况及商量补领薪资办法，金梁甚至同意伦明前往沈阳领取薪资时为其解决住宿问题。

伦明《辛亥以来藏书纪事诗》为金梁立传，诗云：

> 试从四库溯渊源，续目校刊久对论。
> 清史稿成清学录，辽阳旧梦待重温。

伦明在诗中追忆二人在沈阳一起编纂《奉天通志》、校刊文溯阁《四库全书》的经过，重温两人在辽宁沈阳时的情谊，期盼以后有机会再度合作。在诗后，伦明进一步说明道："息侯著作颇多，以《清史稿》为最，又《黑龙江通志》《奉天通志》皆所总纂。余如《光宣列传》《四朝佚闻》《瓜圃丛刊叙录》等百十种，皆关国故。其所藏则有清史未刊稿，如《氏族教派》等志，及太平天国诸王将传，皆至奇变。又旧藏各地方志，府以上皆全，亦至难得者也。"②

1937 年 3 月，金梁过虚岁 60 岁生日，伦明作诗为金梁贺寿。诗云：

> 老矣先生合息机，算来今是昨全非。
> 海枯重抱冤禽恨，日暮那容倦鸟飞。
> 偕隐不离皋庑案，鬻书聊代首山薇。
> 穷愁转为虞卿幸，未负桑榆炳烛辉。③

---

① 金梁：《四库全书孤本选目表·自叙》，载郑鹤声著：《影印四库全书之经过》，《图书评论》1933 年第 2 期，第 85 页。

② 伦明著，雷梦水校补：《辛亥以来藏书纪事诗》，上海古籍出版社 1990 年版，第 100 页。

③ 伦明：《寿金息侯六十》，《伦哲如诗稿》（第六册），国家图书馆藏稿本，第 3 页。

　　金梁多次更改名号，以此表达对社会变换的复杂心情。1912 年，宣统皇帝溥仪退位，标志着清朝结束，面对长期以来效忠对象的消亡，金梁将自己的字"锡侯"改为"息侯"。[①] 1936 年，再将"息侯"改为"昔侯"[②]，意在慨叹今非昔比，表达无可奈何、物是人非的沧桑之感，故伦明有"老矣先生合息机，算来今是昨全非"之句。1932 年，东北全境沦陷，面对国破山河，金梁心情极差，欲做春秋时期晋国的介子休，遂改字"介之"。1937 年，又将"介之"改为"介山"，大有归隐山林之意。金梁擅长绘画和书法，自 1924 年拥戴溥仪复辟失败后，曾一度无心政治，每天在简陋的住处写字作文以售卖。其书法风格独特，求购者众多，价格不菲，"中堂照联例加半，题跋每篇五十元，碑志传序每篇五百元"[③]，故伦明有"偕隐不离皋庑案，鬻书聊代首山薇"之句。在贺诗尾联，伦明将金梁与战国时期的虞卿相比，服膺其能屏弃忧愁、潜心著书、不负暮年、只争朝夕的精神。"虞卿"，名信，战国时期赵国宰相，因拯救与范雎结仇而躲藏于家中的魏国宰相魏齐，抛弃万户侯爵位和卿相大印离开赵国前往魏国。在身陷魏国大梁期间，矢志著书，留下《虞氏春秋》《虞氏征传》等名篇。

① 沈广杰编著：《金梁年谱新编》，现代出版社 2012 年版，第 187 页。

② 金梁：《道咸同光四朝佚闻》，台北广文书局 1978 年版，第 56 页。

③ 王中秀、茅子良、陈辉编著：《近现代金石书画家润例》，上海画报出版社 2004 年版，第 277 页。

朱应奎

朱应奎（1883—?），字绩臣，一作稷丞，江苏宜兴人。清光绪三十三年（1907），于京师大学堂毕业后，奖举人衔，"以各部司务补用"，曾任道清铁路局警察段长。祖父朱志汾是清道光二十九年（1849）举人，父亲朱启勋是光绪十一年（1885）举人，光绪二十年（1894）进士，京师大学堂创办人之一。①

伦明与朱应奎既是京师大学堂的同窗，又是道清铁路局的同事。1924年，伦明赴河南焦作任道清铁路总务处长时，朱应奎任警察段长。伦明《酬朱稷丞同学见赠之作》曰：

> 下车无意忽逢君，一别俄惊十四春。
>
> 面貌相看俱老大，功名何事不飞腾。
>
> 回思广厦欢颜日，相约屠门大嚼人。
>
> 饮酒赋诗聊放达，步兵合是尔前身。②

伦明此次与朱稷丞偶遇，已是上次相见后的第十四个年头了。朱稷丞功名不显，面貌亦变，然同窗之谊犹在。回想过去一群把想象当作现实自慰的朋友相聚在一起多么快乐，如今二人饮酒作诗，放纵交谈，再

---

① 房兆楹辑：《清末民初洋学学生题名录初辑》，"中央研究院"近代史研究所1962年版，第81页。

② 伦明：《酬朱稷丞同学见赠之作》，《伦哲如诗稿》（第一册），国家图书馆藏稿本，第12—13页。

续前欢，身为警察段长的朱稷丞偶尔以步兵礼相戏，逗得双方哄然大笑，好不快活。伦明在诗中，充分流露出因光阴荏苒而友谊不散、重逢之际喜悦流转的欢愉。

伦明在道清铁路局安顿下来后，与同事朱应奎、周敦甫等人结为好友。平日出门同车，佳日相邀共筵，吟诗作对，虽官职低微，然都能清贫自乐，积极向上。伦明诗曰：

> 正平半刺未投先，佳日招邀共绮筵。
> 染指快尝鼋鼎味，斋心常对鸭炉烟。
> 吾侪生计清能足，本色文章妙勿诠。
> 聊比抱关过乱世，岂应抚髀感华年。①

1929 年，朱应奎 46 岁生日，已从焦作归京的伦明赋诗贺之，寄语寿星朱应奎知足常乐。诗云：

> 日晏呼床尚倒裳，也随时俗庆弧桑。
> 天澄灯目辉元夕，地窄冠钗集小堂。
> 文字订交同学日，簿书逐队后生行。
> 北南气变休饶舌，随遇行窝乐邵康。②

首联提及日暮时分有祭床神的地方习俗，祭床神有结婚祭、育儿祭、生病祭等种类，如果要保佑孕妇生产平安，则要将衣服倒过来祭，寓意胎儿头朝下顺产。有的地方在男孩出生后，还有举办桑弧蓬矢俗庆活动。

---

① 伦明：《稷丞见赠四诗周敦甫次韵和作诗中及余多所奖借余亦次韵赠敦甫并示稷丞》，《伦哲如诗稿》（第一册），国家图书馆藏稿本，第 13—14 页。
② 伦明：《朱稷丞四十六岁生日赋诗为寿》，《伦哲如诗稿》（第三册），国家图书馆藏稿本，第 17—18 页。

"弧桑"指古代男子出生时以桑木为弓，蓬草为矢，射天地以及东南西北四方，寓意将来志向远大。颔联描写元宵节举办成人礼时，天空清澈明亮，灯光璀璨夺目，二者交相辉映，举礼的地方虽不宽敞，然聚集了众多前来观礼的亲朋好友。颔联指出上大学时通过文章或书信交流，不仅能加深同学之间彼此的了解，也成为青春记忆的重要部分。参加工作后，每天都要面对繁杂的文书和忙碌的社交。尾联则寄言年近五旬的朱应奎无论环境或人生怎么变化，都要随遇而安，保持乐观和知足的心态。"邵康"指北宋时期的哲学家和易学家邵雍（1012—1077），字尧夫，号安乐先生，别名邵康节、百源先生，其生活方式和哲学思想被后人誉为"安贫乐道"。

杨宇霆

杨宇霆（1885—1929），字麟阁，又字邻葛，
奉天法库（今辽宁法库）人。奉系军阀首领之
一，被称为奉天"小诸葛"。清朝废科举办学堂
后，先后入读奉天省立中学堂、奉天陆军学校。
清光绪三十二年（1906），入读日本陆军士官学
校炮兵科。宣统二年（1910）5月毕业回国，任
长春陆军第三镇炮兵见习队官。1912年，任东三
省讲武堂上校教官。1914年，任奉天军械厂厂
长。1916年，任奉天督军署参谋长。1921年，任
奉天巡阅使署、督军署总参议。1922年，任东三省保安司令部总参议。
1923年，任东三省兵工厂总办。1924年，任奉军总参谋长。1928年，
任奉军总参议，兼第四方面军团长。1928年7月，任东三省保安委员会
委员等职，1929年1月10日以企图谋反罪被张学良处决。①

杨宇霆

杨宇霆于伦明有知遇之恩。1928年秋，杨宇霆提出以奉天地方政府
之力影印文溯阁《四库全书》的计划，得到张学良的允许。该计划宏
大，奉天政府打算大购遗书，广招名宿进行续修，且于同年12月4日特
设文溯阁《四库全书》校印馆，推选张学良为总裁、翟文选为副总裁、
金梁为坐办，② 筹备相关事宜。当时，杨宇霆委派奉天总司令部秘书长
郑谦邀请伦明游沈阳，伦明"至则知为筹印《四库全书》事"③。根据校

---

① 沈阳市人民政府地方志办公室编：《沈阳市志（2000）》第17卷《人物》，沈阳出
版社2002年版，第44—45页。

② 王荣国主编：《辽宁省图书馆藏辽宁历史图鉴》，沈阳出版社2008年版，第233页。

③ 伦明：《拟印〈四库全书〉管见》，《国闻周报》1933年第10卷第35期，第1页。

印馆起初的设想，影印、续修和校雠并举，限三年竣事。1928 年 12 月 15 日，伦明起草电文，由张学良、翟文选、杨宇霆联合署名，用中文、英文、德文对外通告，表明奉天地方政府影印《四库全书》的决心。电文全文如下：

南京各院长、各省政府、各大学校长、各大图书馆、各报馆并转李石曾（煜瀛）先生、马寅初（叙伦）先生、吴稚晖（敬恒）先生、胡适之（适）先生、严范孙（修）先生、梁任公（启超）先生、傅沅叔（增湘）先生钧鉴：

窃惟立国有史，传世在书，大而政教，精若艺术，共出一源，散见群籍。国之文野，史之长短，观匮其书，可考知也。古代文明，发源五地，我国居一，其四俱亡。良以轩颉，而陇以降，代有作述，载籍极博，文献足征。保守之勤，整理之善，传读之便，亦足纪焉。近世学者，多重考古，潮流东注，眷此旧邦。长短之策，下行之文，流布海外，竞相珍贵。然而我有和璞，彼拾砆硁，瓶之罄矣，罃谁之耻？曩在胜清，修书开馆，囊括古今，鉴别真伪，类为四库，庋以七阁。惟我奉天，额曰文溯，换世阅变，灵光岿然。石渠天禄，逊此美富。所惜地处偏隅，书类孤本，虽蕴公心，难快众目。学良等爰发宏愿，拟垫私财，就兹巨编，影以新法，售取廉值，成限短期。更有进者，阁书创始，美犹有憾，搜求未遍，忌讳过深。秉笔诸儒，弃取亦刻，漏略不免，亟宜补苴。又况乾隆距今，时逾百载，家富珠璧，坊盛枣梨，或阐古义，或拓新知。冰水青蓝，后出更胜，不有赓续，曷集大成？加以鱼豕之讹，古籍多有；校雠之学，时贤益精。广参众本，旁稽异文，别成札记，附于书后。凡兹三事，亟待并举。会当搜书岩壁，具币儒林，旧学商量，拾遗订坠，资借群力，发扬国光。现值邦基奠固，治理清明，投戈讲艺，薄海同企。伏望矩公长德，硕彦鸿儒，登高齐呼，襄兹盛业，往哲来学，实共嘉赖。

金石是锡，瞻仁为劳。①

奉天地方政府影印文溯阁《四库全书》消息披露后，引起了南京中央国民政府的高度关注。他们极不希望地方政府掌握政治文化的主导权，更不希望奉天专享《四库全书》影印、续修之美。为此，去电言中央国民政府正在筹印《四库全书》，请奉天不要复印。奉天收到电文后，伦明三去南京，会晤同年胡汉民斡旋此事。事后，他在《拟印〈四库全书〉之管见》中披露了斡旋经过：

> 当沈垣通电发出后，南京政府文官处忽来一电，略言中央现正筹印《四库全书》，请勿复印云云。当以兹享向未有闻，推想政府之议，殆不欲一方专其美。在沈言沈，只得覆云，此间筹备已妥，乞以见让，实则同是空言也。十八年（1929）夏，余南旋，道出南京，询知此议出胡君汉民，因晤胡君，具述余所主张办法。胡君大赞许，属具说帖，备提出行政会议。旋又言张汉卿尚未表示不印，当令吴铁城就近一询，方好定夺。数月后余北旋，再晤胡君，言已得吴复，汉卿志在必印，姑听之。二十年（1931）一月，余因事至南京，又晤胡君，言已与汉卿见面，彼称必印，与答吴铁城者同，且预定赠我一部，赠某某各一部，岂仍是相诳耶？余知汉卿决不印，唯唯而已。以上所述，与本题无多关系，余所以拉杂及之者，以此一段事实，舍余外少有知者，他日编印四库书历史者，不可遗也。②

奉天影印《四库全书》的通电发出不到 1 个月，1929 年 1 月 10 日，奉天影印《四库全书》发起人杨宇霆即被张学良突然处决。在伦明看来，发起人的离世，《四库全书》影印"将至不可收拾"③。后"九一

---

① 郭伯恭：《四库全书纂修考》，岳麓书社 2010 年版，第 235 页。
② 伦明：《拟印〈四库全书〉之管见》，《国闻周报》1933 年第 10 卷第 35 期，第 1 页。
③ 伦明：《拟印〈四库全书〉之管见》，《国闻周报》1933 年第 10 卷第 35 期，第 1 页。

八"事变爆发，沈阳沦陷，奉天文溯阁藏书迁储由日本人控制的伪满国立奉天图书馆，《四库全书》影印工作被迫停止。

杨宇霆被突然处决后，伦明二次作诗追挽。《挽杨邻葛》诗云：

> 始识杨无敌，谦谦有士风。
> 轻裘似羊祜，醴酒待申公。
> 渐卸军权重，犹传武略雄。
> 赤松游未遂，末路恨何穷。
> 善战撄天忌，由来服上刑。
> 恩威真不测，疑似苦难明。
> 鹤发双亲在，鸿毛一命轻。
> 董公犹感叹，况是惜长城。[①]

张作霖死后，张学良主政东北，杨宇霆以奉系元老自居，把张学良看作少不更事的后辈，在东北易帜问题上多方掣肘。为了立威，张学良采取断然措施，处决了杨宇霆和常荫槐。这一突然事件，让伦明内心承受了极大的打击，毕竟杨宇霆于自己有知遇之恩，而且也是一个能让自己实现续修《四库全书》夙愿的重要助力之一，故伦明在挽诗中称杨宇霆是能谋善战的"杨无敌"，是"谦谦有士风"的儒将"小诸葛"，是轻裘缓带的将才羊叔子，是礼贤求才的楚元王，可见，杨宇霆在伦明心目中的地位之高。对于杨宇霆的突然离世，伦明惋惜不已，字里行间表现出对杨宇霆离世的惋惜和悲伤。"赤松游"典出《史记·留侯世家》，张良辅佐刘邦建立了汉朝，因有大功，奉为留侯。张良说："今以三寸舌为帝者师，封万户，位列侯，此布衣之极，于良足矣。愿弃人间事，欲从赤松游耳。"后喻指不恋厚禄，辞官归山。

杨宇霆被杀不足半月，伦明途经杨宇霆宅院，再一次悲从心起，不禁潸然泪下，作《过杨氏宅有感》：

[①] 伦明：《挽杨邻葛》，《伦哲如诗稿》（第五册），国家图书馆藏稿本，第 1 页。

华屋山邱未隔旬，重经此地泪沾巾。

门前惯见车如水，酒后能容客吐茵。

鬼气渐多人气少，歌声才歇哭声闻。

亦知兴废寻常有，俯仰那禁迹遽陈。①

张学良枪杀杨宇霆后，亲自给杨夫人写了一封情真意切的亲笔信，还派人送去一万大洋和一副挽联。挽联由杨云史代拟，云："讵同西蜀偏安，总为幼常挥涕泪；凄绝东山零雨，终怜管叔误流言。"意思是说东北易帜，全国统一，现在的东北怎能同偏安一隅的西蜀相比呢，然处决杨宇霆时的心情与诸葛亮挥泪斩马谡时一样悲伤；杨宇霆离世，有如东山零雨，怆然涕下，只可惜他如同管叔一样误信流言，徒让人心生怜悯。该挽联将杨宇霆之死定性为张学良挥泪斩马谡和杨宇霆误信流言，是杨宇霆自寻死路，伦明认为这是有意掩盖张学良为立威而枪杀杨宇霆这一事实，故有"酒后能容客吐茵"之句。"吐茵"典出《汉书·魏相丙吉列传》，即魏相丙吉的车夫喜欢喝酒，醉后便随意吐在丙吉的车上，丙吉不仅不责怪，还为其掩盖过失，言此车夫为边郡人，熟悉边事，以后可作防务之用。后用"吐茵"喻指醉后失误或替人掩盖过失。

---

① 伦明：《过杨氏宅有感》，《伦哲如诗稿》（第五册），国家图书馆藏稿本，第 1 页。

藏家良朋

伦明一生爱书之笃，嗜书成癖，收藏至富，曾自云"我生寡嗜好，聚书成痼疾。佳椠如佳人，一见爱欲夺"，其续书楼耗尽千金，藏书百万，其访书足迹遍及广东、北京、天津、南京、上海、苏州、杭州、武昌、开封、怀庆、卫辉、清化及日本等地，所至一处，如"伯乐一至而马群空"。伦明在访书过程中，结识了大批志趣相投的藏家，其《辛亥以来藏书纪事诗》为150余位藏书家立传，很多传录取材于与传主的实际接触，尤其与易学清、王秉恩、王存善、张凤台、梁鼎芬、叶德辉、王瑚、罗振玉、丁传靖、方尔谦、陈融、姚华、刘承干、沈兆奎、徐行可、张鸿来等互动频繁。

易学清

易学清（1840—1920），字兰池，广东鹤山人，居广州西关十二甫。清末民初著名藏书家。清同治七年（1868）进士，授官户曹。同年辞职南归，主讲端溪书院和羊城书院20余年。清末任广东谘议局议长，对禁赌、勘界、工业等关系地方民生的议案特别重视，后又倡办地方自治社。辛亥革命后，积极参加孙中山领导的护法运动。喜搜罗古籍、金石、书画，藏书处名"目耕堂"，后易名"有是楼"。有是楼为三层小楼，室内书架满楹，以收藏大字本、大部图籍为最，藏书家戏称其为"易大本"。藏书印有"易氏目耕堂"等。光绪末年，藏书次第散佚。编纂有《有是楼书目》等。①

伦明多次拜访易学清，并在《辛亥以来藏书纪事诗》中为其立传。诗云：

> 易氏厅中大本多，陈家架上遍蜂窠。
> 百年文献回头忆，万卷烟云瞥眼过。②

伦明在诗中对易学清喜收藏大字本、番禺陈之鼎③的藏书被虫蠹食等进行了叙述，并对易氏藏书流

易学清行书稿

---

① 李玉安、黄正雨编著：《中国藏书家通典》，中国国际文化出版社2005年版，第678页。

② 伦明著，雷梦水校补：《辛亥以来藏书纪事诗》，上海古籍出版社1990年版，第93页。

③ 陈之鼎（生卒年不详），字椿轩，广东番禺人。清光绪三十年（1904）进士，入翰林。著名藏书家。

失、陈之鼎藏书受虫所害深表惋惜。在诗后，伦明进一步说道：

> 鹤山易兰池进士学清，居广州城西关。家存先世遗书，厅壁楼
> 楅皆贮满，未暇辨其版本，惟无嘉庆以后者。每册俱厚一寸以上，
> 人呼易大本，书坊见之，不同而知为易氏书也。余屡造其家，见书
> 日减少。辛亥后，犹于书坊见其《文苑英华》《六十种曲》诸书。
> 番禺陈椿轩翰林之鼎，家世清贵，原居乡间，后亦买宅城西关，移
> 书就之。大楼上列架盈百，但书被蠹食，中如蜂窠，几不可揭视，
> 其旧差与易氏等，有元本理学数种，余尚完好。曾赠余明张萱《西
> 园存稿》，中有缺卷。十余年来，觅补不得，恐是孤本矣。椿轩尝
> 撰《屈翁山年谱》，未成。兰池殁已二十年，椿轩殁已逾十年矣。①

---

① 伦明著，雷梦水校补：《辛亥以来藏书纪事诗》，上海古籍出版社 1990 年版，第
93—94 页。

王秉恩

王秉恩（1845—1928），字雪城、雪澄、雪岑，一字息存，号茶龛，别署息尘庵主，晚号华阳真逸，室名元尚居、明耻堂、野知厂、强学簃、养云馆，四川华阳（今双流）人。晚清洋务派代表人物之一，清末民初著名藏书家。清同治五年（1866），与缪荃孙同受业于阳湖汤秋史（成彦）。同治十二年（1873）举人，时张之洞为四川乡试副考官，深受器重。光绪元年（1875），入读尊经书院，师从王闿运。晚清时期，两度入

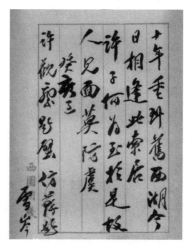

王秉恩手迹

张之洞幕府，协助创办广雅书院，历任广雅书局提调、广东按察使、广州粤海堂提督、汉口商务局总理等职。辛亥革命后，寓居上海。喜收藏，曾在杭州筑九峰书屋，专门收藏明末清初史籍稗乘以及金石字画。藏书印有"王雪澄经眼记"等。辛亥革命后，生活拮据，多以古书、字画、金石换米度日。著有《养云馆诗存》等。①

伦明曾参观王秉恩的藏书楼。宣统元年（1909），王秉恩卸任钦廉道道尹，重回广州，此时，正在广州工作的伦明与其相识，并参观所藏。辛亥革命后，王秉恩寓居上海，与著名藏书家叶昌炽、缪荃孙、沈曾植、罗振玉、王国维等交往密切，所至必重金购书，藏书楼名"强学簃"

---

① 王河主编：《中国历代藏书家辞典》，同济大学出版社1991年版，第31页。

"养云馆",最富时书满其屋,多善本、稿本。1921年,伦明前往上海访书,再次见到王秉恩时已年近80岁,须发如银,家藏散尽,案头只剩下手校的《淮南子》数册。1935年,伦明回忆起与王秉恩两次相见时的情景道:"宣统中,君卸钦廉道事,重寓粤垣,余始相识。引观所藏古书字画,目不暇给。岁辛酉,重见于沪滨,须发如银,年近八十矣。所藏尽散,案头惟手校《淮南子》数册,遍上下密行细字。自云一切异本,靡不移录。"①

伦明《辛亥以来藏书纪事诗》为王秉恩立传,诗云:

> 书刊史部百千卷,局聚儒林四五人。
> 寂寞沧江头白叟,一编鸿烈是家珍。②

光绪十三年(1887),两广总督张之洞在广州兴建广雅书局,王秉恩作为广雅书局提调,组织了一批学者从事收集、校刻之役。例如,由南海廖廷相(泽群)任文字总校,江阴缪荃孙(筱珊)、武进屠寄(敬山)、元和王阳进(捍郑)、长洲叶昌炽(鞠裳)、番禺陶福祥(春海)、遵义郑知同(伯更)、会稽陶濬宣(心云)等任校勘,前后刻书300余种,出版图书3000余册5700余卷,是广东书院中刻书最多者,③故伦明有"书刊史部百千卷,局聚儒林四五人"之美赞。王秉恩晚年生活窘迫,所藏书籍字画多以易米。例如,所藏徐松之《宋会要》稿本归南浔刘承干;汪刻《汉书》《五代史》归无锡丁福保;等等。伦明还在诗后小传中详细说明道:

> 华阳王雪澄观察秉恩,王湘绮弟子也。张之洞督粤日,开广雅

---

① 伦明著,雷梦水校补:《辛亥以来藏书纪事诗》,上海古籍出版社1990年版,第36页。
② 伦明著,雷梦水校补:《辛亥以来藏书纪事诗》,上海古籍出版社1990年版,第36页。
③ 彭华:《华阳王秉恩学行考》,《中国典籍与文化》2011年第3期,第42页。

书局刻书，君充提调。前后司校勘者，有武进屠敬山师寄、会稽陶心云濬宣、元和王捍郑仁俊、长洲叶鞠裳昌炽诸人，皆一时之彦也。所刻多乙部切用之书。盖之洞雅慕阮文达，文达创学海堂，之洞亦创广雅书院；文达刻解经诸书，之洞则刻考史诸书，不相袭而遥相师也。之洞移鄂，君亦去职。代者但取闽本《武英殿聚珍丛书》覆刻之，糜十数万金，刻事随辍。①

该小传不仅介绍了王秉恩与张之洞毕生的亲密关系，而且还通过"不相袭而遥相师"道破了张之洞创办学堂、刻书是以经学家、训诂学家阮元（1764—1849）为榜样。

---

① 伦明著，雷梦水校补：《辛亥以来藏书纪事诗》，上海古籍出版社 1990 年版，第 36 页。

王存善

王存善（1849—1916），字子展，室名寄青霞馆、知悔斋，浙江仁和（今杭州市）人。晚清官员，清末民初著名藏书家、棋谱编纂家。早年随父宦粤，清光绪十五年（1889）起，先后担任广州府南海知县、虎门同知，并管理广州税局。光绪二十五年（1899），任广东即补道兼新界北部定界委员，后被广东（甘肃）布政使岑春煊以贪腐弹劾而罢官。光绪二十六年（1900）起，侨居上海，因善理财，深得盛宣怀信任，主持招商局局务，并担任汉冶萍煤铁厂矿有限公司董事。其家世代藏书，知悔斋藏书达 20 余万卷，所藏宋元本、宋拓碑版众多，藏书印有“存善”“仁和王子展收藏之印”等。卒后，藏书由其子王克敏继承。编有《知悔斋存书总目》《知悔斋检书续目》，辑刊《寄青霞馆弈选》，编印《二徐书目合刻》等。①

王存善画像

伦明曾经参观过王存善的藏书。1916 年，伦明通过友人介绍，前往上海知悔斋参观王存善藏书。事后伦明回忆道：“杭县王子展观察存善，在粤时，不以鉴藏称。晚岁居上海。岁丙辰，有客介我观其所藏书，最佳者有沈文起校《圣宋文选》，卢抱经校《宝刻丛编》，碑版尤富，多宋拓。尝游小市，见其手写《陶诗》，故友黄晦闻以贱值得之，后以归其子叔鲁。光宣间，粤吏多好收藏，如姚布政觐元、陆兵备心源、王观察秉恩、沈提学曾桐、蒋运使式芬、汪知府大钧、莫知府棠、裴县令景福

---

① 王河主编：《中国历代藏书家辞典》，同济大学出版社 1991 年版，第 26 页。

及子展辈皆是。人徒知方功惠而已，勿问其政声何似，而雅尚殊足嘉也。"①

伦明在《辛亥以来藏书纪事诗》中为王存善立传，诗云：

> 手写陶诗薶小市，眼明宋集宝高斋。
> 岭南有吏都超俗，但论收藏趣自佳。②

伦明在诗中再次总结王存善富藏宋拓的藏书特色，以及其《陶诗》流落市肆被黄晦闻低价收藏等情况。清光绪、宣统年间，官吏藏书是当时的风尚，不少官吏藏书之名胜过其为政之职，故伦明有"岭南有吏都超俗，但论收藏趣自佳"的感叹。王存善的藏书由其子王克敏继承，王克敏曾任北洋政府财政总长，抗日战争期间投靠汪精卫，沦落为汉奸。抗日战争胜利后，其藏书充公，在杭州所藏，拨交浙江省立图书馆，总计 432 箱 50615 册。

---

① 伦明著，雷梦水校补：《辛亥以来藏书纪事诗》，上海古籍出版社 1990 年版，第 37 页。
② 伦明著，雷梦水校补：《辛亥以来藏书纪事诗》，上海古籍出版社 1990 年版，第 37 页。

张凤台

张凤台

张凤台（1857—1925），字鸣岐，河南彰德（今安阳）人。晚清至民国早期官员，清末民初藏书家。清光绪十一年（1885）举人。光绪二十一年（1895）进士，历任河北元城（今大名县）、吴桥、束鹿知县。光绪三十三年（1907），任长春府知府。光绪三十四年（1908），任长白府知府。宣统二年（1910），任兴京府知府。1913年，任河南省内务司长、河南省民政司长。1914年起，先后任北洋政府政治讨论委员会委员、参政院参政、参议院议员。1920年，任河南省省长等职。在河南任省长期间，致力修志，续编150年失修的《河南通志》。毕生好集书，日游厂肆以及各书摊，积数年搜访，藏书10万余卷。著有《长白汇征录》《鹿岩乡土志》等。[①]

伦明与张凤台是京城书摊的常客。两人经常逛琉璃厂古旧书肆，伦明多次在书摊上遇见张凤台。伦明在《辛亥以来藏书纪事诗》中极其生动地回忆起与张凤台在书摊上相遇的情景："河南张凤台，家富而性啬，好聚书。余每于小市书摊遇之，好争论锱铢。或告余曰，此参议员张凤台也。后为河南省长，亦刻书，以汪介人《中州杂俎》最佳，其所藏也。殁后京寓之书尽散，余未得见，闻有佳本。"[②] 伦明《辛亥以来藏书纪事诗》为其立传，诗云：

---

① 刘卫东主编：《河南大学百年人物志》，河南大学出版社2012年版，第293页。

② 伦明著，雷梦水校补：《辛亥以来藏书纪事诗》，上海古籍出版社1990年版，第98页。

落日书摊每遇君，与君同好不同群。

景升差比袁曹异，同日韩王漫并论。①

  伦明在诗中再次提到两人经常在书摊相遇，两人兴趣虽相同，然不是同一类型的人。据史料记载，张凤台访书不考虑版本等要素，只以书的外观是否完整为佳，再加上张凤台为官员型藏书者，有把藏书作为追求儒雅虚名或谋利手段之嫌疑，这与伦明一贯倡导的藏书以自读、自用，藏书以供人读的观点格格不入，故伦明有"与君同好不同群"之句。光绪三十三年（1907），清政府为了巩固边疆，在东北长白山南、鸭绿江北、十八道沟与十九道沟之塔甸（今长白镇）添设长白府。东三省总督徐世昌和奉天巡抚唐绍仪对张凤台非常赏识，认为他有应变之才，举授其任长白府设治委员，并任长白府首任知府。张凤台在长白府任职一年有余，提出"占江权、驻工兵、厘韩籍、捷交通、崇府体、励边吏、辟荒徼、通银币、储饷需、扩学警"等筹边十策，政声颇佳，且厘清了长白府与朝鲜（时为日本侵占）的边界，故伦明有"同日韩王漫并论"之赞誉。

---

① 伦明著，雷梦水校补：《辛亥以来藏书纪事诗》，上海古籍出版社1990年版，第98页。

梁鼎芬

梁鼎芬（1859—1919），谱名福承，字伯烈，一字星海，号节庵，又号藏山，广东番禺人。清末民初著名文学家、藏书家，"岭南近代四家"之一。少时拜菊坡精舍陈澧为师，并得其舅翰林院编修张鼎华教诲。清光绪二年（1876）举人。光绪六年（1880）进士，授翰林院编修，因疏劾在中法战争中主动求和的权臣李鸿章被连降五级至从九品，调用为太常寺司乐。光绪十一年（1885），离京回粤。次年，主讲惠州丰湖书院。

梁鼎芬

光绪十三年（1887），受两广总督张之洞之邀，主讲肇庆端溪书院。次年，主讲广雅书院。光绪十八年（1892），再受湖广总督张之洞聘，主讲武昌两湖书院，并参其幕府事。光绪二十一年（1895），主讲南京钟山书院山长，兼任两江总督张之洞幕府。光绪二十二年（1896）起，辅佐湖广总督张之洞筹办农务学堂、工艺学堂等学务。光绪二十七年（1901），张之洞、端方举荐起用直隶州知州，后又任武昌府知府。光绪二十八年（1902），任汉阳府知府。光绪三十一年（1905），任湖北按察使。光绪三十三年（1907），兼任湖北布政使，赏加二品衔。辛亥革命后，曾多次赴易县梁格庄叩拜光绪亡灵，并为崇陵续修筹集经费，继而种树守陵。1915 年，经陈宝琛举荐，入京成为逊帝溥仪之师，任二品衔毓庆宫行走。1917 年，与张勋共谋复辟，复辟失败后即以遗民自居而隐去。1919 年去世后，安葬于北京梁格庄崇陵右旁小山上。著有《节庵先生遗诗》等，刻有《端溪丛书》四集二十种。①

---

① 廖宇新编：《梁鼎芬年谱简编》，载（清）梁鼎芬著，廖宇新校注：《梁鼎芬词校注》附录三，中山大学出版社 2021 年版，第 217—260 页。

　　梁鼎芬和伦明都是岭南著名的藏书家，其"藏书为公"的思想如出一辙。梁鼎芬出身于书香世家，祖父和父亲都是读书人，母亲是著名诗人张维屏的孙女，夫人龚氏是湖南鸿儒王先谦的外甥女。梁鼎芬的祖父原有"玉山草堂"藏书，散失后，由其父重新搜集，传至梁鼎芬时已达十万余卷，藏书楼名有"栖凤楼""食鱼斋""毋暇斋""精卫庵""寒松馆""葵霜阁""敝牛斋"等，藏书以丛书、地方志及清人文集为多，因在湖北为官时间较长，故以湖北地方志书最为完备。其藏书印有"梁鼎芬""梁鼎芬观""节庵""孤臣""痛夫""毋暇斋""食鱼斋"等。梁鼎芬掌教丰湖、端溪书院时，创设"书藏"；掌教广雅书院时，扩充"冠冕楼"；1911 年，还在广州大东门创立了广东第一间私人图书馆——梁祠图书馆，向广州各书院学子免费开放其私藏。去世后，其子梁思孝依嘱将梁祠图书馆 600 余箱 2 万余册珍藏全部捐赠给广东图书馆（今广东省立中山图书馆），将留存北京寓所的藏书全部卖给伦明的通学斋书店。通学斋的伙计雷梦水在《记目录学家孙耀卿》一文回忆道：

　　　　民国十四年（1925），是年购得番禺梁鼎芬先生藏书一批，约百十余箱。每部书皆外附樟木夹板一付，书皮皆有梁氏题字，板面亦刻有梁氏题字，自此店堂（指通学斋）琳琅满目。[①]

　　伦明《辛亥以来藏书纪事诗》为梁鼎芬立传，诗云：

　　　　花之寺里遇花间，语及瑶华我忸颜。
　　　　晚慕东坡留带意，分书一部与焦山。[②]

　　伦明在诗中道出与梁鼎芬的缘分始于蒋景祁选辑的《瑶华集》，与梁鼎芬相识于花之寺，对梁鼎芬藏书的最终印象"三分之"：一赠焦山

① 雷梦水：《书林琐记》，人民日报出版社 1988 年版，第 138 页。
② 伦明著，雷梦水校补：《辛亥以来藏书纪事诗》，上海古籍出版社 1990 年版，第 22 页。

寺，一存广州梁祠，一留自读。伦明在诗后更生动地叙述了其与梁鼎芬的交往趣事：

> 梁节庵按察鼎芬，余慕名数十年，未及修谒。戊午四月，遇于花之寺，询姓名，知为余，即曰：'君家有多少好书耶?'余答：'无有。'又曰：'我曾借抄《瑶华集》，君记之耶?'盖十年前广州某书店，有蒋重光①选《瑶华集》，君拟购之，未就，旋为余有。友人某向余借抄，久之，友始告余，实受君托。余踧然不安，决以书奉君，而君已北行，余亦忘之矣。君藏书数百簏，三分之，一赠焦山寺，一存广州梁祠，一留自读，今保存者惟焦山寺书耳。②

---

① 疑原文有误，《瑶华集》乃蒋景祁编纂。蒋景祁（1646—1695），江苏宜兴人，清代词人。蒋重光（1708—1768），江苏吴县人，清代藏书家。
② 伦明著，雷梦水校补：《辛亥以来藏书纪事诗》，上海古籍出版社1990年版，第22页。

叶德辉

叶德辉（1864—1927），字焕彬，号直山，别号郋园，祖籍江苏吴县，清咸丰年间太平军进攻江苏时举家迁往湖南长沙，后又捐得湘潭县籍，遂为湖南湘潭人。清末民初著名藏书家。清光绪六年（1880），就读长沙岳麓书院。光绪十八年（1892）进士，授吏部员外郎。次年辞官回湘，以倡读经学自任。他反对康有为、梁启超戊戌变法，拥戴袁世凯复辟，反对湖南农民运动，是湖南顽固派首领之一。1927 年 4 月，因破坏北伐和工农运动被处决。叶德辉毕生致力于藏书和校书，至宣统三年（1911），观古堂藏书已达 20 余万卷，于抗日战争期间由其子卖给了日本人，这是我国典籍自陆心源皕宋楼后又一次大规模外流。观古堂藏书印有"德辉""叶德辉""郋园过目""郋园老人藏印""观古堂鉴藏善本""叶德辉焕彬甫藏阅书"等。著有《书林清话》《六书古微》《观古堂书目》《郋园读书志》《观古堂诗文集》等。[①]

叶德辉

伦明与叶德辉曾约定彼此借抄未有之藏书。1925 年，伦明与叶德辉相晤于北京。伦明在批校补正的《书目答问》"题记"中详述了与叶德辉相识的经过：

> 忆乙丑始晤叶先生于都门，谈次，各相见恨晚，约互抄借所未有书。别数月，余一寓书长沙，候起居不得复。未几，先生遂遭横祸。比闻藏书散出沪上，旧都直隶书局售得其一部，以目见示，佳

---

① 白淑春编著：《中国藏书家缀补录》，宁夏人民出版社 2016 年版，第 19 页。

本十不二三，未知其他又失落何所，为之怆然，因授笔记之于此。己巳夏历四月六日书于沈阳故宫之通志馆。东莞伦明。①

伦明在《辛亥以来藏书纪事诗》为其立传，诗云：

> 清话篇篇掇拾成，手编藏目不曾赓。
> 相逢空有抄书约，隔岁俄闻遭枪崩。

伦明在诗中谓叶氏享誉学界的《书林清话》《书林余话》为抄掇之作，这当然有文人相轻之嫌。不过，以伦明广博的见识，其所评所论，亦非无的放矢。伦明又戏谑地追忆了自己与叶德辉互抄的约定，伦明履约复信，而叶德辉未能回复，隔了一年多就听叶德辉被枪毙一事。在诗后小传中伦明详细说明道：

> 长沙叶焕彬德辉，己亥春始于故都识面，约相互抄所有两家书，彼此有所欲得，抄就交换，以叶数略相等为准。别后曾致长沙一书，未得复，而君难作矣。君见古本不多，所著《书林清话》《（书林）余话》，大率撮自诸家藏书志。自编《观古堂书目》，亦无甚佳本。据云尚有《续目》，未编成，君殁后见其《郎园读书志》，不过如是，勿刊可也。然君素精小学，辑录各书，具有条理，但版本目录，非所长耳。君有侄启勋，字定侯，积书好古，克绍家风。②

---

① 来新夏、韦力、李国庆记补：《书目答问汇补》，中华书局 2011 年版，第 6 页。
② 伦明著，雷梦水校补：《辛亥以来藏书纪事诗》，上海古籍出版社 1990 年版，第 117 页。

王　瑜

王瑜（1865—1933），字禹功，号铁珊，河北定州（今定县）人。清末至民国时期藏书家，清末官员，民国政要，为官清廉，冯玉祥称其为中国第一流清官。清光绪二十年（1894）进士，授翰林院庶吉士。光绪二十一年（1895），任四川省庆符县知县。光绪二十五年（1899），任四川省灌县知县。光绪二十七年（1901），前往日本北海道考察农业，回国后奉命创办保定农务学堂（今河北农业大学前身）。光绪三十年（1904），任广西柳州知府。后又迁广东钦廉兵备道。宣统元年（1909），任辽宁巡警局总办，因政绩显著，第二年被授为吉林伊兰兵备道道台。辛亥革命后，历任袁世凯北洋政府肃政厅肃政使、黎元洪总统府谘议、徐世昌总统时陕甘禁烟专使。1920年，任京兆尹。1921年，任江苏省省长。1924年，任包办铁路督办。1926年，任豫、陕、甘考试委员会委员长。1928年，任黄河水利委员会副委员长。1932年，任私立北平辅仁大学国文系教授。王瑜毕生未置家产，但存有大批珍贵图书，河北定县以王瑜藏书为基础建立"铁珊图书馆"。①

王瑜

伦明与王瑜因《淮南子纂图互注》一书结缘。1917年，王瑜游广州，在登云阁书店购得宋本《淮南子纂图互注》。此书原为伦明旧藏，曾托书店帮忙修补，因伦明久不过问，店主即起盗卖之心。当伦明前往取书时，店主谎说被人借走后丢失了，最后赔钱了事，哪知该书最后被王瑜购得。伦明在《辛亥以来藏书纪事诗》中记有此事："丁巳，游广

① 贾逸君编著：《民国名人传》（上），民主与建设出版社2012年版，第91—92页。

州，于登云阁书店购得宋本《淮南子纂图互注》，即余故物也。盖余于五六年前，以书托此店装修，久不过问，店主人因生盗心，诡云被某人借失，卒以赔补了事。君适与余谈及，取视之，果不误，余戏曰：'真赃在此，我将兴讼。'相与一笑而罢。"① 透过此事，足见伦明的宽容大度和风趣幽默的真性情。

伦明在《辛亥以来藏书纪事诗》为王瑚立传，诗云：

> 王公夙好老子学，为吏人传廉介名。
> 岭表携归盗泉水，淮南鸡犬未飞升。②

伦明在诗中叙述了王瑚喜好读《老子》，凡《老子》的不同版本书，王瑚都收聚齐备。与此同时，王瑚朴实清廉，曾自写座右铭："万分廉洁，只是小善；半点贪污，便为大恶"，其持躬谨严，可见一斑。王瑚除了读书、藏书外，别无他好。他任江苏省省长时，故都书友前来拜访，行宾主之礼后便留宿衙斋，平时宦囊所得尽付书肆，死后连一件贵重的物件都没有。"岭表携归盗泉水"是指王瑚送回伦明被店主盗卖的《淮南子纂图互注》一事。"淮南鸡犬未飞升"指王瑚任江苏省省长时因查办腐败案件得罪地方军阀与豪绅，不久即去职回到原籍务农一事。"淮南鸡犬"指淮南王刘安信奉道教，为了长生不老，喜欢吃仙丹，吃下后觉得自己轻飘飘升天而去，庭院里的鸡狗抢着吃剩下的丹药，也纷纷飞上天成了仙。后喻指"一人得道，鸡犬升天"。

---

① 伦明著，雷梦水校补：《辛亥以来藏书纪事诗》，上海古籍出版社1990年版，第78页。
② 伦明著，雷梦水校补：《辛亥以来藏书纪事诗》，上海古籍出版社1990年版，第78页。

罗振玉

罗振玉

罗振玉（1866—1940），字叔言，号雪堂，亦号永丰乡人，晚号贞松老人、松翁，祖籍浙江上虞，生于江苏淮安。清末至民国时期著名教育家、考古学家、藏书家。清光绪二十二年（1896），在上海与蒋伯斧合办农学社，并创办《农学报》。光绪二十四年（1898），创办东文学社，培育日语翻译专业人才。光绪二十六年（1900）至光绪二十七年（1901），受张之洞之聘，任湖北农务局总理兼农务学堂监督，襄办武昌江楚译书局。光绪二十八年（1902），受盛宣怀之聘，任上海南海公学虹口分校监督。光绪二十九年（1903），受两广总督岑春煊之聘，任两粤教育顾问。光绪三十年（1904），受江苏巡府端方之聘，任江苏教育顾问，创办江苏师范学堂。光绪三十二年（1906），奉诏入京，先后任学部参事厅行走、二等谘议官。宣统元年（1909），补学部参师官，兼任京师大学堂农科监督。1911 年至 1919 年，乔居日本 8 年，与王国维交好，潜心学术。1919 年回国后，寓居天津，以清朝遗老自居。1924 年，应召入值南书房，任清室善后委员会委员，与王国维等一同清点故宫器物。1931 年"九一八"事变后，参与策划伪满洲国成立系列活动，先后出任伪满洲国参议府参议、伪监察院院长、满日文化协会会长等职。1937 年 3 月辞官，寓居旅顺。著有《殷墟书契菁华》《三代吉金文存》《海外贞珉录》《唐三家碑录》《秦金石刻辞》《金泥石屑》《隋唐以来官印集存》《殷文存》《毛郑诗校议》等。①

---

① 甘孺辑述：《永丰乡人行年录（罗振玉年谱）》，江苏人民出版社 1980 年版，第 35—127 页。

伦明与罗振玉的交往一是如前文所述来自老师江瀚所藏《袁督师应召饯别图》，罗振玉鉴定该图为真迹，并与伦明等为该图作跋。二是罗振玉卖书燕京大学图书馆一事。一日，容庚拿着老师罗振玉欲售于燕京大学图书馆的抄本书目找到伦明，希望伦明给出是否购买的建议。从购藏来说，抄本较为稀缺，开价往往不菲，当时罗振玉近百种抄本索值二万元。伦明看完书目后，发现该批抄本中有不少已被罗振玉整理刊印过。为此，伦明认为，虽是原本，亦非必得，乃从燕京大学图书馆利益考虑，建议可在罗氏书目中选择若干，分而购之。罗振玉收到反馈意见后，一开始坚然拒绝，另觅上海中国书店等买家，然上海中国书店也因购资不足无法全部成交，罗振玉遂不得不接受伦明的建议。这样，伦明便为燕京大学图书馆省下了大笔资金。针对此次罗振玉的卖书行为，伦明在《辛亥以来藏书纪事诗》未刊稿"罗振玉小传"中讥讽他是"老去爱钱憎旧物"。诗云：

> 异时史纪国师歆，难没当年抱缺心。
> 老去爱钱憎旧物，免教随尔落鸡林。

伦明通过"抱残守缺"这一典故喻指罗振玉以清朝遗民自居，追随末代皇帝溥仪，并沦为伪满洲国同僚一事。"抱残守缺"典出《汉书·刘歆传》，是指被《资治通鉴》称为第一国师的刘歆在掌管宫廷典籍过程中，发现《左传》等古籍很有研究价值，建议设立专门研究的学官，却遭五经博士坚决反对。生气的刘歆致函管理五经博士的太常，指出五经博士明知《左传》等古籍的价值，却因担心被识破自己知识贫乏，宁愿因循守旧，也不肯探求新的学问。后人将"抱残守缺"释为思想保守，不肯接受新事物。伦明在诗末提及罗振玉售书燕京大学图书馆以及后来该批手稿丢失一事，并在诗后小传中详述事情始末：

> 上虞罗叔韫振玉，十余年前，从大连单开抄本书目近百种，向燕京大学求售，索值二万金。容希白持示余，中多罗氏已刊者。余

主分售，选择若干，罗示不允。后闻售与上海中国书店，议已就矣，而资不足，乃由罗氏函燕京大学，依原议，所得多佳本。尤佳者，吴槎客《论语集解考证》稿本，翁覃谿读经诸札记。中国书店所得尤佳者，《明实录》全部，余不能记忆矣。近闻燕京大学以典守者非人，致全失之，怅惋不已。①

伦明将自己平日买书的习惯和经验代入图书馆购书中，对鱼龙混杂、高价叫卖书籍给图书馆的行为提出中肯意见，这不能不说是民国知识分子的一种真情流露。罗振玉毕生精研甲骨文、金石学、西夏文物、敦煌文书、汉晋木简，不仅著述等身，而且在甲骨、金石等领域有开创之功和奠基之劳。其藏书楼大云书库中"大云"二字出自敦煌北朝写本《大云无想经》，收藏甲骨、铜器、简牍、敦煌遗书、碑拓、玺印、玉器、书画等30余万册（件），去世后的第五年，大云书库被苏联军队征用，藏品遭到重大毁损，毛泽东闻知后，曾指示中共东北局和旅大地委设法加以抢救。1948年，罗振玉的藏书由其孙罗继祖、罗承祖捐赠给辽宁省图书馆和大连市图书馆，其文物也全部捐赠给旅顺博物馆等单位。

---

① 伦明著，宋远补注：《辛亥以来藏书纪事诗未刊稿笺注》，载钱伯城主编：《中华文史论丛（第四十九辑）》，上海古籍出版社1992年版。

丁传靖

丁传靖（1870—1930），字秀甫，号闇公，别署招隐行脚僧等，江苏丹徒（今江苏镇江）人。清末至民国时期著名文学家、藏书家。出身于书香世家，先后入读靖江县学、钟山书院、南菁学堂。清光绪二十三年（1897），中式副贡。光绪三十二年（1906），任镇江府中学堂讲席。宣统二年（1910），经陈宝琛推荐，任礼学馆纂修兼总校。1913年，任江苏省督军府冯国璋秘书。1916年，任北洋政府冯国璋总统府秘书。1918年起，专事著述。工诗文，

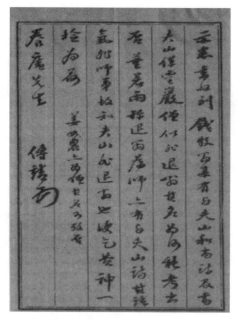

丁传靖致周肇祥书

尤工戏曲。其藏书楼白雪庵藏书数万卷，多宋明稗官野史，不乏孤本秘籍。藏书印有"丁传靖""闇公""丹徒丁传靖字闇公壹号大云""丹徒丁氏珍藏""闇公乱后所得书"等。著有《闇公诗存》《闇公文存》《宋人轶事汇编》《沧桑艳传奇》等30余种。①

伦明与丁传靖交往频密。丁传靖寓居北京期间，与伦明经常参加寒山、稊园诗社的吟唱活动，还主持选编《寒山社诗钟选丙集》。与此同时，两人还是志同道合的藏书爱好者，伦明不仅多次前往丁传靖的白雪庵观书，而且还数次向其借书抄录，以补"碰到佳本欲购而不得"之遗

---

① 江慰庐编：《丁传靖年表》，《文教资料》1992年第6期，第3—10页。

憾。此外，伦明还对其所藏明张萱《西园闻见录》特别推崇，他在《辛亥以来藏书纪事诗》为丁传靖作诗云：

> 闇公宦隐腹便便，年表开端顺治年。
> 增益泾阳党人传，贯穿天水稗官编。①

伦明在诗中高度肯定丁传靖腹司便便，学识丰富，有清朝诸多专题年表、东林党人、稗官等方面的研究成果，并在诗后小传中进一步说明道：

> 丹徒丁闇公传靖，治乙部书，尤好宋明稗官野史，搜访甚备，多秘本。余每从借录，尝借得丰润张氏《明季清初二十八科进士履历》，又借余《崇祯十五年缙绅录》，皆手抄之。所著有《清督抚年表》六卷，《清大学士年表》三卷，《清六部尚书年表》四卷，《清军机大臣年表》一卷，《清代名人齿表》三卷，《历代帝王世系宗谱》五卷，《两朝人瑞录》二卷，《宋人轶事汇编》二十四卷，《东林别传》二卷，《甲乙之际宫闱录》二卷，稿藏于家。已刊者有《文贞公年谱》。②

1930 年，伦明突闻好友丁传靖去世，痛作挽诗追悼，诗云：

> 日下几名士，江南一老儒。
> 名高科第外，史拾稗官余。
> 穷索长安米，寒吟幕府梧。
> 稊园宾客散，感逝未须臾。③

---

① 伦明著，雷梦水校补：《辛亥以来藏书纪事诗》，上海古籍出版社 1990 年版，第 72 页。
② 伦明著，雷梦水校补：《辛亥以来藏书纪事诗》，上海古籍出版社 1990 年版，第 72 页。
③ 伦明：《挽丁闇公传靖》，《伦哲如诗稿》（第六册），国家图书馆藏稿本，第 3 页。

伦明追忆了丁传靖的人格特质、藏书特色、诗歌成就，同时表现出了对昔日稊园诗友去世的感伤。丁传靖多次参加科举考试，均未得中，只得了一个副贡，然丁传靖在书法、著述以及藏书方面成绩斐然，故伦明有"名高科第外，史拾稗官余"之句。1933 年，丁传靖的家人将其975 种 4442 册藏书永久寄存于江苏省立镇江图书馆。1953 年，其子丁家瑷又将 1 万余册白雪庵藏书捐献给镇江绍宗国学藏书楼。1960 年，又向镇江市文物管理委员会捐赠书画、碑帖近 600 件。1966 年，向上海玉佛寺图书馆赠书 4600 余册。①

---

① 杨健编著：《民国藏书家手札图鉴》，大象出版社 2019 年版，第 76 页。

方尔谦

方尔谦（1871—1936），字地山，又字无隅，别署大方，江苏江都（今扬州）人。清末至民国时期著名书法家、藏书家。清同治年间举人，无心仕途，与弟尔咸（字泽山）齐名文坛，世称"二方"。书法挺峭，尤善制联，有"联圣"之誉。1915年，赴天津为《津报》主撰社论，经常发文抨击袁世凯。袁世凯为笼络人心，聘请其为次子袁克文家庭教师，后袁克文受方尔谦影响，谏其父不要称帝，袁世凯怒而不听。方尔谦唯恐

方尔谦

遭害，与袁克文逃至天津租界，以卖字为生，并结为儿女姻亲。雅好收藏，笃喜宋刻，得宋版《舆地广记》后，遂自名藏书楼为"一廛一宋"楼，所藏多时至百余箱。①

伦明曾造访方尔谦"一廛一宋"楼。1925年，伦明前往天津访书，在天津书店偶遇方尔谦，两人相见恨晚，相谈甚欢。方尔谦随即邀请伦明至其宅第，并拿出渔洋山人稿本等珍藏供其欣赏，令伦明目不暇接。后伦明《辛亥以来藏书纪事诗》为方尔谦立传，诗云：

> 旧日豪华识地山，乱书堆里拥红颜。
> 十载津门阻消息，白头乞食向人间。②

伦明在诗中回忆了与方尔谦相识以及上门观书的情景，并对方尔谦

---

① 孙爱霞整理：《〈北洋画报〉诗词辑录》（上），天津古籍出版社2018年版，第98页。
② 伦明著，雷梦水校补：《辛亥以来藏书纪事诗》，上海古籍出版社1990年版，第74页。

晚年卖藏品糊口的现状深表同情和惋惜。伦明为方尔谦作小传云："扬州方地山尔谦性豪侈，工诗，与袁寒云以师生而结姻娅。其弟尔咸，辛亥后转运淮扬，故地山资甚雄，大购字画古书，蓄姬妾数辈。后移居津门，境渐窘，斥所有以济乏。余十年前，识之于津门书店，旋访之其寓，尽出珍本相示，目不暇给。忆有渔洋山人稿本二种：一评其叔祖季木诗，中多抹句，谓染钟谭习；一《南台故事》残稿，后来黄叔琳所辑当本之。比闻书已尽出，日惟以借小债度活，今年七十余矣。"①

方尔谦的弟弟方尔咸因主持淮扬盐政，财资雄厚，为哥哥购藏提供了坚实的经济基础。后方尔咸病逝，家道中落，方尔谦晚年家境窘迫，为生计只好出卖藏品。他《咏海王村》绝句云：

> 十年厚价收书惯，列肆交称不似贫。
> 渐觉盛世难副实，相逢温语逼闲人。

又有诗云：

> 十年生聚五车书，有有须知必有无。
> 鬻及借人真细事，存亡敢说与身俱。
> 畀予犹有此区区，何日相逢还旧居。
> 空锁扬州十间屋，渡江能得几连舻。②

以上诗歌均反映了方尔谦晚年的心境及藏书逐渐散出的情形，这与伦明描写方尔谦"白头乞食向人间"可相互印证。

---

① 伦明著，雷梦水校补：《辛亥以来藏书纪事诗》，上海古籍出版社1990年版，第74页。
② 江庆柏：《近代江苏藏书研究》，安徽文艺出版社2000年版，第341页。

陈 融

陈融（1876—1955），字协之，号颙庵，别
署松斋、颙园、秋山，广东番禺人。民国官员，
清末至民国时期藏书家。早年肄业于菊坡精舍，
攻词章之学。清光绪三十年（1904），入读日本
法政大学速成科，翌年加入中国同盟会。光绪三
十二年（1906）回国后，任广东法政学堂教员。
宣统三年（1911），参加广州黄花岗之役。辛亥
革命后，任职广东军政府枢密处。1913 年，任广
东省司法筹备处处长，兼广东公立法政专门学校

陈融

监督。1915 年，任广东高等审判厅厅长，与金章、杜之杕、曹受坤合称
广东司法界四大天王。1927 年，任广东省国民政府委员兼司法厅长。
1928 年，任行政院政务处处长。1931 年，任广州国民政府秘书长。同年
底，任西南政务委员会秘书长。1935 年，任国立广东法科学院董事长。
1938 年 10 月，广州沦陷，避居越南。1945 年，回到广州，任广东文献
馆理事。1948 年，任国民党总统府国策顾问。1949 年，由广州前往澳
门。1955 年 11 月，在澳门去世。喜好藏书，藏书楼颙园以清代集部藏
书为特色。著有《读岭南人诗绝句》《黄梅花屋诗稿》《颙庵诗
话》等。①

陈融曾请伦明帮其鉴定清代诗文集。陈融为官数十年，从政之余，
喜欢收藏清代的诗文集，收藏总量 2000 余种。在收藏过程中，曾致书伦
明，请托帮其鉴别。伦明鉴别后告诉陈融，除了一些低级庸俗的诗歌外，

---

① 赵青编：《陈融小传》，载赵青、钟庆校点：《法政开拓者的声音与回响——夏同龢
及其同仁法政文萃和研究》，贵州人民出版社 2015 年版，第 133—134 页。

其他皆可用。1932年，陈融辑成《清诗纪事》，伦明知晓后非常高兴，即兴赋诗《怀陈颙庵广州》，刊发于1933年《磐石杂志》上。诗云：

万方多难一隅安，幕府清秋气不寒。
架上日收新册帙，门前夜拜古衣冠。
小园菊放移樽赏，大海潮来挟弩看。
空想元龙楼百尺，岭云南望路漫漫。①

诗的首联述说陈融精诗，工书，擅篆刻，富收藏，喜结客，曾在越秀山南麓（今越秀公园正门右侧）建造了一座雅致的庭院——颙园，既延名士，又作藏书处，经常高朋满座。颔联提到陈融藏书丰富，曾仿照陈衍《元诗纪事》、陈田《明诗纪事》、顾嗣立《元诗选》等辑录方式，勒成《清诗纪事》。颈联提及颙园内常有文酒之会，学者名流、诗人画家、政界要人频繁出入其间，赏花看菊，学诗作赋，呈一时风雅。陈融1931年任广州国民政府秘书长，同年底再任西南政务委员会秘书长。伦明认为，陈融在仕途上不甚显赫，故借用"元龙百尺楼"之典述说陈融空有报国之志。"元龙百尺楼"典出《三国志》卷七《魏书·吕布传·陈登》。陈登，字元龙，东汉广陵太守，素有扶世济民的志向。一日，许汜拜见元龙，元龙无主客之礼，自顾睡在上床，让许汜睡在下床。后许汜告于刘备，刘备说：你有国士之名，天下大乱，不去济世救国，却只知求田问舍。如果是我，就睡在百尺高楼上，让你躺在地下，岂止是上下床呢！后喻指高处、尊处、抒发壮怀的登临处。尾联道出陈融《岭南人诗绝句》《清诗纪事》有一定的文化价值，但诗歌创作和研究的道路还很漫长，希望陈融不遗余力去探索和追求。《岭云》是宋代诗人杨万里的诗作；《柏林寺南望》是唐代诗人郎士元的诗作；"路漫漫"借用屈原《离骚》"路漫漫其修远兮，吾将上下而求索"名句。

伦明《辛亥以来藏书纪事诗》为陈融作传，诗云：

---

① 《磐石杂志》1933年第1卷第2、3期合刊。

> 陈陈何事苦相因，纪事诗罗一代人。
> 除却碍牙盐味重，勿须嫌滥止嫌贫。①

　　伦明不仅对陈融收藏清代诗文集以及编纂《清诗纪事》的成就极尽赞赏，且回忆了陈融托其鉴定一事。"碍牙盐味重"是指低级下流庸俗之诗作。伦明为陈融作小传云：

　　　　番禺陈颙庵融，方纂《清诗纪事》，广搜近代诗集，至千数百家。尝致余书，托就近代鉴别，云除甚咸者外，皆可用也。近人陈石遗衍成《元诗纪事》，陈松山成《明诗纪事》，君之《清诗纪事》，又将成矣。陈陈相因，亦艺林一佳话也。②

　　据《陈融私藏目录》，陈融藏书25000余册，多为诗文集及佛教书。1938年10月，广州沦陷，陈氏颙园藏书损毁大半，战后残存清人集数百种，已让归国立中山大学图书馆。又据《陈融私藏目录》第一页所题"广州市市立图书博物馆接收前由社会局寄存广东大学朝日新闻社移交书籍清册（1942年5月20日）"得知，③陈融所藏应该有一部分被广东省立中山图书馆接收。

---

① 伦明著，雷梦水校补：《辛亥以来藏书纪事诗》，上海古籍出版社1990年版，第89页。
② 伦明著，雷梦水校补：《辛亥以来藏书纪事诗》，上海古籍出版社1990年版，第89页。
③ 韦力：《书楼寻踪》，河北教育出版社2004年版，第232—233页。

姚 华

姚华（1876—1936），字重光，号茫父，贵州贵筑（今贵阳市）人。清末至民国时期著名书画家、藏书家，与陈寅生、张樾丞被誉为清末"刻铜三大家"，与陈师曾共同活跃于北京画坛，被称为"姚陈"。清光绪二十三年（1897）举人。光绪二十八年（1902），任笔山书院山长。光绪三十年（1904）进士，授官工部主事。同年九月，选派日本留学，入读日本东京法政大学速成

姚华

科。光绪三十三年（1907），从日本归国后，奉旨留任工部主事，后又调任邮传部主事。宣统二年（1910），任邮传部邮政司建核科科长。1914年，任北京女子师范学校校长。1918年起，任教国立北京美术专门学校。1924年，任私立京华美术专科学校首任校长。擅长诗词书画，喜欢收藏古籍，藏书极富且多善本。藏书处名"专（砖）墨馆""莲花庵"，藏书印有"姚华私印""姚茫残臂""老茫父长生安乐""老茫"等。著有《弗堂类稿》《题画一得二笔》《盲词考》《元刊杂剧三十种校正》《黔语》《弗堂类稿外集》等。①

伦明与姚华曾是邻居，关系极好，两人年龄相若，志趣相投，都是琉璃厂的常客。光绪三十年（1904）三月，姚华始居北京烂缦胡同莲花寺，以后著述、书画常署款"莲画寓庐""莲花寺""莲花盦""钩沉堂""小玄海""弗堂""岱宗室"等。1915年，伦明携所藏精善本举家从广州迁居北京。初到北京，东莞会馆已住满，乃暂租居莲花寺，与一墙之隔的姚华成为邻居。张次溪《莲花庵记》曰："彰仪门内有莲花寺，

---

① 杜鹏飞：《姚茫父年表》，《中国书画》2015年第11期，第87—91页。

姚师茫父故居也。"① 伦明《辛亥以来藏书纪事诗》为姚华立传，诗云：

> 莲花寺里绿杨阴，谈画论书畅素襟。
> 除却元刊曲江集，斋中原不少璆琳。②

伦明在诗中描述了莲花寺绿杨树荫的美景，以及与姚华在凉爽、清净的莲花寺畅谈书画艺术的朴素情怀。同时提及姚华藏书丰富，然斋中有一些藏书版本存疑，例如《张子寿集》等。在诗后，伦明作小传云：

> 贵筑姚茫父华，居莲花寺，余旧邻也。君善书画，而不甚谈版本。厅室雅洁，触目璆璎也。君殁，所藏归文禄堂、邃雅斋二家，得值一万三千金。有宋本《汉隽》《周易注疏》，明刻附图传奇多种。惟《张子寿集》，题称元本，疑即邱琼山刊正德本。若果元本，岂非希世宝耶。③

① 张次溪：《莲花庵记》，载陈宗蕃编著：《燕都丛考》，北京古籍出版社 1991 年版，第 616 页。

② 伦明著，雷梦水校补：《辛亥以来藏书纪事诗》，上海古籍出版社 1990 年版，第 79 页。

③ 伦明著，雷梦水校补：《辛亥以来藏书纪事诗》，上海古籍出版社 1990 年版，第 79 页。

刘承干

刘承干（1882—1963），字贞一，号翰怡，一作翰贻，别署求恕居士，晚年自称嘉业老人，浙江吴兴（今湖州市）人。清末至民国时期著名藏书家、刻书家，清中晚期著名商人刘墉之孙。幼年就读浔溪书院，清光绪三十一年（1905）中秀才。宣统年间，因连续在各地灾赈捐银 3 万多两，获"四品卿衔""四品京堂"等官职，友人称其为"京卿"。1914 年，受沈曾植之聘，任《浙江通志》分纂。1920—1921 年，任职清史馆。

刘承干

自幼嗜书，后藏书、刻书不惜一掷千金，刻印之书赠送国内藏书爱好者及学者，鲁迅喻其为"傻公子"，陈志岁尊其为"笃公子"。1920—1924 年，斥资 12 万建成占地 20 亩的藏书楼——嘉业堂，因溥仪赐"钦若嘉业"九龙金匾而得名，内有书库 52 间。自宣统二年（1910）起，历时 20 余年，耗资 30 余万，搜罗古籍 57 万余卷 18 万余册，所藏古本精椠不可胜数。①

刘承干多次赠送伦明书籍。刘承干花费大量财力、物力搜罗古籍之余，还自费刻书、印书 179 种。他刻书不仅讲究母版的学术价值和版本，不惜花费重金在各地搜求珍本古籍和清代禁书，而且还特别注重校雠，专门聘请缪荃孙、叶昌炽、杨钟羲等一批极负盛名的学者为其校版，以保证刻印质量。刻有《嘉业堂丛书》《求恕斋丛书》《景宋四史》《安龙逸史》《翁山文补》《闲渔闲闲录》《三垣笔记》等。以上刻印之书分赠海内外学者，伦明曾收到刘承干赠书数百册。伦明事后回忆道："余未

---

① 李性忠：《刘承干与嘉业堂》，文物出版社 1994 年版，第 1—3 页。

与君谋面，而君屡赠余书，盈数百册。己巳年（1929）南旋，道经上海，拟诣谢，杨子勤①又作书为介，乃一来一去，俱阻船期，惘惘何已。"②

伦明《辛亥以来藏书纪事诗》为刘承干立传，诗云：

> 铜山非富富琅函，两过门间未许探。
> 黄白无成书就佚，颇闻宾客散淮南。③

刘承干是个名副其实的贵公子，祖父刘镛以湖丝经营起家，后来投身盐业、茶业、典当、垦牧、房地产等多个行业，雄居南浔"四象"之首。丰厚的家业为刘承干所痴迷的藏书事业奠定了物质基础。自宣统二年（1910）以后，刘承干大肆购藏，上海寓所"求恕斋"已聚萃如山，后不得不斥巨资在家乡选地筑建嘉业楼庋藏，所藏以宋椠、元刻以及抄本、稿本为特色。其中，宋元刻本153种，稿本、抄本、校本2000余种，清人集部5000余种，御题原本《永乐大典》40余册，翁覃谿手辑《四库全书》提要原稿150册，全国完整的地方志1200余种，其他珍稀典籍若干，珠玉纷陈，④缪荃孙在《嘉业堂丛书》序中赞叹道："诸藏书家多佚出之本，无不归之，收藏遂富甲海上。"⑤ 故伦明有"铜山非富富琅函"之赞。在诗后，伦明作小传云：

> 吴兴刘承干，今日东南大藏书家也。所藏古本精椠不可胜数，旧抄本稿本亦多，若王惟俭《宋史记》、徐松《宋会要》，皆巨帙，已归北平图书馆。所刻《嘉业堂》《求恕斋》《吴兴》诸丛书凡数百

---

① 杨子勤，即前文所述杨钟羲，曾为刘承干校书、刻书。
② 伦明著，雷梦水校补：《辛亥以来藏书纪事诗》，上海古籍出版社1990年版，第45页。
③ 伦明著，雷梦水校补：《辛亥以来藏书纪事诗》，上海古籍出版社1990年版，第45页。
④ 顾进才主编：《南浔名人》，浙江人民出版社2010年版，第155页。
⑤ 缪荃孙、吴昌绶、董康撰，吴格整理：《嘉业堂藏书志》，复旦大学出版社1997年版，第77页。

册，多罕见本，若杨子勤之《雪桥诗话》四集，皆资其所藏清代诗集也。……比闻君构家难，亏耗甚重，又传有曹仓失守之讯，后乃知其不然也。[①]

20 世纪 30 年代中期，刘承干经营不善，家道中落，被迫抛售藏品。宋刊《鹤山先生大全集》等售予宝礼堂潘明训；《宋史记》《宋会要》等稿本售予国立北平图书馆；《明实录》等抄本售予中央研究院；1300 余种明刊本、30 余种钞稿本售予中央图书馆（现存台湾）；《永乐大典》残本等售予大连满铁图书馆（现存国家图书馆）。抗日战争胜利后，浙江大学图书馆购得约 22000 册，复旦大学购得约 2000 册。[②] 中华人民共和国成立后，刘承干致信浙江图书馆："愿将藏书楼与四周并藏书、书版连同各项设备等，悉以捐献与贵馆永久保存。"从此，嘉业藏书楼归于浙江图书馆。他曾自嘲道："自我得之，自我失之。"不无遗憾地违背了自己"非徒藏之，又将谋所以永其传"的诺言。[③]

① 伦明著，雷梦水校补：《辛亥以来藏书纪事诗》，上海古籍出版社 1990 年版，第 45 页。
② 李性忠：《刘承干与嘉业堂》，文物出版社 1994 年版，第 26 页。
③ 董惠民：《湖州六十文化名人评传》，昆仑出版社 2004 年版，第 148 页。

沈兆奎

沈兆奎（1885—1955），字无梦，号羹梅，江苏吴江人。晚清重臣沈桂芬之孙，以金石书画擅名，清末至民国时期著名藏书家。早年步入政界，并游历京、津、江汉等地，后随广西学政汪贻书赴日本考察教育，归国后以七品官分管学部。辛亥革命后，历任大理院书记官、司法部秘书，河南烟草局局长等职。中华人民共和国成立后，先后任上海文物保管委员会委员、上海图书馆善本组组长等职。著有《无梦盦遗稿》《江西青云谱志》《志略》等。[①]

伦明与沈兆奎既有多个共同的好友，又曾在一起共事。1921年前后，伦明于厂肆访书期间认识沈兆奎和张允亮[②]，他俩均于1911年毕业于京师大学

![沈兆奎手抄汉崔子玉座右铭稿]

沈兆奎手抄汉崔子玉座右铭稿

① 李玉安、黄正雨编著：《中国藏书家通典》，中国国际文化出版社2005年版，第872页。
② 张允亮（1889—1952），字庾楼，别号无咎，河北丰润人。袁世凯长女袁若桓的丈夫，清代最后一任两江总督张人骏第五子。1911年毕业于京师大学堂译学馆，先后任职于北洋政府财政部、故宫博物院、国立北平图书馆、国立北京大学图书馆、北平古物陈列所等单位。

堂译学馆，是伦明京师大学堂的学弟。1927 年 10 月，伦明与沈兆奎、张允亮同时被聘为故宫博物院图书馆干事。1931—1937 年，伦明与沈兆奎共同参与《续修四库全书总目提要》的编纂工作，成为同事。沈兆奎、张允亮、徐森玉、伦明均与傅增湘交好，傅增湘是他们的共同朋友。傅增湘作为民国时期著名的藏书家，辛勤访书、校书之余，喜好每年腊月东坡生日前后举办祭书之会，展示他新获的好书，邀请名流同好观赏雅集，精通版本目录学的徐森玉、张允亮、沈兆奎经常前往傅增湘的藏园参加该活动，并向同行请益，被时人称为"藏园三友"。傅增湘也曾云：

> 是三君者，识力精能，见闻广博，频年搜讨，贶我实多。或偶逢罕秘，为目所未经，或创获珍奇，而力不克举，相与流传钞白，校定丹黄，时补佚书，共商旧学。缘斯密契，遂订久要，风谊相期，载历年祀。迩来暮景侵寻，知交寥落，自惟情绪，非复曩时，惟此素心，长共晨夕。何意棋枰忽改，踪迹遂暌。森玉以护持古物，转徙滇黔，无梦以出谋稻粱，栖迟海峤，惟余与庚楼留滞旧京，以金马之陆沉，作穷鱼之煦沫。只自闭门而却扫，未尝阅肆以探寻。①

伦明《辛亥以来藏书纪事诗》为沈兆奎和张允亮作合传，诗云：

> 一双雅伴沈同张，
> 厂肆时时见徜徉。
> 口说能详经目广，
> 清疏签带点明窗。②

---

① 李玉安、黄正雨编著：《中国藏书家通典》，中国国际文化出版社 2005 年版，第873 页。

② 伦明著，雷梦水校补：《辛亥以来藏书纪事诗》，上海古籍出版社 1990 年版，第 76 页。

伦明在诗中生动地描绘了沈兆奎和张允亮"一双雅伴"徜徉厂肆访书"口说能详"的画面，并在诗后进一步叙述道：

> 吴江沈羹梅应奎、丰润张庚楼允亮，与余订交较晚，而十余年前，余早识之厂肆。二君游必相偕，嗜好同，精识亦相等。他时记二君者，必为之作合传也。羹梅藏有明涂刻《盐铁论》真本，庚楼藏有宋本《李太白集》《草堂诗笺》，元本《杨仲宏集》等。尝手编《故宫书影》，又为北京大学编定书目。[①]

1948—1953 年，张允亮先后三次将家藏近万册捐赠故宫博物院。

---

① 伦明著，雷梦水校补：《辛亥以来藏书纪事诗》，上海古籍出版社 1990 年版，第 76 页。

徐行可

徐行可（1890—1959），原名忠恕，后为恕，字行可，号疆邨，以字行，湖北武昌（今武汉江夏区）人。近现代著名文献学家、藏书家。幼年拜湖北黄陂刘凤章为师。清光绪三十三年（1907），留学日本，次年为胞弟奔丧回国，自此学无常师，且购且读。1924年起，在南浔著名藏书家刘承干家客居两年，尽阅嘉业堂藏书，并抄书百余种。因浸淫经史典籍日深，渐渐绝意仕途，以聚书、读书为乐事，日积月累，收藏最富时达

徐行可

10万余册。其中，明清善本、抄本、稿本、批校本近万册，文物7700余件。其藏书楼有"箕志堂""桐风庼""藏棱庵""知论物斋""徐氏文房"等名号，藏书印有"小字六一""行可珍秘""江夏徐氏藏本"等。中华人民共和国成立后，所藏图书捐赠湖北省图书馆，所藏文物捐献湖北省博物馆。

徐行可与伦明曾是私立北平辅仁大学的同事。1929年，徐行可执教于武昌文华图书馆专科学校，所授四库提要类目等版本目录学课程，这不仅与伦明毕生研究的方向一致，而且还被文献学方面用功甚勤的余嘉锡引为同道。当时，徐行可武昌文华图书馆专科学校的同事毛坤将其授课讲义寄给在私立北平辅仁大学任教的余嘉锡，余嘉锡读后赞誉有加，称"讲义一丝不苟，满纸新见与考证"，遂引荐徐行可北上，同执教于私立北平辅仁大学和中国大学，直至1937抗日战争全面爆发而辞教。[1]

---

① 徐孝定：《大藏书家徐行可事略》，载中国人民政治协商会议武汉市委员会主编：《武汉文史资料》1994年版，第16页。

其间，余嘉锡、徐行可、伦明三人互为知己，相与论学，成为好同事、好朋友。余嘉锡和徐行可还结为儿女亲家，余嘉锡的长子余逊娶徐行可的大女儿徐孝婉为妻。

伦明在《伦哲如诗稿》和《辛亥以来藏书纪事诗》中多次提及友人徐行可：他在《陈援庵新得白沙草书手卷属题》自注云："是卷先为吾友徐行可所得。"① 在《辛亥以来藏书纪事诗》李希圣小传自注云："吾友徐行可近得无名氏题跋一册，断为李亦元（希圣）所作，书皆巴陵方氏碧琳琅馆所有也。"② 又在《辛亥以来藏书纪事》未刊稿文廷式小传自注云："岁癸酉（1933），游南京，遇徐行可，云阁（文廷式）学士辑录稿五十余册，大抵皆取自《永乐大典》者，允以目见示。其补《晋书·艺文志》及《云起轩诗词》，已有人为之印行。"③ 足见二人交往密切。王謇在《续补藏书纪事诗》中也叙述了徐行可和伦明之间的亲密关系："徐行可（恕，号疆邨），武昌人。在汉皋有祖遗资产，故一生惟以收书为事。与徐积余、伦哲如交好，并皆以目录学名于时。"④

伦明在《辛亥以来藏书纪事诗》中为徐行可立传，诗云：

> 家有余财志不纷，宋雕元椠漫云云。
> 自标一帜黄汪外，天下英雄独使君。⑤

伦明高度概括了徐行可的藏书志向和藏书成就，徐行可家略有祖产，家道殷实，然绝意仕途，痴迷读书、藏书。所藏不特别在意宋元版本，作者不问古近，只要有裨于治学，尽皆囊括，尤以经史考证、清人文集、

---

① 伦明：《陈援庵新得白沙草书手卷属题》，《伦哲如诗稿》（第六册），国家图书馆藏稿本，第 26 页。

② 伦明著，雷梦水校补：《辛亥以来藏书纪事诗》，上海古籍出版社 1990 年版，第 28 页。

③ 伦明著，宋远补注：《辛亥以来藏书纪事诗未刊稿笺注》，载钱伯城主编：《中华文史论丛（第四十九辑）》，上海古籍出版社 1992 年版。

④ 王謇著，李希泌点注：《续补藏书纪事诗》，书目文献出版社 1987 年版，第 44 页。

⑤ 伦明著，雷梦水校补：《辛亥以来藏书纪事诗》，上海古籍出版社 1990 年版，第 115 页。

小学类书籍、金石碑帖及地方文献为大宗，甚至不乏英文和日文书籍，明显区别于旧式赏鉴派藏书家黄丕烈、汪士钟等人。伦明在诗末宣告了徐行可的藏书情志：读其所藏，不顾声利，就是"自标一帜"，堪称"天下英雄"！伦明为徐行可作小传云：

> 武昌徐行可恕，所储皆士用书，大多稿本、精校本。尝舍南浔到翰怡家，二岁尽读其所藏。南北诸书店，每得一善本，争致之。君暇则出游，志不在山水名胜，而在访书。闻某家有一未见书，必展转录得其副而后已。一切仕宦声利，悉谢不顾，日汲汲于故纸。版不问宋元，人不问古近，一扫向来藏书家痼习，与余所抱之旨，殆不谋而相合也。①

---

① 伦明著，雷梦水校补：《辛亥以来藏书纪事诗》，上海古籍出版社 1990 年版，第 115 页。

张鸿来

张鸿来（1890—1962），字少元、邵元，一作邵园，天津人。近现代著名藏书家。清末光绪年间秀才，早年赴日本留学，入东京高等师范学校学习。1912年回国后，曾先后任北京五城中学堂教师、国立北京高等师范学校附属中学校代理校长、国立京师大学校附属中学校校长、国立北平师范大学附属中学校代理校长等职。精研小学，

张鸿来

尤其是音韵学，旁通书画艺术，平生喜收藏。藏书以清人文集、声韵、文字、考据诸书及乡邦文献为特色。编著有《应用文》《书法》《婚丧礼杂说》等。①

伦明与张鸿来都是琉璃厂访书的名人，伦明多次向其借书而读。张鸿来任职的北京五城中学堂、国立北京高等师范学校附属中学校、国立京师大学校附属中学校、国立北平师范大学附属中学校都是今北京师范大学附属中学的前身，离海王村琉璃厂较近，课余，张鸿来经常到琉璃厂访书，与伦明成为同路人。伦明曾回忆曰："天津张邵园鸿来，任师范大学附中教师二十余年。校近琉璃厂，君课暇即访书，书肆人无不与君习，谓张先生谦而诚，有所欲，宁贬价与之。以故所积日富，自营精舍，芸帙盈数屋，雅静整洁，佳本不乏，余每从借读焉。"②

---

① 李玉安、黄正雨编著：《中国藏书家通典》，中国国际文化出版社2005年版，第899页。

② 伦明著，雷梦水校补：《辛亥以来藏书纪事诗》，上海古籍出版社1990年版，第102页。

伦明《辛亥以来藏书纪事诗》为张鸿来立传，诗云：

> 书中自有黄金屋，快哉书屋两兼之。
> 海王村近朝朝过，断璧零珪似拾遗。①

伦明在诗中再现了张鸿来藏书、访书的生动画面，尤其是"朝朝"叠韵，造成时间上的绵延，让人真实地感受到张鸿来钟情于书而流连于琉璃厂的痴情。张鸿来历 30 余年的藏书，在晚年病重时嘱其家属全部捐给中国科学院图书馆收藏。

---

① 伦明著，雷梦水校补：《辛亥以来藏书纪事诗》，上海古籍出版社 1990 年版，第 102 页。

坊肆书贾

1918 年，伦明听从补书匠魏师傅的建议，在北京琉璃厂南新华街路东小沙土园西口（今南新华街 74 号）开设集收书、贩书、刊书等功能于一体的通学斋书店，聘请从会文斋书店挖来的店伙孙殿起主持肆务，后因慧眼识书、经营有方、服务细致周到，通学斋很快成为京城众多学者、藏书家往来的主要场所之一。与此同时，伦明教学之余，大都沉迷于坊间书肆之中，自称交游者书贾居半，其中与伦明交往最密者有同古堂、邃雅斋、观复斋的东家张樾丞，文禄堂的店主王文进，通学斋的掌柜孙殿起，他们惺惺相惜，互相欣赏，成为挚友。

张樾丞

张樾丞（1883—1961），原名福荫，字樾丞，以字行，河北新河人。著名篆刻家，中华人民共和国开国大印镌刻者。幼时入私塾就读，后家贫辍学。14岁在北京琉璃厂益元斋刻字铺当学徒，18岁出师。清光绪二十九年（1903）至宣统元年（1909），在琉璃厂来薰阁琴书处以刻字为业，曾为琉璃厂藻玉堂主人王雨刻梁启超所书的"龙飞虎卧"四字后名声大振，得"铁笔"之誉。宣统

张樾丞

二年（1910）始治铜印，成为当时一绝。1912年，在西琉璃厂路南152号（今琉璃厂西街82号）开设同古堂，自立门户刻印。1926年，出资开设邃雅斋经营图书。1930年，又开设观复斋经营碑帖。独立开店治印50余年，逾数万方，王公贵人与文儒墨客，皆以得其一二印为宝。为清朝末代皇帝溥仪制作"宣统御笔""宣统御览之宝""无逸斋精鉴玺"等印8枚，成为清宫收藏名画常用印章。辛亥革命后为徐世昌、段祺瑞等北洋政府总统以及康有为、陈师曾、张大千、罗振玉、傅增湘、鲁迅等名流刻章，中华人民共和国开国大印则是其巅峰之作，已成为国家一级文物。[①]

伦明与张樾丞的邃雅斋联系紧密。1925年，张樾丞出资在琉璃厂开设了邃雅斋书店，交由老乡董金榜（会卿）、刘英豪（子杰）、郭景新（子璋）经营。其中，大掌柜董金榜才德俱佳，勤奋细致，且善版本目录学，张樾丞对其极为敬重；二掌柜刘英豪抄书、补书技术高明，鉴定版本别具慧眼；三掌柜郭景新精细谨慎，编写邃雅斋书目条目清晰，内

---

① 靳飞：《北京记忆》，时事出版社2001年版，第231—242页。

容翔实。邃雅斋在三位掌柜的通力协助下，再加上背靠张樾丞这棵资金雄厚的大树，很快发展成为琉璃厂具有一定影响力的书店。作为琉璃厂经营旧书业的同行，伦明不仅欣赏张樾丞识人用人的独到眼光，而且还高度肯定邃雅斋的快速发展成就，经常吩咐通学斋掌柜孙殿起及其弟子们多向董金榜、刘英豪、郭景新等河北老乡学习交流。根据孙殿起《琉璃厂小志·琉璃厂书肆四记》对邃雅斋收得精椠的详细描述，应该说孙殿起对邃雅斋的业务相当熟悉和了解：

> 董（金榜）、刘（英豪）二氏通目录学，前后经刘氏收得宋刊本约二十余种，董氏所收善本亦夥，如：一九三九年与文殿阁乔景熹及上海古玩商孙伯渊等合伙购进南京邓邦述家藏古书，共价四万元，其中大部分皆系钞校本，最著者有《穴研斋钞本》六种。一九四一年左右，该店特聘外埠收购员赵智丰由武汉得明《周益文忠公大全集》一部，原订十六册，有黄丕烈跋，并补抄数处，每册书皮皆有黄氏题字，其后陆损之又手批重校一过，一批到底，绝精。一九四二年，由上海得明兰雪堂仿宋活字本《容斋五笔》，宋洪迈撰，黄棉纸，有严元照批校并题跋，归天津赵元方先生收藏……①

正因为通学斋和邃雅斋这种亲密互动关系，1934年，在伦明为张次溪《清代燕都梨园史料》的刊印多方奔走无果的情况下，邃雅斋考虑到与伦明的情分以及该书刊印后的社会价值，主动出资，从而使张次溪《清代燕都梨园史料》得以传播开来。

伦明全程指导《邃雅斋丛书》的刊印工作。琉璃厂的书商在卖书、收书的同时，还兼刊印罕见之书，精本满架的邃雅斋在刊印罕见本方面独树一帜。《邃雅斋丛书》在刊刻之前，按照惯例都要请教通识之人，故该书荟萃了一批清代学者的考据之作。如焦廷琥的《三传经文辨异》、洪颐煊的《孔子三朝记》《筠轩文钞》、陈奂的《师友渊源记》等。董金

---

① 孙殿起：《琉璃厂小志》，上海书店出版社2010年版，第109—110页。

榜在《邃雅斋丛书·序》中阐明该丛书以传刻罕见不彰之书为职司，绝非一般书商所能，而且还特别指出：

> 东莞伦哲儒先生储藏之富，鉴别之精，并时无两。厨中秘笈概允相假，因拟次第流布，以兹编为发轫。原书为刻为抄，概就摄印，不烦剞劂，并谢校雠。①

据此可知，《邃雅斋丛书》从选目到校雠都受到了通识之人——伦明的指导，甚至部分底本也取自伦明的藏书。

伦明为张樾丞《士一居印存》题诗序。1934年12月，张樾丞将自己20余年治印的精品集成《士一居印存》刊出，内含宣统皇帝、民国总统和政要、文坛巨匠、学者大儒所刻印千余枚，堪称半部民国人物谱。《士一居印存》由故宫博物院原院长马衡题写书名，溥儒、傅增湘、陆和九、张伯英及美籍汉学家福开森作序。福开森在序中高度评价张樾丞的治印成就："张君樾丞所作为最善，樾丞虽幼年失学，而爱好艺术出自天生。故能设势布局，曲尽其妙，所制之印，陈之能自成其美，用之则与法书名画相得益彰。"② 伦明《樾丞先生出示印存敬题四绝》也刊于卷首：

> 义取诗人咏伐柯，文成数万旨无颇。
> 知君刀法通兵法，比似淮阴善又多。
>
> 文派遥遥浙派开，南人才盛北人才。
> 那知麟凤希为贵，三百年间两紫来。
>
> 忽忆何家大小山，廿年窥豹见全斑。
> 老陈精识谈摹印，道在经儒小学间。

---

① 刘平：《伦明书缘探微》，《大学图书馆学报》2018年第2期，第123页。
② 张樾丞：《士一居印存》，成都古籍书店1989年版，卷首。

平生脚熟海王村，除却书坊未入门。

万卷何如印在手，相从更欲叩渊源。①

伦明在第一首绝句中赞扬张樾丞刻印好又多。《伐柯》是《诗经》中的一首诗，借用"伐柯伐柯，其则不远"，喻指张樾丞刻印字体严整规范，内容古朴典雅。"文成数万"是指《春秋》全书虽有数万字，然紧扣主旨，喻指张樾丞雕印数万颗，始终不偏离刻印的宗旨。"淮阴"是指淮阴侯韩信，借用"韩信点兵，多多益善"之典。

伦明在第二首绝句中赞扬张樾丞是 300 年来北人刻印中的第二个米紫来②。明清以来，刻印家有文派、浙派之称，基本上都是南方人，北

《樾丞先生出示印存敬题四绝》诗稿

---

① 伦明：《题张樾丞士一居印存四首》，《伦哲如诗稿》（第六册），国家图书馆藏稿本，第 21 页；张樾丞篆印：《士一居印存》，成都古籍书店 1989 年版，卷首。

② 米汉雯，字紫来，号秀岩，宛平（今北京）人。清顺治十八年（1661）进士，康熙十八年（1679）举博学鸿词，书、画俱仿米芾，颇得家法，时呼小米，尤工篆刻。

方刻印者凤毛麟角。例如，明末清初著名文学家、篆刻家、书画鉴藏家周栎园（亮工）《印人传》中，北人刻印者只有清顺康年间顺天府的米紫来。

伦明在第三首绝句中说张樾丞刻印致富。"何家大小山"是指伦明家乡广东东莞有何昆玉、何昆山二兄弟，皆以刻印致富。约1914年前后，伦明曾见过由陈澧作序的何昆玉印谱稿本十余册。陈澧自著《摹印述》，持论极精，可惜伦明没有见到他所作的印。诗中的"老陈"，即指广东大儒陈澧（号东塾）。

伦明在第四首绝句中说张樾丞在北京海王村开设铜古堂治印30余载，享誉四方，可惜其功都用在治印上，所开书坊邃雅斋只得聘请董金榜等人打理。

王文进

王文进（1893—1960），字晋卿，别字梦庄居士，河北任丘人。近现代著名藏书家、版本目录学家。幼时入乡塾，后略识字以贫辍学。清光绪三十二年（1906）九月，赴京前往长兄王子和开设的德友堂书店当学徒，学习图书的装订和修补。辛亥革命后，开始学习图书交易和版本目录之学。1925 年，在北京东南园开设文禄堂书店，1933 年迁至琉璃厂，1942 年又迁至厂甸路南（即文佑堂书肆故址），1956 年并入中国书店。一生寄迹书林，从事古籍流通商贸，经手珍秘之本不计其数。著

中华书局出版的《文禄堂访书记》

有《文禄堂访书记》《文禄堂书影》《毛氏写本书目》《明代刊书总目》《宋元以来刊刻年表》等。①

伦明与王文进作为书肆同行，有多个共同的朋友。1933 年，王文进的文禄堂书店迁至琉璃厂，与伦明的通学斋相距不远，两位店主交往频密，且有多个共同的朋友。如伦明藏书的引路人曾习经，"座师"夏孙桐、1927 年故宫博物院图书馆的同事傅增湘、1934 年东方文化事业总委员会人文科学研究所图书馆的同事徐森玉、《奉天通志》撰修的同事杨钟羲等。1941 年，王文进在上海购得宋蜀刻《南华真经》，极为珍爱，平生引以为傲。徐乃昌《文禄堂访书记》序云：

---

① 雷梦水：《版本学家王晋卿先生传略》，载中国人民政治协商会议任丘市委员会文史委员会编：《任丘文史资料》1983 年第 8 辑，第 212 页。

　　辛巳夏，申江访得宋蜀刊《南华真经》。按子部书籍世称知无蜀本，竟于无意中得之，如获奇珍，虽费巨金，毫不吝惜，惟期有所贡献于艺林者。①

　　1941 年底，王文进将《南华真经》售予伦明的同事加好友傅增湘后仍念念不忘，自号"梦庄居士"。② 1947 年 4 月，经胡适、傅斯年等人斡旋，《南华真经》与北宋本《史记》合价 1.3 亿元归中央研究院历史语言研究所收藏。目前，二书与南宋本《文苑英华》合称台北"中央研究院"傅斯年图书馆"镇馆三宝"。

　　伦明与王文进同谙版本目录学，互相欣赏。王文进经营文禄堂 30 余年，"访求书籍，穷极区寓，履迹所逮，北至并州，东至鲁豫，南至江淮。吴越故家世族，精椠秘籍，经其目睹而手购者，无虑数万种"③。"博而闻见"的访书经历为王文进精进版本目录学夯实了坚实的基础。王文进勤奋好学，凡经手图书都细心著录，著录内容涵括该书名人钞校、流传源委、图书跋语、收藏图记、行格和字数、刊刻者姓氏等，编印的《文禄堂书籍目》都有详细的标注，辑录的《文禄堂书影》收入历年积存经见宋元精本残篇 400 余页，辑录刊刻的《文禄堂访书记》收入过眼的宋元明清精善之本 750 余种，足见其对版本目录之用心和见识。伦明《辛亥以来藏书纪事诗》为孙殿起和王文进作合传，诗云：

　　　　书目谁云出邸亭，书坊老辈自编成。
　　　　后来屈指胜蓝者，孙耀卿同王晋卿。④

---

① 徐乃昌：《文禄堂访书记·序》，载王文进著，柳向春标点：《文禄堂访书记》，上海古籍出版社 2007 年版，卷首。

② 雷梦水：《版本学家王晋卿先生传略》，载中国人民政治协商会议任丘市委员会文史委员会编：《任丘文史资料》1983 年第 8 辑，第 213 页。

③ 董康：《文禄堂访书记·序》，载王文进著，柳向春标点：《文禄堂访书记》，上海古籍出版社 2007 年版，卷首。

④ 伦明著，雷梦水校补：《辛亥以来藏书纪事诗》，上海古籍出版社 1990 年版，第 111 页。

伦明认为孙殿起和王文进都是当时少有懂版本目录学之人，唯有二人能与近代著名藏书大家、版本目录学家莫友芝（号邸亭）相比，是后来"屈指胜蓝"者。伦明在诗后为二位好友作合传云：

> 故都书肆虽多，识版本者无几人，非博览强记，未足语此。余所识通学斋孙耀卿、文禄堂王晋卿二人，庶几近之。孙著有《贩书偶记》《丛书目录拾遗》，王著有《古本过目记》（即《文禄堂访书记》），皆俱通人之识，又非谭笃生、何厚甫辈所能及矣。①

据伦明通学斋的伙计雷梦水回忆："（王文进）先生晚年生意不振，（藏书）由考古学家陈梦家教授介其得善价，割爱于北京大学图书馆。"②

---

① 伦明著，雷梦水校补：《辛亥以来藏书纪事诗》，上海古籍出版社 1990 年版，第 112 页。
② 雷梦水：《版本学家王晋卿先生传略》，载中国人民政治协商会议任丘市委员会文史委员会编：《任丘文史资料》1983 年第 8 辑，第 215 页。

孙殿起

孙殿起（1894—1958），字耀卿，别字贸翁，河北冀县人。近现代著名版本目录学家。少时家贫，15 岁辍学进京学商，初在琉璃厂宏经堂书店做学徒。1913 年，在鸿宝阁书店任司帐兼店员。1917 年，在文昌会馆内会文斋书店任司帐兼店员。1918 年起，管理并经营通学斋书店。著有《丛书目录拾遗》《贩书偶记》《清代禁书知见录》《琉璃厂小志》《北京风俗杂咏》等。①

孙殿起

伦明与孙殿起相识于会文斋书店。1916 年，伦明游京师海王村遇见孙殿起，对其第一印象极佳。伦明在《丛书目录拾遗·序》中云：

> 余来京师游海王村，遇肆中人（即孙殿起），见其语言举止异乎他之商肆，且异乎他地之书肆，意颇讶之。尝遇之王公大人家，见其挟布包坐厅事，吸烟啜茗，口讲指画，客无局态，主无倨色，意更讶之。渐与稔习，始悉彼中人日与书亲，多接名公通人，议论气度不饰而彬雅，闻见不学而赅洽，至其版本目录之精且博，又不待言也。②

---

① 周文骏主编：《图书馆学情报学词典》，书目文献出版社 1991 年版，第 418 页。
② 孙殿起：《丛书目录拾遗》卷首，1934 年铅印本。

雷梦水在《孙耀卿先生传略》中云：

> 民国五年（1916），先生二十三岁，辞鸿宝阁司账职。明年转
> 投文昌会馆内会文斋书店充司账兼店员。……此时先生始识东莞伦
> 教授哲如，结为莫逆交。[①]

孙耀卿在《记伦哲如先生》一文中回记道：

> 民国五年（1916），耀卿在小沙土园文昌会馆内会文斋供职时，
> 始识先生（伦明），因与先生志同道合，遂为莫逆交。[②]

孙殿起努力为东家伦明经营通学斋。1918年，伦明在北京琉璃厂开
设通学斋书店，聘请"勤于事，又极警"[③]的孙殿起主持肆务。起初店
面很小，暂将伦明部分藏书和魏氏兄弟文友堂部分藏书摆于架上，随后
一边卖书、一边收书、一边刊印书。为了吸引更多顾客买书，孙殿起不
仅主持编印通学斋图书目录，以方便顾客选购，还让伙计送书上门，编
印《外埠购书简章》，帮顾客代购外地图书，收购藏家不用之书[④]；为了
丰富通学斋藏书，孙殿起不辞辛苦，10余次离京访书，其中4次南下广
州，足迹涉及浙、鲁、豫、皖、粤各省以及天津、上海等地，访得古籍
无数；为了让更多稀见典籍面世，孙殿起在伦明的指导下，还主持刊印
清人文集30多种，如《二洪遗稿》《鹤寿堂丛书》《毛诗国风定本》《左

---

① 雷梦水：《孙耀卿传略》，载中国人民政治协商会议北京市委员会文史委员会选编：
《文苑撷英》2000年，第38页。

② 孙殿起口述，雷梦水整理：《记伦哲如先生》，载雷梦水：《书林琐记》，人民日报出
版社1998年版，第90页。

③ 伦明：《续书楼藏书记》，《辅仁学志》1929年第1卷第二期。

④ 徐蜀主编：《中国近代古籍出版发行史料丛刊》（第二十二册），北京图书馆出版社
2003年版，第2页。

传通释》《吕氏春秋补校》《东方兵事纪略》《滇黔土司婚礼记》等。通学斋凭借伦明与文化学术界人士的交往与信任，以及孙殿起灵活的经营管理，在1925—1935年达到鼎盛期，年平均售书一二万部（册），总价三四万大洋，店员也由原来七八人增至十三四人，成为朱自清、周作人、钱玄同、邓之诚等京校教授以及长泽规矩也、藤塚邻、桥川时雄、吉川幸次郎等日籍汉学家往来购书的主要场所之一。据邓之诚《五石斋文史札记》记载，仅1947年3—10月，就有20余次在通学斋买书的记录。

伦明与孙殿起师徒情深。伦明通学斋直接培养了孙殿起、李书梦、雷梦水三个学徒，三人后来均成为古书业务专家，于版本学、古书修补、目录学各有所长。其中，伦明对孙殿起指导最多，其成就也最大。孙殿起虽只有私塾文化，但是勤奋用心，钻研目录版本之学，经伦明一点就通。伦明《续书楼藏书记》云：

> 孙初见余喜购近人书，颇讶之，余每得一书，为言其佳处何在，略及清代学术、诗文派别，孙似领会，渐能推所未知，余比年储藏，大半出其手。迩来风会一变，清儒撰著，价大贵，海内外指名以索，肆贾又移其视线于此。然披沙拣金，不知何者是金，因是孙反见忌于侪偶矣。[1]

伦明不仅热心指点孙殿起版本目录学知识，而且所藏之书对他全面开放。据孙殿起《记伦哲如先生》记载："先生尝谕家属人等任何人不可擅动书籍，知己朋好辈亦不任入内，唯耀卿随意进出，绝无愠色。"[2]孙殿起的《贩书偶记》《丛书目录拾遗》从编辑到出版均得到伦明的大力指导和帮助，并在《丛书目录拾遗》序言中对孙殿起倍加推崇、鼓励

---

[1] 伦明：《续书楼藏书记》，《辅仁学志》1929年第1卷第二期。
[2] 孙殿起口述，雷梦水整理：《记伦哲如先生》，载雷梦水：《书林琐记》，人民日报出版社1998年版，第92页。

和赞赏：

> 吾友孙君耀卿，商而士者也。……君最勤析疑辨异，恒至午夜，饿忘食，倦忘息，不知者疑以为肆务忙也。余尝戏谓：使君夙治学如我辈，不知造到若何境地矣。君心又最细，每校书，一点一画不肯忽。其与人交，诚实坦易不苟取，入肆问值不可少损益，鸿都之儒，鸡林之贾，交相推重。……余阅其书，叹其包举巨细，依类排比之中自有月旦，今之言目录者，未有如君者也。往者丁钝、丁施砚北身涸市廛不废著作，此士而为商者也。君则商而为士，盖与宋之陈起同流，是书出而江湖群贤诸集不得擅美于前矣。[①]

孙殿起后来成为博通的版本目录学家，与伦明的悉心指点、鼓励和肯定密不可分。

伦明与孙殿起为莫逆之交。自伦明 1916 年与孙殿起相识直至 1944 年去世，以书密交 28 年，两人既为生意伙伴，又有师徒情谊，然美好的乐章终会有休止的时候。1937 年，伦明南归后，因抗日战争全面爆发，交通阻断，无法返京，两人在广州有过两次短暂的相见。第一次是 1941 年秋，孙殿起第三次南下广州访书，见到"形体渐瘦、精神亦衰"的伦明，心里的酸楚不禁油然而起，然伦明见到久别的孙殿起则高兴异常，有着谈不完的话题，不仅谈到自己的近作《送钟君宝华任罗浮酥醪观都管数百韵》，还谈及撰写《续修四库全书总目提要》体会："吾近数年撰提要稿，于学问尤见进益，至其群经传授源支派无不洞悉，近年在粤有所闻见，辄笔书之，积稿盈箧。"他还向孙殿起展示近年在广州所得之书，并告诉孙殿起，他最得意者为清代顺德人吴梯撰写的《读杜姑妄》（咸丰四年刊）、清代丹阳人姜筠撰写的《名山藏》（道光二十七年元孙

---

① 孙殿起：《丛书目录拾遗》卷首，1934 年铅印本。

华刊木活字本)。伦明和孙殿起谈至深夜，还提点孙殿起"文辞之学须通经史，不然学问则无根底"，足见伦明对孙殿起治学的提点和帮助。第二次也就是最后一次见面是 1943 年夏，孙殿起第四次南下广州访书即将北返时，孙殿起与伦明握别，"视其疾加剧，步履艰难，甚忧之"。伦明却对他说："君先回北京，吾待交通恢复，即行北上，再与我君畅谈。"就在伦明还憧憬着来年重回北京与孙殿起相聚畅谈时，孙殿起却在北京等来伦明疾终里第的噩耗，孙殿起伤悼悲怆，不能自已。伦明去世后，孙殿起继续经营通学斋，直到 1955 年并入中国书店。1958 年，孙殿起病重前，怀念亦师亦友的伦明，便由自己口述、外甥雷梦水代笔完成《记伦哲如先生》一文。他在文中不仅将两人的交游作了生动的描述，还以所见的视角、鲜活的口吻将伦明爱书、买书、藏书、抄书、校书、续书、著书等生动细节注入文中，成为后人研究伦明、弘扬"破伦"精神的源头活水：

> 先生（伦明）卒后，耀卿少一同志益友，每思著文报先生于九泉，而蹉跎未果。近日多病，恐终负吾亡友也，乃力疾述其大略，今兹命甥雷梦水代笔记之。惜耀卿不能尽发其蕴，以扬先生之学。就所知见，述其梗概，亦足以知其志之所在，以俟修史传者采摘云。[①]

[①] 孙殿起口述，雷梦水整理：《记伦哲如先生》，载雷梦水：《书林琐记》，人民日报出版社 1998 年版，第 92—93 页。

高足弟子

伦明大学毕业后的第一份工作是教书，最后在教授岗位上离世，其职业生涯以教育为始终。1907—1937 年，伦明先后执教两广方言学堂、广州西区模范高等小学堂、浔郡中学堂、国立北京大学、私立北平辅仁大学、北平民国学院、广东大学等多所学校，桃李满天下。其中，有两位弟子与伦明交往密切，成绩优异：一个是伦明在国立北京大学任教期间的学生傅振伦；另一个是伦明在私立北平辅仁大学任教期间的学生李棪。

傅振伦

傅振伦（1906—1999），字维本，河北新河人。现代历史学家，博物馆学、方志学、档案学专家，中国国家博物馆原研究馆员。1922年考入国立北京大学预科。1926年，主编《新河月刊》。1929年，国立北京大学史学系毕业后，任国立北京大学文科研究所国学门助教兼北平大学女子文理学院史地系讲师。1930年，参与易县燕下都发掘工作。1934年，任故宫博物院科员，管理库房藏品。1935年，前往伦敦参加中国艺术国际展览

傅振伦

会。1939年，前往苏联参加中国古物展览会。1940年，参与国史馆筹备委员会工作。1944年，任北碚修志馆馆长。1946年10月起，任沈阳东北博物院筹备委员会专门委员，兼任东北大学历史系及长白师范学院史地系主任。中华人民共和国成立后，担任北平历史博物馆保管部主任，兼任北京市文物调查研究组组长、故宫博物院学术委员。1953年，参与筹建中国人民大学档案专业。1959年后，担任中华书局编辑。1979年及以后，任中国历史博物馆研究员，兼中国地方史志协会学术顾问、中国博物馆学会名誉理事等职。1991年，获政府特殊津贴。参与编纂《中国美术全集·陶瓷卷》《中国大百科全书·历史卷》《中国大百科全书·博物馆卷》《新河县志》《北碚志》，著有《刘知几年谱》《中国史论丛》《博物馆学概论》《简策论》《中国史学书目提要》等。①

伦明与傅振伦有深厚的师生之谊。1927年，伦明回到母校国立北京

---

① 傅振伦：《年表》，载傅振伦：《傅振伦学述》，浙江人民出版社1999年版，第153—162页。

大学任教，在文学院主讲明清史籍研究、目录学等课程，当时傅振伦为国立北京大学文学院史学系本科二年级学生，因而有机会向伦明"朝夕请教"目录学、史学、方志学方面的问题，"获益实深"①。他曾在《邓师之诚先生行谊》一文中回忆道：

> 新聘教师有名于时者有邵瑞彭、邓之诚、伦明诸先生。② 教员多逊清遗老耆旧，不学无术，独江瀚、伦明、邵瑞彭、邓文如（之诚）诸先生学识渊博，为学生所重。江叔海（瀚）授《孔孟要义》，伦哲如（明）授《明清史籍解题》及《目录学》，邵次公（瑞彭）授《古籍校读》，文如先生授《中国史学概论》。③

伦明对傅振伦的请教有求必应，悉心指导。1927 年，河北省新河县寓居北京的士绅倡议修撰《新河县志》，他们看到傅振伦在《新河月刊》上发表的《修志刍议》，于是聘请其负责主编。傅振伦在收集整理资料过程中，多次向伦明请教。伦明建议傅振伦修方志前要编辑《古今方志存缺（佚）考》《方志艺文考》《方志金石考》《方志人物考》等，这些建议为傅振伦日后整理旧方志要侧重艺文著作、金石文物和古文献等重点指明了方向。④ 1929 年《新河县志》出版后，好评如潮。历史学家朱希祖誉之为"新型的地方志"，史学家邓之诚则在序中称赞该志有"发皇振作之功"。⑤

1928 年，傅振伦负责《中国史学书目提要》的编辑，多次前往伦明寓所请教，伦明与傅振伦商定《拟编辑史籍书目略例》，内容包括："一、暂依四库史部分类法，从事搜集，俟搜集稍备时，再定之。二、

---

① 傅振伦：《记目录学家伦明先生二三事》，《文献》1987 年第 2 期，第 287 页。

② 傅振伦：《记目录学家伦明先生二三事》，《文献》1987 年第 2 期，第 287 页。

③ 傅振伦：《邓师之诚先生行谊》，载邓珂编：《邓之诚学术纪念文集》，北京大学出版社 1991 年版，第 35 页。

④ 傅振伦：《记目录学家伦明先生二三事》，《文献》1987 年第 2 期，第 287 页。

⑤ 傅振伦：《蒲梢沧桑——九十忆往》，华东师范大学出版社 1997 年版，第 56—57 页。

搜集之断限，自有史之日，以至现在。三、搜集之书，分存、佚、阙、未见四种，备注于本书下。四、各书宜详时代、著者爵里、学行、板刻新旧；不知者暂缺俟补。五、搜集所资：（一）《四库书目提要》、诸史《艺文志》及官私书目；（二）各省府州县志《艺文门》；（三）史传、行状、年谱及诗文集之序跋、题咏；（四）访问藏书家（未有书目行世者）、京外大书店。可约分三组：（一）从事明以前者；（二）从事清以下者；（三）从事方志者。每组以数人分任之"，而且还提供了1925年自己撰写的《续修〈四库全书〉刍议》供其参考。此外，还告之京师警察厅某退职人员已编有清代书目提要初稿等线索，建议前往请教。后傅振伦根据伦明的指导，撰写《编辑中国史籍书目提要之商榷》一文，刊登于中华图书馆协会《图书馆学季刊》1933年第2期。

1928年6月28日，国民政府接收清史馆，派易培基接收故宫博物院，行政院设清史稿审查委员会，傅振伦受国立北京大学史学系主任兼故宫博物院文献馆专门委员、导师朱希祖的嘱托襄助审查《清史稿》。在《清史稿》审查过程中，傅振伦向伦明请教其得失。伦明主张《清史稿》应将《儒林》《文苑》二传改作《学人传》，其内容应包括经学、史学、文学、诗学、词学、艺学（如印人传、书人传、画家传、竹人传以及畴人传）等，另朱兰坡《史学文抄》《经学文抄》《国朝耆献类征初编》、钱仪吉《碑传集》、缪荃孙《续碑传集》等虽未称完备，但皆可取资。伦明这些建议给傅振伦很大启发，为后来傅振伦撰写审查意见提供了重要指导。

1928年，傅振伦师从朱希祖研究唐代史学家刘知己的著作《史通》，因伦明精通版本之学，他又向伦明请教《史通》的版本问题。伦明告诉傅振伦，黄叔琳《史通训故补》胜于王惟俭的《史通训故》，陆深《史通会要》收于《俨山外集》，七八十元可以买到，朱希祖有翻宋本，张之象于明万历五年（1577）校宋刻本而刻之，以及国立北平图书馆藏傅增湘校本，即张本复刻之书等。不仅如此，1928年6月11日，伦明又致函傅振伦，谈及要借给他《史通训故补》，并帮他代买《俨山外集》。傅振伦一直将伦明的这些信函珍藏于家中，感恩老师的指导。①

伦明高度肯定学生傅振伦的学术研究成果。傅振伦在研究刘知几《史通》过程中，撰写了《刘知几之史学》。1928 年 6 月，他曾就《刘知几之史学》向伦明讨教。后该文在某刊连续刊登，伦明看完已刊登部分后，大为赞赏，忍不住向傅振伦函索余稿，信函云：

> 大作拜读，佩甚。稿未刊完，不知何时能续。便中请携余稿过我一谈，自今日至本星期四前下午一时至四时在寓拱候。日来极无聊，甚盼一谈也。②

1987 年，伦明与傅振伦相识一甲子有余，此时，伦明已去世 43 年，而傅振伦也已年届 81 岁，老师伦明昔日对自己的指点和帮助仍历历在心，于是作《记目录学家伦明先生二三事》以示怀念。

---

① 傅振伦：《记目录学家伦明先生二三事》，《文献》1987 年第 2 期，第 287 页。

② 傅振伦：《蒲梢沧桑——九十忆往》，华东师范大学出版社 1997 年版。

李 棪

李棪（1907—1997），字劲庵，亦作劲菴，号棪斋，广东顺德人。学者，甲骨文专家，慈禧太后近臣李文田嫡孙。少年时，师从苏宝盉学习古文，后进入香港大学学习。1932—1936 年，在蔡元培的帮助下，入私立北平辅仁大学、国立北京大学学习，求教于陈垣、胡适、黄节、伦明等学者。抗日战争全面爆发后，前往香港圣士提反中学任教。1952 年起执教于英国伦敦大学和伯明翰大学。1964 年回港，历任香港大学客座教授，

李棪

联合书院中文系主任，香港中文大学教授兼中文系主任、文学院院长，主讲古文字学。善书法，尤工篆、甲骨、章草，主要研究领域为明史、古文字学。著有《东林党籍考》《晚明分省进士考》《广东方志所见录》《清代禁毁书目考》等。

李棪是伦明任教于私立北平辅仁大学时的学生。1929—1933 年，伦明受聘于私立北平辅仁大学任教，在此期间，李棪曾入读该校，两人成为师生。李棪天资聪颖，治学有方，再加上伦明曾前往李家参观过位于广州的泰华楼等因素，伦明很喜欢李棪这个粤籍同乡。伦明事后回忆道：

> 余于己巳岁（1929），始得观其所藏。每书衣皆有题识，辨证书中得失，无不精切，不似他藏书家但记得书岁月、版刻源流也。丁氏持静斋中诸抄本，侍郎多有其副，中丞子惠衡所写赠也。①

---

① 伦明著，雷梦水校补：《辛亥以来藏书纪事诗》，上海古籍出版社 1990 年版，第 18 页。

伦明非常信任李棪，曾把编印《续岭南遗书》一事交其办理。伦明发现清代中晚期广东南海人伍崇曜与谭莹编辑刊行的《岭南遗书》收录不全，很多粤人著述没有收录，因而产生了续编《岭南遗书》的想法，且有"编印《续岭南遗书》，乃粤人应有之事"[1] 等高屋建瓴的认识。于是他在搜集续修《四库全书》相关著述的同时，非常注重对岭南文献的搜集。他认为："搜求本省文献自是要事。"经过多年的搜集，伦明所藏粤人著述多至二三百种，且以精秘本居多。[2] 伦明欲编印《续岭南遗书》一事，弟子李棪知晓后，主动请缨，答应经纪其事，并允诺利用与广东上层人物素有交往的有利条件，向粤督陈济棠筹款以完成续编的刊印。伦明出于对学生的信任和赏识，把历年搜集的岭南文献全部交给李棪，嘱其负责整理编印，可惜后来李棪前往香港、英国伦敦等地执教，续编之事不了了之，交给他的藏书也不知散落何处。1940 年前后，伦明曾致函同在香港的好友冼玉清，请其帮忙敦促李棪移交图书，然李棪应而不置可否。后来，邓之诚也致函催还，"嘱转告李君速为处理"，同样杳无音信。其时，李棪已远赴英国伦敦，"秘籍之下落如何？中心耿耿"[3]。该批图书的下落不明以及《续岭南遗书》的未成，成为伦明生前除续修《四库全书》外的又一件憾事。

伦明在《辛亥以来藏书纪事诗》中为李棪立传：

> 读书种子故家风，年少英声郑小同。
> 触眼壁书楼额在，故人绝笔合纱笼。[4]

---

① 冼玉清：《记大藏书家伦哲如》，载《艺林丛录》（第五编），商务印书馆香港分馆 1964 年版，第 327—328 页。

② 伦明：《与罗香林书》，载广东省立中山图书馆、香港大学冯平山图书馆编：《罗香林论学书札》，广东人民出版社 2009 年版，第 336 页。

③ 冼玉清：《记大藏书家伦哲如》，载《艺林丛录》（第五编），商务印书馆香港分馆 1964 年版，第 327—328 页。

④ 伦明著，雷梦水校补：《辛亥以来藏书纪事诗》，上海古籍出版社 1990 年版，第 105 页。

伦明在诗中提及李家代代相传的"书种"生生不息，读书家风绵绵不绝。将李棪与郑小同相比，李棪是清末著名藏书家、金石学者李文田的长孙，郑小同是东汉著名经学家郑玄之孙，两人均出身于书香门第，年少即美名远扬。后两句则回忆友人黄节为李棪题写"壁书楼"的轶事：黄节深知李文田为官时收藏了很多明末野史，而该部分图书大多为清朝廷所禁，李文田为了标记该类图书，在每部书卷首钤有一方"壁中"之印，其意思可能是学习借鉴孔子八世孙孔鲋、孔腾、孔树三兄弟为避秦始皇"焚书坑儒"，将家中祖传的《论语》《尚书》《孝经》《礼经》等儒家经典偷藏于自家房子夹墙中的做法，提醒自己及家人该类野史藏于复壁之中，不能为外人所知，否则，会给家中带来麻烦。李文田去世后，其藏书大多为长孙李棪所继承，于是，李棪将自己的藏书楼起名为"壁书楼"，并邀请同为广东顺德的老乡且以诗名世的黄节为其题写匾额，黄节手书匾额后没几天就离世了，故伦明在诗中有绝笔之说。

伦明去世后，叶恭绰出于对伦明这位京师老同窗、老朋友的深情厚谊，欲收购其藏书，李棪从中积极斡旋，向叶恭绰"逐次转寄"伦明《续书楼书目》十三册，并先后两通短札告知叶恭绰哪些藏书在伦七太手中，哪些藏书在伦八太手中，这充分说明李棪对老师去世后藏书的去向十分了解。虽最终未果，然伦明续书楼部分藏书目录就此得以留存，也是一件幸事。

日本友人

1902 年，京师大学堂复办时，日本教育模式和制度成为京师大学堂学习和借鉴的重要参考之一，管学大臣张百熙邀请日本教育行政专家和能够胜任近代学科教育工作的教员前来中国任教。伦明就读京师大学堂师范馆时，心理学老师服部宇之吉以及伦理学和教育学老师法贵庆次郎、外国地理和外国历史老师坂本健一等都来自日本。1917 年，伦明重返母校任教时，与日籍汉学家藤塚邻、高田真治、桥川时雄、仓石武四郎、吉川幸次郎等交往频繁。

服部宇之吉

服部宇之吉（1867—1939），号随轩，日本
福岛人。文学博士，日本著名汉学家、"尊孔"
最有影响力的人物之一。1887 年，就读于东京帝
国大学哲学科，毕业后历任东京高等师范学校教
授、文部省参事及视学官、东京帝国大学教授。
1902 年 9 月，与中国有关当局签订了为期四年的
契约，就任京师大学堂师范馆正教习，讲授东
文、心理学、伦理学等课程。后又续订契约，至

服部宇之吉

1909 年 1 月师范馆废止回国。有鉴于其授课勤劬，学生成才者甚众，学
部曾奏请清廷赏文学进士。回日本后，历任东京帝国大学教授、美国哈
佛大学教授、朝鲜京城大学总长、东京帝国大学国学院大学长、东京文
化学院院长、斯文会会长、日华学会会长等职。从 1929 年起，日本外务
省在北京设立东方文化事业总委员会，服部宇之吉出任日方首席代表
（副总裁），并成立东方文化学院，下设东京、京都两个研究所，服部宇
之吉任东方文化学院院长兼东京研究所主任。[①]

　　清光绪二十八年（1902）12 月，伦明就读京师大学堂师范馆时，服
部宇之吉受聘为京师大学堂师范馆正教习，教授伦明心理学等课程。伦
明光绪三十三年（1907）3 月获得的毕业证书显示："心理学成绩七十八
分，授课教师服部宇之吉。" 1933 年 4 月，伦明得到东方文化事业总委

---

① 李喜所主编：《五千年中外文化交流史》（第四卷），世界知识出版社 2002 年版，第
　 528 页。

员会的赞助，前往日本东京斯文会鉴定所藏中国古籍，受到服部宇之吉的大力支持和热情接待。斯文会是日本东京一个有基金资助的团体组织，主张儒道，传播东亚学术。会员有服部宇之吉、宇野哲人、狩野直喜、井上哲次郎等。[①] 1936 年，《服部先生古稀祝贺纪念论文集》出版，伦明、郑孝胥、李盛铎、江瀚、胡玉缙、张书翰、吴廷燮、张伯英、奉宽、冯汝玠、孙人和、孙楷第、谢国桢、王重民、赵万里等中国学者为该书卷首题辞，集内刊载伦明《孔子作〈孝经〉证》[②]。1937 年，服部宇之吉 70 岁生日，伦明作《寿日本服部宇之吉博士七十》示贺，高度评价老师在两国学者中的声望及其学术地位。诗云：

> 修名难得更修龄，灵寿扶来寿益灵。
>
> 两国学人尊北斗，五经博士重东京。
>
> 早留教泽文中子，又见儒宗物茂卿。
>
> 回首春风曾点瑟，挥弦此际谱冈陵。[③]

伦明在诗中提及中国和日本两国学人都尊重学识渊博之人，"五经博士"在日本尤其受人尊重，老师服部宇之吉的教育思想如同中国隋代著名私人教育家王通，儒学研究成绩如同日本一代宗师物茂卿。在诗的最后，伦明高度赞誉老师享受生活的人生态度和志趣，并寄语老师健康长寿，生活安定美好。"五经博士"为学官名，汉武帝时，分别设置《诗》《书》《礼》《易》《春秋》博士官。王通（584—617），又称文中子，字仲淹，山西人，隋代著名私人教育家、思想家。去世后，弟子仿《论语》而编《中说》（又称《文中子》）。物茂卿（1666—1728），即

---

① 胡适著，曹伯言整理：《胡适日记全编 3》，安徽教育出版社 2001 年版，第 366 页。

② 本刊行会主编：《服部先生古稀祝贺纪念论文集》，东京富山房刊 1936 年版。

③ 伦明：《寿日本服部宇之吉博士七十》，《伦哲如诗稿》（第六册），国家图书馆藏稿本，第 30 页。

荻生徂徕，名双松，字茂卿，号徂徕，日本德川中期著名哲学家和儒学家，日本古文辞学派创始人。"曾点瑟"典出《论语·先进》，孔子问曾点的志向，曾点停瑟作答道："阳春三月，穿着春服，五六位成年人，六七个少年，去沂河里洗洗澡，在舞雩台上吹吹风，一路唱着歌走回来。"孔子听后非常赞同曾点享受生活的人生志趣。"冈陵"原意为丘陵，用在祝寿语中寓意健康长寿、生活安定。

藤塚邻

藤塚邻（1879—1948），号素轩，堂号望汉庐，日本岩手县人。文学博士、汉学家、文献收藏家。1908年从东京帝国大学毕业后，先后任日本名古屋第八高等学校教授、朝鲜京城帝国大学法文学部教授、东京文理科大学讲师、大东文化学院教授、大正大学讲师、陆军士官学校教官、千代田女子专门学校讲师、日本斯文会理事长、大东文化学院专门学校总长。专攻《论语》，对《四库全书》极为推崇，曾撰有《四库全书编纂与其环境》一文。① 1921—1923年，在中国留学期间，对清代早期学者刻本著述进行系统收集和整理，并对清代经学、考证学等专题进行了系统研究。

鲁迅赠藤塚邻《中国小说史略》签名页

藤塚邻在中国留学期间结识鲁迅和伦明等人，与伦明及通学斋掌柜孙殿起来往密切，曾在国立北京大学选听伦明版本源流课程，也曾借抄伦明所藏吴骞《皇氏论语义疏参订》一书。② 1923年4月，回国后，与伦明仍书信往来不绝，多次收到通学斋为其代购的古籍。藤塚邻敬佩伦明的学识，他的学生本多、小竹等到中国访问前都特别叮嘱其拜访伦明。

---

① 罗志欢：《伦明评传》，广东人民出版社2014年版，第232页。

② 黄怀信、李景明主编：《儒家文献研究》，齐鲁书社2004年版，第146页。

1937 年，伦明赋《寄藤塚邻博士京城兼简本多文学士》，诗云：

> 怀人梦到海东边，只认明夷是古贤。
> 宿病可曾辞药盏，新衔仍复带经筵。
> 苏门得遇秦淮海，鲁史思承董广川。
> 遥想河汾陶铸盛，相逢佳士总青钱。①

藤塚邻先后任教于朝鲜京城帝国大学等高校，1936 年，获文学博士，故伦明有"新衔仍复带经筵"句。"苏门得遇秦淮海，鲁史思承董广川"是指藤塚邻有本多这样学识渊博的学生，如同苏轼有秦淮海一样。本多研究春秋之学，此次受老师藤塚邻嘱托前往北京拜访伦明。秦观（1049—1100），字少游，号淮海居士，少时便跟随苏轼学习，以诗见长，曾任太学博士，与黄庭坚、晁补之、张耒合称"苏门四学士"。董仲舒（前179—前104），广川人，汉景帝时担任博士官，西汉著名经师，著有《春秋繁露》《春秋决事比》。"遥想河汾陶铸盛，相逢佳士总青钱"是赞誉藤塚邻门下人才济济，尤其是像小竹文学士这样的优秀人才。"河汾门下"是指隋末大儒王通（文中子）在黄河、汾水之间设馆教学，远近来此求学者达一千余人，唐初名臣房玄龄、杜如晦、魏徵、李靖、薛收、温大雅等都是其门徒，时称"河汾门下"。

---

① 伦明：《寄藤塚邻博士京城兼简本多文学士》，《伦哲如诗稿》（第六册），国家图书馆藏稿本，第 2 页。

高田真治

高田真治（1893—1975），号陶轩，日本大分县人。文学博士，日本中国哲学史专家。1917 年东京帝国大学中国哲学文学科毕业后，历任水户高等学校教师、朝鲜京城帝国大学预科教授、东京帝国大学文学部助理教授、大东文化大学教授、日本斯文会研究部部长及顾问等。主要研究中国哲学中的"天命思想"和"人性论"。善写汉文旧体诗，曾向日本天皇讲授《汉书》。① 高田真治多次来中国，1915 年 7 月，首次来中国访问时，拾得山东楷树种子，回国后种植于庭院，将其居室命名为"楷庵"。1928 年 2 月，再次到中国从事为期两年的汉学研究。1937 年 3 月，率领东京帝国大学学生第三次来中国，遍访山东、河北、热河等地名胜，4 月到达北京，参观各大学、研究机构及图书馆。1975 年，高田真治去世后，以所藏中国古代宋明理学汉文献 5 千余册为主，在国士馆大学图书馆建立"陶轩文库"供研究者阅读。著有《儒教的精神》《中国哲学概论》《易经》等。②

伦明于 1933 年前往日本斯文会鉴定古籍时认识高田真治，1937 年高田真治率学团来北京后，作为东道主的伦明于 4 月 4 日在北京西长安街酒家宴请高田真治一行。席间，高田真治索诗，伦明即席赋诗，娓娓道出与日本友人之间的真情厚谊，诗云：

> 只欠樱花在眼边，一堂少长集群贤。
> 青禽衔信来瑶岛，红叶题诗忆绮筵。
> 愧乏雄才折尊俎，孰云吾道隔山川。
> 奚囊亦有乌啼曲，传唱扶桑值万钱。③

---

① 张岱年主编：《孔子大辞典》，上海辞书出版社 1993 年版，第 1012 页。
② 罗志欢：《伦明评传》，广东人民出版社 2014 年版，第 230 页。
③ 伦明：《日本高田真治博士率学生十余人游故都，四月四日余招宴于西长安街酒家，博士戏索诗即席赋呈》，《伦哲如诗稿》（第六册），国家图书馆藏稿本，第 1 页。

诗中"青禽衔信来瑶岛，红叶题诗忆绮筵"是指1933年4月伦明前往日本斯文会鉴定古籍，大仓伯等日本友人设宴于红叶馆即席赋诗唱和一事。"奚囊亦有乌啼曲"是指诗囊中有唐朝杨衡的《乌啼曲》，宴席间亦有客人传唱唐朝张继的《枫桥夜泊》。

1937年4月10日，高田真治于北海公园设宴回请伦明，出席宴饮的还有国立清华大学教授杨树达、东方文化事业总委员署理桥川时雄等人。席间，伦明、杨树达、高田真治、桥川时雄等饮酒唱和。伦明赋诗高度赞赏高田真知贤达，极富诗才和学问，自谦要像"程门立雪"一样虚心向高田真知求教。诗云：

> 近在长安远日边，早闻东道主人贤。
> 高歌直拟联吟社，广誉原来著讲筵。
> 岂是采风劳太史，相从立雪为伊川。
> 瘦羊博士应羞伍，下箸真惊食万钱。[1]

杨树达用伦明"边"韵，赠高田真治诗一首：

> 便便君是汉家边，观国西来领众贤。
> 嘉惠已承分典册，高谈况喜接华筵。
> 群经本自尊乔岳，大海从来纳百川。
> 且共泛舟拚一醉，清风明月不须钱。[2]

"嘉惠已承分典册"是指汉学家高田真知赠送杨树达《孔子学说》一事。"且共泛舟拚一醉"是指高田真知招饮伦明、杨树达于北海公园留别一事。此次宴请唱和后不久，抗日战争全面爆发，高田真治一行匆匆返回东京。

---

[1] 伦明：《十日高田博士招宴北海公园，并示次边韵和诗，桥川时雄、杨遇夫同作，复用前韵即席赋呈》，《伦哲如诗稿》（第六册），国家图书馆藏稿本，第1—2页。
[2] 杨树达：《杨树达文集之十七：积微翁回忆录 积微居诗文钞》，上海古籍出版社1986年，第12页。

桥川时雄

桥川时雄（1894—1982），字子雍，号醉轩，日本福井县人。著名汉学家。在中国生活近 30 年，长期从事汉典籍研究工作，与众多中国文化名人有密切交往。1918 年 5 月，桥川时雄到达北京，经顺天时报社长渡边信哲推荐，任共同通信社翻译记者。1919 年，经同乡土屋祯二介绍，就任大和俱乐部书记员。1922 年 9 月起，先后任顺天时报社记者、编辑长。1927 年 4 月，任自己创办的杂志《文字同盟》主编。1928 年 1 月，任东

桥川时雄

方文化事业总委员会勤务员。1930 年，任中国营造学社参校。1932 年 10 月，代任东方文化事业总委员会署理。[1] 1933 年，任东方文化事业总委员会总务委员署理，着手《续修四库全书总目提要》编纂工作。次年，着手东方文化事业总委员会、北京人文科学研究所、图书馆的组建运营。[2] 1938 年 1 月，任新民学院教授，讲授史地学。1946 年 4 月，被遣送回日本。回日本后，先后任京都女子大学教授、大阪市立大学教授、东京二松学舍教授兼图书馆馆长等职。[3]

1918 年，桥川时雄通过时任中国总统府顾问有贺长雄的介绍，成为国立北京大学国文科的旁听生，从而认识了蔡元培、陈独秀、胡适、伦明、吴虞、黄节、李大钊、鲁迅、周作人、林损等教授。1922 年，桥川

---

① ［日］今村与志雄：《桥川时雄（1894—1982）》，载林恺葳译：《国际汉学论丛》 2016 年第五辑，第 247 页。

② ［日］今村与志雄：《桥川时雄的诗文和回忆》，日本汲古书院 2006 年版，第 516— 517 页。

③ 桑兵：《国学与汉学：近代中外学界交往录》，浙江人民出版社 1999 年版，第 214 页。

时雄进入顺天时报社担任学艺栏编辑，又认识了柯劭忞、王国维、胡玉缙、马衡、齐白石、陈寅恪、邓之诚等学人。1927 年，桥川时雄创办《文字同盟》杂志，用两种语言刊登两国文化人的消息，1930 年第 4 期刊登了伦明《续书楼藏书记》。1933 年起，主持东方文化事业总委员会的《续修四库全书总目提要》编纂工作，伦明被聘为研究员，负责相关部类提要的撰写工作。现存伦明与桥川时雄往来信函二封，记录了关于编撰《续修四库全书总目提要》选目和交稿的细节以及在通学斋购书欠账清单。现录具体内容如下：

其一，伦明致桥川时雄的信札：

> 昨晚接奉尊示，属于本月起，先做《书》《诗》"群经""四书"各提要，但本月传记提要已做就十三篇。因前奉尊示，属于领费前十日交卷，故本月之稿，例须于前月预备故也。兹自下月起再遵尊示办法，今月仍旧各半。先此奉知，即乞察照。此请
> 台安
>
> 弟明上三日。①

其二，通学斋致桥川时雄信札：

> 前账结欠洋四百拾八元零八分一厘
> 《京腔偶释》，一本
> 《汉代乐府笺注》，一本
> 《闺秀录》均二种，三本
> 唐人小说六种，三本
> 连前总共合洋四百贰拾伍元八角八分一厘。

---

① 萨仁高娃：《有关〈续修四库全书总目提要〉的通信》，《文献》2006 年第 3 期，第 168 页。

桥川先生台启

戊寅端阳节

信封左下印有"北京琉璃厂南新华街内路东通学斋书坊"。①

伦明曾作《简桥川时雄》诗:

> 十年身在石渠边,更辟延英为养贤。
>
> 广聚金铜开大冶,余分杯炙饫残筵。
>
> 渐离橘性缘迁地,初见霜毛感逝川。
>
> 亦识文章无价物,对君终愧口言钱。②

伦明作此诗时,桥川时雄任东方文化事业总委员会主任,聘请了71位中国学者编纂《续修四库全书总目提要》,伦明作为其中的一员,为生活所迫,参与撰写工作,接受了每篇30元的低微报酬,故有"亦识文章无价物,对君终愧口言钱"的惭愧,充分展露了伦明作为旧知识分子的清高和爱面子的心态。

1940年,桥川时雄编纂《中国文化界人物总鉴》,收录1912—1940年仍健在的文化教育、学术研究和文学艺术知名人物共4000余人,其中,书中有专门条目介绍伦明、伦叙兄弟。③桥川时雄在该书的"例言"中指出,之所以要编纂《中国文化界人物总鉴》,是因为所涉对象无不忧苦深重,"不可以让他们不安,不可以让他们四处漂泊,不可以使他们赍志以殁"④。可见,桥川时雄对民国时期中国文化界学人的了解和尊敬。

---

① 通学斋致桥川时雄信札,孔夫子拍卖网大众拍卖区:名人墨迹,拍品编号3780851。

② 伦明:《简桥川时雄》,《伦哲如诗稿》(第六册),国家图书馆藏稿本,第2—3页。

③ 〔日〕桥川时雄编:《中国文化界人物总鉴》,中华法令编印馆1940年版,第366页。

④ 〔日〕桥川时雄编:《中国文化界人物总鉴》,中华法令编印馆1940年版,卷首。

仓石武四郎

仓石武四郎（1897—1975），日本新潟人。文学博士，日本语言学家。1921 年东京帝国大学中国文学科毕业后前往中国江苏、浙江等地考察。1922 年进入京都帝国大学研究生院，在狩野直喜、内藤湖南指导下专攻《说文解字》。1925 年，任大谷大学文学部副教授。1927 年，任京都帝国大学副教授，并担任《支那学》杂志编辑。1928 年，再次来到中国，在国立北京大学、国立北平师范大学、中国大学进行了为期两年半的学

仓石武四郎

习。1931—1937 年，任东方文化学院京都研究所研究员，从事《尚书正义》校订工作。1939 年，撰写《段懋堂的音韵学》，获文学博士学位，任京都帝国大学教授。1940 年起，兼任东京帝国大学教授。1946 年，与新岛淳良等以东京大学为中心创办中国语讲习会，任东方文化研究所语言研究室主任。1949 年起，任东京大学中国语学教授。1964 年起，任日中学院院长。①

伦明与仓石武四郎交往频密，仓石武四郎《述学斋日记》（又名《仓石武四郎中国留学记》）记录了 1930 年 1 月 1 日—8 月 6 日 218 天的日记，其中有 11 篇日记提到与伦明的交往。仓石武四郎在 1929—1930 年两个学期中，除了星期天，每周六天均穿梭于国立北京大学、国立北平师范大学、中国大学之间，旁听各位学者的课程，其中包括伦明的版本目录学、诗词学等，并常常去琉璃厂通学斋买书、借书，出入伦明位

---

① 丁守和、马连儒、陈有进主编：《世界当代文化名人辞典》，北京燕山出版社 1992 年版，第 60 页。

于北京烂缦胡同东莞会馆的家中借书求教，畅谈不已。① 例如，1930 年 1 月 17 日："上校。北大伦哲如先生因讲义未印，不上堂。" 1930 年 4 月 10 日："杨（树达）、吴（承仕）、孙（人和）三先生课。吴先生以伦（明）、王（国维）、傅（增湘）三公为'反革命'，课上一趣话也。" 1930 年 5 月 18 日："访伦哲如先生于烂面胡同，借沈钦韩《幼学堂集》、吴翌凤《与稽斋存稿》、王翌凤《舍是集》、法梧门《陶庐杂录》、梅植之《嵇庵集》。" 1930 年 6 月 10 日："通学斋来电话云下午可见哲如先生。校《陶庐杂录》《嵇庵集》。驱车宣武，则哲如先生已出，怅然不已。" 1930 年 6 月 11 日："拂晓，访哲如先生，还《嵇庵集》、《陶庐杂录》（三本）、《小言集》（二本）、《与稽斋存稿》、《舍是集》，借《书目答问》。" 1930 年 6 月 14 日："伦哲如先生来送行，畅谈不已，强借《初月楼续闻见录》一本去，自称有卷六至十可以互抄，意则甚佳，奈其烦累何。"②

---

① ［日］仓石武四郎著，荣新江、朱玉麒辑注：《仓石武四郎中国留学记》，中华书局 2002 年版，第 296 页。

② ［日］仓石武四郎著，荣新江、朱玉麒辑注：《仓石武四郎中国留学记》，中华书局 2002 年版，第 31—167 页。

吉川幸次郎

吉川幸次郎（1904—1980），字善之，号宛亭，日本神户市人。文学博士，著名汉学家。1923 年，入读京都帝国大学，选修中国文学，师从著名汉学家、"京都学派"创始人狩野直喜。1928—1931 年，作为旁听生在国立北京大学、中国大学等校听课。拜杨钟羲为导师，从马裕藻、钱玄同、沈兼士听讲，专攻中国音韵学。1931 年 2 月回国后，历任京都大学教授、东方文化研究所研究员、京都大学名誉教授，获日本国家文化

吉川幸次郎

勋章。1975 年、1979 年两次受日本政府指派率团访问中国。①

吉川幸次郎在留学中国期间，不仅在国立北京大学旁听伦明的版本源流、余嘉锡的目录学、马幼渔的中国文字音韵概要和经学史、朱希祖的中国文学史和中国史学史、钱玄同的古今声韵沿革、沈兼士的文字学、陈垣的正史概要等课程，而且课余喜逛琉璃厂，成为通学斋、来熏阁等古旧书店的常客。他每月 500 元的生活费，有 400 多元花在购书上，购买了大量的中国古籍，与很多书肆老板、伙计成为朋友。吉川幸次郎对通学斋的情况十分清楚，他于 1956 年撰写的《琉璃厂后记》这样描述孙殿起和伦明之间的关系：

> 再回到十字路口，走上向南的大街，东侧是通学斋，其主人是孙殿起，因脸上有麻子，故有"孙麻子"的绰号。他的店也像主持人一样不大清洁，但孙殿起对清朝考据家的书籍十分精通，如有神

---

① 邓攀编著：《金陵汉诗》，南京出版社 2019 年版，第 335 页。

功，写有《贩书偶记》《丛书目录拾遗》等书，记录他一生的见闻。这家书店的东家——即资本拥有者是伦明教授，他是清朝文献的搜集家，为了更便于自己的搜集活动，才让孙麻子替他开店。但有一段时间，伦先生与孙麻子之间的关系似乎有些微妙，孙麻子到考据学的重地安徽、江苏去买书，回来之前把东西寄到北京，并瞒着东家伦先生，让我也不要泄露。后来，伦先生发现了什么线索，有一天一大早来到我的宿舍，要看我昨天买的什么书。这些事，如今都成为令人回味的怀念，伦先生、孙麻子、翰文斋的韩氏现在都已作古，从山本君的话中得知，他们的店也都没有了。①

以上文章虽然是记述伦明、孙殿起经营通学斋的轶事，但可从中读出吉川幸次郎与伦明、孙殿起的熟悉程度以及与通学斋的深厚情谊。

---

① 吉川幸次郎：《琉璃厂后记》，载［日］内藤湖南、长泽规矩也等著，钱婉约、宋炎辑译：《日本学人中国访书记》，中华书局 2006 年版，第 374—375 页。

其他朋侪

伦明读书、教书、藏书、访书、卖书、抄书、校书、著书、续书、论书、编书、印书，一生与书相伴，与众多文化名人交往密切，除老师、同学、同事、学生、乡邻、藏家、书商、日本汉学研究者外，不乏机缘巧合而结识其他挚友，例如，拼音文字方案的提倡者王小航、清末民初民主革命家章太炎、诗人宗子威、画家林彦博等。

王小航

王小航（1859—1933），原名照，字小航，号芦中穷士，又号水东，河北宁河（今属天津）人。近代拼音文字提倡者。清光绪二十年（1894）进士，授翰林院庶吉士，散馆后，改任礼部主事。光绪二十三年（1897），在芦台创设小学堂，为全国首创州县地方学校。光绪二十四年（1898），参与维新活动，多次上书言事，奏请皇帝、太后出洋游历，受到光绪皇帝嘉勉，擢四品京堂候补，赏三品顶戴。戊戌变法失败后，与康有为等流亡日本。光绪二十六年（1900），以僧装秘密回国，蛰居天津，仿日本片假名创制"官话字母"，写成《官话合声字母》。光绪二十九年（1903），秘密进京创立官话字母义塾。光绪三十年（1904）3月，以戊戌党人身份主动投案领罪，被定为永久监禁。同年5月，清廷大赦戊戌党人，被释放，于保定创办拼音官话书报社。光绪三十一年（1905），回北京，创办官话字母第一义塾，出版《拼音官话报》。宣统二年（1910），《拼音官话报》因触犯摄政王载沣忌讳被查封，官话字母亦遭禁，避居江苏。辛亥革命后，受教育部聘请，任"读音统一会"副议长，后因与议长吴敬恒意见不合而去。段祺瑞当政时，曾入段幕，后隐居。晚年与胡适交厚，直至1933年6月1日去世。著有《官话合声字母》《拼音对文百家姓》《拼音对文三字经》等。①

伦明与晚年的王小航交往频密。光绪二十四年（1898），伦明阅读《邸报》始知王小航。当时，王小航参与戊戌变法失败正被朝廷通缉。伦明有诗云："弱龄读邸报，识公戊戌始。"1928年，王小航为了驳斥吴光耀《慈禧三大功德记》之谬误，撰写并刻印了《方家园杂咏纪事》。

---

① 《中国语言学家》编写组编：《中国现代语言学家》（第二分册），河北人民出版社 1982年版，第228页。

该纪事诗共 20 首，通过戊戌变法、义和团运动等史料揭露了清廷的腐朽黑暗与慈禧太后的专制跋扈。作为后学的伦明拜读完王小航《方家园杂咏纪事》后感受颇深，题绝句四首：

> 斧声烛影出中宫，委鬼茄花拟不同。
> 野史犹存南董笔，分明诛逆与褒忠。
>
> 二年琐细宫娃记，百首凄凉学士词。
> 何似从亡程济录，臣心惨泊帝心知。
>
> 弹指人间变海田，开元遗事倩谁传。
> 拾遗老去时成史，尚剩春心拜杜鹃。
>
> 草野闻名过卅年，殷勤顾我枉高轩。
> 谈经未了兼谈史，何幸今时识古贤。①

1928 年，伦明作《孔子家语疏证》，王小航为其作跋，跋尾曰：

> 伦哲如名明，粤人。热心卫经，所作补四库提要甚多。其中，表彰卫古文尚书之书达二十种。兹之表彰陈氏家语疏证，因此书亦为伪郑学家所书，视诬毁王肃与诬毁古文尚书有关也。②

后王小航病重，伦明知悉后作诗纪之，诗题自注："晤王小航先生别五阅月矣，久病新起，出示近文数篇，感述有作。"

---

① 王小航：《方家园杂咏二十首并纪事》卷末，民国十七年（1928）宁河王氏水东草堂刊本。

② 《清代诗文集汇编》编纂委员会编：《清代诗文集汇编》，上海古籍出版社 2010 年版，第 584 页。

虽觉貌癯甚，豪谈似往常。

老难降盛气，医恶服时方。

独醒看人醉，多忧与病妨。

无弦琴自好，何用托文章。①

1933 年，王小航病逝，伦明作长诗《哭王小航先生照》：

结交不在深，倾盖成知己。但恨相见晚，促膝日无几。弱龄读邸报，识公戊戌始。维时台澎割，朝野引为耻。新进谋变法，志激道则诡。公亦应时出，上章屡条拟。宫中嫌早积，都下变猝起。帝子幽瀛台，党人赴东市。事后论成败，传者犹娓娓。失计召外兵，冒险犯不题。公素主持重，奈受众龁齮。祸发幸兔脱，亡命凡几祀。同时漏网者，保皇号迤逦。亦有倡排满，异帜相对峙。公虽居海外，两派皆不倚。无何拳乱炽，宫府庇奸宄。招致八国师，金瓯几缺毁。公等若在朝，倒施胡至是。徒观行在诏，往辙宜必改。逋臣思故国，旧案首司理。功罪终汶汶，生杀俱唯唯。只怜舌尚在，那得目无视。读史怀宗臣，五王与武氏。上阳伏枕日，夺位传太子。此策行之今，弑逆可预弭。惜哉拘祖制，彼辈尽奴婢。光绪末叶，肃邸以民政部尚书兼管消防队。该队操演军械，与正式军队同。公尝献策肃邸，当于西后病危时带队入宫，拥德宗正位。以西后若崩，德宗必不保也。惜肃邸非其人，以旧制非见诏不得入宫为碍，不敢行。运移不旋踵，公亦垂老矣。方今共和制，名义岂不美。然而废旧典，适履甘削趾。况乃攘权利，驯至弛纲纪。黩兵连廿岁，蹙地越万里。感时异今昔，忧国何此彼。从来著作才，例属穷愁士。胸中不平气，泄尽方肯已。日者贻一编，云是亡国史。诗纪方家园，事秘颇骇耳。叶赫二母后，狠毒甚吕雉。书言德宗之崩出于隆裕。灭国仗女戎，循环天所使。汉族无仇怨。被殃又何以。想公奋笔顷，意长语嘘唏。公辨奸正严，研经仍此指。尚书孔氏传，

① 伦明：《晤王小航先生别五阅月矣久病新起出示近文数篇感述有作》，《伦哲如诗稿》（第五册），国家图书馆藏稿本，第 3 页。

传授具首尾。东晋逮隋唐，尊并群经峀。紫阳创疑议，泛举文句秕。
郝梅渐吹索，阎惠肆评诋。公独信古笃，冤代西河洗。贱子偶有述，
异虑而同揆。方遭时人骂，偏博长者喜。遂尽出所著，命我定臧否。
石经审点画，字母别喉齿。公著有《三体石经时代辨误》及《官话字母》。
他文长于辨，说理无骫骳。大都准时用，亦不悖圣轨。周官立学法，
子舆距淫旨。敷阐最详切，讵是雕虫比。窃从宴坐余，仰瞻仪度伟。
坚毅植气骨，忠爱根性髓。刚不屈威武，廉不言货贿。玩世如东方，
好客同北海。座投名卿绂，门倒高士屣。山勿辞土坏。野罔弃蕲菲。
因公轻奖借，令我忘浅鄙。阛阓过高轩，款款设佳醴。小诗题七字，
公著《方家园纪事诗》及《文集》，余有题句。短札驰百纸。比来忙伏案，
不觉疏奉儿。传闻尽室行，径返宁河沚。草堂疑梦境，尘迹渺綦履。
公所居水东草堂，曾登报出售。衰病倍系念，欲讯难觅址。庸知流言误，
公固未离此。乍惊凶讣来，去矣不我俟。回忆旬月前，故都沦棘杞。
高空翔机艇，横巷垒炮垒。人人爱性命，各各亟迁徙。正公疾革际，
神识定奚似。国破家何有，偷生不如死。身当为国殇，骨当共城毁。
公命庇群命，考终在床笫。吁嗟公长往，一瞑万事委。所憾儿女弱，
家计孰肩累。又憾传状缺，志节谁表美。儒林陨硕果，艺圃凋芳芷。
萧条徐稚吊，凄咽太邱诔。而我眷畴曩，腹痛攒万矢。默默平生怀，
待吐遽然止。忽忽老成人，空余典型企。独学乏商量，晚节失砺砥。
琴辍钟期曲，笛堕山阳涕。勿哀泉下土，请看川上水。①

该长诗从伦、王二人相识写起，一气呵成地再现了王小航"新进谋
变法""上章屡条拟""祸发幸免脱""亡命凡几祀""诗纪方家园""字
母别喉齿"等生平经历，以及自己为《方家园杂咏纪事》"小诗题七字"
等往事。诗末高度赞扬了王小航不屈的品格和坚强意志，情到深处，凄
咽难言。这是伦明所作诗歌中少见的五言长诗，足见二人"但恨相见
晚""倾盖成知己"的深情厚谊。

---

① 伦明：《哭王小航先生照》，载民国大学主编：《民大中国文学系丛刊》1934 年第 1
卷第 1 期，第 62—63 页。

章太炎

章太炎（1869—1936），初名学乘，后易名为炳麟，字枚叔，号太炎，浙江余杭人。清末民初民主革命家、思想家、著名学者。清光绪十六年（1890），入读杭州诂经精舍，师从大儒俞樾、谭献。光绪二十三年（1897），担任《时务报》编务，因参加维新运动被通缉，流亡日本。光绪二十九年（1903），发表《驳康有为论革命书》，与改良派彻底决裂。同年，为邹容《革命军》作

章太炎

序而触怒清朝廷被捕入狱。光绪三十二年（1906）东渡日本，加入同盟会，主编同盟会机关报《民报》与改良派展开论战。清宣统二年（1910），任光复会会长，主编《教育今语杂志》，与同盟会正式分裂。1912年，任孙中山总统府枢密顾问、中华民国联合会会长，并担任中华民国联合会机关报《大共和日报》社长。同年，袁世凯篡夺总统职位后，任袁世凯总统府高等顾问、东三省筹边使。1913年，参与讨伐袁世凯行动，遭袁世凯监禁三年。晚年以讲学为业，主编《制言》杂志，主要著述入《章太炎全集》。①

章太炎是伦明仰慕多年的学者，伦明与其相识于朋友宴请。1931年，章太炎北游讲学，北京门生轮流宴请。4月6日，杨树达、陈垣、尹炎武、伦明、余嘉锡等在北京丰盛胡同六号谭家菜宴请章太炎。谭家菜由谭篆卿创办，谭篆卿家藏有诗文集，且善粤菜美食，文人雅士常群

---

① 许寿裳：《章太炎传》，百花文艺出版社 2004 年版，第 175 页。

集于此，填词饮宴，驰名京城。伦明事后回忆此事云：

> 余杭章太炎先生炳麟，辛未再来故都，滞留半载，余倾慕三十
> 余年，始得瞻仰颜色。谈次，论学推重宋儒，论文不薄方姚，与曩
> 时意气迥异，是先生晚年进境欤，抑退境欤，非末学所能窥矣。

汉学与宋学之争由来已久，作为朴学家的章太炎早年专注汉学，此
次宴会，伦明与之交流，发现章太炎又推崇宋儒，这与伦明以前了解的
章太炎不太一样，故伦明有"是先生晚年进境欤，抑退境欤"的疑问。
桐城派崛起于康乾之际，代表人物是"桐城三祖"方苞、刘大櫆、姚
鼐，主张义理、考据、词章三者相结合。文选派崛起于乾嘉之际，代表
人物是阮元，主张以骈文为文体正宗，撰写《文言说》大胆挑战桐城派
散文创作中存在的雅洁气度充盈有余、文采辞藻稍逊等缺陷。民国初期，
与桐城派传人姚永朴同时任教于国立北京大学的刘师培撰写了《广阮氏
文言说》，向桐城派正式宣战，由此引发了桐城派和文选派就文学本质
问题的激烈讨论。章太炎作为两者争论的热心观众，他在《文学总略》
一文中，从字源学的角度指出"文"的本义不应当如阮元、刘师培所言
那样狭窄，而是作出了公允之评，由此，伦明认为章太炎"论文不薄方
姚，与曩时意气迥异"。章太炎之评具体内容如下：

> 阮芸台妄谓古人有文有辞，辞即散体，文即骈体，举孔子《文
> 言》以证文必骈体，不悟《系辞》称"辞"，亦骈体也。刘申叔文
> 本不工，而雅信阮说。余弟子黄季刚初亦以阮说为是，在北京时，
> 与桐城姚仲实争，姚自以为老耄，不肯置辩。或语季刚：呵斥桐城，
> 非姚所惧；诋以"末流"，自然心服。其后白话盛行，两派之争泯
> 于无形。由今观之，骈、散二者本难偏废。头绪纷繁者，当用骈；
> 叙事者，止宜用散；议论者，骈、散各有所宜。不知当时何以各执

一偏，如此其固也。①

章太炎也好藏书，伦明《辛亥以来藏书纪事诗》为章太炎作传：

> 北来留得雪泥痕，学养功深气象温。
> 门下乞留书七种，胜如关尹五千言。②

伦明在诗中不仅回忆了章太炎 1931 年北游京师讲学一事，还高度赞扬了章太炎"学养功深"，《广论语骈枝》等七种著作可胜"关尹五千言"。在诗后，伦明还详细叙述了章太炎的学生吴承仕刊印七种新作的相关情况："门弟子吴检斋（名承仕）等，请其新著七种刊之，计《广论语骈枝》一卷、《体撰录》一卷、《太史公古文尚书说》一卷、《古文尚书拾遗》二卷、《春秋左氏疑义答问》五卷、《新出三体石经考》一卷、《菿汉昌言》六卷，前月始刊竣。"③ 1933 年，吴承仕、钱玄同校刊《章氏丛书续编》于北平发行，该书收录了章太炎 7 种新著，实现了刊印老师新著的承诺。

1936 年 6 月，章太炎去世，《制言》第 25 期刊登伦明撰写的挽联："儒生谈革命，是王而农、吕用晦一流，开国元勋不言禄；古学起中衰，继俞荫甫、孙仲容二氏，读书种子尚留难。"④ 明末清初四大启蒙思想家之一的王夫之（1619—1692，字而农）参加反清斗争，拒绝为吴三桂撰写劝进表，在章太炎看来，王夫之是铁骨铮铮的"明代遗民"代表。明末清初杰出的学者、思想家、诗人和时文评论家、出版家吕留良（1629—1683，字用晦），在明朝灭亡后，不顾个人安危，以遗民身份反

---

① 黄侃著，周勋初编：《文心雕龙札记》，上海古籍出版社 2000 年版，第 3 页。

② 伦明著，雷梦水校补：《辛亥以来藏书纪事诗》，上海古籍出版社 1990 年版，第 64 页。

③ 伦明著，雷梦水校补：《辛亥以来藏书纪事诗》，上海古籍出版社 1990 年版，第 64 页。

④ 伦明：《太炎先生挽联》，《制言》1936 年第 25 期。

清，后因曾静案惨遭戮尸，著作被焚，后代亦被牵连，章太炎称赞他是"侠士报国"。清末著名学者、文学家、经学家、古文字学家、书法家俞樾（1821—1907，字荫甫），是章太炎入读杭州诂经精舍时的老师，7年的师徒关系终因章太炎投身革命而决裂，然俞樾去世后，章太炎仍撰《俞先生传》怀念恩师。晚清著名教育家、经学大师孙诒让（1848—1908，字仲容），与章太炎亦师亦友，两人经常切磋学术，拜读彼此的新作。章太炎高度评价孙诒让："淹通今古，著纂闳博；晚清特立之儒，三百年绝等双。"伦明在该联中引用王夫之（而农）和吕留良（用晦）两位明代遗民榜样，高度赞扬章太炎作为学者勇于革命的战斗精神；引用俞樾（荫甫）和孙怡让（仲容）两位学问大家，充分肯定章太炎潜心学术的榜样力量以及在古文献方面的杰出成就。

宗子威

宗子威（1874—1945），亦名宗威，江苏常熟人。精于诗词，清末民初著名诗人。清光绪三十四年（1908）由拔贡进国子监，终生从事大学、中学国文教育。辛亥革命后，历任《常熟日报》主笔、北洋政府交通部秘书、北京高等师范学校教师等职。1929 年，受聘于东北大学，讲授诗、赋、古文辞等课程。1932 年起，任教于湖南国学专科学校、湖南大学、上梅中学、国立师范学院等校。宗子威不仅喜好诗歌，参与南社、稊园诗社，而且还钟情于灯谜，是北平射虎、隐秀、学余、丁卯等谜社元老级成员。在湖南新化时，曾倡办莫江吟社。他对古典诗歌极有见地，有论诗四绝。其一云："时代乘除几变迁，不陈旧亦不新鲜。曹刘李杜生同世，未必前贤胜后贤。"其二云："诗境从来贵率真，不衫不履见精神。有时雕绘延年手，却胜天然可爱人。"其三云："老年诗格归平淡，年少偏于绮丽工。我欲平反此公案，簪花应是白头翁。"其四云："牢骚未必果穷志，侧艳何曾好绮游。倘拟读诗如读史，误人千载费搜求。"[①]著有《诗钟小识》《小说学讲义》等。

伦明与宗子威的交往始于稊园诗社，两人同是诗社的骨干成员。1929 年，宗子威赴东北大学中国文学系任教，伦明作《赠宗子威》：

> 轮日壶觞集履巾，稊园风雅一时沦。
> 田留破砚欣逢岁，仓积余粮好馈贫。

---

① 王鸿献编：《南楼随笔》，新文化书社 1924 年，第 93 页。

应忆孤吟林处士，可逢妙笔管夫人。

怜君漏尽翻书倦，催命堂钟又警晨。①

　　伦明在诗中回忆了宗子威主持梫园诗社时的盛景，感慨其任教东北大学后，梫园诗社风雅不再，会员星散。紧接着，借用苏轼《次韵孔毅甫久旱已而甚雨三首》中"我生无田食破砚"寄语宗子威即使生活清苦也应坚守读书人的文化追求，多积累知识和经验教导学士们。诗中的"林处士"是指与宗子威一向交好的林彦博，他如同北宋隐逸诗人林逋（967—1028）一样，擅长诗歌创作和作画，被朋友们亲切地称为"林处士"。"管夫人"是指才女画家杨令茀，虽终身未婚，然擅长书画、诗词创作，有如同元朝赵孟頫的夫人管道昇一样博学多才，故被尊称为"管夫人"。宗子威任教东北大学期间，杨令茀受聘任沈阳故宫画师兼东北特区美术专科学校校长，与宗子威同在沈阳，故伦明有"可逢妙笔管夫人"之询问。在诗尾，充分表达了伦明对宗子威焚膏继晷勤奋苦读的赞赏和经常熬夜的怜惜。后宗子威续弦，伦明又以叠韵诗示贺：

携手兰房却绣巾，问郎年纪略浑沦。

貌美定知骑省后，才高岂计长卿贫。

如何秦馆乘龙婿，不效周家走马人。

颇怪烟篾曾未备，雨余狼藉落红晨。②

　　伦明在首联叙述宗子威已年近六旬，新夫人虽出香闺，然不善针线等女红。颔联说宗子威新夫人姓潘，有才有貌，然伦明很是担忧一向贫困的宗子威是否养得起这位不善劳作的大家闺秀。"骑省"，借用西晋文学家潘岳《秋兴赋序》"寓直于散骑之省"句，暗指新夫人姓潘；"长卿"是汉代著名辞赋家司马相如的字。司马相如于汉武帝去世后辞官回

---

① 伦明：《赠宗子威》，《伦哲如诗稿》（第五册），国家图书馆藏稿本，第 8 页。

② 伦明：《补贺子威续婚》，《伦哲如诗稿》（第五册），国家图书馆藏稿本，第 10 页。

到四川临邛（今邛崃），在好友临邛县县令王吉的安排下，偶遇离异的富家女卓文君。卓文君被司马相如的才情和风度深深吸引，不顾司马相如家徒四壁的现实困境，毅然与其私奔，后虽放下富家小姐身段当垆卖酒，然也只能暂时解决两个人的温饱。最终，还是卓文君的父亲为了卓家的声誉，放下陈见，资助两人一些钱财，才让他们过上安定的生活。颈联询问宗子威怎么愿意做传说中秦馆的乘龙快婿，为什么不效仿古公亶父娶一位立邦安家的姜女？"秦馆乘龙婿"典出西汉刘向《列仙传》卷上："萧史者，秦穆公时人也，善吹箫，能致孔雀白鹤于庭。穆公有女字弄玉，好之。公遂以女妻焉。日教弄玉作凤鸣。居数年，吹似凤声，凤凰来止其屋。公为作凤台，夫妇止其上不下数年，一日，皆随凤凰飞去。"此后，人们便把萧史称为乘龙快婿。"周家走马人"取自《诗经》西周立国的故事："古公亶父，来朝走马。率西水浒，至于岐下。爰及姜女，聿来胥宇。"意思是说古祖亶父，清早出行赶起马，沿着河岸直向西，来到岐山脚下，娶了姜氏女，二人共察山水、住地，划定疆界，建立西周。尾联借用明朝陈成玉《烟蓑乘夜护花台》中的诗句，戏说宗子威没有像明朝周行可一样的络腮胡，故不能为妻子遮风挡雨，致新婚后雨余红晨，一片狼藉。陈成玉喜好开玩笑，朋友周行可续弦日，曾针对周行可络腮胡的特征，为周行可写了一首戏谑诗："十分春色海棠开，云雨漫天暗里来。可是东君勤爱惜，烟蓑乘夜护花台。"①

---

① （清）郑杰等辑录：《全闽诗录》（第三册），福建人民出版社 2011 年版，第 963 页。

林彦博

林彦博（1883—1944），本名嵩堃，字公博，别号博道人，满洲正蓝旗，西林觉罗氏，民国时期以林彦博之名行世。清末民初著名指画家。清光绪三十年（1904），入礼部任职。宣统三年（1911），任礼部员外郎。民国以后，先后在北平铁路大学、北平艺术专科学校讲授中国书画史、诗词等课程。林彦博幼时聪慧，其父孚琦与指画家聋道人刘锡玲友善，林彦博喜观聋道人作画，日久有悟，遂能以指代笔。林彦博8岁能诗，有神童之称，所作《新秋》《远行》等诗受到私塾老师较高评价。1928年，应"中日美术协会"之邀，在大连举办画展，从此声名大振。此后，又在沈阳、北京、天津等地多次举办画展，深得恽宝惠、杨云史等知名人士肯定。著有《续指头画说》《左诗行毛诗之互证》《骈声阁论文》等。①

伦明在焦作任职期间，与林彦博有书信往来，曾作《怀嵩公博都中》，诗云：

> 公子朱轩耀绣裳，越台几度看红桑。
>
> 承恩久绝金张第，游艺犹登坡谷堂。
>
> 去国陶朱初变姓，避兄陈仲欲偕行。
>
> 似君才地生平世，台省雍容庶事康。②

---

① 傅耕野：《满族指画家林彦博》，《满族研究》1992 年第 1 期，第 61—62 页。

② 伦明：《怀嵩公博都中》，《伦哲如诗稿》（第三册），国家图书馆藏稿本，第 9 页。

伦明在首联提到林彦博出身高贵，曾世袭轻车都尉，累官礼部主事。其父孚琦曾是刑部右侍郎，光绪三十四年（1908）署广州将军，宣统三年（1911）三月在广州被革命党人刺死。林彦博曾随父至粤，多次前往广州越秀山越王台游览。颔联说林彦博的父亲离世后，家道中落。他虽然离开豪门世家的宅第好久了，然能不辞困苦，甘愿为儒，立志在诗词方面向苏东坡学习，在书画方面向黄庭坚学习。"金张第"指汉代金日磾家族和张汤家族，均曾显赫一时，后成为勋臣世家的代称。"坡谷堂"指北宋苏东坡（苏轼）和黄山谷（黄庭坚），两人在诗词、书画方面均有显著成就。颈联提及林彦博本姓袁，在辛亥革命后才改姓名为林彦博。他曾经因为失去继母的宠爱，多次要求离家分居。"去国陶朱"指春秋末期著名人物范蠡，曾辅佐越王勾践灭掉吴国，后急流勇退，至齐国，更姓名为鸱夷子皮，耕种经商，致富于湖畔。齐王闻其贤，聘为上卿，未几又弃官，最后辗转来到定陶，被誉为"陶朱公"。"避兄陈仲"指战国时期著名贤士陈仲，由于看不惯任卿大夫的兄长敛财，"以兄之禄为不义之禄而不食也，以兄之室为不义之室而不居也"，最后避兄离母，独自前往於陵生活。伦明在诗尾联发出感慨：假如既有才能又有显赫家世背景的林彦博生活在太平盛世，当一个从容不迫的官员，那么一些事情就会顺畅安宁得多。

1924—1927 年，伦明收到林彦博的来信，随即作诗代答：

> 煤颣衣裘雪湿巾，客途岁晚感羁沦。
> 独居欲忆群飞乐，不出何堪坐食贫。
> 开阁招贤非此日，倚门卖笑向谁人。
> 更怜隔巷罗都讲，粉淡脂浓试笔晨。[①]

[①] 伦明：《得彦博都中书作此代答兼讯罗蕴之女士》，《伦哲如诗稿》（第五册），国家图书馆藏稿本，第 14 页。

伦明在诗中诉说自己客居河南异乡经常感到孤独和寂寞，独居的时候也重温与朋友们在一起的快乐时光，然而为了生计，只能外出工作，不能坐能食贫。现在这个世道不是礼遇宾客的时代，自己内心的酸楚不足以向外人倾诉。时常想起擅长作画的罗蕴之①，希望林彦博代为问好。

---

① 罗蕴之，民国女画家。1924 年初，林彦博于北京发起北京艺社金石书画会，以研究古代书画为宗旨，罗宝珍（蕴之）任会长，关颖人、金孟仁、杨仲子、寿石工、迢逸轩、贺履之等为会员。

附 录

附录一　书香传家

　　清光绪四年（1878），伦明出生于广东东莞县中堂司望溪乡（今东莞市望牛墩镇望联村）。伦明《邓文如以先族祖孟臣公画蝶图卷见赠敬纪二律》小序云："吾家系出南海，明末始迁东莞……予先代居望溪乡。"诗云：

> 吾家南海衍东江，子姓无多谱牒详。
> 蕊榜一时谈盛事，荆花双萼占秋光。
> 祠堂未获抠衣拜，艺苑应惭数典忘。
> 展卷翩然仙蝶舞，仙禽一去渺何乡。①

　　根据东莞望牛墩《横沥伦氏族谱》，伦氏原居京兆（今陕西西安），宋代迁广东南雄。南宋末年，伦元为广州府学教授，其孙晚兴与兄伯兴、亚兴、仲兴、宥兴同迁南海魁冈，是为南海伦氏之始，并逐渐繁衍为岭南伦氏四大房，即南海房、顺德房、东莞房、高要横石房。明末，东莞房由南海伦氏五世祖伦文镒迁往东莞望牛墩为始祖，十一世祖伦耀迁至望牛墩横沥村为横沥村始祖。② 伦氏四大房曾合建宗祠——南伦书院于广州仙湖街中部（今广州市越秀区大南路仙湖街），伦明在广州的部分藏书曾存放于此，后因修路被拆除。

---

① 伦明：《邓文如以先族祖孟臣公画蝶图卷见赠敬纪二律》，《伦哲如诗稿》（第二册），国家图书馆藏稿本，第 5 页。
② 参见杨宝霖：《东莞氏族的来源与发展·望牛墩横沥伦氏》，《东莞电视报》1997 年 5 月 15 日。

一、伦氏四元

伦氏家族向来重视文化教育，广东的状元之一，明孝宗弘治年间会试、殿试第一名的伦文叙即出自伦氏南海房。据史料记载，伦明的五世族叔祖伦文叙（1466—1513），字伯畴，号迁冈，明弘治二年（1489）以儒士身份参加院试，巡按御史周南赞赏其才学准其入试，后因成绩优异被选入国子监读书。明弘治十二年（1499），伦文叙参加会试、殿试均名列第一，独占会元、状元"二元"，授翰林院撰修，累官至应天府（今南京）主考。据传，广州特色小吃"状元及第粥"与伦文叙有关：伦文叙幼时聪慧，有"神童""鬼才"之称，家贫，以种菜、卖菜为生，一粥铺店主怜其年幼，惜其才华，每天均从伦家买菜。当伦文叙送菜到粥铺时，店主则将当天经营剩余的食材放进生滚的白粥中，再放些姜、葱，免费请他吃。几年中，伦文叙经常在粥铺吃粥，对店主心怀感激。后伦文叙高中状元，衣锦还乡，特地前往粥铺看望店主并致谢，店主激动地再请他吃粥。伦文叙吃完粥后，考虑到该粥无名，随即让人拿来笔墨纸砚，亲笔书写了"状元及第粥"几个大字，以报店主多年送粥之恩。自此，读书人为讨个吉利，来店喝粥者络绎不绝，"状元及第粥"也美名远扬。

伦文叙有三个儿子，均高中进士。长子伦以谅，字彦周，明正德十一年（1516）乡试第一，为"解元"；明正德十五年（1520），又高中进士，选为翰林院庶吉士，累官至南京通政司参议。次子伦以训，字彦式，号白山，明正德十二年（1517）会试第一，为"会元"；殿试第二，为榜眼，授翰林院编修，累官至南京国子监祭酒。三子伦以诜，字彦群，号穗石，明嘉靖十七年（1538）中进士，授礼部仪制司主事，累官至南京兵部武选司郎中。父子四元，世传为盛。[①]

[①] （明）朱国桢辑，李宏主编：《仿洪小品》（上册），北京燕山出版社1995年版，第270页。

二、望溪五鱼

伦氏东莞房也代有文韬武略贤德之人，伦明家族即是东莞房颇具声望的一支。伦明的祖父伦梦麒是清代东莞县的武秀才，伦明的父亲伦常（1834—1889），字元第，号棣卿，清咸丰十一年（1861）举人。同治十年（1871），授陕西知县，以寡母年老为由提请改任福建知县。光绪十年（1884），丁母忧结束后，江西巡抚潘霨（1816—1894）奏请伦常署江西崇仁县县令。伦常在江西崇仁县任职期间，考察民情，整顿丁粮，斥责差役，革新陋规，捐廉银修葺荒废的廨署，设立盲人院、疯人院、公立医院，以恤贫民。一有空闲就巡视江河桥坝，有毁损者随即修复。素爱人才，如有一技之长者则加奖勉励。曾增修毓秀书院，欲捐赠藏书于书院。光绪十五年（1889），伦常卒于崇仁知县任所，终年56岁。①

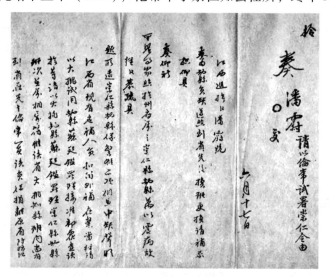

江西巡抚潘霨奏请以伦常试署崇仁令由折件

---

① 陈伯陶编纂：《东莞县志》卷七十三《人物略》，东莞养和印务局1927年版，第2805页。

伦常精通医术，回乡时经常为乡亲看病，"乡里就诊者满户外"。光绪年间，东莞莞城西门诗人罗珊57岁时患有严重的糖尿病，被伦常治疗后好转。罗珊作《赠伦棣卿孝廉常》诗，以作答谢。诗文如下：

> 我无相如才，却得消渴疾。都为饮茶多，坐使真精泪。
> 溲溺凝如膏，一见我心恻。药病延众医，佥云湿内郁。
> 投以利导剂，日更甚一日。天赐君来城，国手为一屈。
> 君曰尚可医，用挽倒流术。譬如渠太通，直泻无障塞。
> 真水耗日多，何以生津液。患在火既衰，复为水所克。
> 扶火以制水，水自不泛溢。内蓄成运流，肾门锁乃密。
> 投以温补剂，霍然有起色。或疑君工文，医道讵入室。
> 吾谓为通人，技乃造极则。即如相一题，贵得真命脉。
> 所见彻中边，自然辨虚实。从此发挥透，命中百不失。
> 用药与行文，是二还是一。况做秀才时，君便思济物。
> 惟有良医功，可与良相匹。乃研灵枢经，析理到杪忽。
> 近又神明之，变化由心得。所以药一投，已剧复逢吉。
> 独是予马齿，五旬已加七。虽死不为夭，何必刀圭乞。
> 区区抱隐衷，知交或未悉。我虽凤耽诗，全稿业未卒。
> 或藉延余年，成就我著述。不至如僵蚕，尚有丝待出。
> 此后所得诗，尽出君赐笔。集拟名更生，以志活我德。①

诗开篇即以自己无文学名家司马相如之才却同患糖尿病，然后描述自己多次就医，众医"以利导之剂"致其病越医越重，而伦常反其道而行之，改用"温补之剂"即有起色，足显伦常医术高明。最后阐述伦常的文章和医术一样了得，并衷心感谢伦常的延生之德。

据民国《东莞县志》记载，伦常不仅通医术，还热心乡梓公益。同

---

① 杨宝霖：《灯窗琐语》（七），《文化周末》2016年8月20日。

治四年（1865），伦常在望牛墩郁子涌建立国朝义冢①；同治十年（1871），倡议在望牛墩圩兴建青云石桥②。据传，望牛墩现存古迹"文阁"亦为伦常捐资所建，民间称"丝伦阁"或"丝伦塔"，"丝"与"思"谐音，有思念不忘伦氏善举功德之意。③ 伦常诗书俱佳，经常与同乡举人何仁山、谢荩臣和进士邓蓉镜等莞籍名士唱和，现存东莞市南城区恬甲村度香亭的《招饮鞸书屋并度香亭赏荷花》即为伦常所作：

> 扁舟共访水云乡，十里荷花纳晚凉。
> 人似萍踪风乍合，堂开荔宴日方长。
> 分吟韵效兰亭会，寄傲先成栗里庄。
> 最是雨余天色好，一轮明月送归航。④

"养花种树得春气，读画听香生妙心"是伦常的手书对联，不仅道出了"养花种树""读画听香"的生活情趣，也道出了伦家诗书传家的继世之长。伦常不仅自己喜好读书，而且还时常叮嘱弟弟、儿子以及侄子多读书。伦明曾在《续书楼藏书记》中深情地回忆道：

> 忆少日，侍先君子宰江西之崇仁，先君子夙好书，所至以十数簏自随。在任所，又购得宜黄某氏书，藏益富。余时年十一二岁，略识文义，课暇，窃取浏览，因而博涉，渐感不足。闻塾士言，去此数百里是省会，书肆多，购无不具，心大动。县差有解饷至省会者，月一往，开书目若干种属焉。县差返，有得有不得，亦不审值之昂否也。先君子爱余慧，又怜其早失母也，年节赉赐，倍他兄弟。一日，召余兄弟至前，问所蓄，诸兄弟争献其所有以验，余独空如，

---

① 陈伯陶编纂：《东莞县志》卷十九《建置略》，东莞养和印务局1927年版，第13页。
② 陈伯陶编纂：《东莞县志》卷二十《建置略》，东莞养和印务局1927年版，第9页。
③ 据伦明嗣孙伦志清回东莞访问当地乡民所知。
④ 潘立新主编：《南城风物》，东北师范大学出版社2012年版，第77页。

急欲涕。先君子色变，固诘之，以购书对，不信，则出书验之，往来搬运，堆满几榻。先君子色渐霁，一一检翻，徐曰："孺子亦解此乎？善读之。"①

以上叙述，可见一位自身爱好读书且重视儿辈读书的慈父。正是父亲伦常的言传身教，伦明幼小的心灵埋下了一颗爱书的种子。据张次溪《伦哲如先生传》记载，伦明小时候，自朝至暮，手不停披，"尝居一小楼中，亘数年不出户，衣虱累累，若不自知，惟笃志观书，有书痴之称"②。

伦氏五兄弟均饱读诗书。大哥伦迈，字静如，宣统元年（1909）优贡；伦明，字哲如，光绪二十七年（1901）庚子辛丑并科举人，京师大学堂优级师范科毕业后又奖举人衔，为双举人；三弟伦叙，字达如，光绪癸卯（1903）顺天举人，国立北京大学文学士；四弟伦绰（1913年改名伦哲同），字绰如，国立北京大学政学士；堂弟伦鉴，字淡如，国立北京大学农学士；妹妹伦耀华，提倡男女平等，为辛亥革命后广东省首批女代议士。古人以"行有车，食有鱼"来表明身份的富贵，也用"如鱼得水"来描述工作、生活的美满、幸福与自在。伦氏五兄弟皆有才学而知名于乡里，又因其字都含有"如"字，粤语"如""鱼"谐音，故在当地有"望溪五鱼"的美称。

三、京师大学堂伦氏四杰

父亲伦常去世后，伦明回到故乡东莞，先就读于县庠明伦堂，后拜康有为为师入读万木草堂。光绪二十八年（1902）九月十三日，京师大

---

① 伦明：《续书楼藏书记》，《辅仁学志》1929 年第 1 卷第 2 期，第 61 页。
② 张次溪：《伦哲如先生传》，载东莞图书馆编：《伦明研究》（第一册），广东人民出版社 2020 年版，第 11 页。

学堂举行首次招生考试，伦明携三弟伦叙、堂弟伦鉴前往京城参加，伦明以第一名的成绩被师范馆录取，伦叙、伦鉴亦被译学馆录取后又被拨入师范馆。伦明就读京师大学堂期间，不仅享受清政府给予师范生饭食免费等待遇①，还享受广东省国民政府奖励在京学生生活津贴。据《两广总督陈明在京粤生津贴事咨学务处》（光绪三十一年四月二十三日），伦明每月可支取省津贴银20两，自光绪二十九年（1903）十一月起，支至光绪三十一年（1905）三月止。自此以后，广东省每月拨给400两银均分给在京各校粤籍学生，不再增加②。光绪三十年（1904），伦明的四弟伦绰追随入京，考入京师大学堂译学馆，后又被拨入师范馆。至此，伦氏四兄弟均就读于京师大学堂师范馆。光绪三十三年（1907），伦明、伦叙、伦鉴同时以"优等"成绩毕业，毕业成绩分别为76.87分、76.09分、74.33分，毕业待遇分

京师大学堂同学题名

光绪二十九年十一月（1903年12月）

姓　名	年　岁	籍　贯		钳别	入学识别
叶恭绰（誉虎）	二十三	广东	广州府番禺县	仕学	考取
吴庚麟（颐人）	二十二	同	广州府南海县	同	译学馆拨人
雷祖根（筱孙）	二十七	同	广州府新宁县	同	同
伦　明（哲如）	二十六	同	广州府东莞县	师范	考取
陈发檀（海南）	二十四	同	琼州府澄山县	同	同
陈始安（公民）	二十	同	琼州府澄山县	同	同
张达璇（砚璇）	二十八	同	肇庆府高要县	同	同
姚祥芳（觉垣）	二十九	同	潮州府揭阳县	同	同
何应嘉（伯述）	二十六	同	广州府三水县	同	同
廖道传（叔度）	二十七	同	嘉应州	同	咨送
曹　晃（竞修）	二十五	同	广州府番禺县	同	同
朱兆鼎（鼎勘）	二十五	同	广州府花县	同	同
卢朝恩（誉门）		同	广州府南海县	同	同
程绍典（吉补）	二十五	同	广州府南海县	同	同
胡祥麟（于贵）	二十七	同	广州府南海县	同	同
黄富聚（富甫）	二十二	同	广州府新宁县	同	同
罗宗阶（吉符）		同	广州府新会县	同	同
陈伯琦（礼群）	二十二	同	广州府南海县	同	同
潘　敬（区止）	十八	同	广州府南海县	同	同
关庆麟（吉符）		同	广州府东莞县	同	同
祁　杰（干南）	二十二	同	广州府东莞县	同	译学馆拨人
关翰昭（光宇）	二十	同	肇庆府开平县	同	同
吴赞廷（锡川）	二十	同	肇庆府开平县	同	同
伦　鉴（拔如）	十九	同	广州府东莞县	同	同
吴燊新（在民）	二十	同	肇庆府开平县	同	同
伦　叙		广东	广州府东莞县	师范	译学馆拨人
伦　教		同		同	同

京师大学堂同学题名录拼图

伦明1907年京师大学堂毕业证书

---

① 北京师范大学校史编写组：《北京师范大学校史·第一卷（1902—1982）》，北京师范大学出版社1984年版，第129页。

② 北京大学校史研究室编：《北京大学史料·第一卷（1898—1911）》，北京大学出版社1993年版，第372—373页。

别是"拣发广西知县""拣选知县""拟请给师范科举人,以中书科中书尽先补用"。宣统元年(1909),伦绰以"中等"成绩毕业,毕业成绩68.06分,毕业待遇是"拟请给师范科举人,以各部司务补用"①。

宣统二年(1910)三月,教育部颁布"大学令"规定:"预科学生修业期满,考试及格者,给以文凭,升入本科。"据此规定,伦叙升入京师大学堂文科史学门,伦鉴升入京师大学堂农科农学门,伦绰升入京师大学堂法政科政治门继续深造,伦明因年龄偏大,继续留在广州工作。1913年11月,伦叙、伦鉴、伦绰本科毕业。伦叙毕业成绩为"史学门甲等",获"文学士"学位;伦鉴的毕业成绩为"农学门乙等",获"农学士"学位;伦哲同毕业成绩为"政治学门丙等",获"政学士"学位。三兄弟毕业后,伦叙先后在广东公立法政专门学校②(今中山大学法学院前身)、广东省立第一中学、广东高等师范学校③、私立广东国民大学④任教。1923年1月22日至26日,伦叙任东莞县国民政府县长⑤,还担任过东莞明伦堂沙田经理局董事。在担任董事期间,主张提高农民知识,增加教育经费,让家乡民众受益。⑥ 1924年7月,担任国立广东大学(筹备)特科委员会文科委员会委员。⑦ 1928年7月,在广东全省教

① 北京大学校史研究室编:《北京大学史料·第一卷(1898—1911)》,北京大学出版社1993年版,第394—403页。

② 张紧跟编:《百年历程1905—2005中山大学政治学与行政学》,中山大学出版社2010年版,第10页。

③ 《留省东莞学会会员一览表》(1919年1月):《留省东莞学会杂志》(第一期),第179页。

④ 伦达如:《广东民国大学十周年纪念册·本校十周年纪念感兴》,1935年,第70—71页。

⑤ 东莞市地方志编纂委员会编:《东莞市志》,广东人民出版社1995年版,第879页。

⑥ 该资料由伦明的嫡孙伦志清先生提供。

⑦ 黄义祥编著:《中山大学史稿(1924—1949)》,中山大学出版社1999年版,第18页。

育会议上提交《应宜注重小学普及案》，呼吁普及小学教育。^① 伦叙从教20余载，直至1936年去世。著有《文学概论》《国文修辞学》《改造外国地理》等。伦鉴毕业后，回到东莞县立中学校担任博物课程教师，1916—1918年，担任东莞县立中学校校长。1916年6月7日，广东省粤海道尹王典章视察该校，称"校长伦鉴，学历优长，人极醇笃。学生二百零七人，四级五班皆上课，秩序整齐，成绩颇美"^②。1917年，伦鉴为《东莞县立中学校同学录》作序云：

> 今诸君生同里，学同校，朝相谋，夕相闻者数年，其情谊亲切，谅非寻常人比矣。然则斯录之刻，将出于一时之感情.循例习故而为之耶？抑鉴于人心风俗之坏，而以其精神联络其终始耶？果能联系以精神，立志以定之，力行以践之，无摇于利害，无夺于死生，无分于显晦，坚其车，良其马，范其驰驱，行乎中道而不止，则异日挽颓风而敦古道，将于诸君是赖。^③

抗日战争胜利后，伦鉴前往广州定居，以诗会友，直至1949年去世。伦哲同毕业后，曾与哥哥伦叙同在广东公立法政专门学校任教，^④后回到家乡东莞县立中学校任教，1915年，任东莞县立中学校校长。^⑤

光绪三十三年（1907），伦明从京师大学堂毕业后，即被两广方言学堂监督、京师大学堂的老师陈黻宸聘为教务长兼经济科教授，佐理一切校务。宣统元年（1909），广东学务公所在广州开办东、西区两间高

---

① 伦叙：《全省教育会议本校提案全文：应宜注重小学普及案》，《民大学报》1928年第1卷第2期。

② 李炳球：《〈粤海道尹王典章巡行日记〉摘录》，载中国人民政治协商会议东莞市委员会文史委员会编：《东莞文史资料选辑》1998年第28辑，第342—346页。

③ 杨宝霖编：《东莞中学五十年》（上），东莞中学2002年版，第308页。

④ 张紧跟编：《百年历程1905—2005中山大学政治学与行政学》，中山大学出版社2010年版，第10页。

⑤ 杨宝霖编：《东莞中学五十年》（上），东莞中学2002年版，第416页。

等模范小学，伦明除任教于两广方言学堂外，还兼任广州西区模范高等小学校长。① 宣统二年（1910）九月，伦明入两广总督张鸣岐幕。② 辛亥革命爆发后，他前往广西履职，初居桂林，后又居浔州（今广西桂平），担任浔郡中学堂校长（1913 年改名为浔洲中学堂）。③ 1913 年 12 月，伦明受袁世凯总统府秘书长梁士诒指派，回广东组建公民党广东支部，主办《时敏报》《广东平报》。④ 1914—1916 年，既有基层教学经验又有中小学校管理经验的伦明被推举担任广东视学官，负责视察全省教育事宜。1917 年 11 月，被国立北京大学校长蔡元培聘为法预科教授兼文科研究所国学门诗词科教员。1921 年 9 月，辞去国立北京大学教席，全身心投入续修《四库全书》工作中，直至 1924 年经同乡陈某推荐前往河南焦作任道清铁路局总务处处长。1927 年，再次回到母校任教。1929 年起，兼任私立北平辅仁大学讲师。1933 年，进入北平民国学院任教，主讲目录学，直至 1937 年 7 月南归。伦明南归后预计两个月后返京，然抗日战争全面爆发，交通阻塞，只好居留广州六女家。其间曾患脑充血病，全身瘫痪，几濒于危，后经医生调治痊愈。1938 年 10 月，日军侵占广州，伦明返回故乡东莞望牛墩。1940 年下半年，为了生计，伦明任广东大学文学院历史学系教授兼主任，直至 1944 年 10 月病逝。⑤ 其间，曾于 1941 年 1 月 22 日至 4 月 18 日，兼任广州市立图书博物馆副馆长、图书部主任，⑥ 后"因年老多病，不胜烦剧"而辞职。⑦

---

① 沈琼楼：《清末广州科举与学堂过渡时期状况》，中国人民政治协商会议广东省委员会文史委员会编：《广东文史资料》1987 年第 53 辑，第 22—23 页。

② 伦明：《怀杨昀谷都中》，《伦哲如诗稿》（第三册），国家图书馆藏稿本，第 8 页。

③ 伦明：《寄杨昀谷广州时客浔江辛亥》，《伦哲如诗稿》（第一册），国家图书馆藏稿本，第 11 页。

④ 李吉奎：《梁士诒》，广东人民出版社 1995 年版，第 123 页。

⑤ 陈嘉蔼：《沦陷时期的广东大学》，载中国人民政治协商会议广州市委员会文史委员会编：《广州文史资料》1998 年第 52 辑，第 343 页。

⑥ 《（伪）广州市公报委任令》（委字第十一号），民国三十年（1941）一月二十二日。

⑦ 《（伪）广州市政府指令》（指字第五九八号），广东省档案馆藏。

伦明与兄弟之间感情笃厚。1924—1927 年，伦明在河南焦作任道清铁路局总务处处长期间曾作诗给三弟伦叙道：

> 小孙嬉戏解牵裳，不离先畴五亩桑。
> 老□一生耕砚石，偶然三日坐□堂。
> 游民失业难忘本，教习开栏未进行。
> 何日小园盛独乐，白头友爱共光康。①

伦明在诗中道出了伦叙回到家乡广东任教 20 余年、曾被举为县尹 5 日便离职、多次来信劝说自己回粤任教习均未成行等情形，自诩两兄弟的感情就好比汉朝司马光兄弟一样，至老尤笃。伦明思念 6 年未见的堂弟伦鉴，也曾作诗云：

> 妻少衣襦谁欠裳，天风将至识枯桑。
> 朝炊时见宾争座，昨别犹欢母在堂。
> 十月南梅长断信，九秋北雁总分行。
> 春来可有吟诗兴，病起池塘梦老康。②

该诗道出了伦鉴家贫而好客，经常以诗会友以及对过世叔母等亲人的思念等事。1929 年农历八月十四日，伦明离开广州前往北京时，曾为伦叙等家人作离别诗：

（一）

> 来去何仓卒，吾行不自由。
> 情虽恋乡土，梦却逐车舟。
> 荔子啖已饱，槐花忙未休。

---

① 伦明：《怀十一弟达如》，《伦哲如诗稿》（第三册），国家图书馆藏稿本，第 13 页。
② 伦明：《怀从弟淡如广州》，《伦哲如诗稿》（第三册），国家图书馆藏稿本，第 15 页。

明朝是佳节，客里度中秋。

（二）

耕读吾家事，先人有敝庐。

可怜沦盗薮，从此走歧途。

去国日以远，谋生仍此疏。

不知广宇内，何地著迂儒。

（三）

少好弄笔墨，中年复治经。

夸心欲博涉，皓首竟何成？

邈矣名山业，悲哉逝水情。

蹉跎如可补，炳烛惜余明。

（四）

诸弟俱嗜学，阿咸才出群。

青毡传世业，宝剑许人身。

守分无穷达，因时有屈伸。

席珍吾自宝，慎勿炫途人。①

伦明在诗中道出了中秋节前离别亲人的伤感，感慨自己被生活所困，来去匆匆，时光流逝，治学未成，心中怅然，勉励群弟保持家风、家学，勤勉治学。1936 年，伦叙去世，伦明作哭诗追挽：

荆枝擢折忽经时，日月虽移痛未移。

诸侄俱成差可慰，来生再结渺难知。

---

① 伦明：《八月十四日去广州留别从弟鉴十一弟叙侄学圃》，《伦哲如诗稿》（第二册），国家图书馆藏稿本，第 11 页。

千秋有待铭幽笔，万众无哗会葬期。

预度墓田近乡好，堪舆何用别寻师。①

失去手足之痛虽难移，然让伦明感到欣慰的是诸侄均已长大成才。对于伦叙的后事，伦明认为近乡即可，不必讲究风水。伦叙去世二个月后，伦鉴来函回忆往事，伦明想起与哥哥伦迈、三弟伦叙、堂弟伦鉴以及雪峰、植卿两叔同在江西崇仁县衙斋读书的情景，如今两叔、长兄伦迈、达弟伦叙相继去世，仅剩下自己和伦鉴在世，大有告老还乡的念头，乃作诗遥寄伦鉴道：

书来恻恻说儿时，同气凋亡岁序移。

今日惟留两翁在，此情只许九泉知。

生涯鸡肋全无味，归计□头倘有期。

频得佳章开雾眼，天才胜我不须师。②

四、代有传人

伦明、伦叙、伦哲同的子孙皆能传承家学，不乏栋梁之材。据张次溪《伦哲如先生传》记载，伦明有四子五女："（伦明）配李氏，侧室钟氏、周氏。子四人：有守、润荣、伟荣、铁球。女五人：阿秀、阿隐、慧珠、阿霄、少珠。"③ 据了解，伦明的儿子润荣（绳叔，1919—1978）

---

① 伦明：《达弟之丧瞬届两月得恩侄书知葬事已毕次前韵作一诗志感》，《伦哲如诗稿》（第六册），国家图书馆藏稿本，第 13 页。

② 伦明：《淡弟来书述旧事感痛之余再次前韵寄淡弟广州》，《伦哲如诗稿》（第六册），国家图书馆藏稿本，第 14 页。

③ 张次溪：《伦哲如先生传》，载东莞图书馆编：《伦明研究》（第一册），广东人民出版社 2020 年版，第 12 页。

毕业于国立北平师范大学（北京师范大学前身）物理系，一生从事中学物理教育工作，教学有方，勤勉肯干，多次被评为北京市优秀教师。伦明的女儿慧珠（1912—1993）毕业于北平民国学院，伦明《小女一首》一诗道出对爱女只身离家求学的怜惜和思念：

> 小女身长着母裳，惟亲书卷不知桑。
> 慧心也解思乡里，娇性何能住学堂。
> 耳滑新歌莺弄舌，眼明细楷蚁穿行。
> 半年别我勤怀念，报与归期睡食康。①

伦慧珠的第一任丈夫张荫麟（1905—1942）是著名的历史学家，广东东莞石龙镇人，毕业于国立清华大学、美国斯坦福大学，回国后任教于国立清华大学、国立北京大学、国立浙江大学、西南联合大学等高校；第二任丈夫罗瑶（1899—1962）是广东东莞谢岗黎村人，毕业于国立北京大学法政科，曾任东莞县立中学校校长、东莞县国民政府县长、东莞明伦堂董事会常务董事等职，1949 年迁居香港从事教育工作，1954 年移居台湾。

伦叙之子伦湛恩（字学圃）于 1923—1925 年任东莞县立中学校校长，再加上前面提到的伦鉴、伦哲同，东莞中学有三位校长出自伦家，这在东莞中学百余年校史上绝无仅有。伦叙之孙伦景光是清华大学汽车工程系教授，我国燃料电池公共汽车项目参与专家之一，多年从事新能源汽车研究。其弟有二，伦景雄是香港企业家，伦景良是加拿大籍华人，动物营养学博士。②

伦哲同的独子伦有为年少拜粤剧名伶朱顶鹤为师，后成为著名的粤剧小生。20 世纪三四十年代，曾在香港大班万华天、非侬剧团以及佛山天外天等戏班与诸多粤剧名角登台合作演出，也曾受聘前往新加坡、马来西亚、美国三藩市、越南西贡等地演出，深受当地华侨喜爱。③

---

① 伦明：《小女一首》，《伦哲如诗稿》（第三册），国家图书馆藏稿本，第 34 页。

② 该资料由伦明嫡孙伦志清先生提供。

③ 东莞图书馆编：《南国红豆莞邑飘香　莞籍粤剧名人录》，2012 年，第 20 页。

附录二 中国近代著名藏书家、版本目录学家伦明

伦明学习、工作之余，痴爱藏书，工于版本目录之学。岭南大学教授冼玉清曾这样评价其藏书成就："五十年来，粤人蓄书最富而精通版本目录之学者，当推东莞伦哲如先生。"①

一、藏书家

（一）**续书楼**。伦明藏书缘于嗜书，幼年时常省下父亲的赏钱，每月托县偹从省城帮忙代购图书，且从来不问书价高低。后来移居京师，可收之书愈多，每闻厂肆书贾收有异本，则"竭资购置，乃至质钗典衣，在所不顾"，即使远赴日本，也常常流连于当地的书摊或旧书市场。可以说哪里有书，哪里就是伦明驻足的地方。伦明曾在《南归次老杜北征韵留别诸友》诗云：

> 我生寡嗜好，聚书成痼疾。
> 佳椠如佳人，一见爱欲夺。②

也曾在《续书楼藏书记》自嘲道：

---

① 冼玉清：《记大藏书家伦哲如》，载东莞图书馆编：《伦明研究》（第一册），广东人民出版社 2020 年版，第 9 页。

② 伦明：《南归次老杜北征韵留别诸友》，载《民大中国文学系丛刊》1934 年第 1 卷第 1 期，第 64 页。

续书楼者，余钤书所自署也。余居京师二十年，贫无一椽之栖，而好聚书。聚既多，室不足以容，则思构楼以贮之。其所聚书，尤详于近代，意谓书至近代始可读。自乾隆朝命儒臣纂《四库（全）书》，撰提要，哀然大观矣。由今视之，皆糟粕耳。则思为书以续之，此续书楼所由名。然而楼未成也，书亦不备，志之云尔。①

伦明早期的续书楼并非固定藏书场所意义上的藏书楼，而是其北京、广州藏书处的统称。此外，伦明将其藏书楼取名为"续书楼"，也是表明自己续修《四库全书》之志。伦明北京的藏书主要存放于烂缦胡同127号东莞会馆四号院内，此即后来伦明主要的藏书场所——续书楼所在地。广州的藏书先是存放于广州小东门伦明任教两广方言学堂时的寓所，后因储积过多，不易整理，致散佚较多，以及宣统元年（1909）广州连降暴雨，小东门寓所不少藏书遭水患损失等原因，他又将书寄存于广州仙湖街伦氏宗祠——南伦书院。寄存后不久，被一收破铜烂铁者盗卖不少，直至朋友在书肆发现后告之伦明则为时已晚，只追查到少量藏书去向，绝大部分藏书杳无音信。1915年，伦明再次北上京城，考虑到南方潮湿易致书生虫，决意将广州藏书全部运至京城，苦于当时运费缺乏，只挑选了部分精藏随之北上，其他仍寄存于南伦书院，后因政府修路，南伦书院被拆，寄存的藏书在辗转迁徙过程中亦遭流失。伦明在《南归次老杜北征韵留别诸友》中感叹道："积来栋易充，载去宅难拔。"②

关于伦明续书楼藏书的总量，并没有一个准确的统计数字。伦明在《赋呈叔海夫子七律四首并乞削正》中云："明尝拟以独力续修《四库书提要》，搜储遗籍万数千种，多人间罕见本。"③ 伦明通学斋的伙计孙殿

---

① 伦明：《续书楼藏书记》，载《辅仁学志》1929年第1卷第2期，第61页。

② 伦明：《南归次老杜北征韵留别诸友》，载《民大中国文学系丛刊》1934年第1卷第1期，第64页。

③ 江瀚编，高福生释笺：《片玉碎金：近代名人手书诗札释笺》，中华书局2009年版，第119—120页。

起在《藏书家伦哲如》中回忆道："先生拥书数百万卷，分贮箱橱凡四百数十只，书房非有十楹屋宇，不得排列。"① 又据上海图书馆藏《东莞伦氏续书楼藏书目录》② 统计，"旧目"共收书 157 箱，"新目"收书 47 箱，最后几箱为残册，共计其藏书 1.3 万余种，4.3 万余册。其中，以"集部"最富，"经部"次之，而"集部"又以清人和近人著述最为繁富。③

关于伦明续书楼藏书的质量，学者们给予极高评价。著名藏书家徐信符说："《续书楼书目》，以集部最为丰富，其余各部悉备，秘本极多，此亦粤中所不可得也。"④ 著名史学家朱希祖在 1929 年 2 月 24 日的日记云："伦君藏书以清代集部为最富，北平藏书家无出其右者。"⑤ 著名历史学家、教育家邓之诚在《清诗纪事诗初编·序》中云："东莞伦明以书为性命，专收清人集部几备。尝见语所藏原刻顺（治）、康（熙）人集，凡十二木箱。"⑥ 著名藏书家周叔弢在《弢翁寄家书》中也云："伦氏书不知今归何处，我以为其重要不亚宋元，如星散则不为人所重矣。"⑦ 1949 年 9 月 16 日，张元济等前往国立北平图书馆参观完善本书库后回忆道："见所收伦哲如禁书颇多。"⑧ 国家图书馆研究馆员冀淑英的《冀淑英古籍善本十五讲》第五讲《伦明藏书与清刻本入善问题》对伦明藏书的质量给予极高评价："我们馆差不多有七八百种书是伦家的书，伦家的书收了很多禁书，包括乾隆时禁毁的书和《四库》不收的

---

① 孙殿起口述，雷梦水整理：载雷梦水：《书林琐记》，人民日报出版社 1988 年版，第 92 页。
② 沈津编著：《顾廷龙年谱》，上海古籍出版社 2004 年版，第 271—272 页。
③ 张宪光：《续书楼藏书有多少》，《东方早报》2013 年 4 月 7 日第 B09 版。
④ 徐信符：《广东藏书记略》，载广东炎黄文化研究会、番禺炎黄文化研究会编：《岭峤春秋徐信符研究文献集》，广东人民出版社 2004 年版，第 472 页。
⑤ 杨新华主编：《朱偰与南京》，南京出版社 2007 年版，第 347 页。
⑥ 邓之诚：《清诗纪事初编》，中华书局上海编辑所 1965 年版，第 2 页。
⑦ 周叔弢：《弢翁藏书年谱·弢翁寄家书》，黄山书社 2000 年版，第 214 页。
⑧ 张元济：《一九四九年赴会日记》，载《张元济全集：日记》（第 7 卷），商务印书馆 2008 年版，第 383 页。

书，绝大部分是清刻本或清代著述。"① 由此可见，伦明续书楼所藏清代佳本众多。

关于伦明续书楼藏书的特色，主要有以下三个：一是不厚古薄今、贵远贱近。伦明认为"书至近代始可读"，坚决反对厚古薄今，否定贵古贱今。他在《续书楼藏书记》中云："自来藏书家贵远贱近，肆贾之智识因之。若者宋本、元本、明嘉靖本；若者影宋抄本、明抄本、名家手校本；又若者白棉纸、开花纸；不问书之良否，而惟版本、纸质是尚。"② 这是伦明有别于其他藏书家积习的一种清醒认识，离开图书内容本质而一味追求版本与纸张等形式和质地，不过是"肆贾之智识"，应该加以拨正。于是，他开清人著述收藏风气之先，收藏禁书、《四库全书》未收之书，而且比较齐备，自成体系。二是不避重复而求其精。伦明求书不避繁复："初得一本以为佳，继得更佳者，随将前本易去，更得更换。"③ 对于珍本善本，则"不妨多备一二"。遇有精椠秘抄，常力促好事者"影而布之"，以泽惠艺林。三是不加盖钤印。浏览伦明捐赠给国家图书馆的藏书，除了校对的朱批和题跋外，很少在书上留下伦家的印迹，这种做法，也许是一个爱书人对藏书的一种本能保护，也许是觉得藏书本应"归公而不归于私"，没有加盖个人钤印的必要。也正因为如此，伦明存放于南伦书院的部分藏书流失后，即使粤中各公私藏家或有收藏也难以识别，从这个角度来说，不能不说是一件憾事。

（二）**勤俭访书**。伦明搜书"以俭、以勤、以恒"，"俭"，以储购书之资；"勤"，以赴遇书之会；"恒"，以访欲得之书。在粤籍藏书家中，伦明家境不甚富裕，不似伍崇曜、辛耀文等雄于财力，也不像丁日昌、李文田等位居高位，他一生以教书为生，收入有限，然他为了购书，节衣缩食，有时甚至不惜动用妻子的妆奁，他在《丁卯五日吟稿》中自嘲

---

① 冀淑英：《冀淑英古籍善本十五讲》，国家图书馆出版社 2009 年版，第 67 页。
② 伦明：《续书楼藏书记》，载《辅仁学志》1929 年第 1 卷第 2 期，第 63 页。
③ 伦明：《续书楼藏书记》，载《辅仁学志》1929 年第 1 卷第 2 期，第 65 页。

道："卅年赢得妻孥怒，辛苦储书典笥裳。"① 其家人也曾说："我家主人犹似无主之人，时食残羹剩饭，身着破衣烂履而不以为然者。"② 这就是伦明嗜书生活的生动写照。与此同时，他为了购置图书，借债、押物是常有之事。据孙殿起回忆，伦明将《吴柴庵全集》抵押出去以后，就再也未能赎回。伦明教书之余，总是身披破大衣，脚蹬破鞋袜，出没于大小书摊之间，久而久之，北京大大小小数百家书铺的伙计打趣地称之为"破伦"。

正因为伦明财力有限，而书价又忽贵忽贱，故其访书并不追逐潮流，而是看准时机，适时出手。他在《辛亥以来藏书纪事诗·自序》中曾谈到时机与书价的关系时说：

> 同是一书，适时则贵，过时则贱。而时之为义又至暂，例如辛酉以前，宋元集部，人所争得也；乃过此则竟无问之者矣。又如辛未以前，明清禁书，人所争得者也；乃过此亦几几无问之者矣。③

伦明几次大规模收书都适逢书价低潮。一是光绪二十八年壬寅（1902）间，他初到京师，"值庚子之乱后，王府贵家储书大出"，他在广东同乡、"湖楼"主人曾习经的指导下，每天游琉璃厂、隆福寺，古书目不暇给，每晚必载满车书回寓所。④ 二是光绪三十三年（1907）从京师大学堂毕业返粤后，恰逢南海孔广陶三十三万卷楼、鹤山易学清目耕堂、番禺何氏、钱塘汪氏（官于粤者）所藏散出，伦明择而购之。⑤ 三是辛亥革命期间，他再至京师，"九月间，武昌事起，都人初惊变故，

---

① 伦明：《丁卯五日吟稿》，《伦哲如诗稿》（第三册），国家图书馆藏稿本，第3页。
② 孙殿起口述，雷梦水整理：《记伦哲如先生》，载雷梦水：《书林琐记》，人民日报出版社1988年版，第91页。
③ 伦明著，雷梦水校补：《辛亥以来藏书纪事诗·自序》，上海古籍出版社1990年版，第2页。
④ 伦明：《续书楼藏书记》，《辅仁学志》1929年第1卷第2期，第61页。
⑤ 伦明：《续书楼藏书记》，《辅仁学志》1929年第1卷第2期，第62页。

仓皇奔避，数月来议值未就之书，至是纷纷愿贬值售"①，伦明借债悉数购买，装了满满四大篗。伦明入读京师大学堂至辛亥革命止 10 年的搜藏，奠定了续书楼的藏书基础。

伦明访书"有异乎人之求之者"，一反京中"士大夫深居简出，肆伙晨起挟书候于门"的方式，而是搜罗街市冷摊，于尘灰寸积的残册零帙中，搜得"惊所未见"之珍本。他曾在《续书楼藏书记》中云：

> 盖小贩中有打鼓者，收买住户破旧器物书纸，转鬻于市摊，市摊以得之贱也，亦贱售之。游人熙熙，稍纵即逝。久之，稍熟习，则留以相待者有之。又书客之载书而返也，箧中琳琅，得之者在捷足，余先时而探其讯，则预伺焉，若为他人所先，视其籍跟踪而求，十不失一。②

正是这种异于常人的搜书方式，伦明曾在琉璃厂买到清末两江总督端方档案多册，其中大部分为电报档案，这些档案关乎清末历史，后来为故宫博物院图书馆购入，成为中国第一历史档案馆珍贵馆藏之一。③

伦明搜书还善于主动出击，某日，他发现自己心仪已久的《倚声集》被店伙送至他人府宅，立马吩咐车夫抄近路前往某宅门等候，硬是将琉璃厂晋华书局送书的伙计截住，半路"打劫"回该书。④

伦明访书的足迹遍及北京、广州、天津、南京、上海、苏州、杭州、武昌、开封、怀庆、卫辉、清化及日本等地。1917 年，伦明在上海访得莫友芝《范香溪集》等佳本。1918 年，伦明在北京南新华街开设通学斋书店，此后 20 余年，通学斋成为其吸书之器，藏书数量猛增。同年，伦

---

① 伦明：《续书楼藏书记》，《辅仁学志》1929 年第 1 卷第 2 期，第 63 页。
② 伦明：《续书楼藏书记》，《辅仁学志》1929 年第 1 卷第 2 期，第 63 页。
③ 单士元：《故宫札记》，紫禁城出版社 1990 年版，第 161 页。
④ 孙殿起口述，雷梦水整理：《记伦哲如先生》，载雷梦水：《书林琐记》，人民日报出版社 1988 年版，第 91 页。

明在广州"麦栏街邱某家，见宋椠王右丞、孟浩然、韦苏州诸集，旧抄《宋二十家文集》，毕秋帆、钱竹汀诸家校《资治通鉴》等书，并宋拓兰亭书画多种，皆孔氏抵债物，转数主而至邱也，为怃然久之"①。1921年，伦明购得张之洞的藏书精椠数种。1925年，通学斋购得番禺梁鼎芬藏书一批百十余箱。1924—1927年，伦明居河南焦作3年，多次到附近怀庆、卫辉、清化等地访书，屡有收获。其中，在清化访得毛昶熙家旧藏，极其罕见。1928年前后，访得满洲耆龄所藏清人集部书百余种。1930年，访得王仁俊自著未刊稿近百种。1931年夏，在上海访得罕传本、嘉庆间梅花书院原刊本《二洪遗稿》一部，并影印300余部。同年，购得樊增祥旧藏明刻本数种。1933年，应日本汉学研究团体"斯文会"邀请，前往日本东京鉴定该会所藏中国古籍，工作之余，前往当地书摊或书店搜访图书。1934年，与陈垣、余嘉锡等人集资合购高邮王氏三世稿本若干种。1937年7月，伦明由京返粤回乡扫墓，访得南海曾钊"面城楼"宋、元、明善本12种。对于伦明来说，相书如相马，他在"相书"事业上孜孜以求，自喻为"书之伯乐"，所至一处，如"伯乐一至而马群空"。②

除购书之外，伦明还认为，"书之为物，非如布粟鱼肉，取之市面即给，不得已乃以抄书补购书之穷"③。他曾在《抄书》诗中云：

> 不爱临池懒读书，习劳聊破睡工夫。
> 异进留得精抄本，算与前贤充小胥。④

伦明抄书的渠道主要包括图书馆、私人藏书家、厂肆书坊，有原稿本，亦有传抄本和刻本。伦明常年雇用3名抄工，随时为之抄写，曾经

---

① 伦明著，雷梦水校补：《辛亥以来藏书纪事诗·自序》，上海古籍出版社1990年版，第9页。

② 伦明：《续书楼藏书记》，《辅仁学志》1929年第1卷第2期，第64页。

③ 伦明：《续书楼藏书记》，《辅仁学志》1929年第1卷第2期，第64页。

④ 伦明：《抄书》，《伦哲如诗稿》（第二册），国家图书馆藏稿本，第9页。

练就抄书、修补绝活的王志鹏即为其中之一。除请人抄书外，伦明还常常亲手抄录。张次溪《伦哲如先生传》云："某岁津沽书贾，以重资购得翁方纲未刻稿，先生急访往，以价昂不可得，托言为之代售，携至旅邸，尽三昼夜，力录副而还之。"① 在伦明看来，抄书并不难，但是抄书之前借书、抄完之后校书难。尤其是借书，主动权不在自己手上，有求于人，显得更难。虽然困难，然伦明却能以苦为乐，并立下了"遍访海内外之书，尽见之而尽抄之"的宏愿。

（三）**藏书为公**。伦明对来之不易的藏书十分爱惜，"平时他告诉家里人等任何人不准擅自动他的书籍，一般朋友难进他的书房"②，然对学者、识书、懂书之人则十分开放，慷慨相借，乐意利用自己的藏书为学术研究服务。诸如，南桂馨编辑《刘申叔先生遗书》③、陈垣撰《史讳举例》、容肇祖整理《何心隐集》、谢国桢撰《晚明史籍考》、张荫麟撰《纳兰成德传》、王重民编纂《清代文集篇目索引》、张次溪编《清代燕都梨园史料》、胡适撰写《醒世姻缘传考证》等，都得益于伦明的藏书。

伦明精研藏书史，对旧式私家藏书的聚散命运有充分了解，藏书家辛辛苦苦积聚起来的成果，到后来要么被贱卖散佚，要么后人不知珍惜，以致腐筐生蠹鱼，这既是藏书家的悲哀，亦是事物的常理。因此他感慨道：

> 夫物之有聚散，亦常也；自聚而自散之，则偶也……书之聚散，公私无别，且今后藏书之事，将属于公而不属于私，今已有萌兆矣。④

① 张次溪：《伦哲如先生传》，载东莞图书馆编：《伦明研究》（第一册），广东人民出版社 2020 年版，第 11 页。

② 孙殿起口述，雷梦水整理：《记伦哲如先生》，载雷梦水：《书林琐记》，人民日报出版社 1988 年版，第 92 页。

③ 张次溪：《伦哲如先生传》，载东莞图书馆编：《伦明研究》（第一册），广东人民出版社 2020 年版，第 11 页。

④ 伦明著，雷梦水校补：《辛亥以来藏书纪事诗·自序》，上海古籍出版社 1990 年版，第 2 页。

伦明这种预见性的想法，使他提前安排"续书楼"藏书的归宿。据伦明的好友冼玉清《记大藏书家伦哲如》记载，1941 年 2—8 月间，国立北平图书馆（今国家图书馆）馆长袁同礼滞留香港，联系转移国立北平图书馆 300 箱善本暂寄存美国国会图书馆一事，伦明嘱托当时同在香港的冼玉清从中斡旋，希望将自己的藏书归于国立北平图书馆，然最后"以条件不符而罢"①。伦明病重之时，藏书归公的愿望越来越强烈。据张伯桢的儿子张次溪《伦哲如先生传》记载："先生病笃，尝贻书篁溪公（张伯桢），属以所藏书介归国立北平图书馆。"② 然 1944 年 10 月，伦明怀抱未遂之愿溘然长逝。为了实现伦明遗愿，也为了更好地保存伦明视之为性命的珍贵典籍，冼玉清、陈垣、袁同礼等努力奔走。抗战胜利后，随中山大学北迁韶关的冼玉清重返广州得知伦明病终故里后，主动函商伦明北京的家属，请以藏书归公，考虑捐赠给国立北平图书馆，以成伦明之志。③ 1945 年 12 月 28 日，国立北平图书馆馆长袁同礼在给胡适的信函谈到正在接洽的私家藏书中，包括伦明的藏书：

> 适之先生著席：
>
> 　　战争结束以来，故家文物纷纷散出，除海源阁已收归国有外，正在接洽中者只有傅沅叔、伦哲如（在平）、潘明训、刘晦之、刘翰怡及潘氏滂喜斋（均在沪）。目前沪上之房租、地产均按美金或金条计算。潘明训（名宗周）去世后屡闹家务，各支主张分书析产，尤有提前收购之必要。渠家索价美金五六万元，虽力请政府设法，但宋院长对于文化事业之赞助似尚不如庸之先生。故甚盼美方可以给予少许之援助，则在国内进行较易办理。除在沪时曾奉上一

---

① 冼玉清：《记大藏书家伦哲如》，载东莞图书馆编：《伦明研究》（第一册），广东人民出版社 2020 年版，第 10 页。

② 张次溪：《伦哲如先生传》，载东莞图书馆编：《伦明研究》（第一册），广东人民出版社 2020 年版，第 12 页。

③ 冼玉清：《记大藏书家伦哲如》，载东莞图书馆编：《伦明研究》（第一册），广东人民出版社 2020 年版，第 10 页。

电外，兹又奉上致 Stevens 先生电稿副本及说明一纸，仍希相机进
行，不胜感盼。专此，敬候

道祺

同礼叩上　十二，廿八，重庆①

1947 年春，经陈垣反复沟通，伦明藏书悉归国立北平图书馆，此时
距伦明去世已近 3 年。关于当时的交接经过，伦明的儿子伦绳叔有一段
记录：

> 先父一生从事学术，除著作外，当以所存之书籍闻著于社会，
> 命之曰伦氏续书楼。然吾辈后生不得保守，乃决议让与北平图书馆。
> 此乃八姐慧珠由港与袁同礼氏商洽而定。今由图书馆派人帮予同整
> 目录（前目录已遗失，仅余五册目录），迄今已告完毕矣。
>
> 民三十六（1947）一月廿九日②

伦明藏书归公后，国立北平图书馆的王重民曾检阅过这批图书，他在
1947 年 6 月 17 日致胡适的信中云："今日检阅伦哲如的藏书，有蒋师爚
《咏怀诗注》两本，末附纪昀、戴衢亨《蒋公墓志铭》两篇，秦赢《东桥
先生传》一篇，始恍然为十余年前编《文集索引》时记得那个名字。"③

二、版本目录学家

读书的痴迷、访书的见识、藏书的富有、抄书的勤劳、校书的执着

---

① 中国社会科学近代史研究所中华民国史组编：《胡适来往书信集》（下），中华书局
1980 年版，第 73—74 页。
② 资料由伦明的嫡孙伦志清提供。
③ 北京大学信息管理系、台北胡适纪念馆编：《胡适王重民先生往来书信集》，北京图
书馆出版社 2009 年版，第 481 页。

等都催生着伦明版本目录学方面的兴趣。据《辛亥以来藏书纪事诗》记载，伦明对版本目录的研究始于清光绪二十八年（1902），当年他从同乡陈伯陶处借抄《四库书目略注》，据说该书目底本为广东藏书家李文田所有，不知道作者为何人。宣统年间，日本田中氏刊印莫友芝的《郘亭知见传本书目》（简称《郘目》），未几，邵章又刊刻其祖邵懿辰的《四库目录标注》（简称《邵目》）。经过一番考证，伦明认为以上二书"无甚同异"，而且还考证到李文田所藏《四库书目略注》抄自以上二书①，这是伦明在其著述中提到对版本目录最早的考证案例。1917 年后，伦明任教国立北京大学、私立北平辅仁大学、北平民国学院，以讲授清代史学书录、版本源流、目录学等课程而知名，除受到傅振伦等学生的高度评价外，还吸引了日本留学生慕名前来听课。据《仓石武四郎中国留学记》记载，仓石武四郎在留学中国期间，与伦明交往多达 12 次，除交换藏书、探讨版本学、到通学斋买书诸事外，还于每周五下午前往国立北京大学旁听伦明的版本源流课程。② 据桑兵《国学与汉学：近代中外学界交往录》记载，吉川幸次郎也曾旁听伦明的版本源流课程。③ 1933 年 4 月，日本斯文会邀请其前往日本东京帮助鉴定该会所藏中国古籍。伦明在版本目录学方面涉猎较早，且学识优长，为其版本目录学思想的形成打下了坚实的基础。

（一）版本目录学理论。"版本学不同于目录学。"伦明认为，研究国学者之于目录学，譬之游西湖者必观西湖便览，到上海者必阅上海指南，以上比喻高度概括了目录学的重要意义。同时，他还认为：今人每将版本学与目录学混为一谈，这是不对的。实际上，两者有所不同。版本学，主要是通过对图书的行格款式、字体、纸质、墨色等来判定其版本的异同与优劣的学问。目录学，主要是将群书部次甲乙、条列异同、

---

① 伦明著，雷梦水校补：《辛亥以来藏书纪事诗》，上海古籍出版社 1990 年版，第 111 页。
② ［日］仓石武四郎：《仓石武四郎中国留学记》，中华书局 2002 年版，第 11 页。
③ 桑兵：《国学与汉学：近代中外学界交往录》，浙江人民出版社 1999 年版，第 269 页。

推阐大义、疏通伦理，以辩章学术、考镜源流，欲人即类求书、因书究学的专门学问。他还进一步阐述道：某书刻本佳，某书刻本不佳；某书是完本，某书是缺本；某书醇，某书疵，某书醇疵参半，某书大醇小疵，某书小醇大疵；又同一书，注之者多家，校之者多家，某注本、某校本精而详，某注本、某校本疏而略，这些都属于目录学涉及的内容。凡醇者、精者、详者，悉阐发之，不厌其多，应有尽有；凡疵者、疏者、略者，悉指摘之，亦不厌其多，应有尽有，令阅目录者即知所取舍。又如历代传本之存或佚，是完还是缺，或者已佚已缺但已经重辑重补，都一一著之，令阅目录者一览了然，这就是目录学。伦明还认为，为版本学者，属自古之今，部分藏书家所有事；为目录学者，通古与今，凡一般学者所有事也。① 他从学科性质的角度将版本学与目录学进行区分，并认为版本学为"藏书家所有事"，目录学为"学者所有事"。伦明这种独特的版本目录学思想，是对近代中国版本目录学的重大贡献。

"目录学不等同于目录。"伦明强调，目录学不仅不等于版本学，也与目录有别，"今人又每以目录即目录学，误矣"。伦明认为，目录只是古今以来私人藏书楼或公共图书馆对所藏书目的造册登记，不足以言学。然而，目录学是基于目录而成，故研究目录的学者，必须知道"关系目录之各事项"，即"书之起源""书之分类""书之聚散"和"撰著者之特色"。伦明在阐述"书之分类"时，特别强调目录的编例要因时而变。诸如，金、石二类目录，前史时，分于史部，如今金、石两类图书大增，应充分考虑数量变化而变通，使各类更加均衡。如果其他门类有类似的，应该推荐到其他门类。伦明在阐述"书之聚散"时，对"掠贩家"尤为痛恨。他认为："二十余年来，京沪书贾四处搜括，几于竭泽而渔，所掠得之书，除一小部分归公私各图书馆外，余都流出海外，一去不返，吁可惧哉。"而且他还认为："近代编辑目录之事渐盛，亦分数派。"有某一主题的专类目录，有某省、区或府为限的地区目录，有以家庭藏书

---

① 伦明：《目录学讲义》，《讲坛》（复刊纪念号）1937年第五期，第14页。

或某人著述为限的个人藏书目录或个人著述目录,有供购书者利用的检索目录,等等。不过,目录的种类虽多,但有的质量好,有的质量差,须分别观之。伦明在阐述"撰著之特色"时,认为"撰著之体,代有进步"。例如,清代撰著特色有辑佚、补注、订残、校勘、翻译、丛刊等6种。此外,伦明还认为目录学有广义、狭义的区分,能够让求学者通过目录就知道取舍的就是狭义的目录学,那些追求广博而且泛在的就是广义的目录学。①

(二)版本目录学实践。伦明不仅具有版本目录学理论,而且还有基于丰富实践经验的学术成果。1929年6月,《燕京学报》第5期刊发伦明的《渔洋山人著书考》。渔洋山人是一代诗宗王士禛(1634—1711),研究其著述者代不乏人。从惠栋(1697—1758)编著的《渔洋山人精华录训纂》采用书目,至翁覃谿(1733—1818)撰《小石帆亭著录》后附渔洋书目,至袁励杰《重修新城县志·艺文志》中王士禛著述书目等,都为后续研究者提供了参考。伦明在研究王渔洋著述时,发现宣统元年(1909)自己所购南海孔氏所藏《渔洋全集》36种本"字迹多漶漫",且非足本,欲搜集初印单行本读之,后有心搜访,访得的版本越来越多,竟访得惠栋《渔洋山人精华录训纂》采用书目之外的著述,自叹"书之难,而永备之不可期也。偶以假日,辑成斯目,揭要提纲,聊备检览,且冀继续增其所无"②。之后便有了《渔洋山人著书考》一文。该文收录了王士禛《带经堂集》《表余落笺合选》《阮亭诗选》等著述126种,并加以评点。末尾附《惠栋精华录采用渔洋书目》和《渔洋著述三十六种目》。这是伦明在版本目录学方面的代表性著作,可一窥伦明版本目录学思想。

1919—1929年,伦明花费10年时间校雠《书目答问》。该书目自光绪二年(1876)刊布以来,有大量的校补版本,但通校全书的只有伦明

---

① 伦明:《目录学讲义》,《讲坛》(复刊纪念号)1937年第5期,第20页。

② 伦明:《渔洋山人著书考》,原载《燕京学报》1929年第5期,第170—221页。

和胡玉缙。胡玉缙校雠以考订古籍为主，内容也多精审，然涉原书补阙和纠谬之处不多。伦明校雠该书以考订版本为主，[①] 并且对该书的作者也进行了考证。据伦明《读未见书斋书录》之《书目答问》记载，《荃孙自订年谱》"光绪元年乙亥年三十二岁"条目下云："八月执贽张孝达门下受业，命撰《书目答问》"。据此，伦明认为：《书目答问》不是张之洞所撰，"乃筱珊（缪荃孙）捉刀也"。又云："吾师江阴夏闰枝先生孙桐，为筱珊妻兄，撰筱珊行状，亦称张文襄视蜀学，筱珊执贽门下，为撰《书目答问》云云。"据此，伦明进一步认为："《书目答问》系筱珊手笔，文襄特尸其名耳。"[②] 为了查明真相，伦明又发问："筱珊自幼随官黔蜀（筱珊二十四岁中光绪丁卯举人，尚借四川籍），地僻书少，见闻有限，且年仅三十有二，安得博览至是？"带着如此疑问，伦明咨询好友陈慈首[③]，陈慈首曾在江阴为官，回答伦明道："是书盖江阴一老贡生所作。先生得其稿，又与张之洞共参酌成者。"伦明认为，"陈慈首尝令江阴，所言或有据。"至此，伦明又认为，《书目答问》为老贡生所作。无论《书目答问》的作者是谁，伦明这种考订学术的精神为后学者所仰，而且他自始至终都认为"此书津逮艺林，至今治学者无以易之，功亦大矣"[④]。

此外，据孙殿起回忆："先生（伦明）生平手校之书百数十种，丛书如张氏双肇楼印之《清代燕都梨园史料》正续编及董氏《邃雅斋丛书》，皆先生襄助而成也。"[⑤] 国家图书馆所藏《玉管照神局》《蒿庵集》

---

① 袁行云：《〈书目答问〉和范希曾的〈补正〉》，载李万健编：《目录学论文选》，书目文献出版社 1985 年版，第 391 页。

② 伦明著，东莞图书馆整理：《伦明全集》（第二册），广东人民出版社 2017 年版，第 63—64 页。

③ 陈慈首（1875—1932），名思，奉天辽阳人。光绪二十八年（1902）举人，累官江阴县知事。

④ 伦明著，雷梦水校补：《辛亥以来藏书纪事诗》，上海古籍出版社 1990 年版，第 32 页。

⑤ 孙耀卿口述，雷梦水整理：《记伦哲如先生》，载中国人民政治协商会议北京市委员会文史委员会编：《文苑撷英》，北京出版社 2000 年版，第 34 页。

《封氏闻见记》《日知录校正》等数百种图书虽然没有伦明的藏印，然书中多有伦明的批校手迹，有的书一页纸只有四五行字，剩下的全是伦明的朱批手迹，这正如他在《校书》诗中云：

> 一字辛勤辨鲁鱼，益书益已竟何如。
> 千元百宋为吾有，眼倦灯昏搁笔初。①

伦明在藏书过程中，非常注重藏书版本的搜集和目录整理。叶恭绰曾在《辛亥以来藏书纪事诗·序》云：续书楼藏书"以每一书之版本齐备为的"②。正因为如此，伦明才能撰写出比惠栋《渔洋山人精华录训纂》采用书目更齐备的《渔洋山人著书考》，才能通校《书目答问》。与此同时，伦明在藏书过程中，非常注重目录的整理，经其手撰写的目录有《历代书籍总目及其大厄》《清代及今人文集著者索引》《清代及今人文集书名索引》《续书楼藏书目》《续书楼读〈书〉记》《四库全书目录补编》《续修四库全书总目提要》等。

（三）**版本目录学传承**。伦明于版本目录学的传承主要表现在两个方面，一是如前所述，他在各大学任教，主讲版本学、目录学，培养了诸如傅振伦等学人；二是开办通学斋书店，培养了孙殿起等热爱古书的学徒。1918 年，伦明所雇补书匠魏氏认为其藏书残破待装补者众多，"非二十年不为功"，并列举了开书肆的数种好处："装书便，一也；求书易，二也；购书廉，三也。"伦明觉得言之有理，于是在北京南新华街 74 号开设了通学斋，并从琉璃厂会文斋书店挖来店伙孙殿起主持肆务。起初，通学斋店面很小，开业时也没有什么藏书，暂借伦明藏书及文友堂藏书各一部分。随后一边卖书，一边收书，一边刊印书，书店的业务慢慢发展起来了。据相关资料，1925—1935 年，通学斋进入经营的

---

① 伦明：《校书》，《伦哲如诗稿》（第二册），国家图书馆藏稿本，第 10 页。
② 叶恭绰：《辛亥以来藏书纪事诗·序》，《矩园余墨》，1948 年自刊本。

鼎盛时期。平均每年可收售古旧书籍一二万部（册），总价约三四万大洋，店员也由原来的七八人增加至十三四人。1944 年，伦明去世后，通学斋继续由孙殿起经营，直至 1956 年公私合营并入中国书店。伦明开设通学斋，培养了孙殿起、雷梦水、李书梦三位学徒，他们后来均成为古书业务的专家，于版本学、目录学、古书修补各有所长，这是伦明版本目录学传承的又一重大成就。

伦明对孙殿起指导最多，其成就亦最大。孙殿起虽只有私塾文化，但是勤奋用心。伦明在《续书楼藏书记》中云：

> 余每得一书，为言其佳处何在，略及清代学术、诗文派别，孙（殿起）似领会，渐能推所未知，余比年储藏，大半出其手。①

1934 年，孙殿起编就《丛书目录拾疑》，伦明为该书作序，在序言中不乏对孙殿起推崇与鼓励：

> 君（孙殿起）博览而强记，其博览也，能详人所略。他人所研究者，宋元明版耳，君于版本外尤留意近代汉宋学之渊源，诗古文辞之流别，了晰于胸。随得一书，即能别其优劣。其强记也，始举一事证之。君尝窥我架上书，凡某类缺某种，某种缺某卷，某卷缺某页，默志之，久之又久，一一为余觅补，按之无爽，即此可知矣。②

在伦明的指导和鼓励下，孙殿起在版本目录学方面日渐精进。1936 年，所编《贩书偶记》印行，伦明为此书题签。该书是孙殿起目睹手经之书的详细记录，专录《四库全书》未收之书，被学界认为是"清代著

---

① 伦明：《续书楼藏书记》，载《辅仁学志》1929 年第 1 卷第 2 期，第 65 页。
② 伦明：《丛书目录拾遗序》，载雷梦水：《孙耀卿先生传略》，中国人民政治协商会议北京市委员会文史委员会编：《文史资料选编》（第十二辑），北京出版社 1982 年版，第 167—168 页。

作的一个总目录，是《四库全书总目》的续编"。后来，孙殿起又编成《清代禁书知见录》，陈垣为此书题签。该书共著录知见清代禁书 1400 余种，详录卷数、著者、版本、禁毁原因等，并辑《外编》，较为完整地保存了清代禁书书目的原貌。

伦明对雷梦水的指导略少一些，两者相遇相知的时间也就一年有余。1936 年，年仅 15 岁的雷梦水从河北老家来到北京投靠舅舅孙殿起，在通学斋当学徒。在此后的学徒生涯中，雷梦水不仅受到东家伦明、舅父孙殿起的教诲，而且在送书、售书过程中还结识了朱自清、邓之诚、谢国桢、郑振铎、冯友兰等名人学者，他们均给雷梦水指导和启发，让雷梦水终生难忘。对于旧书店的店员来说，"背书架"是主要课目。满目皆是书籍，什么书放在什么位置，都要做到心中有数，对答如流。年轻时的雷梦水，仔细倾听伦明、孙殿起与买主谈话，记住要领，"涉目所及，随笔记，涉检各家，详为考订"[①]。积数十年努力，雷梦水最终也成为版本目录大家，退休后兼任中国书店顾问，为中国书店审读书籍，鉴别版本，是少有的享受"政府特殊津贴"的版本目录方面的专家之一。终其一生，雷梦水校补伦明《辛亥以来藏书纪事诗》，整理出版舅父的遗稿《贩书偶记续编》，还著有《古书经眼录》《室名别号索引补编》《书林琐记》《慈仁寺志》《北京风俗杂咏》《中华竹枝词》《北京竹枝词》《书林散叶》等。其中《贩书偶记续编》和《书林琐记》最为出名，深受藏书家与读者喜爱。

李书梦曾是伦明续书楼看书、晒书的雇工，后进入通学斋当学徒，成为孙殿起的大徒弟，他在古籍修复方面尤为精进。中华人民共和国成立后，入职北京图书馆（今国家图书馆），成为北京图书馆首批带徒的 6 位师傅之一，为国家培养了大批古籍修复人才。

---

① 雷梦水：《我和古书》，载中国人民政治协商会议河北省冀县委员会文史资料研究委员会编：《冀县文史》1986 年第 1 辑，第 78 页。

三、续修《四库全书》

伦明藏书是为了续修《四库全书》，续修《四库全书》必精于版本目录之学，故伦明依靠"续书楼"之富储，倚着版本目录学之精艺，在续修《四库全书》的道路上笃定前行。

伦明在京师大学堂念书期间，凡过眼《四库全书》未收之书便有心抄录。1921年寄希望教育部次长陈垣主持续修《四库全书》无望后，曾独力续修《四库全书》，搜储罕见版本遗集上千种，撰写提要200余篇，后经容庚取名为《续书楼读〈书〉记》刊发于《燕京学报》1928年第3期，这是伦明首次公开发表他的续修《四库全书》提要稿件。

1924年某日，伦明与大连富商胡子俊相遇，在谈及《四库全书》时，他再一次强调："此书宜校、宜补、宜续，而续最要，且最难。"胡氏问："谁能为者？"伦明自豪并自荐道："今海内不乏绩学，但苦无凭借，独我能为之耳。有岁给我三千金，将屏绝人事，致力于此，计五年可成。"胡氏听后，"慨然自任"，承诺助其成事。不料刚刚开始，胡子俊却因经营失利，原先承诺的资助款迟迟没有到位。[1] 他在给孙耀卿的信中说："至胡子俊处汇款如此迟滞，想不欲办，亦不必催他矣。"[2] 他欲借助富商胡子俊续修《四库全书》的计划也随之中止。

1925年，北洋政府决定影印《四库全书》，教育部总长章士钊、交通部总长叶恭绰均提议将文渊阁、文津阁所藏《四库全书》择一运至上海交商务印书馆影印后，再续修《四库全书》。[3] 1926年秋，叶恭绰与伦

---

① 伦明：《续书楼藏书记》，《辅仁学志》1929年第1卷第2期，第64页。

② 伦明：《伦哲如与孙耀卿书》，载雷梦水：《书林琐记》，人民日报出版社1988年版，第94页。

③ 杨家骆主编：《四库全书学典》，世界书局1946年版，第78页。

明细谈此事后，伦明随即撰写《续修〈四库全书〉刍议》，提出续修《四库全书》具体实施方案，得到内政部、教育部首肯。① 然后又因直奉战事爆发，再加上章士钊被迫辞职，影印、续修之事再一次不了了之。事后，伦明《续修〈四库全书〉刍议》一文得到了学界的广泛支持和高度重视，"供吾人之参启者当不鲜"②。该文首次刊发于《国学》1927 年第 1 卷第 4 期，重刊于《中华图书馆协会会报》1927 年第 3 卷第 1 期。

1924—1927 年，伦明在河南焦作工作期间，仍坚持四处搜访续修《四库全书》所用之书，任所里"充栋尚余书万轴"③。1925 年，清华学校国学研究院成立，意欲通过续修《四库全书》为其发展打下基础。伦明知悉后，与梁启超谈好合作意向，梁启超要求伦明提供一份续书楼藏书书目，然续书楼书目还未编完，梁启超于 1929 年 1 月 19 日去世，合作计划化为泡影。

1928 年 12 月 4 日，奉天省长公署特设"奉天文溯阁《四库全书》校印馆"④，打算以地方政府之力影印、校雠、续修《四库全书》，杨宇霆委派金梁、伦明负责具体事务。1929 年 1 月 10 日，杨宇霆被张学良枪杀，续修一事搁置。1931 年，"九一八"事变爆发，沈阳失陷，文溯阁藏书迁储由日本人控制的伪满洲国立奉天图书馆，影印《四库全书》工作被迫停止。

1931 年 7 月，东方文化事业总委员会决定编纂《续修四库全书总目提要》，伦明与柯劭忞、江瀚、胡玉缙、王式通、杨钟羲等 6 名学者被聘为首期撰修人员，后又增聘了董康、王重民、赵万里、谢国桢、傅增湘、罗振玉等人分类撰写提要。虽然该会每篇稿件仅付 30 元低微的稿费，伦明也欣然接受，他觉得这是利用日本返还"庚子赔款"实

---

① 傅振伦：《蒲梢沧桑九十忆往》，华东师范大学出版社 1997 年版，第 74 页。

② 袁同礼等编：《中华图书馆协会会报》1927 年第 3 卷第 1 期，第 3 页。

③ 江瀚编，高福生释笺：《片玉碎金：近代名人手书诗札释笺》，中华书局 2009 年版，第 119—120 页。

④ 王荣国主编：《辽宁省图书馆藏辽宁历史图鉴》，沈阳出版社 2008 年版，第 233 页。

现自己续修《四库全书》夙愿的又一机会。为了方便编纂，伦明将续
书楼中的珍藏无偿提供给大家使用。1934 年，伦明还与徐森玉共同主
持东方文化事业总委员会人文科学研究所图书馆图书的采买工作，为
《续修四库全书总目提要》的撰写工作提供丰富的文献支撑。从 1931
年 7 月至 1945 年 7 月，该会共收到《续修四库全书总目提要》稿件
34000 余篇，涉及撰稿人 71 名。在全部 60 类中，伦明负责撰写经部之
总类、书类、诗类、礼类、四书类、孝经类、群经总义类、小学类，
史部之杂史类、传记类、政书类、地理类，集部之粤人著述部分等稿
件 1899 篇，约占撰稿总数的二十分之一。然而，这与伦明当初续修
《四库全书》的理想还是有一定的差距，他曾将这次撰修比喻为空虚无
物之"食单"：

> 今日情异势殊，图书馆又乏伟力，不得已勿问原书，先成提要，
> 其究也必至全如《四库（全书）》存目部分，使后人徒见食单，仍
> 感枵腹，且难免有英雄欺人之事，似应及早别筹善计也。①

抗日战争胜利后，该批手稿、图书及档案全部由中方代表沈兼士接
收。中华人民共和国成立后，这些资料全部由中国科学院图书馆收藏。
1972 年，台湾商务印书馆根据日本所藏打印稿出版《续修四库全书提
要》约 11000 篇。1993 年，中国科学院图书馆整理，中华书局出版《续
修四库全书提要》（经部）4400 篇。1996 年，齐鲁书社完整影印出版
《续修四库全书总目提要（稿本）》34096 种。2017 年，东莞图书馆通
过对伦明所撰稿件进行点校、整理，纳入《伦明全集》第三至第四册，
由广东人民出版社出版。

　　研究、续修《四库全书》的活动几乎贯穿伦明的一生，他为续修

---

① 伦明著，宋远补注：《辛亥以来藏书纪事诗未刊稿笺注》，载钱伯城主编：《中华文
　史论丛（第四十九辑）》，上海古籍出版社 1992 年版，第 88 页。

《四库全书》竭尽心力，不辞劳苦，在临终前仍手不辍笔。1941年，已63岁的伦明对孙殿起说："吾近数年撰《提要》稿于学问尤见进益，至其群经传授源支派无不洞悉，近年在粤有所闻见，辄笔书之，积稿盈篋。"① 伦明续修《四库全书》的心愿虽然没有实现，然他一生为之奔走呼号，为文献典籍的抢救与保存、为中华传统文化的传承和完善矢志不渝的精神为学界景仰。近代著名藏书家王謇在《续补藏书纪事诗》中高度赞扬伦明在藏书、续修《四库全书》和撰写《续修四库全书总目提要》的功绩：

> 藏书盈库兼仓富，续补可嗣四库书。
> 安得群儒策群力，提要远追逊代初。②

---

① 孙耀卿口述，雷梦水整理：《藏书家伦哲如》，载《随笔》（第九集），广东人民出版社1980年版，第96页。

② 王謇：《续补藏书纪事诗》，书目文献出版社1987年版，第39页。

附录三　伦明年表

清光绪四年（1878），1 岁

十一月，出生于广东东莞县中堂司望溪乡（今东莞市望牛墩镇望联村），举人伦常（1834—1889）第二子，家族排行第九。

清光绪十三年（1887），10 岁

是年，与兄伦迈、弟伦叙、堂弟伦鉴，以及伦雪峰、伦植卿两叔，随任职江西崇仁知县的父亲伦常于该县衙斋读书，其间博涉父亲藏书，耗光零用钱买书，其"聚书所从此也"。

清光绪十五年（1889），12 岁

是年，父亲伦常卒于江西崇仁知县任所，终年 56 岁。伦明回故乡东莞读书。

清光绪二十年（1894），17 岁

是年，中秀才（生员），入读东莞学宫，很快成为廪生。

清光绪二十二年（1896），19 岁

是年，拜康有为（1858—1927）为师，入读广州万木草堂，与其同读的还有同乡张伯桢、陈高弟、陈官桃、叶觉迈等。

清光绪二十三年（1897），20 岁

是年，拜访东莞探花陈伯陶（1855—1930），得其赏识。1927 年作《怀陈子砺先生九龙》自注"余辱知爱在三十年前"，即指此事。

清光绪二十四年（1898），21 岁

是年，读《邸报》，始识王照。王照因参与戊戌变法，失败后被朝廷通缉。

清光绪二十七年（1901），24 岁

是年，中广东庚子、辛丑恩正并科乡试举人，拣发广西知县。

是年，与胡汉民（1879—1936）、关赓麟（1880—1962）、杨铁夫（1869—1943）、岑光樾（1876 — 1960）、区大原（1869—1945）等同拜副主考官夏孙桐为座师。

清光绪二十八年（1902），25 岁

是年，京师大学堂复办后恢复招生，携三弟伦叙、堂弟伦鉴赴京赶考，住北京烂缦胡同东莞会馆。

九月十三日，以第一名考取京师大学堂师范馆。

十一月十八日，正式开学，始学英文。在校期间，与杨铁夫、廖道传、胡祥麟、符定一、关庆麟、关赓麟、朱鼎馨、胡汝麟、叶恭绰等同学交往频密。

是年，结识粤籍藏书家曾习经，自此，两人因嗜书交往频密。

是年，再次登门拜访武英殿纂修陈伯陶，并向其借抄《四库书目略注》。

是年，拜读黄节落第之卷，始识黄节。

是年，识燕都梨园琵琶手唐采之。

清光绪二十九年（1903），26 岁

是年，屠寄为京师大学堂正教习，兼任师范馆史地、国文讲席，结师生缘。

是年，两广总督衙门督办学务处为伦明等京师大学堂粤籍学生每人每月支付津贴 20 元。

是年，伦明作《无题》诗八首，署名"东莞生"，遥寄在日本的梁启超。梁启超对该诗评价极高，将其刊于《新民丛报》"饮冰室诗话"栏目。

是年，携弟伦叙前往河南开封参加癸卯顺天乡试，伦叙中举人。

是年，作《汴梁行》，表达了忧虑国家前途命运、号召学子立志报国的情怀。

清光绪三十年（1904），27 岁

一月，陈黻宸任京师大学堂师范馆教习，结师生缘。

是年，京师大学堂师范馆改为优级师范科。伦明、伦叙、伦鉴为一期学生，称"师范旧班"，伦绰为新考入二期学生，称"师范新班"。

是年，《汴梁行》刊于《新小说》1904 年第 9 期，署名"东莞生"。

清光绪三十二年（1906），29 岁

是年，林纾任京师大学堂师范馆经学教员，结师生缘。

是年，江瀚署京师大学堂师范馆监督兼教务提调，结师生缘。

是年，《广益丛报》第九十八号重刊《无题》八首，署名"东莞生"。

清光绪三十三年（1907），30 岁

二月，京师大学堂优级师范科师范旧班毕业，成绩"优等"。授举人衔，再次分发广西候补知县，未就。

二月，回到广州，被两广方言学堂监督（校长）陈黻宸聘为教务长兼经济科教授，佐理一切校务。同时被聘任的还有伦叙、伦鉴、黄节、张伯桢以及陈黻宸的得意门生马叙伦、龚寿康、周继善、陈怀等 60 余名中外教师和职员。

是年，教务之余，与马叙伦常至广州府学东路（今文德北路）逛古旧书肆，搜访图书。

清光绪三十四年（1908），31 岁

春，与黄节组织讲学会，敦请陈黻宸在南武公学讲学，总计举办 5 期。

十一月二十八日，陈黻宸五十大寿，伦明、伦鉴兄弟与马叙伦等为其祝寿。

是年前后，南海孔氏（广陶）、鹤山易氏（学清）、番禺何氏、钱塘汪氏（官于粤者）藏书相继散出，择其善本购之。此后四五年，伦明每月必登孔氏"岳雪楼"选购藏书。

清宣统元年（1909），32 岁

三月六日，广州医学求益社①总社迁刊广州城西十二甫中药大屋，举行开幕礼，被聘为绅董。

夏，西江涨大水，广州小东门寓所藏书多受水浸，损失惨重。

是年，广东学务公所于广州设东区、西区模范高小，兼任广州西区模范高等小学校校长。

是年，购南海孔氏（广陶）所藏《渔洋全集》36 种本。

是年，与藏书家王秉恩在广州相识，并参观其藏书。

是年，张伯桢《人杰纪念录》完成，为其题词。

清宣统二年（1910），33 岁

九月，入两广总督张鸣岐幕，至翌年辛亥革命止。其间，与同为幕僚的杨增荦交往密切。

清宣统三年（1911），34 岁

三月，重返北京。

---

① 成立于 1906 年，是我国近代最早成立的中医学术团体，对广州及广东省中药事业发展有较大促进作用。

六月四日，全国第一个资产阶级改良派政党宪友会成立，总部设在北京，在18个省设支部，与姚梓芳、黄节被推举为宪友会广东支部发起人。

九月，武昌起义爆发，北京书价暴跌，得东莞同乡叶灿薇资助，购四大竹箱书返粤。

是年，赴广西，初居桂林，后任浔郡（今桂平）中学堂校长。

民国元年（1912），35 岁

二月，被推选为广东省临时议会代议士。

民国二年（1913），36 岁

九月，袁世凯总统府秘书长梁士诒组织御用党——公民党。十二月，受梁士诒指派，在广州筹备设立公民党广东支部。

是年，与李汉桢等在广州创办《广东平报》，聘请徐信符任总编辑，负责报馆事务。

民国三年（1914），37 岁

一月九日，参与筹备的公民党广东支部正式成立，广东都督龙济光、广东民政长李开偌任名誉部长，梁士诒、叶恭绰任正部长，广东财政监督官李心灵任副部长。

是年，与黄荣新在广州复刊《时敏报》《大公报》，《时敏报》成为公民党广东支部的机关报。

八月至十月间，招请廖道传、董嘉会等京师大学堂同学于广州珠堤酒楼聚会。

是年，被广东政务厅委任为广东视学官，掌管视察全省教育事宜，成为广东省政务厅厅长郑谦的下属。

是年，张伯桢《篁溪钓归图》遍征题咏，作《题篁溪归钓图》。

民国四年（1915），38 岁

三月，梁士诒等发起帝制运动，袁世凯政府颁布《国民代表大会组织法》。八月二十日，广东省举行国民代表初选，当选为国民代表。

是年，至顺德龙山访温肃，欲往观温肃所购曾钊面城楼藏书，未果。

是年，携所藏精善之本举家迁居北京，初租居莲花寺，与一墙之隔的姚华成为邻居，后搬入烂缦胡同东莞会馆，租用会馆最西面的 8 间房藏书，即续书楼所在地。

民国五年（1916），39 岁

是年，于北京小沙土园文昌会馆内会文斋与在此供职的孙殿起相识，自此两人结为莫逆之交。

是年，通过友人介绍，于上海观近代藏书家王存善知悔斋藏书。

民国六年（1917），40 岁

七月，陈黼宸卒，撰挽联以志哀思。

十一月，被聘为国立北京大学法预科教授。月底，国立北京大学文科研究所成立，下设哲学门、史学门、国学门、英文门，被聘为国学门诗词科教员。

十二月七日，与蔡元培、马叙伦、张伯桢等 34 人共同发起陈黼宸追悼会。

是年，在上海访得莫友芝《范香溪集》等佳本。

是年，王瑚访书广州，在登云阁书店购得被该店盗卖的伦家旧藏宋本《淮南子纂图互注》。

民国七年（1918），41 岁

四月，于京城花之寺遇梁鼎芬，谈及 10 年前梁氏托友人向其借抄《瑶华集》一事。

五月十一日，与蔡元培、马寅初等联名发起在北大法科建立苑囿，率先捐款，并在《北京大学日刊》刊登《募捐启》。

是年，国立北京大学消费公社成立并募股，认购消费公社募股 2 元。

是年，迁居北京上斜街东莞会馆新馆，其续书楼仍在烂缦胡同北京东莞会馆旧馆，经常往返于两馆之间。

是年冬，北京东莞学生会改组，成立北京东莞学会，当选为会长，会址设在上斜街北京东莞会馆新馆。

是年，听从补书的魏书匠建议，在北京琉璃厂南新华街七十四号开设"通学斋藏书处"，聘请孙殿起主持书店事务。

民国八年（1919），42 岁

夏，以考证版本为主，开始校订《书目答问》，直至 1929 年完成。

是年，休假返粤，住广州小东门。

是年，刘师培病逝，遗稿散佚。购得刘师培部分印本，又从友人处抄得十余种。

是年，被评为四级教授，月薪 220 元。

是年，为张伯桢《张园春色图》题诗。

是年前后，与林损、陈怀出版《文范》讲义。

民国九年（1920），43 岁

五月十一日，与马叙伦、沈尹默等同仁宴集于城东金鱼胡同之海军联欢社。沈尹默出示其生朝述怀之作《西江月》四首，马叙伦和作十二首，伦明和作六首，张尔田和作三首，后集为《金鱼唱和词》，名传一时。

冬，广州南伦书院因拓路被拆，1915 年因移居北京而寄存在此的藏书全告散失。

民国十年（1921），44 岁

六月，积极声援马叙伦和李大钊领导的八校教职员工索薪活动。

九月，辞去国立北京大学教席，专事续修《四库全书》工作。

十二月二十六日，致书教育部次长陈垣，请求编订《一应之书目》（《求书目录》），校雠《四库全书》，编写《续修四库全书提要》，后因陈垣辞职而搁浅。

是年，赴上海访书，与藏书家王秉恩重逢于上海。

是年，与藏书家傅增湘相识。

是年，张之洞藏书散出，得精椠数种。

是年前后，于厂肆访书期间认识藏书家沈兆奎及其友张允亮。

民国十一年（1922），45 岁

六月二十二日，国立北京大学教授陈怀（孟冲）去世，与蔡元培、朱希祖、沈尹默、马叙伦、林损等 27 人联名发起陈怀追悼会。

是年，京师大学堂的同学吴景濂任众议院议长，聘任为秘书，与速记秘书蔡璋交好。

是年，容庚与弟容肇祖北上求学，居住于上斜街东莞会馆新馆，与其成为邻居。

是年，朱师辙等在北京歙县会馆成立以校订古书为宗旨的学术团体"思误社"（后更名为"思辨社"），与陈垣、余嘉锡、黄节、孟森、闵保之、谭祖任、张尔田等先后加入。

民国十二年（1923），46 岁

是年，廖道传在梅县创办嘉应大学，作《怀廖叔度梅县》相赠。

民国十三年（1924），47 岁

三月，陈伯陶 70 寿，作五古长篇《寿陈子励先生七十》祝寿。

十月，京师大学堂人伦道德课老师林纾病逝，作《追挽林琴南师》追忆。

是年，好友罗惇曧病逝，作《又追忆罗瘿公一首》追忆。

是年，得大连富商胡子俊资助，立志独力续修《四库全书》，不久因胡生意失败，资金久未到位而终止。

是年，经同乡陈某介绍，赴河南焦作任道清铁路局总务处长，历时三年，结交了文卿局长、朱应奎、袁进之、王希古、景秋皋等友人，家眷随之寄居焦作两年。

是年，康有为长兴书局结业，通学斋接收其全部货底。

是年，购得海盐彭孙贻《茗斋百花诗》，张元济委托朱希祖前来借抄，慷慨相借。

是年至1927年，多次到附近怀庆、卫辉、清化等地访书，屡有收获。其中，在清化访得毛昶熙家旧藏，极为罕见。

民国十四年（1925），48岁

春，谭祖任创办聊园词社，与陈垣等诗词爱好者积极参加，成为骨干成员。

七月，交通总长叶恭绰联合司法兼教育总长章士钊提议影印《四库全书》，次年秋，叶恭绰告知相关情况，随即撰写《续修〈四库全书〉刍议》，提出具体实施方案，受到教育部、内政部肯定。

是年，在津门书店与藏书家方尔谦相识，造访其宅第，观看渔洋山人稿本等珍藏。

是年，通学斋购得番禺梁鼎芬藏书一批约百十箱，自此店堂琳琅满目，至1935年，通学斋进入鼎盛期，年平均售书一二万部（册），总价三四万大洋，店员也由原来七八人增至十三四人。

是年，阅读《广东七十二行商报》，见莫伯骥《读徐君信符中国书目学书后》，始与莫伯骥恢复联系，从此"通函商榷""往复不绝"。

是年，在北京始晤湖南藏书家叶德辉，商定互相借抄未有之书，后因叶氏被枪决而未果。

是年，致信清华学校国学研究院特聘教授梁启超，拟辞去道清铁路局总务处长职务，合作续修《四库全书》，梁启超同意并嘱其提供一份续书楼目录，至1929年1月梁启超去世，目录未成，此事未果。

民国十五年（1926），49岁

十月，曾习经去世，参与查点曾氏藏书楼湖楼的藏书，拟与叶恭绰、梁启超、傅增湘集资7千元全数购下湖楼藏书，未果。

是年，聘请张荫麟为女儿伦慧珠教习国文。

是年，张伯桢五十大寿，作五言诗恭贺。

民国十六年（1927），50 岁

一月，因故羁留河南焦作过年，值"风雪闭门，事希境寂"，作《丁卯五日吟稿》20 余首，怀念北京、广州、天津、郑州等地友人和亲人。

一月，于《国学月刊》第 1 卷第 4 期刊登《续修〈四库全书〉刍议》。

八月，《中华图书馆协会会报》第 3 卷第 1 期重刊《续修〈四库全书〉刍议》。

十月二十四日，被聘为故宫博物院图书馆干事。

是年，为学生傅振伦编修《新河县志》提供指导和建议。

是年，梁启超致信京师大学校①文科学长、代校长江瀚，得以重回母校任教，直至 1933 年 7 月离开。

民国十七年（1928），51 岁

六月，在《燕京学报》第三期刊发《续书楼读〈书〉记》，其内容为独力撰写的《续修四库全书提要》稿 200 余篇。

六月十一日，致信傅振伦，盛赞其《刘知几之史学》并索稿。

六月二十八日，指导傅振伦审查《清史稿》之得失。

秋，应杨宇霆之邀游沈阳，商议影印、续修、校雠文溯阁《四库全书》事宜。

十一月一日，沈阳奉天通志馆成立，任《奉天通志》纂修，负责《实业志》《交涉志》撰写工作，与王树枏、杨钟羲、袁金铠、陈思、金梁等成为要好同事。

十二月十五日，起草影印《四库全书》电文，由张学良、翟文选、

---

① 1927 年，张作霖将北京国立九所大学全部合并为京师大学校，原北京大学文学院、理学院改为京师大学校文、理两科。

杨宇霆联合署名通告全国。

是年，指导傅振伦编写《拟编辑史籍书目略例》《中国史学书目提要》《史通》。

是年，在沈阳相识杨云史，多有唱和。

是年，读王照《方家园纪事诗》，题绝句四首。

是年，作《孔子家语疏证》，王照作跋。

是年前后，访得满洲耆龄所藏清人集部书百余种。

民国十八年（1929），52 岁

一月，杨宇霆、梁启超相继去世，分别作诗追挽。

二月二十四日，朱希祖参观伦明续书楼，感叹"伦君藏书以清代集部为最富，北平藏书家无出其右者"。

三月，郑谦过世，作诗追挽。

春，在鸿春楼与岭南大学教授冼玉清相遇，自此成为知交。

六月，《燕京学报》第 5 期刊登版本目录学方面的代表作之一《渔洋山人著书考》。

秋，请假回到广州，作《抵家作》，造访莫伯骥五十万卷楼和李棪家的泰华楼，前往香港九龙拜访陈伯陶。

九月，《辅仁学志》第 1 卷第 2 期刊登自传体藏书史《续书楼藏书记》。

是年，被陈垣聘为私立北平辅仁大学中国语言文学系讲师，讲授《史记》《汉书》研究、历代诗代表作品、诗专家研究、作文（二年级）等课程。

是年，完成耗时 10 年的《书目答问》通校。

是年，为奉天影印、续修《四库全书》事两赴南京会晤同年胡汉民。

是年，宗子威赴东北大学中国文学系任教，作《赠宗子威》。

民国十九年（1930），53 岁

六月，冼玉清北游南归，撰五言古诗送行。

七月二十三、二十四日，参加私立北平辅仁大学"辅仁社十九年夏令讲习会"，演讲"中国书籍之分类"。

是年，访得王仁俊自著未刊稿近百种。

是年，与来中国学习的日本学者仓石武四郎交往密切。

民国二十年（1931），54 岁

一月，至南京会晤胡汉民，询问影印《四库全书》一事，胡汉民称张学良承诺一定会印，并称印好后赠送伦明一部，实为空谈。

二月四日，杨树达从续书楼借得陈澧手校《韩非子》，并录其评语。

四月六日，与杨树达、陈垣、尹炎武、余嘉锡在北京丰盛胡同六号谭家菜宴请北游讲学的章太炎。

七月，与柯劭忞、江瀚、胡玉缙、王式通、杨钟羲被聘为东方文化事业总委员会《续修四库全书总目提要》首期 6 名主撰。

夏，在上海访得罕传本嘉庆间梅花书院原刊本《二洪遗稿》，并影印 300 余部。

是年，购得樊增祥旧藏明刻本数种。

民国二十一年（1932），55 岁

五月，开始提交《续修四库全书总目提要》稿，至 1937 年 7 月止，个人撰稿凡 1899 篇。

是年，李棪入读私立北平辅仁大学，结师生缘，曾把编印《续岭南遗书》一事交其办理，后未果。

是年，陈融辑成《清诗纪事》，赋诗《怀陈颙庵广州》，后刊发于1933 年《磐石杂志》。

民国二十二年（1933），56 岁

四月，应日本汉学研究团体"斯文会"邀请，前往东京鉴定该会所藏中国古籍，受到服部宇之吉等日本汉学家热情接待。工作之余，前往当地书摊、书店搜访图书。

七月，辞去私立北平辅仁大学教职，入北平民国学院任教，直至1937 年 7 月南归。

九月四日，于《国闻周报》（天津）第 10 卷第 35 期刊登《拟印〈四库全书〉之管见》。

是年，张次溪与徐肇琼举办婚礼，作《贺张次溪世兄新婚》恭贺。

是年，张伯桢扶苏璧如为继室，赋诗相贺。

是年，为容庚所藏《迦音阁赟诗图》题跋。

是年，得见李希圣（亦元）《雁影斋题跋》。

是年，游南京，遇见藏书家徐行可，以文廷式辑录稿目录见示。

是年，在琉璃厂淘得清末两江总督端方档案多册，其中包括上海《苏报》案的档案，陈垣、单士元为故宫文献馆购入，成为今第一历史档案馆珍藏之一。

是年，王照卒，作长诗《哭王小航先生照》以示悼念。

民国二十三年（1934），57 岁

一月七日，胡适来函，谈及《醒世姻缘考证》《般阳诗草》、石印本《聊斋文集》以及王照联系方式诸事。

夏，请托刘半农为王芷章《腔调考源》作序。

九月至十月间，吴式芬遗书散出，购得佳本数十种。

秋，与陈垣、余嘉锡、孙人和等人合购高邮王氏三世稿本若干种。

十二月除夕，为张樾丞撰《士一居印存》题诗四绝。

是年，与徐鸿宝为东方文化事业总委员会人文科学研究所图书馆购买图书。

是年，为张次溪《清代燕都梨园史料》撰序，并为刊印一事多方奔走，后由北平邃雅斋铅印。

是年，为孙殿起《丛书目录拾遗》撰序。

是年，尽举所藏文献相助南桂馨刊行《刘申叔遗书》。

是年，作《张豫泉重游泮水诗》四首，恭贺张其淦考中秀才一甲子。

是年前后，得满洲麟庆所藏《琅嬛妙境藏书目录》。

民国二十四年（1935），58 岁

一月，牵线搭桥，将黄节所藏清汪龙撰《毛诗申成》稿本副本归东方图书馆收藏。

四月，爱女伦慧珠与张荫麟结婚。

六月二十九日，致信奉天通志馆副馆长袁金铠，对所编《实业志》"归馆长白永贞重编"一事表达意见。

九月，《辛亥以来藏书纪事诗》在《正风》第 1 卷第 20 期开始连载，共载 8 期。

十一月，从江瀚处见到《袁督师应召饯别图》，遵嘱带归考证并作跋，后与容庚、张伯桢、张次溪以《东莞袁崇焕督辽饯别图诗》为题名，鸠资影印 50 本分送各大图书馆及同好保存。

民国二十五年（1936），59 岁

三月，为冼玉清《更生记》题诗。

四月二十一日，夏孙桐八十大寿，作《寿夏闰枝师》贺之。

六月，章太炎卒，撰挽联。

是年，为孙殿起《贩书偶记》（原名《见书偷闲录》）题签、题诗。

是年，为《服部先生古稀祝贺纪念论文集》题诗，该集收录伦明《孔子作〈孝经〉证》。

是年，叶宝仑卒，作《闻叶同年宝仑之讣诗以哭之》悼念。

是年，三弟伦叙卒，作哭诗追挽。

民国二十六年（1937），60 岁

三月十八日，致信广东省中山图书馆馆长罗香林，建议重视粤籍文献收藏与整理，并赠送《东莞袁崇焕督辽饯别图诗》。

四月四日，在北京西长安街酒家宴请日本高田真治博士及其学生 10 余人，并现场赋诗相赠。

四月十日，高田真治于北海公园设宴回请伦明，出席者还有国立清华大学教授杨树达、东方文化事业总委员署理桥川时雄等人，众人现场作诗唱和。

六月，为张次溪《东莞袁督师后裔考》题诗五首于卷首。

是年，京师大学堂老师服部宇之吉七十大寿，作《寿日本服部宇之吉博士七十》以贺。

是年，顾颉刚经容庚介绍，前往烂缦胡同北京东莞会馆参观续书楼。

七月，以家事南归，因抗日战争全面爆发，无法北返，留居广州。其间，访得南海曾钊面城楼宋、元、明善本 12 种。

九月，蔡金重编《藏书纪事诗引得》出版，收录《辛亥以来藏书纪事诗》。

民国二十七年（1938），61 岁

十月，广州沦陷，返回东莞望牛墩故里，与避居在此的东莞诗人杨鹤宾、徐夔飚、张伯克、杨载之等交善。

十一月，东莞沦陷，转徙于新塘、横沥之间。

十一月，岭南大学迁往香港，致信冼玉清欲往香港任教，因"难求栖止之地"而中止。

民国二十八年（1939），62 岁

是年，张其淦中举一甲子，作《张豫泉太史寄示重宴鹿鸣诗奉和二律》恭贺。

是年，爱女伦慧珠与张荫麟离婚。

民国二十九年（1940），63 岁

七月，被聘为广东大学历史学系教授兼主任，直至去世。

八月，收到陈乐素转来陈垣新刊《明季滇黔佛教考》。

是年，桥川时雄编纂《中国文化界人物总鉴》，收录 1912—1940 年中国文化、教育、艺术界知名人物共 4000 余人，伦明与弟伦叙有专门条

目介绍。

民国三十年（1941），64 岁

一月二十二日，被委任为广州市立图书博物馆副馆长，兼图书部主任。

二至八月，国立北平图书馆馆长袁同礼于香港联系转移 300 箱善本暂寄存美国国会图书馆一事，嘱托冼玉清从中斡旋其藏书归于国立北平图书馆，终"以条件不符而罢"。

四月，申请辞去广州市立图书博物馆副馆长兼图书部主任，十八日获批准。

秋，孙殿起第三次南下广州搜访图书，拜访时见其"形体渐瘦，精神亦衰"。

是年，为冼玉清《广东女子艺文考》题诗。

民国三十一年（1942），65 岁

是年，孙殿起第四次南下广州搜访图书，所得以番禺陈澧所撰稿本《东塾杂俎》为佳。

民国三十二年（1943），66 岁

夏，孙殿起北返，临行前与之握别，"视其疾加剧，步履艰难，甚忧之"。

民国三十三年（1944），67 岁

十月，病逝于东莞，享年 67 岁。

是年，叶恭绰据其家人所示遗稿抄录诗作 33 首，刊附于《矩园余墨·纪书画绝句》之后。

参考文献

一、著作

1. 伦明：《伦哲如诗稿》，国家图书馆藏稿本。

2. 容庚编：《伦明尺牍》，现藏广东省立中山图书馆，未刊。

3. 张伯桢编：《人杰纪念册》，1909 年。

4. 张伯桢辑：《篁溪归钓图题词》，1916 年。

5. 李绮青：《草间词》，1918 年。

6. 王鸿献编：《南楼随笔》，新文化书社，1924 年。

7. 陈伯陶编纂：《东莞县志》，东莞养和印务局，1927 年。

8. 张伯桢编：《沧海丛书》（第一辑），1913 年。

9. 孙殿起：《丛书目录拾遗》，1934 年。

10. 蔡锡勇、蔡璋：《中国速记学》，中华书局，1934 年。

11. 张次溪：《北京岁时志》，国立北平研究院史学研究会，1936 年。

12. 本刊行会主编：《服部先生古稀祝贺纪念论文集》，东京富山房刊，1936 年。

13. 夏孙桐：《观所尚斋文存》，1939 年。

14. ［日］桥川时雄编：《中国文化界人物总鉴》，中华法令编印馆，1940 年。

15. 遐庵年谱汇稿编印会编：《叶遐庵年谱》，1946 年。

16. 冼玉清：《更生记》，1948 年。

17. 朱羲胄：《贞文先生学行记》，世界书局，1949 年。

18. 叶恭绰、张次溪：《北京岭南文物志》，北京市广东会馆管理委员会，1954 年。

19. 关赓麟编：《稊园吟集甲稿》，1955 年。

20. 梁启超著，舒无校点：《饮冰室诗话》，人民文学出版社，1959 年。

21. 中华书局编辑：《蔡元培选集》，中华书局，1959 年。

22. （明）何心隐著，容肇祖整理：《何心隐集》，中华书局，1960 年。

23. 夏孙桐：《悔龛词》，1962 年。

24. 叶恭绰编著：《矩园余墨》，香港商务印书馆，1963 年。

25. 余嘉锡：《余嘉锡论学杂著》，中华书局，1963 年。

26. 邓之诚：《清诗纪事初编》，中华书局上海编辑所，1965 年。

27. 容庚编：《丛贴目》，中华书局香港分局，1980 年。

28. 章开沅、林增平主编：《辛亥革命史》，人民出版社，1980 年。

29. 余祖明编纂：《广东历代诗钞》，能仁书院，1980 年。

30. 中国社会科学近代史研究所中华民国史组编：《胡适来往书信集》，中华书局，1980 年。

31. 甘孺：《永丰乡人行年录（罗振玉年谱）》，江苏人民出版社，1980 年。

32. 薛绥之、张俊才编：《林纾研究资料》，福建人民出版社，1983 年。

33. 苏精：《近代藏书三十家》，传记文学出版社，1983 年。

34. 刘半农：《半农杂文二集》，上海书店出版社，1983 年。

35. 傅增湘：《藏园群书经眼录》，中华书局，1983 年。

36. 北京师范大学校史编写组编：《北京师范大学校史·第一卷（1902—1982）》，北京师范大学出版社，1984 年。

37. 李万健编：《目录学论文选》，书目文献出版社，1985 年。

38. 陈清泉、苏双碧、李桂海、萧黎、葛增福：《中国史学家评传》，中州古籍出版社，1985 年。

39. 马叙伦著，周德恒编：《马叙伦诗词选》，文史资料出版社，1985 年。

40. 杨树达：《杨树达文集》，上海古籍出版社，1986 年。

41. 杨树达：《积微翁回忆录》，上海古籍出版社，1986 年。

42. 王謇著、李希泌点注：《续补藏书纪事诗》，书目文献出版社，1987 年。

43. 张次溪编：《清代燕都梨园史料》（正续编），中国戏剧出版社，1988 年。

44. 雷梦水：《书林琐记》，人民日报出版社，1988 年。

45. 朱有瓛主编：《中国近代学制史料（第二辑下册）》，华东师范大学出版社，1989 年。

46. （清）傅增湘：《藏园群书题记》，上海古籍出版社，1989 年。

47. 张樾丞：《士一居印存》，成都古籍书店，1989 年。

48. 伦明著，雷梦水校补：《辛亥以来藏书纪事诗》，上海古籍出版社，1990 年。

49. 陈智超编注：《陈垣来往书信集》，上海古籍出版社，1990 年。

50. 单士元：《故宫札记》，紫禁城出版社，1990 年。

51. 周文骏主编：《图书馆学情报学词典》，书目文献出版社，1991 年。

52. 陈汉才：《康门弟子述略》，广东高等教育出版社，1991 年。

53. 邓珂编：《邓之诚学术纪念文集》，北京大学出版社，1991 年。

54. 王河主编：《中国历代藏书家辞典》，同济大学出版社，1991 年。

55. 卜孝萱、唐文权编：《辛亥人物碑传集》，团结出版社，1991 年。

56. 陈宗蕃编著：《燕都丛考》，北京古籍出版社，1991 年。

57. 康有为著，楼宇烈整理：《康南海自编年谱（外二种）》，中华书局，1992 年。

58. 兴宁县地方志编修委员会编：《兴宁县志》，广东人民出版社，1992 年。

59. 夏晓虹编：《梁启超文选》，中国广播电视出版社，1992 年。

60. 钱伯城主编：《中华文史论丛（第四十九辑）》，上海古籍出版社，1992 年。

61. 北京大学校史研究室编：《北京大学史料·第一卷（1898—1911）》，北京大学出版社，1993 年。

62. 陈永正主编：《岭南文学史》，广东高等教育出版社，1993年。

63. 胡适著，曹伯言整理：《胡适日记全集：1934—1939》，台湾联经出版社，1993年。

64. 胡颂平编著：《胡适之先生晚年谈话录》，中国友谊出版公司，1993年。

65. 李性忠：《刘承干与嘉业堂》，文物出版社，1994年。

66. 陈梦麟主编，浙江复兴国学研究院编：《二十世纪浙江国学家》，浙江人民出版社，1994年。

67. 谢兴尧：《堪隐斋随笔》，辽宁教育出版社，1995年。

68. 东莞市地方志编纂委员会编：《东莞市志》，广东人民出版社，1995年。

69. （明）朱国桢辑，李宏主编：《仿洪小品》，北京燕山出版社，1995年。

70. 陈德溥编：《陈黻宸集》，中华书局，1995年。

71. 广州市志编纂委员会编：《广州市志》，广州出版社，1996年。

72. 中国煤炭志编纂委员会编：《中国煤炭志》，煤炭工业出版社，1996年。

73. 张次溪编：《清代燕都梨园史料》，上海书店出版社，1996年。

74. 耿云志、欧阳哲生编：《胡适书信集》，北京大学出版社，1996年。

75. 李骞主编：《辽阳古今人物》，大连出版社，1996年。

76. 刘师培：《刘申叔遗书》，江苏古籍出版社，1997年。

77. 余嘉锡：《余嘉锡文史论集》，岳麓书社，1997年。

78. 傅振伦：《蒲梢沧桑——九十忆往》，华东师范大学出版社，1997年。

79. 严迪昌编著：《近代词钞》，江苏古籍出版社，1997年。

80. 缪荃孙、吴昌绶、董康撰，吴格整理：《嘉业堂藏书志》，复旦大学出版社，1997年。

81. 中国蔡元培研究会编：《蔡元培全集》，浙江教育出版社，

1998 年。

82. 高伯雨：《听雨楼随笔》，辽宁教育出版社，1998 年。

83. 郑逸梅：《珍闻与雅玩》，北京出版社，1998 年。

84. 周一良：《周一良集》，辽宁教育出版社，1998 年。

85. 黄节：《蒹葭楼自定诗稿原本》，广东人民出版社，1998 年。

86. 四川省江安县志编纂委员会编纂：《江安县志》，方志出版社，1998 年。

87. 黄义祥编著：《中山大学史稿（1924—1949）》，中山大学出版社，1999 年。

88. 傅振伦：《傅振伦学述》，浙江人民出版社，1999 年。

89. 桑兵：《国学与汉学：近代中外学界交往录》，浙江人民出版社，1999 年。

90. 周叔弢：《弢翁藏书年谱》，黄山书社，2000 年。

91. 廖道传著，廖国薇、梁中民点校：《三香山馆诗集》，中山大学出版社，2000 年。

92. 江庆柏：《近代江苏藏书研究》，安徽文艺出版社，2000 年。

93. 吴景洲：《故宫五年记》，上海书店出版社，2000 年。

94. 孔庆泰等编著：《国民党政府政治制度史词典》，安徽教育出版社，2000 年。

95. 黄侃著，周勋初编：《文心雕龙札记》，上海古籍出版社，2000 年。

96. 顺德市博物馆编：《顺德书画人物录》，中山大学出版社，2001 年。

97. 靳飞：《北京记忆》，时事出版社，2001 年。

98. 李喜所主编：《五千年中外文化交流史》，世界知识出版社，2002 年。

99. 杨宝霖编：《东莞中学五十年》，东莞中学，2002 年。

100. 中国人民政治协商会议东莞市委员会编：《张荫麟先生纪念文集》，汉语大词典出版社，2002 年。

101. 中国人民政治协商会议海盐市委员会文史委员会编：《文史大家朱希祖》，学林出版社，2002 年。

102. 杨宝霖：《东莞诗词俗曲研究》，东莞诗词学会，2002 年。

103. 朱孝臧，白敦仁笺注：《彊村语业笺注》，巴蜀书社，2002 年。

104. 周作人著，止庵校订：《知堂回想录》，河北教育出版社，2002 年。

105. 广东省立中山图书馆编：《广东省立中山图书馆馆藏名人手札选萃》，商务印书馆，2002 年。

106. ［日］仓石武四郎著，荣新江、朱玉麟辑注：《仓石武四郎中国留学记》，中华书局，2002 年。

107. 徐蜀主编：《中国近代古籍出版发行史料丛刊》，北京图书馆出版社，2003 年。

108. 张学继：《出版巨擘——张元济》，浙江人民出版社，2003 年。

109. 杨圻著，马卫中、潘虹校点：《江山万里楼诗词钞》，上海古籍出版社，2003 年。

110. 沈津编著：《顾廷龙年谱》，上海古籍出版社，2004 年。

111. 梁启超：《康有为传》，团结出版社，2004 年。

112. 中国人民政治协商会议东莞市委员会编：《容庚容肇祖学记》，广东人民出版社，2004 年。

113. 毛庆耆等编著：《岭南学术百家》，广东人民出版社，2004 年。

114. 黄怀信、李景明主编：《儒家文献研究》，齐鲁书社，2004 年。

115. 李庆：《日本汉学史》，上海外语教育出版社，2004 年。

116. 许寿裳：《章太炎传》，百花文艺出版社，2004 年。

117. 中央文史研究馆编：《崇文二编：中央文史研究馆馆员文选》，中华书局，2004 年。

118. 章开沅主编，孙邦华编著：《会友贝勒府：辅仁大学》，河北教育出版社，2004 年。

119. 张次溪：《齐白石的一生》，人民美术出版社，2004 年。

120. 董惠民：《湖州六十文化名人评传》，昆仑出版社，2004 年。

121. 李吉奎：《梁士诒》，广东人民出版社，2005 年。

122. 李玉安、黄正雨编著：《中国藏书家通典》，中国国际文化出版社，2005 年。

123. 陈明远：《文化人的经济生活》，文汇出版社，2005 年。

124. 北京辅仁大学校友会编：《北京辅仁大学校史（1925—1952）》，中国社会出版社，2005 年。

125. 赵一生、王翼奇主编：《香书轩秘藏名人书翰》，浙江古籍出版社，2005 年。

126. 李奎吉：《梁士诒》，广东人民出版社，2005 年。

127. 薛仲良主编：《暨阳之星》，新华出版社，2006 年。

128. 许康：《湖南大学校长评传（1897—1949）》，海南出版社，2006 年。

129. ［日］内藤湖南、长泽规矩也等著，钱婉约、宋炎辑译：《日本学人中国访书记》，中华书局，2006 年。

130. 张元济著，张人凤编：《张元济全集》，商务印书馆，2007 年。

131. 姜义华、张荣华编校：《康有为全集》，中国人民大学出版社，2007 年。

132. 王文进著，柳向春标点：《文禄堂访书记》，上海古籍出版社，2007 年。

133. 杨新华主编：《朱偰与南京》，南京出版社，2007 年。

134. 张荣芳、曾庆瑛：《陈垣》，金城出版社，2008 年。

135. 余丽芬：《正道上行：马叙伦传》，浙江人民出版社，2008 年。

136. 惠州市地方志编纂委员会编：《惠州市志》，中华书局，2008 年。

137. 王荣国主编：《辽宁省图书馆藏辽宁历史图鉴》，沈阳出版社，2008 年。

138. 王伯祥：《庋榢偶识》，中华书局，2008 年。

139. 陈希：《岭南诗宗——黄节》，广东人民出版社，2008 年。

140. 中共东莞市委宣传部编：《东莞当代学人》，广东教育出版社，

2008 年。

141. 钱瑞升、萨师炯：《民国政制史》，上海人民出版社，2008 年。

142. ［美］陈润成、李欣荣编：《天才的史学家：追忆张荫麟》，清华大学出版社，2009 年。

143. 朱偰：《天风海涛楼札记》，中华书局，2009 年。

144. 江瀚编集，高福生释笺：《片玉碎金：近代名人手书诗札释笺》，中华书局，2009 年。

145. 吴其昌：《梁启超传》，东方出版社，2009 年。

146. 广东省立中山图书馆、香港大学冯平山图书馆编：《罗香林论学书札》，广东人民出版社，2009 年。

147. 北京大学信息管理系、台北胡适纪念馆编：《胡适王重民先生往来书信集》，北京图书馆出版社，2009 年。

148. 李致忠主编：《中国国家图书馆馆史（1909—2009）》，国家图书馆出版社，2009 年。

149. 冀淑英：《冀淑英古籍善本十五讲》，国家图书馆出版社，2009 年。

150. 夏晓虹编：《追忆康有为（增订本）》，生活·读书·新知三联书店，2009 年。

151. 黄伟林主编：《大学语文》（大学版），广西美术出版社，2009 年。

152. 余嘉锡：《四库提要辨证》，湖南教育出版社，2009 年。

153. 许寿裳：《章太炎传》，百花文艺出版社，2009 年。

154. 陈智超编注：《陈垣来往书信集（增订本）》，生活·读书·新知三联书店，2010 年。

155. 孙殿起：《琉璃厂小志》，上海书店出版社，2010 年。

156. 《清代诗文集汇编》编纂委员会编：《清代诗文集汇编》，上海古籍出版社，2010 年。

157. 易新农、夏和顺：《容庚传》，花城出版社，2010 年。

158. 曾广灿、吴怀斌编：《中国文学史资料全编》，知识产权出版社，2010 年。

159. 顾进才主编：《南浔名人》，浙江人民出版社，2010 年。

160. 来新夏、韦力、李国庆记补：《书目答问汇补》，中华书局，2011 年。

161. 雷恩海、姜朝晖校点：《雪桥诗话全编》，人民文学出版社，2011 年。

162. （清）郑杰等辑录：《全闽诗录》，福建人民出版社，2011 年。

163. 刘卫东主编：《河南大学百年人物志》，河南大学出版社，2012 年。

164. 中山市人民政府地方志办公室编：《中山市人物志》，广东人民出版社，2012 年。

165. 邓之诚著，邓瑞整理：《邓之诚文史札记》，凤凰出版社，2012 年。

166. 刘筱红、金珂：《追求卓越，坚守自由——北京大学校长胡适》，山东教育出版社，2012 年。

167. 黄灿明编：《莞中往事》，东莞中学校志办，2012 年。

168. 王贵忱、王大文编：《可居室藏清代民国名人信札》，国家图书馆出版社，2012 年。

169. 丘升阳、黄宗汉、魏泉：《宣南——清代京师士人聚居区研究》，北京燕山出版社，2012 年。

170. 沈广杰编著：《金梁年谱新编》，现代出版社，2012 年。

171. 赵永良、华晓主编：《百年无锡名人图谱》，新华出版社，2013 年。

172. 鞠宝兆、曹瑛主编：《清代医林人物史料辑纂》，辽宁科学技术出版社，2013 年。

173. 陆景川主编：《夏同龢研究文集》，贵州人民出版社，2013 年。

174. 罗志欢：《伦明评传》，广东人民出版社，2014 年。

175. 李绪柏：《陈伯陶评传》，广东人民出版社，2014 年。

176. 丁帆编：《金陵旧颜》，南京出版社，2014 年。

177. 朱希祖：《中国史学通论》，商务印书馆，2015 年。

178. 汪梦川：《南社词人研究》，上海古籍出版社，2015 年。

179. 李克、沈燕：《蔡元培传》，北京时代华文书局，2015 年。

180. 刘绍唐主编：《民国人物小传》，上海三联书店，2016 年。

181. 黄树雄：《潮人旧书》，暨南大学出版社，2016 年。

182. 李欣荣：《容肇祖评传》，广东人民出版社，2016 年。

183. 李欣荣、曹家齐：《张荫麟评传》，广东人民出版社，2016 年。

184. 白淑春编著：《中国藏书家缀补录》，宁夏人民出版社，2016 年。

185. 伦明著，东莞图书馆整理：《伦明全集》，广东人民出版社，2017 年。

186. 柳和城：《百年书人书楼随笔》，浙江教育出版社，2017 年。

187. 潘静如：《民国诗学》，北京联合出版公司，2017 年。

188. 许艳青：《莫伯骥评传》，广东人民出版社，2017 年。

189. 孙爱霞整理：《〈北洋画报〉诗词辑录》，天津古籍出版社，2018 年。

190. 广州艺术博物院编：《容庚捐赠书画特集（书画卷）》，文物出版社，2018 年。

191. 关赓麟著，孔繁文、吴国聪整理：《东游考察学校记》，凤凰出版社，2018 年。

192. 周川主编：《中国近现代高等教育人物辞典》，福建教育出版社，2018 年。

193. 邓攀编著：《金陵汉诗》，南京出版社，2019 年。

194. 杨健编著：《民国藏书家手札图鉴》，大象出版社，2019 年。

195. 东莞图书馆编：《伦明研究》，广东人民出版社，2020 年。

196. 安学勇：《余嘉锡学术思想研究》，河北人民出版社，2020 年。

197. 黄仕忠：《书的诱惑》，广西师范大学出版社，2020 年。

198. 江中柱、闵定庆、李小荣等编：《林纾集》，福建人民出版社，2020 年。

199. 上海市虹口区档案馆、上海市虹口区文学艺术界联合会编：

《沈尹默文献》，上海书画出版社，2020 年，

200. 赵盼超：《民国初期（1912—1928）北京地区中国画研究》，文化艺术出版社，2021 年。

201. 梁鼎芬著，廖宇新校注：《梁鼎芬词校注》，中山大学出版社，2021 年。

202. 景元平：《王树枏传》，中国文联出版社，2022 年。

203. 马永康：《康梁学派：近代启蒙先锋》，广东人民出版社2023 年。

二、报刊

1. 《广州市政府指令》（指字第五九八号），广东省档案馆藏。

2. 《纪广东国民代表之选举》，《申报》1915 年 11 月 5 日。

3. 《陈介石先生追悼会启事》，《北京大学日刊》1917 年 12 月 7 日。

4. 《本校各科国文英文教学教员一览表》（第二十三号），《北京大学日刊》1917 年 12 月 12 日。

5. 马叙伦、陈怀编：《瑞安陈介石先生讲学录》，《唯是》1920 年第 3 期。

6. 伦明：《伦明致莫伯骥书》，《广东七十二行商报》1926 年第 7 版。

7. 伦明：《续修〈四库全书〉刍议》，《国学》1927 年第 1 卷第 4 期。

8. 伦明：《续书楼读〈书〉记》，《燕京学报》1928 年 6 月第 3 期。

9. 伦叙：《应宜注重小学普及案》，《民大学报》1928 年第 1 卷第 2 期。

10. 伦明：《续书楼藏书记》，《辅仁学志》1929 年第 1 卷第 2 期。

11. 伦明：《渔洋山人著述考》，《燕京学报》1929 年第 5 期。

12. 张荫麟：《纳兰成德传》，《学衡》1929 年第 70 期。

13. 伦明：《拟印〈四库全书〉之管见》，《国闻周报》1933 年第 10 卷第 35 期。

14. 《辅仁大学文学院中国文学系课程表及课程说明》，《磐石杂志》1933 年第 1 卷第 2、3 期合刊。

15. 郑鹤声：《影印四库全书之经过》，《图书评论》1933 年第 2 期。

16. 伦明：《太炎先生挽联》，《制言》1936 年第 25 期。

17. 伦明：《沧海翁五十初度书来索诗赋此寿之》，《正风》1936 年第 2 卷第 3 期。

18. 伦明：《目录学讲义》，《讲坛》1937 年复刊纪念号第 5、6、7、8 期。

19. 徐信符：《广东藏书纪事诗稿》，《广大学报》1949 年复刊第 1 卷第 1 期。

20. 雷梦水：《版本学家王晋卿传略》，《任丘文史资料》1983 年第 8 辑。

21. 钱善宝：《军阀混战年代的"百日省长"——郑谦》，《溧水古今》1984 年第 2 辑。

22. 傅振伦：《记目录学家伦明先生二三事》，《文献》1987 年第 2 期。

23. 雷梦水：《康有为藏书及其创办长兴书局始末》，《燕都》1988 年第 3 期。

24. 何国华：《著名教育家、诗人廖道传》，《梅县文史资料》1988 年第 13 辑。

25. 张开秀：《梁士诒生平》，《广东文史资料》1990 年第 62 辑。

26. 孙达武：《孙人和先生事略》，《盐城文史资料选辑》1990 年第 9 辑。

27. 翟学良：《张伯桢先生事略》，《东莞文史资料选辑》1991 年第 19 辑。

28. 傅耕野：《满族指画家林彦博》，《满族研究》1992 年第 1 期。

29. 中国人民政治协商会议广东省梅县委员会文史委员会编：《廖道传》，《梅县文史资料》1994 年第 27 辑。

30. 杨宝霖：《东莞氏族的来源与发展》，《东莞电视报》1997 年 5 月 15 日。

31. 傅熹年：《记先祖藏园老人与北京图书馆的渊源》，《北京图书馆馆刊》1997 年第 3 期。

32. 李炳球辑：《〈粤海道尹王典章巡行日记〉摘录》，《东莞文史资料选辑》1998 年第 28 辑。

33. 杨宝霖：《张其淦和他的诗》，《东莞文史资料选辑》1998 年第 29 辑。

34. 陈嘉霭：《沦陷时期的广东大学》，《广州文史资料》1998 年第 52 辑。

35. 雷梦水：《孙耀卿传略》，《文苑撷英》2000 年。

36. 《中国第一个合作社——北京大学消费公社》，《中国供销合作经济》2001 年第 1 期。

37. 颜文广：《〈东莞袁崇焕督辽饯别图诗〉历史人物》，《华南师范大学学报（社会科学版）》2002 年第 1 期。

38. 萨仁高娃：《有关〈续修四库全书总目提要〉的通信》，《文献》2006 年第 3 期。

39. 邓瑞整理：《五石斋文史札记》，《中国典籍与文化》2007 年第 2 期。

40. 马兴荣：《夏孙桐年谱》，《词学》2008 年第 19 辑。

41. 周建华、韩丽霞：《杨钟羲日本访书考》，《文教资料》2013 年第 10 期。

42. 张宪光：《续书楼藏书有多少》，《东方早报》2013 年 4 月 7 日。

43. 杨宝霖：《灯窗琐语》（6），《文化周末》2016 年 8 月 13 日。

44. 杨宝霖：《灯窗琐语》（7），《文化周末》2016 年 8 月 20 日。

45. 郑丽芬：《伦明与北京大学》，《中华读书报》2018 年 4 月 4 日。

46. 刘平：《伦明书缘探微》，《大学图书馆学报》2018 年第 2 期。

47. 马勇、陈晓鹏：《"岭表词场射雕手"李绮青：半生漂泊异乡，不忘振兴乡邦文化》，《羊城晚报》2021 年 1 月 15 日。

48. 陈昌强编：《杨铁夫年谱》，《古典文献研究》2022 年第 25 辑。